Bernd Heidenreich, Hans-Christof Kraus, Frank-Lothar Kroll (Hrsg.)

Bismarck und die Deutschen

Bernd Heidenreich, Hans-Christof Kraus, Frank-Lothar Kroll (Hrsg.)

Bismarck und die Deutschen

BWV · BERLINER WISSENSCHAFTS-VERLAG

Abbildung Umschlag-Vorderseite:
Fürst Otto von Bismarck (1815-1898), Gemälde von Franz von Lenbach (1836-1904)
AKG, Berlin
Umschlag-Rückseite: Unterschrift Otto von Bismarcks

Bildredaktion: Dr. Helma Brunck, Frankfurt/M.

Bibliografische Information Der Deutschen Bibliothek

Die Deutsche Bibliothek verzeichnet diese Publikation in
der Deutschen Nationalbibliografie; detaillierte bibliografische
Daten sind im Internet über http://dnb.ddb.de abrufbar.

ISBN 3-8305-0939-1

BWV · BERLINER WISSENSCHAFTS-VERLAG
Axel-Springer-Straße 54 B · 10117 Berlin

Inhalt

III. EINZELNE PERSONEN UND REGIONEN

IV. BISMARCKS NACHLEBEN, BISMARCKLEGENDE

Zur Einführung.
Bismarck und die Deutschen – Erbe und Relevanz

Von Bernd Heidenreich

Otto von Bismarck ist wohl der bedeutendste deutsche und europäische Staatsmann in der zweiten Hälfte des 19. Jahrhunderts.

Er hat das Schicksal der Deutschen in vielfacher Weise beeinflußt:

- als Reichsgründer und Lotse, der das von ihm geschaffene Werk durch die Strudel der internationalen Politik steuerte,
- als Sozialpolitiker und Schöpfer des modernen preußisch-deutschen Verwaltungsstaates, dessen Innenpolitik die Nation jedoch spaltete statt sie zusammenzuführen,
- als Persönlichkeit und Mythos, der aus unserer gemeinsamen Geschichte nicht wegzudenken ist.

Alle diese Aspekte bestimmen sein Bild in der deutschen Geschichte und wirken bis in die Gegenwart. Sie stehen auch im Mittelpunkt des Sammelbandes »Bismarck und die Deutschen«, der seine Anregung einer gemeinsamen Tagung der Hessischen Landeszentrale für politische Bildung und der Landeszentrale für politische Bildung Thüringen verdankt. Dabei liegen die Schwerpunkte auf Bismarcks Verhältnis zu den Parteien, gesellschaftlichen Gruppen und Konfessionen, auf dem Spannungsfeld der deutschen Regionen zu dem 1871 als Fürstenbund geschaffenen Deutschen Reich und auf dem Nachleben Bismarcks im Geschichtsbild der Deutschen.

Was interessiert uns heute noch an Politik und Persönlichkeit Otto von Bismarcks, und was begründet ihre Relevanz für die Gegenwart? Es sind vor allem drei Aspekte:

1. Die Geographie – so hat Bismarck einmal bemerkt – bleibt die einzige Konstante der auswärtigen Beziehungen.

Das gilt auch für Deutschland. Mit dem Ende des Ost-West-Konfliktes ist es aus einer Nische der Weltpolitik in die europäische Mitte zurückgekehrt – eine Mitte allerdings, die im Zeitalter der Globalisierung und der Dominanz einer Supermacht selbst an die Peripherie des Geschehens gerückt ist.

Für Deutschland ist diese Entwicklung nicht ohne Risiko und erfordert eine Neukonzeptionierung seiner Außenpolitik auf der Grundlage der europäischen Solidarität, des Nordatlantischen Bündnisses und der Partnerschaft mit den Vereinigten Staaten. Denn die Wiedervereinigung Deutschlands war mehr als ein Hauptgewinn in der Lotterie der Geschichte, von dessen Zinsen sich sorgenfrei und komfortabel leben läßt. Sie war auch ein Wechsel auf die Lernfähigkeit, das Verantwortungsbewußtsein und das internationale Engagement der Deutschen, den es jetzt – etwa im Rahmen des Sicherheitsrates der Vereinten Nationen – einzulösen gilt.

Wer dem wiedervereinten deutschen Nationalstaat daher das Versagen und das schmähliche Ende seines Vorgängers ersparen will, der tut gut daran, sich seiner Geschichte zu erinnern und aus ihr zu lernen.

Am Anfang steht dabei Otto von Bismarck und das von ihm geschaffene Deutsche Kaiserreich von 1871, das über alle Katastrophen des 20. Jahrhunderts hinweg Fixpunkt unserer nationalen Identität geblieben ist und – wenn auch nicht ohne schmerzliche Amputationen – die deutsche Teilung überdauert hat.

Wenn daher Lothar Gall in seiner Bismarckbiographie von 1980 schrieb: »Das Reich von 1871 steht heute ... als extrem unstabiles und kurzlebiges historisches Gebilde vor uns«, so hat sich dieses Urteil selbst inzwischen als »kurzlebig« erwiesen. Denn was anders als das Bismarckreich war es, das in den Jahren der deutschen Teilung und im Entscheidungsjahr 1989 unsere Vorstellung von der Einheit aller Deutschen bestimmt hat?

Bismarcks Außenpolitik, die nach den Kriegen von 1864, 1866 und 1871 zur Gründung dieses Nationalstaats führte, und sein Versuch, ihn durch die Klippen der europäischen Politik mit Hilfe eines hoch komplizierten und am Ende wohl auch brüchigen Bündnissystems zu steuern, verdienen daher immer noch unsere Aufmerksamkeit.

Nach der Reichsgründung erkannte er als einer der Ersten die Gefährdungen eines deutschen Nationalstaates mitten in Europa und reagierte darauf mit einer Politik der Mäßigung und Beruhigung. Ihm ging es darum, zu bewahren, »was wir mühsam unter dem bedrohenden Gewehranschlag des übrigen Europa ins Trockene gebracht haben.« Es bleibt sein Verdienst, den deutschen Nationalstaat in sensibler Einschätzung der europäischen Machtinteressen aufgebaut und gesichert zu haben. Nach der Reichsgründung 1871 entwickelte er seine Außenpolitik auf der Grundlage von Prinzipien, die bis in unsere Gegenwart bedenkenswert bleiben.

»Mein ideales Ziel, nachdem wir unsere Einheit innerhalb der erreichbaren Grenzen zustandegebracht hatten, ist stets gewesen, das Vertrauen nicht nur der mindermächtigen europäischen Staaten, sondern auch der großen Mächte zu erwerben, daß die deutsche Politik, nachdem sie die iniuria temporum, die Zersplitterung der Nation, gut gemacht hat, friedliebend und gerecht sein will«, lautet sein außenpolitisches Credo als Konsequenz aus der Reichsgründung.

Vertrauenswürdigkeit, Friedfertigkeit und Gerechtigkeit – im Sinne des Bemühens um einen vernünftigen Ausgleich der Interessen aller Mächte – werden zu Maximen seiner Außenpolitik, die sich im politischen Tagesgeschäft zu bewähren haben. Im Kissinger Diktat schwebt ihm das Bild vor »nicht das irgend eines Ländererwerbes, sondern das einer politischen Gesamtsituation, in welcher alle Mächte außer Frankreich unserer bedürfen und von Koalitionen gegen uns durch ihre Beziehungen zueinander nach Möglichkeit abgehalten werden.« Es ist ein Bild, das er mit einer anderen Formulierung noch prägnanter zeichnet: »Die ganze Politik beschränkt sich auf diese Formel: zu versuchen, einer von dreien zu sein, so lange die Welt regiert wird vom schwankenden Gleichgewicht von fünf Großmächten.«

Nachdem die europäische Pentarchie in zwei Weltkriegen zerbrochen ist, hat sich dieses Prinzip selbst überholt. Sein eigentlicher Kern ist jedoch so aktuell wie eh und je. Denn er ist nicht an die Zahl fünf und nicht einmal an die alten Mächte Europas gebunden. Es geht Bismarck vielmehr darum, der internationalen Isolierung zu entgehen und nicht auf eigene Kraftmeierei und moralische Selbstüberschätzung zu vertrauen, sondern die deutsche Außenpolitik auf mächtige Verbündete und gute Freunde zu stützen.

In der Auseinandersetzung um die sogenannte »Prinzipienpolitik« seiner konservativen Ziehväter Leopold und Ernst Ludwig von Gerlach entwickelt er seine Vorstellung einer ideologiefreien, am staatlichen Interesse orientierten Außenpolitik: »Die einzig gesunde Grundlage eines großen Staates ... ist der staatliche Egoismus und nicht die Romantik, und es ist eines großen Staates nicht würdig, für eine Sache zu streiten, die nicht seinem eigenen Interesse angehört.«

Die Geschichte wiederholt sich nicht und die Situation der Deutschen ist heute – in einer globalisierten, von Terrorismus und Islamismus bedrohten Welt – eine andere als vor hundert Jahren. Dennoch könnte es sich lohnen, im Lichte unserer geschichtlichen Erfahrung kritisch zu prüfen, ob die deutsche Außenpolitik in den letzten Jahren Bismarcks Prinzipien der Vertrauenswürdigkeit, der Berechenbarkeit, der Vermeidung internationaler Isolierung und des staatlichen Interesses immer gefolgt ist.

2. Die dem Staatsmann Bismarck eigene Ambivalenz von Tradition und Moderne kennzeichnet vor allem seine Innenpolitik. Dabei scheinen auf den ersten Blick die positiven Aspekte zu überwiegen. Nicht nur die Wurzeln unseres föderalen Bundesstaates und des modernen Verwaltungsstaates in Deutschland weisen auf den ersten Kanzler zurück. Otto von Bismarck war es auch, der mit der kaiserlichen Botschaft 1881 die Fundamente des ersten deutschen Sozialstaates legte. Die Einführung der Kranken- und Unfallversicherung (1883/84) sowie der Alters- und Invalidenversicherung (1889) schuf einen Rechtsanspruch des Arbeiters und Bürgers auf finanzielle Leistungen und nahm den Staat in eine Mitverantwortung für das Schicksal und die Lebensrisiken des Einzelnen. Sie war in ganz Europa vorbildlich und wies den Weg in den modernen Wohlfahrtsstaat. »Was am

Ende die Politik Wilhelms II. und die Katastrophen des 20. Jahrhunderts überlebte, das war Bismarcks epochale Sozialgesetzgebung von 1881«, so hat Otto Pflanze daher mit Recht bemerkt. Aber das war nur die eine Seite der Medaille. Die Arbeiterschaft, deren Vertreter etwa gleichzeitig mit dem Sozialistengesetz (1878) scharf bekämpft wurden, konnte mit dieser aus patriarchalischer Verantwortung und praktischem Christentum geborenen Politik ebenso wenig für den neuen Staat gewonnen werden, wie die durch den Kulturkampf vor den Kopf gestoßenen Katholiken und die als »Reichsfeinde« diffamierten Elsässer, Polen und Welfen.

Kein geringerer als Kaiser Wilhelm II. – trotz mancher Schwächen zumeist ein scharfer Beobachter – hat die Ambivalenz dieser Politik seines Kanzlers auf den Punkt gebracht: »Fürsorge auf der einen, die Panzerfaust auf der anderen Seite, das war die Bismarcksche Sozialpolitik.« So bleibt am Ende die innenpolitische Negativbilanz, die Otto Pflanze aus Anlaß des 100. Todestages des Reichsgründers gezogen hat:

»Ich zweifle nicht an seiner Genialität in der Außenpolitik ... innenpolitisch aber war Bismarcks Herrschaftstechnik keineswegs genial, wenn man bedenkt, daß er kein einziges seiner wesentlichen Ziele zu erreichen vermochte. Die Zentrumspartei überlebte den Kulturkampf, die Sozialdemokratische Partei das Sozialistengesetz, die ethnischen Minderheiten die Assimilationsverordnungen.«

Nach innen wuchs damit 1871 nicht zusammen, was zusammengehörte: »Bismarck gelang die Einigung nach außen; die Einigung nach innen gelang nicht.« (Willy Brandt)

Auch heute gilt es, nach dem Glücksfall der Wiedervereinigung die innere Einheit Deutschlands zu vollenden. Lernen aus der Geschichte heißt daher, die Fehlentwicklungen des Deutschen Kaiserreiches dabei mitzubedenken.

3. Heinrich von Treischkes berühmtes Wort von den »Männern, die Geschichte machen» greift auch bei Bismarck zu kurz. Dennoch sollte der persönliche Anteil, ohne den Politik und Geschichte undenkbar sind, niemals völlig in den Hintergrund treten. Daß dieser Anteil bei Bismarck ungewöhnlich hoch ist, darauf deutet bereits der flüchtige Blick auf seine wenig begabten Nachfolger. Bismarck hat den Einfluß des Einzelnen auf den geschichtlichen Prozeß übrigens eher gering bewertet: »Der Mensch kann den Strom der Zeit nicht schaffen und lenken, er kann nur darauf hinfahren und steuern, mit mehr oder weniger Erfahrung und Geschick, kann Schiffbruch erleiden und stranden und auch zu guten Häfen kommen.« An anderer Stelle bemerkt er: »Der Staatsmann kann nie selber etwas schaffen, er kann nur abwarten und lauschen, bis er den Schritt Gottes durch die Ereignisse hallen hört; dann vorspringen und den Zipfel seines Mantels zu fassen, das ist alles.« Der Staatsmann gleiche »einem Wanderer im Walde, der die Richtung seines Marsches kennt, aber nicht den Punkt, an dem er aus dem Forste heraustreten wird.«

Trotz aller Bescheidenheit wird in solchen Bemerkungen deutlich, daß verantwortliche Politik ohne Kurshalten, Steuern und Springen nicht möglich ist und eben darin Bismarck auch im 21. Jahrhundert ein Vorbild bleibt.

An seinem Mythos hat Bismarck freilich trotzdem fleißig gewebt. Als der »grollende Alte im Sachsenwald« hat er nach seiner Entlassung kein gutes Haar an der Politik seiner Nachfolger gelassen. Mit seinen Memoiren »Gedanken und Erinnerungen«, die nicht immer der Wahrheit verpflichtet sind, hat er sich selbst ein Denkmal gesetzt und zugleich ein Sprachkunstwerk ersten Ranges geschaffen. Unzählige öffentliche Auftritte und Ansprachen, die Übernahme von mehr als 450 Ehrenbürgerschaften und die Feierlichkeiten seines 80. Geburtstags mit rund einer halben Million Geschenken und Glückwünschen spiegeln seine Kunst der Selbstinszenierung und machten ihn zum populärsten deutschen Politiker des 19. Jahrhunderts, wenn nicht der deutschen Geschichte.

Das Bild des martialischen »eisernen« Kanzlers in Kürassierstiefeln, des reckenhaften deutschen Riesen, wie ihn der Hamburger »Roland« und viele der mehr als 500 Bismarckdenkmäler von der Nordsee bis in den Süden Bayerns zeigen, haben jedoch andere geprägt. Es sagt mehr aus über den Hochmut, den Chauvinismus und die kraftstrotzende Borniertheit seiner Zeitgenossen als über ihn selbst.

Schwerer wiegt das Urteil des Historikers und ehemaligen amerikanischen Außenministers Henry Kissinger in seiner Ansprache zum 100. Todestag des ersten Reichskanzlers am 13. Juli 1998:

»Die Tatsache, daß dieser Mann auch heute noch in unseren Köpfen so lebendig ist und seine Grundsätze auch gegenwärtig noch von Bedeutung für uns sind, ist an sich schon eine große Leistung. Alle von uns, die irgendwann einmal in ihrem Leben ein öffentliches Amt inne hatten, werden sich immer fragen, ob ihr Wirken den Lauf der Geschichte verändert hat. Ich möchte diese

Frage für die heutigen Staatsmänner nicht beantworten, aber eins können wir ganz sicher sagen: Otto von Bismarck hat den Lauf der Geschichte verändert, und das ist vielleicht das Wichtigste, was man über einen großen Staatsmann sagen kann.«

Der Sammelband »Bismarck und die Deutschen« soll dazu anregen, darüber nachzudenken und kritisch zu prüfen, was sein Erbe uns Deutschen heute noch bedeutet. Allen Autoren, die daran mitgewirkt haben, sei dafür herzlich gedankt.

Otto von Bismarck – Einige Variationen über »historische Größe«

Von Hans-Christof Kraus

Das Thema »Bismarck und die Deutschen« hat in gewisser Weise zwei Dimensionen: eine geschichtliche und eine aktuelle, auf die jeweilige Gegenwart bezogene. Dieser Gegenstand, mit dem sich die Beiträge dieses Bandes beschäftigen und dem sie eine große Reihe unterschiedlicher Facetten und Teilaspekte abgewinnen, gehört also nicht ausschließlich der Vergangenheit an, sondern ebenfalls noch der Gegenwart, *unserer* Gegenwart. Bismarck ist also eine Persönlichkeit unserer Geschichte, die uns auch heute noch beschäftigt, die uns bewegt und die uns auch deshalb noch etwas angeht, weil der seit Oktober 1990 bestehende neue deutsche Nationalstaat, die »Berliner Republik«, trotz aller Unterschiede im einzelnen letztlich auf das Bismarckreich von 1871 zurückgeht, – wenn auch im Umfang stark verkleinert und in der politischen Verfassung deutlich verändert.

Wenn wir einen Gegenstand historisieren, ihn also ausschließlich als rein geschichtliches Phänomen betrachten, dann tun wir dies in der Regel mit einer gewissen Gelassenheit, mit der Gelassenheit desjenigen, der genau weiß, daß eben jenes Phänomen uns heute nicht mehr *unmittelbar* bewegt, daß es außer einem historischen Interesse, vielleicht auch einer gewissen Faszination, nichts mehr gibt, das auf die Gegenwart einwirken kann. Solche uns faszinierenden, die Phantasie anregenden Gestalten sind etwa König Ludwig II. von Bayern oder die Kaiserin Elisabeth von Österreich, jene unglückliche »Sisi«. Niemand käme jedoch auf die Idee, historische Gestalten dieser Art als in irgendeinem Sinne »gegenwärtig« zu betrachten.

Bei Bismarck ist dies jedoch anders. Wenn vor einigen Jahren einmal die These aufgestellt worden ist, Bismarck sei den Deutschen nurmehr eine ferne Erinnerung, er sei also seinen nachgeborenen Landsleuten im eigentlichen Sinne »historisch« geworden und ins Dämmerlicht der Vergangenheit entrückt, dann wurde man im Jubiläumsjahr 1998, als man sich an die einhundertjährige Wiederkehr seines Todestages erinnerte, eines Besseren belehrt. Man kann sicher nicht sagen, daß der einstige Reichsgründer groß gefeiert worden wäre. Abgesehen von einer Reihe neuer, zumeist neutral und sachlich gehaltener Lebensdarstellungen gab es jedoch eine Reihe von überaus polemischen Attacken, die einiges Aufsehen erregten. So meinte etwa ein Redakteur der »Zeit«, Volker Ullrich, die Forderung nach einem Denkmal für den erfolglosen Bismarck-Attentäter von 1866 erheben zu müssen – mit dem Argument, den Deutschen wäre viel Leid erspart worden, hätte jener Attentäter damals tatsächlich Erfolg gehabt[1]. Und ein anderer, ebenfalls nicht sonderlich bedeutender Journalist namens Johannes Willms, tätig bei der »Süddeutschen Zeitung«, glaubte Meriten (und ein kräftiges Buchhonorar) dadurch erringen zu sollen, daß er den Reichsgründer in einem wenig geschmackvollen Pamphlet unter dem Titel »Bismarck, Dämon der Deutschen« als geschichtliche Unperson zu denunzieren versuchte[2].

Gerade diese Angriffe zeigen aber, wie lebendig Bismarck eben doch noch im individuellen wie auch im kollektiven Gedächtnis der Deutschen ist; in diesen Attacken kann man nicht zuletzt ein Zeichen dafür sehen, daß seine Landsleute im Grunde bis heute mit ihm im eigentlichen Sinne eben nicht »fertig« geworden sind. Er gibt uns zu denken, er schreckt uns ab, er dient einigen als veritables Feindbild, er ist anderen wiederum Gegenstand tiefer Verehrung – kurz gesagt: Bismarck beschäftigt uns in irgendeiner Weise noch immer, von ihm gehen immer noch polarisierende Wirkungen aus – und eben dies ist zweifellos ein guter Grund dafür, daß wir uns immer wieder auch mit ihm, mit seinem Leben, seinem Werk, seinen Wirkungen und nicht zuletzt auch mit seinem Verhältnis zu seinen Landsleuten, den Deutschen, beschäftigen.

Bismarck bewegt und spaltet also bis heute Freund und Feind. Nur in *einer* Frage werden sich vermutlich beide Lager einig sein: daß ihm wohl durchaus das – ja nicht im engeren Sinne moralisch oder wertend gemeinte – *Prädikat der historischen Größe* zukommt. Auch die erbittertsten Gegner des Reichsgrün-

Otto von Bismarck und seine Gattin Johanna, geborene von Puttkamer. Daguerrotypie, 1849. Ullstein bild

ders werden nicht umhin kommen, ihm wenigstens eine gewisse Größe (was damit auch immer gemeint sein mag) zu attestieren. Und eben diese Frage nach der »historischen Größe« Bismarcks – wie auch nach seinen Grenzen – möchte ich im folgenden aufgreifen, um an diesem Leitfaden dem Verhältnis von Bismarck zu seinen Deutschen ein wenig nachzuspüren. Was aber ist überhaupt »historische Größe«? Behauptet derjenige, der diesen Begriff verwendet, bereits, daß die Geschichte ausschließlich von den großen Persönlichkeiten, den »Helden« bewegt wird, wie etwa der englische Geschichtsschreiber Thomas Carlyle[3] meinte? Bedeutet, von »historischer Größe« zu reden, etwa dem Historiker Heinrich von Treitschke (wie Carlyle übrigens ein Zeitgenosse Bismarcks) zu folgen, der in seinen berühmten Berliner Vorlesungen über »Politik« einst behauptete, es seien nur »Männer ..., welche die Geschichte machen, Männer wie Luther, wie Friedrich der Große und Bismarck«[4]?

Ich meine: nein. Historische Größe ist ein zu differenziertes, vielleicht auch ein zu ernstes Phänomen, um in plakativ vorgetragenen Thesen gewissermaßen erschlagen zu werden. Im Gegenteil: Es bedarf vielmehr der genauen Analyse und der tiefblickenden Betrachtung. Unter den Zeitgenossen Bismarcks war es der große Schweizer Historiker *Jacob Burckhardt*, der in seinen nachgelassenen Vorlesungen über das Studium der Geschichte, den berühmten »Weltgeschichtlichen Betrachtungen«, die vielleicht scharfsinnigste, in jedem Fall aber tiefdringendste Reflexion darüber angestellt hat, auf welche Weise man eben dieses Phänomen gedanklich am besten in den Griff bekommen kann. Von Burckhardts auch heute noch überaus anregenden Versuchen, die »historische Größe« zu definieren und näher zu bestimmen[5], möchte ich daher ausgehen, wenn ich über Bismarcks Größe und sein damit untrennbar zusammenhängendes Verhältnis zu seinen Landsleuten nachdenke.

Die *erste* Bestimmung, die Burckhardt gleich am Beginn seiner Reflexionen formuliert, lautet: Historische »Größe ist, was *wir nicht* sind«, – und er scheut sich keineswegs, in diesem Zusammenhang »von unserem Knirpstum, unserer Zerfahrenheit und Zerstreuung«[6] zu sprechen. Es existiert also, dies ist der Kern des Gedankens, außerhalb von uns etwas Größeres, von dem wir durch eine unüberschreitbare Differenz getrennt sind. Das Große – auch das historisch Große – ist also das Ganz Andere. Es ist etwas, vor dem wir zurückschrecken, das wir vielleicht bewundern, das wir verehren, das uns andererseits auch lästig sein, vielleicht sogar Angst bereiten kann. Wir sind nach Burckhardts Diagnose zu klein, wir sind zu zerfahren und zerstreut, d. h. wir sind zu sehr dem Einzelnen, dem Individuellen, dem Zufälligen, dem Peripheren verhaftet, um groß sein zu können, und dies meint zugleich: Das Große ist eben *nicht* zerfahren, sondern einheitlich, nicht zerstreut, sondern gesammelt und konzentriert, – gerichtet etwa auf das Vollbringen eines großen Werkes. »Historische Größe« in diesem Sinne kommt also nur demjenigen zu, der das Ganze im Blick hat, dessen Handeln darauf gerichtet ist, eben dieses Ganze in irgendeinem Sinne zu beeinflussen, es vielleicht für eine gewisse Zeit zu prägen, ihm seine Richtung vorzugeben, ihm »seinen Stempel aufzudrücken«. Egal, wie man zu Bismarck steht: daß ihm genau dies in seiner Zeit gelungen ist, wird niemand leugnen können.

Zur historischen Größe gehört ebenfalls nach Burckhardt die »*Einzigartigkeit, Unersetzlichkeit*« des großen Individuums. Er sagt: »Der große Mann ist ein solcher, ohne welchen die Welt uns unvollständig schiene, weil bestimmte große Leistungen nur durch ihn innerhalb seiner Zeit und Umgebung möglich waren und sonst undenkbar sind; er ist wesentlich verflochten in den großen Hauptstrom der Ursachen und Wirkungen«[7]. – Läßt sich mit diesem Gedanken vielleicht, so könnte man fragen, die bis heute andauernde vehemente Kritik an Bismarck erklären: als Enttäuschung darüber, daß in den 1860er Jahren, als Bismarcks politischer Aufstieg an die Spitze Deutschlands begann, eben *keine andere* Gestalt von vergleichbarem Format vorhanden war, die ihm hätte wirksam entgegentreten, die ihm auf dem Parkett der deutschen und der internationalen Politik hätte Paroli bieten können? War gerade Bismarck tatsächlich so deutlich in das von dem Schweizer Historiker erwähnte Ursachen-und-Wirkungen-Geflecht eingebunden, daß er die Leitlinien der großen Politik seiner Zeit bestimmen und jeden seiner Gegner überspielen konnte? Dies scheint wenigstens nahezuliegen.

An anderer Stelle bemerkt Burckhardt mit einer berühmten, viel zitierten Formulierung: »Die Geschichte liebt es bisweilen, sich auf einmal in einem Menschen zu verdichten, welchem hierauf die Welt gehorcht«[8]. Das ist natürlich bewußt zugespitzt formuliert, denn »die Welt« hat niemals einem einzigen Menschen »gehorcht«; man kann, im Gegenteil, sagen, daß gerade den scheinbar oder auch wirklich großen historischen Persönlichkeiten zu allen Zeiten heftiger Widerstand entgegengetreten ist, und daß ihre Größe nicht zuletzt darin liegt, gerade diese Widerstände gebrochen zu haben (und sei es auch nur für einen bestimmten Zeitraum, wie etwa Cäsar oder Napoleon Bonaparte). Den Zeitgenossen Bismarcks und auch vielen Nachgeborenen erscheint es tatsächlich so, als ob sich wenigstens die deutsche Geschichte in den Jahren 1864 bis 1871 und seitdem auch die Geschichte Europas bis 1890 im wesentlichen in seiner Person »verdichtet« habe, und auch dem Historiker fällt es nicht immer leicht, auch auf andere politische und persönliche Faktoren hinzuweisen, die in dieser Zeit ebenfalls wichtig und wesentlich gewesen sind.

Warum aber ist dies so? Hängt es vielleicht nicht nur mit einer besonderen Gunst der Zeit, sondern ebenfalls mit bestimmten Fähigkeiten einer solchen großen historischen Persönlichkeit zusammen? Burckhardt ist in der Tat dieser Ansicht: »Das große Individuum übersieht und durchdringt jedes Verhältnis, im Detail wie im Ganzen, nach Ursachen und Wirkungen. Das ist eine ganz unvermeidliche Funktion seines Kopfes … Völlig klar schaut es zwei Hauptsachen: es sieht zunächst überall die wirkliche Lage der Dinge und der möglichen Machtmittel und läßt sich durch keinen bloßen Schein blenden und durch keinen *Lärm des Augenblicks* betäuben. Von allem Anfang an weiß es,

Kaiser Wilhelm I. (1797-1888).
Nach einer Aufnahme von Reichard & Lindner, Berlin

welches die Grundlagen seiner künftigen Macht sein können. Gegenüber Parlamenten, Senaten, Versammlungen, Presse, öffentlicher Meinung weiß es jederzeit, wieweit sie wirkliche Mächte oder bloß Scheinmächte sind, die es dann einfach benützt«[9].

Diese Feststellung ist natürlich einzuschränken, denn in der Geschichte gibt es viele Beispiele dafür, daß eine große Persönlichkeit jahrelang über diese genannten Fähigkeiten verfügt, dann aber irgendwann einmal in einen Zustand unerschütterlicher individueller Selbstüberschätzung und persönlicher Erfolgsgewißheit gerät, der seine Sinne zu trüben vermag. Die Spätzeiten eines Ludwig XIV. oder eines Napoleon, auch eines Wallenstein oder eines Cromwell, zeigen, wie schnell genau dieser Zustand eintreten kann und welche verheerenden Folgen daraus entstehen können. Und dies trifft – wenngleich in etwas anderer Weise – ebenfalls auf Bismarck zu. Sein Kampf gegen den politischen Katholizismus während der 1870er Jahre und die von ihm inszenierte innenpolitische Schlacht gegen die sozialdemokratische Arbeiterbewegung im folgenden Jahrzehnt zeigen recht deutlich, daß ihm der Blick auf die realen eigenen Machtmittel und vor allem auf diejenigen der gegnerischen Seite wenigstens zeitweilig verloren gegangen ist. Hier hat Bismarck, mit Burckhardt zu sprechen, dort nur »Scheinmächte« erkennen und besiegen wollen, wo tatsächliche, »wirkliche Mächte« vorhanden waren[10]. Hieraus resultierten innenpolitische Konfliktlinien, die langfristig in Niederlagen münden mußten und die bis heute die negativen Aspekte seines Bildes unter den nachgeborenen Deutschen prägen.

Andererseits kann ebenfalls nicht in Abrede gestellt werden, daß dem ersten Reichskanzler auf dem Gebiet der Diplomatie und der internationalen Beziehungen in der Tat jene von Burckhardt beschriebene Fähigkeit zur ebenso raschen wie vollständigen geistigen Durchdringung einer bestehenden politischen Lage zukam. Ja, mehr noch: Bismarck besaß zugleich in eminentem Maße die Fähigkeit, nicht nur das Mögliche vom Unmöglichen, das Wirkliche vom Wünschbaren zu unterscheiden, sondern er konnte auch – und das ist entscheidend – *in Alternativen denken*. Einer der genialen Aspekte seiner Politik bestand doch eben darin, nicht nur *eine* Linie des Handelns, sondern gleich *mehrere* vor Augen zu sehen und damit bestimmte Möglichkeiten immer mit in den Blick zu nehmen, von denen die meisten seiner Zeitgenossen, auch seiner Mitarbeiter, kaum etwas ahnten. Über diese spezifische Kraft des Geistes,

Jacob Burckhardt (1818-1897), Kultur- und Kunsthistoriker. Portrait, Zeichnung von Hans Lendorff. Ullstein bild

die Burckhardt der historischen Größe zuschreibt, verfügte Bismarck ohne jeden Zweifel.

Doch ein weiterer Aspekt der historischen Größe, den der Schweizer Historiker nennt, scheint wenigstens zweifelhaft zu sein, wenn er auf Bismarck Anwendung finden soll. Aufschlußreich ist, daß Bismarck von Burckhardt in diesem Zusammenhang – übrigens hier zum einzigen Mal im Rahmen seiner Vorlesung – mit Namen genannt wird: »Der Gesamtwille, dem das Individuum dient, kann nur ein bewußter sein: es vollzieht diejenigen Unternehmungen, Kriege und Vergeltungsakte, welche die Nation oder die Zeit haben will. Alexander nimmt Persien, und Bismarck einigt Deutschland«[11]. Handelt es sich hierbei nun tatsächlich um eine rätselhafte Koinzidenz von Einzel- und Gesamtwillen, wie Burckhardt suggeriert? Lassen wir die Frage einmal dahingestellt, ob Alexander, indem er Persien eroberte, den »Gesamtwillen« der makedonischen Nation vollzog, so kann man es zwar als sicher ansehen, daß die *Mehrheit* der Deutschen seinerzeit der Bismarckschen Politik zugestimmt hat, daß es aber andererseits eine keineswegs verschwindende Minderheit gab, die eine Zerstörung des Deutschen Bundes ebenso ablehnte wie die Ausschließung Habsburgs aus Deutschland und die Begründung eines kleindeutschen Reiches unter preußischer Führung. Das gespaltene Verhältnis der Deutschen zu Bismarck hängt bis heute auch wesentlich hiermit zusammen.

Kaiser Friedrich III. (1831-1888). Gemälde von Paul Segisser.
Foto: Lutz Braun, bpk, Berlin

Schon eher leuchtet dagegen eine andere Beobachtung Jacob Burckhardts ein, die man ohne weiteres auf Bismarck als historisch große Persönlichkeit beziehen kann: »In den *Krisen*«, sagt er, »kulminiert in den großen Individuen zusammen das Bestehende und das Neue (die Revolution)«[12]. Das allerdings ist ein besonderes Merkmal der Persönlichkeit und des politischen Werkes von Bismarck gewesen, daß er bestrebt war, das Alte und das Neue zusammenzuführen, d. h. zum *einen* die traditionellen politischen und sozialen Führungsschichten Preußens und Deutschlands mit dem aufsteigenden Bürgertum zusammenzubringen und, wenn schon nicht im eigentlichen Sinne miteinander zu versöhnen, so doch zu einer politischen Zweckgemeinschaft zum Wohle des Ganzen zusammenzuschließen. Und zum *anderen* ging seine Absicht dahin, nach der Zerstörung der alten politischen Form Deutschlands, des seit 1815 bestehenden Deutschen Bundes, zu einer neuen Verfassungsstruktur des von ihm begründeten Reiches zu gelangen, die einerseits ebenso den Einfluß der deutschen Fürsten sicherten: im Kaisertum und im Bundesrat, wie andererseits auch den gerade aufsteigenden politischen und sozialen Mächten ihren Anteil an der politischen Macht im neuen Staat geben sollten: in dem nach allgemeinem, gleichem und geheimem Wahlrecht zusammengesetzten Reichstag. Nicht zu Unrecht ist Bismarck deshalb bekanntlich von Henry Kissinger und Lothar Gall als »weißer Revolutionär« bezeichnet worden.

Kann man aber das Phänomen der historischen Größe ausschließlich auf der *rationalen* Ebene fassen, kann man es nur auf dem Wege einer präzisen Beschreibung der herausragenden Fähigkeiten des betreffenden Individuums definieren – oder kommt nicht noch etwas Weiteres, vielleicht sogar etwas *Irrationales* hinzu? Burckhardt war jedenfalls dieser Ansicht, wenn er feststellte: »Die wirkliche Größe ist ein Mysterium. Das Prädikat wird weit mehr nach einem dunklen Gefühle als nach eigentlichen Urteilen aus Akten erteilt oder versagt; auch sind es gar nicht die Leute vom Fach allein, die es erteilen, sondern ein tatsächliches Übereinkommen vieler«[13]. – Diese Bemerkung kann uns in der Tat dem Problem des Verhältnisses der Deutschen zu Bismarck noch etwas näher bringen. Denn Burckhardt beschreibt hier etwas, das Max Weber einige Jahrzehnte später auf den Begriff der »*charismatischen Herrschaft*« bringen sollte[14], also der Herrschaft mittels einer besonderen, von einer einzelnen Persönlichkeit auf die Masse der Zeitgenossen ausgehenden *Faszination*.

Wie ist diese – an sich keineswegs unbedenkliche – Faszination zu erklären? Auch zur Beantwortung dieser Frage gibt Jacob Burckhardt einen überaus wichtigen Hinweis, wenn er in seiner Analyse der historischen Größe darauf hinweist, daß dem großen Individuum zuerst und vor allem der »wirkliche Wille« eignen muß, sich einer »Lage zu bemächtigen, und zugleich eine abnorme Willens*kraft*, welche magischen Zwang um sich verbreitet und alle Elemente der Macht und Herrschaft an sich zieht und unterwirft«; und hierzu gehört ebenfalls, so Burckhardt weiter, »die Ahnung der Denkenden, daß das große Individuum da sei, um Dinge zu vollbringen, die nur ihm möglich und dabei notwendig seien«. – Mysterium, Gefühl, Ahnung und Willenskraft sind die Stichworte, mit denen der Historiker hier arbeitet, um den inneren, teilweise rational nicht mehr faßbaren Gehalt der historischen Größe zu umschreiben. Vergegenwärtigt man sich die noch heute sichtbaren Merkmale des Bismarckkultes, nicht nur in schriftlicher, sondern auch in künstlerischer Form, nimmt man die zahlreichen Denkmäler, die Monumente, vor allem auch die Bismarcktürme in den Blick[15], dann künden alle diese Relikte von einer Faszination, die eben nicht nur rational zu erklären ist, sondern die auf *Gefühl*, auf *Charisma*, auf eine *Aura* des Besonderen zurückgeht.

Auch diese Dimension gehört also zum Thema »Bismarck und die Deutschen«. Und sie verfügt freilich ebenfalls über eine Kehrseite, die Burckhardt an anderer Stelle als den »*Machtsinn*« der großen Persönlichkeit bezeichnet und analysiert hat. Das Entscheidende für das große, das *wirklich* große Individuum ist, so der Historiker, nicht etwa die Sucht nach Ruhm, sondern »viel eher der *Machtsinn*, der als unwiderstehlicher Drang das große Individuum an den Tag treibt, auch wohl in der Regel mit einem solchen Urteil über die Menschen verbunden ist, daß nicht mehr auf das [...] Meinen derselben, sondern auf ihre Unterordnung und Brauchbarkeit gesehen wird«[16]. Hiermit spricht Burckhardt einen besonders problematischen Aspekt an, nämlich die Fähigkeit des großen Individuums, andere Menschen für sich und für die Zwecke der eigenen Macht zu *instrumentalisieren*. Und dies geschieht keineswegs nur auf dem Wege rationaler Überzeugung (etwa von der Vorzüglichkeit und dem Nutzen der eigenen Politik), sondern ebenfalls durch den Einsatz irrationaler Kräfte, durch den von Burckhardt in diesem Zusammenhang beschriebenen »magischen Zwang«, der aus der Bewunderung und Verehrung für jenen Menschen erwächst.

Die hierin liegende Gefahr ist offenkundig: denn wenn Begeisterung, Verehrung und Bewunderung umschlagen in blinde Gefolgschaft unter Ausschaltung auch des letzten Restes von vernünftigem Nachdenken, dann kann dies, wie gerade wir Deutschen wissen, im schlimmsten Falle schrecklich enden. Nun hat Bismarck es zwar vorzüglich verstanden, die Kräfte anderer Menschen für die von ihm verfolgten langfristigen politischen Ziele einzusetzen, doch er hat, wie ihm man im Rückblick zugestehen muß, die von ihm geweckten Emotionen *nicht* mißbraucht. Zwar ist es in den ersten Jahren nach seiner spektakulären Entlassung im März 1890 durchaus sein Anliegen gewesen, die eigene Popularität in weiten Kreisen des deutschen Volkes dafür zu nutzen, um die Öffentlichkeit gegen eine Politik zu mobilisieren, die er als falsch und letzten Endes verhängnisvoll empfunden hat, doch ist er niemals so weit gegangen, die Anhänglichkeit, die Ihm entgegengebrachte Verehrung und Bewunderung auf falsche Wege zu leiten. Manches spricht eher für die Vermutung, daß er den steigenden Ruhm in seinen letzten Lebensjahren eher als Last empfunden hat.

Jacob Burckhardt bemerkt, daß auch die, wie er sagt, »merkwürdige *Dispensation von dem gewöhnlichen Sittengesetz*« zur Größe gehört, denn »da sie konventionellerweise den Völkern und andern großen Gesamtheiten gestattet wird, so wird sie logischerweise auch denjenigen Individuen gestattet, die für die Gesamtheit handeln«. Die Bedingung für eine solche Dispensation liege freilich darin, daß der von diesem Individuum erreichte Vorteil für das Ganze groß genug sei, um die gegenteiligen Vorwürfe zu überstehen. Auch müsse man, so Burckhardt weiter, »dann fortfahren, groß zu sein, und wissen, daß man auch den Nachfolgern das fatale Legat hinterläßt, Genie haben zu müssen, um das gewaltsam Gewonnene so lange zu behaupten, bis alle Welt daran als ein Recht gewohnt ist«[17].

Diese Formulierungen lassen sich, wie das vorher Gesagte, ebenfalls in gewisser Weise auf den Gründer des Deutschen Kaiserreichs anwenden. Sie können weniger auf die drei sogenannten »Einigungskriege« bezogen werden, denn durch fremde Eroberungen ist das Reich eigentlich nicht zusammengefügt worden (sieht man von der Annexion von Elsaß-Lothringen einmal ab, aber auch hier handelte es sich um altes deutsches Gebiet, das einst von Ludwig XIV. dem früheren Deutschen Reich geraubt worden war). Das, so Burckhardt, »fatale Legat, Genie haben zu müssen«[18], läßt sich eher auf die Nachfolger Bismarcks als Reichskanzler anwenden. Zum Thema »Bismarck und die Deutschen« gehört unbedingt die – sich letztlich verhängnisvoll auswirkende – Tatsache, daß die von Bismarck hinterlassenen Schuhe einfach zu groß waren, daß jenes Amt des Reichskanzlers, das er sich selbst gewissermaßen persönlich auf den Leib geschneidert hatte, von keinem der späteren Amtsinhaber – von Leo von Caprivi bis zu Prinz Max von Baden – wirklich adäquat ausgefüllt werden konnte.

»Die großen Männer«, sagt Burckhardt, »sind unserem Leben notwendig, damit die weltgeschichtliche Bewegung sich periodisch und ruckweise frei mache von bloßen abgestorbenen Lebensformen und von reflektierendem Geschwätz«. Das ist nun ebenfalls eine Formulierung, die von den heute Lebenden wohl als eher zwiespältig empfunden wird. Burckhardts Diagnose mag dann zutreffen, wenn sich bestimmte historische Entwicklungen allzu langsam vollziehen, wenn sie die notwendige Heraufkunft des Neuen hinausschieben oder verzögern. In solchen

Wilhelm II. besucht Bismarck anläßlich seines 80. Geburtstags.
Aus: Bismarck – Denkmal für das Deutsche Volk. Chicago, Berlin, London 1895

Fällen mag es nötig und auch historisch sinnvoll sein, sich, wie der Historiker sagt, »ruckweise« von abgestorbenen Lebensformen freizumachen[19]. In Zeiten häufiger und radikaler Traditionsbrüche aber, von denen etwa die deutsche Geschichte des 20. Jahrhunderts gekennzeichnet ist, kommt es wohl eher auf die Bewahrung von Zusammenhängen und Kontinuitäten an, und es könnte vielleicht sogar – so ließe sich Burckhardts Gedanke gerade umkehren – ein Zeichen von historischer Größe darin liegen, eben diese Kontinuität zu sichern.

Bismarcks Gestalt liegt wohl irgendwo zwischen diesen beiden Bestimmungen: Er war auf der *einen* Seite durchaus bestrebt, abgestorbene Formen des politischen Lebens in Deutschland zu beseitigen, und er hat dies – etwa im Falle des überständigen, letztlich reformunfähigen Deutschen Bundes – auch getan, und zwar mit großem Erfolg. Auf der anderen Seite war er jedoch niemals ein radikaler Neuerer, sondern sein Bestreben ging in letzter Konsequenz dahin, das Alte mit dem Neuen zu versöhnen, so etwa die überkommenen Monarchien in Deutschland zu erhalten und sie als Kern in einen leidlich modernen Staatsbau einzufügen, sie also in gewisser Weise »zukunftsfähig« zu machen. Das ist ihm, wie sich 1918 zeigen sollte, nur halb gelungen. Die Herrschaft der alten deutschen Fürsten, auch die von ihm vehement verteidigte politische Vormachtstellung der alten Adelsschichten war nach dem Ersten Weltkrieg dahingegangen, – doch das von ihm geschaffene Gehäuse staatlicher Einheit, das Reich, blieb trotzdem (jedenfalls noch für knapp eine Generation) erhalten.

Bismarck und die Deutschen – dieses Thema enthält nicht zuletzt die Frage nach dem *Fortleben* der großen Persönlichkeiten im allgemeinen Bewußtsein der Nachgeborenen. Auch hierzu hat Jacob Burckhardt Bemerkenswertes geäußert: »Die als Ideale fortlebenden großen Männer haben einen hohen Wert für die Welt und für ihre Nationen insbesondere; sie geben denselben ein Pathos, einen Gegenstand des Enthusiasmus und regen sie bis in die untersten Schichten intellektuell auf durch das vage Gefühl von Größe; sie halten einen hohen Maßstab der Dinge aufrecht, sie helfen zum Wiederaufraffen aus zeitweiliger Erniedrigung. Napoleon, mit all dem Unheil, welches er über die Franzosen gebracht hat, ist dennoch weit überwiegend ein unermeßlich wertvoller Besitz für sie«[20].

Ein Kultus großer Männer in dieser Form scheint uns Heutigen allzu unzeitgemäß, zumal uns eben auch die Kehrseite eines solchen Kultus als leidvoller Erfahrung nur allzu bekannt

»Der Lotse geht von Bord«. Karikatur von John Tenniels. »Punch«, 29. März 1890. bpk, Berlin

ist. Burckhardt selbst hat in seinem Kapitel über »historische Größe« durchaus festgestellt, daß seine eigenen Bemerkungen natürlich zeitgebunden seien und daß es »einer künftigen Zeit ... vorbehalten« bleibe, seine Urteile »wieder zu revidieren«[21]. Seine Bemerkungen über den Wert der Ideale der großen Männer scheinen auf den ersten Blick hiervon in besonderem Maße betroffen zu sein. Aber sind sie es wirklich? Muß man nicht viel eher differenzieren und fragen: um *welche Männer* und vor allem um *welche Ideale* es sich im Einzelnen denn handelt? Gibt es nicht Unterschiede zwischen Ideal und Pseudoideal? Und gibt es nicht ebenfalls verschiedene Formen und Resultate politischen Handelns auch und gerade der großen Persönlichkeiten?

Auf Otto von Bismarck bezogen, wird man diese Frage umso dringlicher stellen und beantworten müssen, als in diesem speziellen Fall die Auffassungen besonders weit auseinandergehen. Bismarcks innere Politik, sein harter Umgang mit dem politischen Gegner, der für Jahrzehnte deutlich negative Spuren im deutschen Bewußtsein hinterlassen sollte, sind kein Erbe, auf das der Reichsgründer stolz sein konnte, und sie stellen also auch alles andere als ein »Ideal« für die Nachwelt in dem von Burckhardt gemeinten Sinne dar.

Anders aber verhält es sich mit dem Sinn für Maß und Notwendigkeit, über das der Diplomat und der Außenpolitiker Bismarck verfügte, der es (um nur zwei Beispiele zu nennen) im Sommer 1866 in Nikolsburg ablehnte, das besiegte Habsburgerreich durch Annexionen zusätzlich zu demütigen und der damit den Weg zur Wiederversöhnung offen hielt. Und anders verhält es sich ebenfalls mit dem leitenden Politiker seines Königreichs, für den ein Krieg nur die alleräußerste, unbedingt restriktiv zu handhabende Möglichkeit darstellte, gemäß seiner Maxime: »Es ist leicht für einen Staatsmann ... mit dem populären Winde in die Kriegstrompete zu stoßen und sich dabei an seinem Kaminfeuer zu wärmen oder ... donnernde Reden zu halten, und es dem Musketier, der auf dem Schnee verblutet, zu überlassen, ob sein System Sieg oder Ruhm erwirbt oder nicht. Es ist nichts leichter als das, aber wehe dem Staatsmann, der sich in dieser Zeit nicht nach einem Grunde zum Kriege umsieht, der auch *nach* dem Kriege noch stichhaltig ist«[22].

Dieses Doppelgesicht bestimmt also unser heutiges Bild des Reichsgründers Otto von Bismarck. Kein hochverehrtes Ideal, keine unantastbare Lichtgestalt mehr – aber doch auch kein Zerrbild vom »Dämon der Deutschen«. Kein Gegenstand für »Pathos« und »Enthusiasmus«, wie es Napoleon (laut Burckhardt) für die Franzosen im späten 19. Jahrhundert noch war[23], aber doch auch keine weitgehend vergessene, verdrängte oder aus dem aktuellen Bewußtsein im Dämmerlicht der Geschichte entschwundene Figur. Ob »Eiserner Kanzler« oder genialer Diplomat, ob »Katholiken- und Sozialistenfresser« oder »Schöpfer des deutschen Sozialstaates«, ob »Schmied des Reiches« oder »Alter aus dem Sachsenwald«, ob Klischee, ob Idealbild oder sachliche Betrachtung – wir werden Bismarck, so viel steht jedenfalls fest, auch künftig nicht los.

Anmerkungen

1 *Volker Ullrich*: Fünf Schüsse auf Bismarck. Historische Reportagen. München 2002.
2 *Johannes Willms*: Bismarck – Dämon der Deutschen. München 1999.
3 *Thomas Carlyle*: On Heroes, Hero-Worship, and the Heroic in History. London 1841.
4 *Heinrich von Treitschke*: Politik. Vorlesungen. Gehalten an der Universität zu Berlin. Hrsg. von Max *Cornicelius*. Bd. I. Leipzig [5]1922. S. 6.
5 *Jacob Burckhardt*: Weltgeschichtliche Betrachtungen. Hrsg. von *Rudolf Marx*. Stuttgart 1978, S. 207-248. Fünftes Kapitel: Das Individuum und das Allgemeine (Die historische Größe).
6 Ebenda, S. 209.
7 Ebenda, S. 211.
8 Ebenda, S. 229.
9 Ebenda, S. 233.
10 Ebenda.
11 Ebenda, S. 242.
12 Ebenda, S. 230.
13 Ebenda, S. 210.
14 *Max Weber*: Die drei Typen der legitimen Herrschaft. In: Ders.: Gesammelte Aufsätze zur Wissenschaftslehre. Hrsg. von *Johannes Winckelmann*. Tübingen 1973, S. 481 ff.
15 Dazu vgl. den Beitrag von *Matthias Stickler* im vorliegenden Band.
16 *Burckhardt*: Weltgeschichtliche Betrachtungen (wie Anm. 5), S. 245.
17 Die Zitate ebenda, S. 242 f.
18 Ebenda, S. 243.
19 Ebenda, S. 248.
20 Ebenda, S. 247.
21 Ebenda, S. 213.
22 *Otto von Bismarck*: Die politischen Reden. Hrsg. von *Horst Kohl*. Bd. I. Stuttgart 1892, S. 265 (2.12.1850).
23 Vgl. *Burckhardt*: Weltgeschichtliche Betrachtungen (wie Anm. 5), S. 247.

I.
Deutschland und Europa

Bismarck als Reichsgründer – Außen- und innenpolitische Konturen

Von Jürgen Angelow

Das außenpolitische Koordinatensystem Preußens, der kleinsten Großmacht im europäischen Konzert, war nach 1815 eng gezogen. Seine Staatsmänner waren vor die Notwendigkeit gestellt, zur Erreichung ihrer Ziele Allianzpartner zu suchen. Entsprechend dem Kerngedanken konservativer Prinzipienpolitik, daß nur im festen Zusammengehen der konservativen Mächte, allen voran Rußland, die von Frankreich seit 1789 latent ausgehenden Revolutionsgefahren gebannt werden könnten, bildeten Österreich und Rußland bis zur Revolution von 1848 die natürlichen Anlehnungspunkte der preußischen Außenpolitik. Gemeinsam mit der Habsburgermonarchie, als Präsidialmacht, dominierte Preußen seit 1815 den Deutschen Bund. Mit den Romanows verband die preußische Politik seit den Befreiungskriegen bis 1848 ein asymmetrisches Verhältnis der Abhängigkeit, welches sich in der nachrevolutionären Phase lockern und im Krimkrieg (1853-56) aufzehren sollte. Doch außenpolitische Spielräume und Ressourcen blieben begrenzt, solange Preußen hinter Österreich im Deutschen Bund die zweite Geige spielte und aus der im europäischen Maßstab virulent werdenden nationalen Frage keinen Gewinn ziehen konnte. Wenn sie auf europäische Machtsteigerung angelegt sein sollte, mußte die Außenpolitik der Hohenzollernmonarchie zuallererst Spielräume für die nationale Interessenwahrung und eine Positionsverbesserung innerhalb Deutschlands schaffen. Denn nur ein gestärktes wie vergrößertes Preußen konnte nach Ansicht Bismarcks noch als stabilisierender Faktor im seit 1856 dramatisch veränderten europäischen Mächtesystem dem allgemeinen Ziel dienen, die bestehende Sozialordnung innerhalb der sozialkonservativen Staatengruppe zu bewahren. Beides, die Machterweiterung Preußens in Deutschland wie Europa und die Wahrung sozialkonservativer, obrigkeitsstaatlicher Grundsätze bildeten zwei Seiten einer Medaille[1].

Zweifellos stellte die Ernennung Otto von Bismarcks zum preußischen Ministerpräsidenten am 22. September 1862 eine historische Zäsur dar[2], deren Tragweite für die eben skizzierten, hochsensiblen, eng miteinander verbundenen außen- und nationalpolitischen Themenfeldern den Zeitgenossen allerdings erst später deutlich werden sollte. Denen annoncierte sie für den Augenblick zunächst keine dramatische Kursänderung der preußischen Politik. Gewiß haben dabei, ohne die Relevanz dieses Ereignisses zu schmälern, zwei Tatsachen eine Rolle gespielt: Zum einen hat sich Berlin gegenüber Wien auch vor dem 22. September 1862 nicht bedingungslos untergeordnet, sogar – im Gegenteil – bereits seit den 30er Jahren gegenüber dem österreichischen Rivalen auf den Gebieten der Militär- und Handelspolitik nationalpolitisches Terrain wettgemacht, was 1848/49 in der Paulskirchenversammlung seinen sinnfälligen Ausdruck in der Wahl des preußischen Königs zum deutschen Kaiser – unter Ausschluß Österreichs – finden sollte. Spätestens zu diesem Zeitpunkt war deutlich geworden, daß die gesteigerte Bedeutung Preußens ihren Niederschlag in einer aufgewerteten Position der zweiten deutschen Führungsmacht neben Österreich finden mußte. Diese Erwartungshaltung nährte sich zusätzlich aus der Tatsache, daß Berlin und Wien während des sog. »Interims« vom September 1849 bis zum Mai 1850 ein gleichberechtigtes Miteinander in der Bundeszentralkommission bereits praktiziert hatten. Ungeachtet der dilettantisch vorbereiteten und schließlich gescheiterten »Unionspolitik« des preußischen Außenministers Joseph Maria von Radowitz im Nachklang der Revolution lag seit der Dresdener Konferenz (23. Dezember 1850 bis 15. Mai 1851) der nationalpolitische Forderungskatalog Berlins auf dem Tisch[3]. Das preußische Interesse galt einer dualistischen Hegemonie im Deutschen Bund, die es gemeinsam mit Österreich ausfüllen wollte. Dazu forderte es volle Gleichberechtigung: einen abwechselnden Vorsitz (Alternat) und ein beiderseitiges Vetorecht in der Bundesversammlung, die Wiederaufnahme der bis 1848 gängigen Vorverständigungspraxis mit Wien zur politischen Lahmlegung der deutschen Mittel-

und Kleinstaaten, eine Anpassung der Bundeskriegsverfassung an die sich – erst recht seit dem Krimkrieg (1853-56)[4] und dem oberitalienischen Konflikt (1859) – dramatisch verändernde sicherheitspolitische Situation Europas sowie eine Einflußteilung mit Österreich an der Mainlinie, also freie Hand im Norden. Dem lagen traditionelle Überlegungen Berlins zugrunde, die bis in die Gründungsphase des Deutschen Bundes reichten und in den Vorstellungen Wilhelm von Humboldts wurzelten, der angesichts der auf dem Wiener Kongreß 1815 nicht verhinderten österreichischen Präsidentschaft im Deutschen Bund empfohlen hatte, die preußische Stellung im Norden Deutschlands durch bilaterale Sonderverträge mit den kleineren Bundesgliedern zu sichern und auszubauen[5].

Zum anderen hatte Bismarck am 22. September 1862 von Wilhelm I. zwar weitgehend freie Hand zugesichert bekommen, sofern er die Heeresreform erfolgreich gegen die liberale Mehrheit des preußischen Abgeordnetenhauses durchsetzen würde[6], war aber bei seiner Ernennung auf außenpolitischem Gebiet durch den preußischen König im sog. »Bleistift-Programm« auf die Politik seines Amtsvorgängers Albrecht Graf von Bernstorff verpflichtet worden[7]. Wilhelm I. hatte dabei insbesondere die deutsche Frage und die handelspolitische Orientierung Preußens gegenüber Österreich und Frankreich im Auge, die er in Bernstorff'scher Weise durch Bismarck lediglich fortgesetzt wissen wollte[8]. Doch unerwartet schlug der als »Hardliner« geltende neue Ministerpräsident sogar einen bedeutend freundlicheren Ton gegenüber Österreich an, als sein Amtsvorgänger. Bernstorff hatte im Dezember 1861 als scharfe Reaktion auf mittelstaatliche Bundesreformbemühungen einen Unionsplan vorgelegt, der Österreich aus dem neu zu bildenden »engeren Bund« eines künftigen deutschen Staatsverbandes ausscheiden sehen wollte. Bismarcks nationalpolitisches »Grand Design« bestand dagegen in einem Zustand der »perfect equality«, einer Gleichberechtigung mit Österreich durch regionale Machtteilung, und – darauf basierend – einer engen Zusammenarbeit der beiden deutschen Vormächte, wie er dem britischen Botschafter gleich nach Übernahme der Regierungsgeschäfte mitteilte[9]. So ließen sich nach seiner Auffassung die manifesten österreichischen Bemühungen konterkarieren, die Präsidialfunktion im Deutschen Bund zu einer Hegemonialfunktion auszubauen und Preußen in die Rolle eines abhängigen Juniorpartners zu drücken.

Allerdings schien die Lage im September 1862 angesichts des beständigen Wiener Gegensteuerns und des fortgesetzten Widerstandes der meisten Mittelstaaten hoffnungslos festgefahren. Eine friedliche Einigung im Rahmen des bestehenden Bundesvertrages war nicht in Sicht. Wien würde sich nicht freiwillig mit einer Reduzierung seiner deutschen Position abfinden. Genau dies hatte es noch einmal im oberitalienischen Konflikt 1859 deutlich unterstrichen, als es sich mit Napoleon III. auf eine Abtretung der Lombardei verständigte, um nicht auf preußische Waffenhilfe angewiesen zu sein, die eine Gewichtserhöhung des Rivalen bedeutet hätte[10]. Auch die Mittelstaaten verspürten keine Neigung, auf Partikularinteressen und alt verbriefte Rechte zu verzichten, die ihnen durch die Grundgesetze des Bundes garantiert waren. Dies wurde im österreichischen Delegiertenprojekt deutlich, mit dem sich Bismarck in den ersten Monaten seiner Amtszeit auseinanderzusetzen hatte. Nach den Vorstellungen Wiens sollten Delegierte aus den Landtagen zur Beratung einer gemeinsamen Gesetzgebung für die Staaten des Deutschen Bundes zusammentreten. Doch anders als ein nach Bevölkerungszahl gewähltes Parlament wäre eine solche Delegiertenversammlung ein Sprachrohr der Wiener Politik geworden, da Österreich und seine Verbündeten im Lager der Mittelstaaten Preußen überstimmt hätten. Das Delegiertenprojekt unterlag bei der entscheidenden Abstimmung im Bundestag am 22. Januar 1863, da die preußische Drohung, im Falle einer Annahme den Bund zu verlassen, eine Mehrheit, gerade auch preußenfeindlicher Länder, gegen diesen Plan mobilisierte, die befürchtete, Preußen würde seine norddeutsche Einflußzone mit Gewalt arrondieren[11]. Und auch die Initiative Kaiser Franz Joseph I. vom Juli/August 1863 lief ins Leere[12], mittels Überrumpelung der deutschen Gliedstaaten-Souveräne das österreichische Projekt auf dem Frankfurter Fürstentag doch noch in die Realität zu überführen, da es Bismarck gelang, König Wilhelm I. gegen dessen Willen zum Fernbleiben zu veranlassen und das Interesse der anderen Teilnehmer daraufhin erlosch.

Auch die Projekte der Mittelstaaten verhießen aus Berliner Sicht nichts Gutes. Die Würzburger Bundesreformdiskussion vom November 1859 war ins Leere gelaufen, die aus ihr hervorgehenden Anträge verstaubten in den Fachausschüssen des Bundestages. Zwar visierte der Plan des sächsischen Ministerpräsidenten Friedrich Ferdinand von Beust vom 15. Oktober 1861 eine Aufwertung der Bundesexekutive an, die seit den Dresdner Konferenzen 1850/51 mehrheitlich gutgeheißen wurde, sah aber lediglich eine Umwandlung der Bundesversammlung in eine Ministerkonferenz vor, was den Vorstellungen der Libe-

Otto von Bismarck in Kürassieruniform, 1874.
Foto: Loescher & Petsch, Berlin. bpk, Berlin

ralen entgegenlief. Bundesverfassung und Landesverfassungen sollten immerhin nach und nach angeglichen werden, so daß die Möglichkeit bestand, den Föderalismus beizubehalten und fortzuentwickeln[13]. Berlin wies diesen Plan sofort zurück und hatte dabei auch das liberal dominierte preußische Abgeordnetenhaus hinter sich. Schließlich verhinderte die Uneinigkeit der Mittelstaaten deren Erfolg, da Bayern mit seiner Forderung nach einem Sonderstatus jede mögliche Allianz sprengte.

Auch innerhalb Preußens behinderten die politischen Bruchlinien zwischen Konservativen und Liberalen sowie die doktrinär festgefahrenen Positionen beider Lager energische Vorstöße in der nationalen Frage und eine den neuen Möglichkeiten nach 1856 entsprechende, mutige äußere Politik: Einflußreiche Hochkonservative, wie die Brüder Leopold und Ernst Ludwig von Gerlach[14], vertraten auf außenpolitischem Terrain versteinerte Positionen und zeigten wenig Veränderungsbereitschaft. Ihr Einfluß auf die offizielle Politik war beträchtlich. Da aber auch andere Gruppen mit zum Teil konträren Positionen intervenierten, ergab sich bis zum Ende der 50er Jahre keine klare außenpolitische Linie. Bismarck kritisierte diesen Zustand und warf der Regierung 1857 passive Planlosigkeit vor: »Wir haben keine Bündnisse und treiben keine auswärtige Politik, d. h. keine active, sondern beschränken uns darauf, die Steine, die in unseren Garten fallen, aufzusammeln und den Schmutz, der uns anfliegt, abzubürsten wie wir können.« Er begriff, daß man einen positiven Plan benötigt: »... wir werden Amboss, wenn wir nichts thun, um Hammer zu werden«[15]. Als auf Reformen orientierter Konservativer lehnte er die starr legitimistischen, von der Idee der monarchischen Solidarität zwischen Hohenzollern und Habsburgern bestimmten Auffassungen der Hochkonservativen als mit den realen Gegebenheiten kollidierend ab[16].

Andererseits befanden sich auch die preußischen Liberalen, die Träger der Nationalstaatsidee, nicht eben in einer beneidenswerten Lage, was ihre Durchsetzungsfähigkeit schmälerte, in den Augen Bismarcks aber ihren Bündniswert erhöhte. In ihrer Auseinandersetzung mit den Konservativen doktrinär festgefahren sowie durch die soziale Frage und die Bedürfnisse der unterbürgerlichen Schichten zusätzlich unter Druck geraten, die sich seit 1848 unüberhörbar artikulierten, wirkte das liberale Lager keineswegs schußfest. Gewiß überschätzte Bismarck die politischen Möglichkeiten der Liberalen nicht und erkannte deutlich, über welch geringe Spielräume sie bei der Durchsetzung ihrer verfassungs- und nationalpolitischen Zielvorstellungen verfügten. Da eine Stärkung der preußischen Macht nach seiner Auffassung die Voraussetzung für eine erfolgreiche Politik Preußens in der deutschen Frage bildete, an der die Liberalen interessiert sein mußten, ergaben sich gemeinsame Schnittmengen, die zu einer Abschwächung der Konflikte instrumentalisiert werden konnten. Dies betraf auch den Streit um die Heeresreform, den Bismarck als neuer Ministerpräsident im schnellen Anlauf zu entschärfen hoffte. Doch der sogleich, noch am 30. September 1862, eingeleitete Versuch, die Wogen zu glätten und die Liberalen in der Budgetkommission des preußischen Abgeordnetenhauses zu gewinnen, schlug fehl. Seine »Blut und Eisen« Rede wurde sogleich mißverstanden und als Indiz einer bevorstehenden gewalttätigen Machtpolitik interpretiert. »Höre ich ... einen so flachen Junker wie diesen Bismarck von »Blut und Eisen« prahlen, womit er Deutschland unterjochen will«, schrieb der Historiker Heinrich von Treitschke – nach 1866 überzeugter »Bismarckianer« – am selben Tag seinem Schwager, dem späteren badischen Ministerpräsidenten Wilhelm Nokk, »so scheint mir die Gemeinheit nur noch durch die Lächerlichkeit überboten.«[17] Indes, das Angebot einer Zusammenarbeit galt weiter, auch wenn diese nach den Spielregeln der preußischen Regierung erfolgen sollte, die immer wieder den Kontakt zu den Liberalen suchte und ihre Bedürfnisse nicht aus dem Auge verlor, selbst als das Verhältnis fast ausschließlich von Konflikten und kaum mehr von Kooperation bestimmt war.

Gefangen in prinzipiellen außenpolitischen Überlegungen und damit in festgefahrenen Positionen, hatte es Berlin vor dem 22. September 1862 versäumt, seine Ziele den neuen Möglichkeiten anzupassen, Partner zu suchen und an sich zu binden sowie konsequent die günstige außenpolitische Lage seit 1856 auszunutzen, die sich durch den Rückzug der Flügelmächte Rußland und Großbritannien von mitteleuropäischen Angelegenheiten und die dadurch verursachte Abnahme konzentrischen Drucks ergab. Der Unionsplan, auf den sich Bismarck im September 1862 hatte festlegen lassen müssen, klang nicht sehr viel versprechend. Er unterschied sich nur unwesentlich vom 1850 gescheiterten Projekt Radowitz', das Bismarck in seiner berühmten Rede vom 3. Dezember 1850 mit einem klaren Bekenntnis zu einer egoistischen Interessenpolitik für Preußen abgelehnt hatte[18], fand zwar Anhänger im Lager einiger Kleinstaaten, war aber nicht geeignet, der sich formierenden Nation einen festen staatlichen Rückhalt zu geben oder das liberale Lager bei der Stange zu halten. Erst die Forderung Bismarcks nach

Gerson Bleichröder (1822-1893), Bankier Bismarcks. Gemälde von Emile Wanters, 1888. bpk, Berlin

der Einberufung einer Volksvertretung in Form eines Nationalparlaments – der Gedanke trat bei ihm seit 1860 noch verklausuliert auf und wurde am 22. Januar 1863 durch den preußischen Bundestagsgesandten Guido von Usedom in provokanter Absicht öffentlich verkündet[19] – brachte den Stein ins Rollen. Dabei blieb durchaus offen und von den Umständen abhängig, ob diese Ansinnen als Druckmittel gedacht war, Österreich zum Einlenken zu bewegen, oder aber programmatische Bedeutung besaß[20]. Immerhin verhielt sich das Entgegenkommen Bismarcks gegenüber der seit 1859 wieder erstarkten deutschen Nationalbewegung, insbesondere sein Kokettieren mit dem im August 1859 gebildeten Deutschen Nationalverein, dessen Eisenacher Erklärung schließlich ein klares Bekenntnis zu einer preußischen Initiative in der nationalen Frage enthielt[21], durchaus nicht mit den liberalen Wünschen deckungsgleich. Anders als die Liberalen erblickte Bismarck in deren Vorbild einer parlamentarischen Monarchie mit vom Wählerwillen abhängigen Regierungen nach dem Muster Großbritanniens eine Existenzgefährdung für Preußen. Die Wunschvorstellung der preußischen Liberalen, das britische Vorbild zu übernehmen, lief seinem Ziel einer starken, von den wechselnden Stimmungen der Massen unabhängig agierenden Regierung diametral entgegen und wurde unversöhnlich bekämpft.

Doch wenn die zunächst von ihm angestrebte defensive Variante einer einvernehmlichen Zweiteilung Deutschlands zwischen Preußen und Österreich auf konservativer Grundlage scheitern sollte, mußte die zweite, offensive Möglichkeit eines völligen Hinausdrängens der Habsburgermonarchie aus Deutschland unabweisbar in den Vordergrund rücken. Hierzu freilich benötigte Bismarck – und darüber bestand bei ihm bei seinem Amtsantritt 1862 Klarheit – eine neuartige gesellschaftspolitische Fundierung, die Verbreiterung der Basis des preußischen Militärstaates um die bürgerlich liberale Bewegung. Nur sollte diese als »Hilfstruppe« in den Dienst des staatlichen Egoismus genommen werden und keineswegs eigene Ziele ansteuern, die den sozialkonservativen Grundsätzen entgegenstanden.

Unter diesen Voraussetzungen lagen sowohl das Zweckbündnis mit den Liberalen als auch deren Spaltung und Domestizierung im Heeres- und Verfassungskonflikt in der Logik der Vorgehensweise des preußischen Ministerpräsidenten. Aber nicht nur das: In diesem Sinne waren auch jene Gespräche aufschlußreich, die der preußische Ministerpräsident mit den Grafen Károly und Thun führte[22]. In ihnen legte er die Karten offen auf den Tisch und spielte die verschiedenen Varianten der preußischen Bundespolitik durch, die von einer konservativen Verständigung mit Österreich, über eine Teilung in Interessensphären, die Einberufung eines Nationalparlaments, bis hin zur Sprengung des Deutschen Bundes durch Austritt Preußens und einer militärischen Auseinandersetzung der beiden deutschen Vormächte reichten. Hier wurden der Variantenreichtum sichtbar, der das nationalpolitische Agieren Bismarcks bestimmte, aber auch jene Ultima Ratio eines möglichst regional begrenzten militärischen Konfliktes zur Entfernung Österreichs aus Deutschland, die 1866 bittere historische

Wirklichkeit werden sollte. Letzteres war von ihm bereits während des oberitalienischen Konfliktes 1859 eruiert worden, als er dem Generaladjutanten des Prinzregenten, General Gustav Graf von Alvensleben, von St. Petersburg aus zu Bedenken gab, die Notlage Österreichs auszunutzen und im Verein mit Rußland und Frankreich nach Süden vorzustoßen, »die Grenzpfähle im Tornister«, um sie »entweder am Bodensee oder da, wo das protestantische Bekenntnis aufhört vorzuwiegen, wieder einschlagen.«[23] Ein solcher Vorschlag war zwar angesichts der öffentlichen Meinung in den deutschen Staaten und fehlender Voraussetzungen utopisch, er zeigt aber an, daß Bismarck sehr unkonventionelle und riskante Wege zu gehen bereit war. Gefangen im Fahrwasser dynastischer Interessenwahrnehmung und überholter Prinzipien konnte die Wiener Diplomatie solchen Überlegungen nichts Substantielles entgegensetzen und versuchte, mit ihrem matten Delegiertenprojekt und den aufgewärmten Mitteleuropaideen der Schwarzenberg-Ära deutschlandpolitisch Tritt zu fassen.

Entsprechend der in der Babelsberger Unterredung vom 22. September 1862 geäußerten Grundlinie Bismarcks eines Festhaltens an der ungebrochenen monarchischen Autorität, konnte die Lösung der nationalen Frage nur »von oben«, auf dynastischem Wege erfolgen. Wirtschaftlicher Druck war dabei inbegriffen, auch Pressionen politischer und militärischer Art, der Einsatz militärischer Gewalt aber nicht notwendigerweise vorgesehen. Gerade auf dem Gebiet der Wirtschafts- und Handelspolitik fielen wichtige Vorentscheidungen in der deutschen Frage: Mit der Baden-Badener Begegnung zwischen Napoleon III. und dem preußischen Prinzregenten Wilhelm war bereits im Juni 1860 die Aufnahme von Handelsvertragsverhandlungen eingeleitet worden. In der Folge hatten sich die österreichischen und französischen Offerten gegenseitig aufgeschaukelt. Mit der Paraphierung des preußisch-französischen Handelsvertrages am 29. März 1862 hatte Berlin bereits vor der Regierungsübernahme durch Bismarck eine weitreichende Entscheidung zugunsten einer eigenständigen, von Wien abgekoppelten Gesamtpolitik als europäische Großmacht getroffen[24]. Da dieser Abschluß und die damit verbundene Öffnung des preußischen und des französischen Marktes im Sinne freihändlerischer Bestrebungen ohne Konsultation des »Deutschen Zollvereins« erfolgt und bei vielen Zollvereinsmitgliedern auf Einspruch gestoßen war, bemühte sich Österreich nun, den Zollverein zu sprengen und ein eigenes Zollunionsprojekt in Anlehnung an die Pläne des ehemaligen Handelsministers Karl Ludwig Freiherr von Bruck unter Ausschluß der Hohenzollernmonarchie zu installieren. Vor die Alternative gestellt, sich entweder dem preußisch-französischen System anzuschließen und der Großbritannien, Frankreich, Belgien, Preußen und der Schweiz umfassenden prosperierenden Wirtschaftszone anzugehören oder lediglich politischen Sympathien für die wirtschaftlich stagnierende Habsburgermonarchie den Vorzug zu geben, entschieden die Mitglieder nach Vernunftkriterien. Nach der Kündigung des Zollvereins durch Berlin am 15. Dezember 1863 wurde dieser auf dezidiert freihändlerischer Grundlage neu verhandelt und trat am 16. Mai 1865 erneut in Kraft. Damit war Österreich – mit gravierenden politischen Folgen – bereits vor der Entscheidung von 1866 im Deutschen Bund zum handelspolitischen Ausland geworden. Der Zollverein hatte sich nicht nur als Disziplinierungsinstrument im Sinne der Berliner Politik erwiesen, er hatte gleichzeitig den Ausstieg Preußens aus dem System der Bundesverträge und die angestrebte Neuordnung Deutschlands unter preußischer Führung sinnbildhaft werden lassen.

Doch die Isolation Wiens betraf nicht nur das Gebiet der Handelspolitik. Auch auf dem Feld der europäischen Mächtebeziehungen war es Bismarck durch geschicktes Taktieren gelungen, Österreich, das hierbei unfreiwillige Hilfe leistete, immer weiter abzudrängen. Eigentlich hatte sich Wien bereits selbst isoliert. Seit dem Krimkrieg war sein Verhältnis mit Rußland angespannt, die alte Allianz zerbrochen. Mehr noch; St. Petersburg trachtete nach Vergeltung und ließ – in europäischen Krisensituationen ein neues Bedrohungsszenario schaffend – die Wiener Staatsführung über die eigenen Absichten bewußt im Unklaren. Eine Allianz mit Frankreich und Großbritannien, denen sich Österreich im Krimkrieg angenähert hatte, schied wegen der italienischen Frage aus – Österreich besetzte nach wie vor die Lombardei (bis 1859) und Venetien (bis 1866), die einem entstehenden italienischen Nationalstaat zugerechnet wurden. Zudem verhielt sich London nach dem Krimkrieg an den europäischen Ereignissen weitgehend desinteressiert, da es immer stärker durch überseeische Herausforderungen in Anspruch genommen wurde. Und selbst wenn er es gewollt hätte, konnte auch der einem plebiszitären System verpflichtete Napoleon III., solange die Habsburgermonarchie an ihren oberitalienischen Provinzen festhielt, keine Verbindung mit Wien eingehen. Die öffentliche Meinung hätte einen solchen Bruch mit den am Nationalitätenprinzip orientierten Leitlinien seiner Außenpolitik nicht verziehen. Blieb noch Italien, dessen Gegnerschaft in Wien als sicher galt. Die Isolation Österreichs weiter zu vertiefen und politisch umzumünzen, stellte für Bismarck vor diesem Hintergrund keine unlösbare Aufgabe dar. Und tatsächlich hat er sich nicht gescheut, gegen Bundesrecht zu verstoßen und, nachdem sich alle friedlichen Varianten eines Ausgleichs mit Österreich verbraucht hatten, am 8. April 1866 ein zunächst auf drei Monate befristetes Angriffsbündnis mit Italien abzuschließen, um ihm beim Erwerb Venetiens Unterstützung angedeihen zu lassen und dem Prestigebedürfnis der italienischen Nation Genüge zu tun, die Provinz mit bewaffneter Hand genommen zu haben. Durch dieses Zusammengehen mit der italienischen Nationalbewegung war der »point of no return« im preußisch-österreichischen Verhältnis endgültig überschritten. Wien mußte seit dem 16. Juni 1866 den Kampf auf der inneren Linie gegen einen Gegner im Norden und einen im Süden aufnehmen.

Doch zunächst hatte der neue preußische Ministerpräsident gegenüber Österreich einen Kurs gesteuert, der von Verständigungs- und Konfliktbereitschaft gleichermaßen geprägt war.

Bismarcks Zusammentreffen mit Napoleon III. auf der Chaussee von Donchery. Nach dem Gemälde von Anton von Werner. Aus: Bismarck – Denkmal für das Deutsche Volk. AKG, Berlin

Zwar erschien die Ausgangslage für eine Kooperation nach dem preußischen Trauma von 1850 (Scheitern der Unionspolitik), dem österreichischen von 1859 (verweigerte preußische Hilfe im oberitalienischen Krieg) und der gegenseitigen Blockadepolitik in der Bundesreformfrage nicht sehr viel versprechend, doch nutzte Bismarck die Möglichkeit, mit Hilfe der Instrumentalisierung des äußeren Konfliktes, der dänischen Frage, die preußisch-österreichische Partnerschaft einzuüben und Wien von einer Kooperation mit den Mittelstaaten abzubringen. Darüber hinaus tat sind im Umfeld des Konfliktes sogar die Möglichkeit eines viel weiter gehenden Arrangements auf. Allerdings konnte man sich in den Verhandlungen der beiden Monarchen, die, unterstützt von Rechberg und Bismarck, vom 22. bis 24. August 1864 in Schönbrunn mit dem Ziel einer Interessenabgrenzung stattfanden, nicht auf eine Totalannexion der drei von Dänemark erworbenen Elbherzogtümer durch Preußen einigen, die an die Zusage gegenüber Wien geknüpft gewesen wäre, bei der Wiedergewinnung der 1859 verloren gegangenen Lombardei zu helfen. Es ist strittig, ob ein solches Kompensationsgeschäft noch eine stabile Grundlage für die Fortsetzung der preußisch-österreichischen Allianz hätte bieten können[25]. Doch wäre diese Übereinkunft, die sichere Gewinne für Preußen mit unsicheren für Österreich verknüpfte, unbestreitbar zu Lasten der Habsburgermonarchie gegangen. Von der europäischen Hochfinanz bereits abgeschrieben[26], handelspolitisch ausgekreist, sicherheitspolitisch überanstrengt, den deutschen Mittelstaaten und der deutschen Nationalbewegung entfremdet, war Österreich 1865 alles andere als ein starker Partner, seine Attraktivität war auf dem Tiefpunkt angelangt. Nur vor diesem Hintergrund ist es verständlich, warum das Kooperationsangebot Bismarcks so wenig Substanz für den Verhandlungspartner bereithielt. Nach dem Scheitern der Verhandlungen reduzierten sich die Ausgleichsmöglichkeiten zwischen Berlin und Wien drastisch und mit atemberaubender Konsequenz. Die Konvention von Gastein, jenes »Kondominium« vom 14. August 1865, war bereits nicht mehr als eine fragile Verständigung auf Zeit. Sie konnte jederzeit gebrochen werden und sie wurde gebrochen, als der Wiener Ballhausplatz im Januar 1866 begann, die bis dahin kurz gehaltene augustenburgische Bewegung in Holstein mit dem Ziel zu fördern, die preußische Politik in den Elbherzogtümern zu konterkarieren.

Das Scheitern der preußisch-österreichischen Verständigungspolitik infolge des Wiener Kurswechsels führte sehr schnell zu einer ganz und gar unsentimentalen Prioritätenverschiebung in Richtung auf den riskanten militärischen Konflikt. Bereits im Mai 1865 waren in Preußen durch die Erhöhung des Zinsfußes und die dadurch erfolgende Vermehrung der Depositengelder sowie durch das Ablösungsgeschäft mit der Köln-Mindener Eisenbahngesellschaft Mittel für einen knapp halbjährigen Feldzug organisiert worden[27]. Damit war die Kriegsfinanzierung bereits vorsorglich sichergestellt. Nach dem Kronrat vom 28. Februar 1866 erfolgten nun die politisch-diplomatischen Weichenstellungen in den Krieg. Doch ungeachtet dessen blieb Bismarcks Diplomatie gegenüber Österreich zweigleisig, lag die immer weniger wahrscheinliche Variante, daß es gelingen würde, mit friedlichen Mitteln unter Einschluß von Drohungen die Durchsetzung der im Norden anvisierten Hegemonie zu erreichen, bis zum Kriegsbeginn im Bereich des Möglichen. »Längst beabsichtigt und ruhig vorbereitet«, war dieser Krieg vielleicht aus dem Blickwinkel des Generalstabschefs – Moltke hat dies später zumindest so dargestellt[28] – die Politik hielt sich noch immer und bis zuletzt eine friedliche Option offen, wie der private Vermittlungsversuch des preußischen Abgeordneten Anton von Gablenz, des Bruders des hoch angesehenen österreichischen Statthalters in Holstein, Ende Mai 1866 bewies.

Legitimiert durch die Beschlüsse der Kronratssitzung, allerdings gegen den Widerstand einer Fronde im Lager der preußischen Diplomatie, hatte Bismarck noch im März Verhandlungen zur diplomatischen Absicherung eines möglichen militärischen Vorgehens gegen Österreich in die Wege geleitet. Zu diesem Zeitpunkt stand in Paris die deutsche Frage nicht im Mittelpunkt der politischen Diskussionen. Napoleon III. war noch immer in bedeutendem Maße durch das mexikanische Abenteuer in Anspruch genommen, das 1867 mit der Erschießung des französischen Kandidaten auf dem mexikanischen Kaiserthron, Maximilian II., in einem Fiasko endete. Daneben interessierte den französischen Kaiser, was nach dem lange erwarteten Ableben des belgischen Königs Leopold I. mit Luxemburg geschehen würde. Ließe sich das deutsche Problem mit dem belgisch-luxemburgischen verknüpfen, würde die Möglichkeit territorialer Kompensationen für Frankreich eröffnet. Bereits im Oktober 1865 hatte Napoleon gegenüber Bismarck auf ihrem Treffen in Biarritz versichert, keine direkten Kompensationsforderungen zu stellen. Doch bestand in Berlin nie ein Zweifel darüber, daß genau das Gegenteil eintreten würde, falls sich die Gelegenheit hierzu bot. Obwohl Napoleon III. im

Frühjahr 1866 Bismarck über seinen leitenden Minister Eugène Rouher davon in Kenntnis setzte, daß er in der deutschen Krise an den drei Grundsätzen festhalten werde: der Friedenspolitik, der loyalen Neutralität sowie der vollständigen Handlungsfreiheit Frankreichs[29], war klar, daß die Spielräume Preußens in der deutschen Frage mit Blick auf Frankreich sehr begrenzt waren. In der Hoffnung auf einen langen Krieg der beiden deutschen Vormächte gegeneinander, bei dessen Beendigung – ein österreichischer Sieg wurde im französischen Offizierskorps vorausgesetzt[30] – Frankreich ein gewichtiges Wort würde mitreden können, ermutigte Napoleon sowohl Wien als auch Berlin, den bewaffneten Austrag zu suchen.

Rußland hatte sich seit dem Krimkrieg auf innere Reformen konzentriert und war außenpolitischen Reibungen aus dem Weg gegangen. Die Dankbarkeit Zar Alexander II. gegenüber Preußen für dessen Unterstützung bei der Niederschlagung des polnischen Aufstandes 1863 und die Erinnerung des Zaren an die unfreundlich drohende Haltung Österreichs im Krimkrieg führten dazu, daß Rußland in der »deutschen Frage« eine Preußen begünstigende Haltung einnahm. Seine wohlwollende Neutralität mit stark antiösterreichischen und teilweise antifranzösischen Affekten bildete eine konstante Größe in Bismarcks Lageanalyse. Die verletzenden Bestimmungen des Pariser Friedens von 1856 über das Verbot einer russischen Flotte und russischer Befestigungen im Schwarzen Meer hatte sich als das entscheidende Hindernis für eine Verständigung Rußlands mit London und Paris erwiesen. Und auch in der polnischen Frage war es Napoleon III. unmöglich gewesen, die russische Position zu unterstützen, auch wenn er dies vor dem Hintergrund seines verstärkten Werbens um St. Petersburg seit 1859 gern getan hätte. Vor das Dilemma gestellt, Rußland zu unterstützen und darüber der revolutionären Tradition zu entsagen, mithin die Polen zu brüskieren, oder sich durch die Unterstützung des polnischen Aufstandes mit Rußland zu überwerfen, war der französische Kaiser zunächst passiv geblieben und schließlich von Großbritannien, das eine französisch-russische Annäherung langfristig auszuschließen bemüht war, aufgefordert worden, gegen die Polenpolitik des Zaren zu protestieren. Damit hatte sich Napoleon III. mit Rußland entzweit und allen frankophilen Neigungen des russischen Staatskanzlers Alexander Fürst Gortschakows die Basis entzogen[31]. Großbritannien war durch die Ereignisse des nordamerikanischen Bürgerkrieges in Anspruch genommen und vor die Frage gestellt, ob es zugunsten des Südens intervenieren sollte, um einen Sieg des lästigen industriellen Konkurrenten im Norden zu verhindern[32]. Zudem hatte der plötzliche Tod Lord Palmerstons am 18. Oktober 1865 ein politisches Vakuum hinterlassen, das nicht so leicht aufgefüllt werden konnte, zumal die politische Elite der Insel in außenpolitischen Belangen kaum auf einen Nenner zu bringen war und sich nun wieder der Wahlreformfrage zuwandte. Bismarck hatte den britischen Staatsmännern immer das Gefühl gegeben, zuletzt noch einmal während des däni-

Kriegsrat in Versailles im großen Hauptquartier 1871: Blumenthal, Kronprinz Friedrich Wilhelm, Verdy du Vernois, Wilhelm I., Moltke, Roon, Bismarck.
Gemälde von Anton von Werner, 1900. Foto: Elke Walford. Hamburger Kunsthalle, bpk, Berlin

schen Krieges, die Lösung der deutschen Frage würde nicht gegen das europäische Gleichgewicht oder britische Interessen verstoßen und Preußen im Einklang mit den Interessen der anderen Großmächte handeln. Da die Lösung der deutschen Frage aus Londoner Sicht lange anstand und das Foreign Office nach der Lockerung der Entente mit Österreich im Anschluß an den Krimkrieg einer machtpolitischen Konsolidierung Deutschlands auf kleindeutschem Wege durchaus wohlwollend entgegensah, begegnete es den Entwicklungen mit Zurückhaltung im Sinne seines »Non-Interventionismus«.

Der Nutznießer dieser Entwicklung war Preußen, hatte doch die russisch-französische Entfremdung sowie das Desinteresse Großbritanniens die Hohenzollernmonarchie vom konzentrischen Druck der europäischen Flügelmächte befreit. Und auch die 1863 vollzogene hektische Pendelbewegung des Franzosenkaisers zugunsten eines Zusammengehens mit Österreich ließ sich von Bismarck durch eine kurzzeitige Intensivierung des preußisch-österreichischen Verhältnisses im deutsch-dänischen Krieg leicht auffangen. Unter diesen Voraussetzungen war die außenpolitische Konstellation für einen isolierten Waffengang mit Österreich keineswegs ungünstig. Einladend wiederum war sie nicht: Der Konflikt durfte nicht eskalieren oder zu lange dauern, um nicht doch noch Interventionen der Mächte herauszufordern: So drohte der russische Staatskanzler Gortschakow, wenn ihm Bismarcks Erfolge zu weit gingen, immer wieder Kongreßpläne ins Spiel zu bringen, die auf eine Bismarck unerwünschte Erhaltung des Status quo abzielten. Konservativ-legitimistische Einwände des Zaren gegen eine Umgestaltung und Gleichschaltung der deutschen Staatenwelt ließ Bismarck dagegen mit dem Hinweis zerstreuen, anderenfalls drohe die nationale Revolution. Auch das Spiel Napoleons III. war keineswegs ganz auszurechnen, denn im Falle einer Entscheidung im preußischen Sinne konnte Bismarck, der um die Notwendigkeit außenpolitischer Erfolge für den Franzosenkaiser wusste, erwarten, mit französischer Einmischung und territorialen Forderungen konfrontiert zu werden[33].

Genau wie durch die Einigung Bismarcks mit Italien wurde infolge des österreichisch-französischen Geheimvertrag vom 12. Juni 1866 eklatant deutsches Bundesrecht verletzt: In ihm sagte Franz Joseph I. im Bewußtsein des drohenden Krieges auch für den Falle eines Sieges die Abtretung Venetiens an Frankreich zu. Im Gegenzug versprach Napoleon III. neutral zu bleiben und auch Italien zur Neutralität zu verpflichten, was gar nicht in seiner Macht stand. In einem mündlichen Ideenaustausch einigten sich beide Parteien, Österreich und die deutschen Mittelstaaten auf Kosten Preußens zu vergrößern und einen neuen Rheinstaat im Bund zu schaffen. Anders als das preußisch-italienische Aprilbündnis befand sich dieser Vertrag jedoch ganz klar im Widerspruch zu den herrschenden Tendenzen der Epoche, trat das nationalstaatliche Prinzip mit Füßen und unterstrich noch einmal die diplomatische Überlegenheit Bismarcks über die »unsichere Staatsführung Wiens«[34].

Mit der Entscheidung von Königgrätz am 3. Juli 1866, dem ein Waffenstillstand (22. 7.), der Vorfriede von Nikolsburg (26. 7.) und der Friede von Prag (23. 8. 1866) folgten, war der Weg für eine politische Neugestaltung Deutschlands frei. Doch schloss diese nationale Entscheidungssituation auch die Weichenstellung für eine zukünftige Verständigungspolitik mit Österreich, das sich 1867 zur Doppelmonarchie transformierte, ein: Die preußische Mäßigung im Sieg, der Verzicht auf territoriale Amputationen und eine auftrumpfende Siegerpose folgten der Einsicht Bismarcks, daß früher oder später ein Ersatz für die nun ausgeträumte großdeutsche Vision beschafft werden mußte[35].

An die Stelle des Deutschen Bundes trat am 18. August 1866 der Norddeutsche Bund, eine Vereinigung der norddeutschen Staaten unter preußischer Hegemonie bei Zentralisation und Zusammenfassung ihrer wichtigsten politisch-militärischen Kompetenzen in der Hand der preußischen Krone. In seiner Verfassung vom 16. April 1867 sicherte sich die Hohenzollernmonarchie das Bundespräsidium sowie das Übergewicht im Bundesrat. Da der Reichstag des Norddeutschen Bundes aus allgemeinen, direkten und freien Wahlen hervorgehen sollte, waren wesentliche nationale Forderungen des liberalen Lagers erfüllt. Auch die Freiheitsrechte des Einzelnen wurden in Folgegesetzen, die nach 1871 ihre Gültigkeit behielten, im Sinne liberaler Wünsche geregelt. Auf außenpolitischem Gebiet benutzte Bismarck die erwarteten Kompensationsforderungen Napoleons III. hinsichtlich eines Anschlusses Luxemburgs, der bayerischen Pfalz und der linksrheinischen Gebiete Hessens als Druckmittel, um die süddeutschen Mittelstaaten an den Norddeutschen Bund heranzuführen. Zeitgleich mit den Friedensverträgen schlossen Bayern, Württemberg, Baden und das Großherzogtum Hessen geheime Schutz- und Trutzbündnisse ab, in denen die betreffenden Mittelstaaten ihre militärischen Befugnisse und Kommandos im Falle eines Krieges der preußischen Krone übertrugen, ohne dafür ihre formell »internationale unabhängige Existenz« aufzugeben.

Infolge der von Bismarck mittels Emser Depesche provozierten französischen Kriegserklärung vom 19. Juli 1870[36] traten die süddeutschen Kontingente unter preußischen Oberbefehl. Der schnelle und durchgreifende Erfolg über Frankreich trug wesentlich dazu bei, die Anziehungskraft der preußischen Monarchie zu erhöhen und die Konsolidierung Deutschlands voranzubringen. Bereits im September 1870 war es in München zu Besprechungen zwischen Vertretern des Norddeutschen Bundes und der süddeutschen Staatengruppe gekommen, die im Hauptquartier in Versailles fortgesetzt und im November 1870 zu einem erfolgreichen Abschluß geführt wurden. Die Kaiserproklamation im Spiegelsaal des Versailler Schlosses vollendete symbolhaft und in martialischer Geste den obrigkeitsstaatlich gelenkten und schließlich auf militärischem Wege durchgesetzten Prozeß der nationalstaatlichen Einigung, der seine nachhaltigsten Impulse und Weichenstellungen durch die Bismarcksche Politik nach 1862 erhalten hatte. Zutreffend und hellsichtig kommentierte einer der führenden konservativen Staatsmänner Großbritanniens, Benjamin Disraeli, dieses Ereignis als »die deutsche Revolution«, die ein größeres politisches Ereignis sei, als die französische des vergangenen Jahrhunderts. Ohne Zweifel stellte die Bildung eines starken deutschen Nationalstaates in der Mitte Europas unter Zuhilfenahme revolutionärer Mittel eine radikale Gewichtsverlagerung innerhalb des europäischen Mächtekonzerts dar. Doch war die anschließende Bemerkung Disraelis, daß nunmehr das Gleichgewicht der Mächte völlig zerstört sei, worunter Großbritannien am meisten zu leiden hätte[37], eher Polemik und nicht mit den Erfahrungen der Generation nach 1871 deckungsgleich, da das neue Reich seine außenpolitischen Prioritäten zunächst von einer Politik des expansiven Machtausbaus zu einer der defensiven Machterhaltung verschob.

Die liberale, nach 1866 auf Preußen fixierte (borussische) Historiografie hat Bismarcks Politik in der nationalen Frage auf das Ergebnis bezogen und von lange planender Hand vorbereitet hinzustellen versucht. Sie war es nicht. Andererseits wäre es genauso verfehlt, ihm über die Absicht hinaus, die Macht Preußens zu festigen, strategisches Geschick und die virtuose Beherrschung der einzuschlagenden Wege abzusprechen. Spätestens seit der zweiten Hälfte der 50er Jahre bestand sein Ziel darin, die nationalstaatlichen Bestrebungen des liberalen Besitz- und Bildungsbürgertums mit einer hegemonialen Position Preußens zumindest im norddeutschen Raum zu verbinden[38]. Die Möglichkeit, die preußische Hegemonie auf ganz Deutschland auszudehnen, war zwar nicht ausgeschlossen, blieb aber von den Umständen abhängig. Indem er die preußische Außenpolitik konsequent in den Dienst nationaler Interessendurchsetzung stellte und – anders als die Wiener Politik mit ihren Engagements in Oberitalien und auf dem Balkan – eine Verstrickung in unnötige Konfliktfelder vermied, hat Bismarck den Zusammenhang von Außenpolitik und nationalen Interessen für Preußen neu definiert. In Bezug auf die vor 1866 primär angestrebten machtpolitischen Veränderungen in Deutschland hat er sich bis zuletzt – die Situation realistisch einschätzend – verschiedene Alternativen offen gehalten, sogar eine Reform des Deutschen Bundes wäre möglich gewesen, sofern mehr Kooperationswille auf Seiten Österreichs und der Mittelstaaten vorhanden und das Resultat nicht nur bloße Kosmetik gewesen wäre. Der Bruderkrieg mit Österreich – unpopulär und voller Risiken – war nicht die angestrebte Idealvariante. Über dem Risiko des Krieges hätte Bismarcks Politik auch mißlingen können: Immerhin erfolgte die Bildung des deutschen Nationalstaates – wie der Reichsgründer rückblickend feststellte – nur »unter dem bedrohenden Gewehranschlag des übrigen Europa«[39]. Hätte sie – anders gefragt – besser scheitern sollen? Angesichts der wenig attraktiven oder fehlenden Alternativen und der Tatsache, daß dem Bedürfnis nach nationaler Einheit entsprochen werden mußte, um Deutschland von einem Objekt zu einem Subjekt der Geschichte zu machen, wohl eher nicht. Bismarcks Verdienst als Verantwortlicher für die Außenpolitik der Hohenzollernmonarchie bestand darin, den nationalpolitischen Stein ins Rollen gebracht, das Spektrum außenpolitischen Handelns um neue Optionen erweitert zu haben und dabei gleichermaßen zielbewußt und flexibel, umsichtig und konfliktbereit vorgegangen zu sein. Gerade die Fähigkeit, langfristige Überlegungen in verschiedenen Optionen zu verfolgen und dabei, die Fehler der Mitakteure ausnutzend, auf Situationen rasch und präzise zu regieren, zeichnete Bismarck gegenüber anderen Staatsmännern aus. Diesen Sachverhalt hat er selbst in einem Gespräch mit dem österreichischen Historiker Heinrich Friedjung am 13. Juni 1890 auf den Punkt gebracht: »Es hieße das Wesen der Politik verkennen, wollte man annehmen, ein Staatsmann könne einen weit aussehenden Plan entwerfen und sich als Gesetz vorschreiben, was er in einem, zwei oder drei Jahren durchführen wolle .... In der Politik kann man nicht einen Plan für lange Zeit festlegen und blind in seinem Sinne vorgehen. Man kann sich nur im großen die zu verfolgende Richtung vorzeichnen: diese freilich muß man unverrückt im Auge behalten, aber man kennt die Straßen nicht genau, auf denen man zu seinem Ziele gelangt. Der Staatsmann gleicht einem Wanderer im Walde, der die Richtung seines Marsches kennt, aber nicht den Punkt, an dem er aus dem Forste heraustreten wird.«[40]

Neben der Eigenschaft des Improvisierens unter Wahrung strategischer Ziele besaß Bismarck, anders als einige seiner Nachfolger, die Fähigkeit des Maßhaltens sowie der Berücksichtigung langfristiger Folgeentwicklungen. Allerdings hatte der von ihm eingeschlagenen Weg, die nationale Frage mit einer dynastischen Interessenpolitik Preußens zu verbinden und gleichermaßen an sozialkonservativen Grundsätzen festzuhalten, auch seine Tücken. Denn die mit der Reichsgründung verbundenen obrigkeitsstaatlichen und militärischen Prägungen sollten die politischen Mentalitäten und Prägungen der deutschen Gesellschaft auf lange Sicht negativ beeinflussen und noch Generationen nach dem Reichsgründer als historische Belastungsfaktoren wirken.

Anmerkungen

1 Vgl. *Andreas Hillgruber:* Bismarcks Außenpolitik. Freiburg i. Br. 1993, S. 27.

2 Vgl. *Lothar Gall:* Bismarck. Der weiße Revolutionär. Neuausgabe Berlin 1997, S. 285.

3 Zu den Dresdener Konferenzen sowie den bei ihrer Gelegenheit diskutierten Reformkonzepten*: Jonas Flöter/ Günther Wartenberg* (Hrsg.): Die Dresdener Konferenz 1850/51. Föderalisierung des Deutschen Bundes versus Machtinteressen der Einzelstaaten. (Schriften zur sächsischen Landesgeschichte, Bd. 4), Leipzig 2002.

4 In einem Privatschreiben an Otto von Manteuffel, dem so genannten »Prachtbericht«. vom 26. April 1856 hat Bismarck eine schonungslose Analyse des Mächtekonzerts nach dem Krimkrieg gegeben und die Notwendigkeit hervorgehoben, die unausweichliche Entscheidung zwischen Preußen und Österreich »unter möglichst günstigen Umständen« herbeizuführen. In: *Otto von Bismarck*: Die gesammelten Werke. (Friedrichsruher Ausgabe). Berlin 1924-1935 (im folgenden: GW), Bd. 2, S. 142.

5 Zur von Humboldt konzipierten »Politik der freien Hand«: *Wilhelm von Humboldt*: Gesammelte Schriften. Hrsg. von der Königlich Preußischen Akademie der Wissenschaften (2 Abt.: Politische Denkschriften, hrsg. von Bruno Gebhardt), 17 Bde., Berlin 1903 ff., hier: Bd. 2, S. 212.

6 Wie Anm. 2, S. 284.

7 Hierzu ausführlicher: *Andreas Kaernbach*: Bismarcks Konzepte zur Reform des Deutschen Bundes. Zur Kontinuität der Politik Bismarcks und Preußens in der deutschen Frage (Schriftenreihe der Historischen Kommission bei der Bayerischen Akademie der Wissenschaften 41). Göttingen 1991, S. 158; *Ders.*: Hegemonie oder Interessensphärenteilung? Bismarcks Handlungsalternativen mit Blick auf Österreich im Reichsgründungsjahrzehnt. In: Ungleiche Partner? Österreich und Deutschland in ihrer gegenseitigen Wahrnehmung. Historische Analysen und Vergleiche aus dem 19. und 20. Jahrhundert. Hrsg. von Michael Gehler/ Rainer F. Schmidt/ Harm-Hinrich Brandt/ Rolf Steininger. Stuttgart 1996, S. 247-267, hier: 254.

8 Albrecht Graf von Bernstorff hatte, den Kurs seines Vorgängers Alexander Graf von Schleinitz korrigierend, am 29. März 1862 einen preußisch-französischen Handelsvertrag abgeschlossen, der eine Meistbegünstigung sowie Präferenzzölle im gegenseitigen Handel vorsah und das handelspolitische Sonderverhältnis zwischen Berlin und Wien seit dem preußisch-österreichischen Handelsvertrag vom 12. Februar 1853 beendete. Diese Entscheidung war gegen Österreich gerichtet. Sie verdeutlichte die preußische Absicht, eine eigenständige Gesamtpolitik im Rahmen des Mächtesystems zu führen und sich nicht einer österreichischen Hegemonie unterzuordnen.

9 *Andreas Kaernbach:* Bismarcks Konzepte zur Reform des Deutschen Bundes. Zur Kontinuität der Politik Bismarcks und Preußens in der Deutschen Frage. Göttingen 1991, S. 158.

10 Vgl. *Jürgen Angelow*: Von Wien nach Königgrätz. Die Sicherheitspolitik des Deutschen Bundes im europäischen Gleichgewicht(1815-1866). München 1996, S. 217-219.

11 Wie Anm. 1, S. 42.

12 Österreichische Denkschrift zur Bundesreform, 31. Juli 1863. In: *Ernst Rudolf Huber*: Dokumente zur deutschen Verfassungsgeschichte. Bd. 2: Deutsche Verfassungsdokumente 1851-1900. 3. Aufl. Stuttgart/ Berlin/ Köln/ Mainz 1986, S. 135-139.

13 Zur den sächsischen Bundesreformbestrebungen, insb. dem Reformprojekt Friedrich Ferdinand von Beusts: *Jonas Flöter*: Beust und die Reform des Deutschen Bundes 1850-1866. Sächsisch-mittelstaatliche Koalitionspolitik im Kontext der deutschen Frage. Köln 2001, S. 317-362.

14 Zu beiden Brüdern überblicksartig: *Hans-Christof Kraus:* Leopold (1790-1861) und Ernst Ludwig (1795-1877) von Gerlach. In: Bernd Heidenreich (Hrsg.): Politische Theorien des 19. Jahrhunderts. I. Konservatismus. Wiesbaden 1999, S. 161-186.

15 Bismarck an Leopold von Gerlach, 30. 5. 1857. In: GW (wie Anm. 4), Bd. 14, S. 474.

16 Bruch mit den Hochkonservativen über außen- und nationalpolitische Ziele: Briefe an Leopold von Gerlach, 2. und 30. Mai 1857. In: GW (wie Anm. 4), Bd. 14, S. 465 und 467 (Vgl. Ernst Engelberg: Bismarck. Urpreuße und Reichsgründer. Bd. 1. Berlin [Ost] 1985, S. 437-438).

17 Zit. nach Anm. 2, S. 301.

18 Wie Anm. 4, GW, Bd. 10, S. 105-110.

19 *Ernst Engelberg*: Bismarck. Urpreuße und Reichsgründer. Bd.1. Berlin (Ost) 1985, S. 541.

20 Wie Anm. 2, S. 266.

21 Vgl. Eisenacher Erklärung des Deutschen Nationalvereins. In: *Ernst Rudolf Huber* (Hrsg.): Dokumente zur deutschen Verfassungsgeschichte. Bd. 2: Deutsche Verfassungsdokumente 1851-1900. 3. Aufl. Stuttgart/ Berlin/ Köln/ Mainz 1986, S. 104-105.

22 *Andreas Kaernbach*: Hegemonie oder Interessensphärenteilung? Bismarcks Handlungsalternativen mit Blick auf Österreich im Reichsgründungsjahrzehnt. In: Ungleiche Partner? Österreich und Deutschland in ihrer gegenseitigen Wahrnehmung. Historische Analysen und Vergleiche aus dem 19. und 20. Jahrhundert. Hrsg. von Michael Gehler/ Rainer F. Schmidt/ Harm-Hinrich Brandt/ Rolf Steininger. Stuttgart 1996, S. 255; vgl. auch Anm. 2, S. 312-314.

23 Bismarck an Alvensleben, St. Petersburg, 5. Mai 1859. Zit. nach: *Theodor Schieder* (Hrsg.): Handbuch der europäischen Geschichte. Bd. 5: *Walter Bußmann* (Hrsg.): Europa von der Französischen Revolution zu den nationalstaatlichen Bewegungen des 19. Jahrhunderts. Stuttgart 1981, S. 541.

24 Wie Anm. 1, S. 33.

25 Während Ernst Rudolf Huber die Möglichkeiten einer Verständigung auf Basis der Schönbrunner Konvention akzentuiert, wird dies von Heinrich Lutz bestritten, der die Feststellung trifft, im Entwurf könne allerdings der Verzicht auf die föderative Struktur des Deutschen Bundes und die mittelstaatliche Klientel der Habsburgermonarchie zugunsten einer aus Deutschland bereits herausführenden Allianzverbindung der beiden Vormächte des Bundes gesehen werden. *Huber*, Deutsche Verfassungsgeschichte, Bd. 3, S. 485; *Heinrich Lutz*: Zwischen Habsburg und Preußen. Das Ringen um die Vormacht in Deutschland 1815-1866, Berlin 1985, S. 450. Vgl. auch: Anm. 22, S. 258.

26 *Rudolf Stadelmann*: Das Jahr 1865 und das Problem von Bismarcks deutscher Politik. München/ Berlin 1933, S. 15.

27 Wie Anm. 26, S. 29.

28 *Helmuth von Moltke*: Die Geschichte des deutsch-französischen Krieges von 1870-71 nebst einem Aufsatz »über den angeblichen Kriegsrath in den Kriegen König Wilhelms I.«.In: *Ders.*: Gesammelte Schriften und Denkwürdigkeiten des Generalfeldmarschalls Grafen Helmuth von Moltke. Bd. 3. Berlin 1891, S. 426.

29 *Raymond Poidevin/ Jaques Bariéty*: Frankreich und Deutschland. Die Geschichte ihrer Beziehungen 1815 bis 1975. München 1982, S. 95.

30 Alle französischen Offiziere »vom Kriegsminister bis zum jüngsten Subalternoffizier« seien überzeugt, daß Österreich siegen würde, meldete der österreichische Gesandte in Paris, Richard Fürst von Metternich, seinem Außenminister. Zit. nach *Alan Palmer*: Glanz und Niedergang der Diplomatie. Die Geheimpolitik der europäischen Kanzleien vom Wiener Kongress bis zum Ausbruch des Ersten Weltkriegs. Düsseldorf 1986, S. 237.

31 Vgl. Anm. 1, S. 43-48.

32 Wie Anm. 26, S. 6.

33 Vgl. Anm. 10, S. 238.

34 Wie Anm. 23, S. 569-570.

35 Dieser Intention folgte Bismarck u. a. mit dem Abschluß des Zweibundvertrages vom 7. Oktober 1879, der freilich nicht den von ihm angestrebten großzügigen staatsrechtlichen Rahmen erhielt und nur ein Defensivbündnis war. Vgl. *Jürgen Angelow*: Kalkül und Prestige. Der Zweibund am Vorabend des Ersten Weltkrieges. Köln/ Weimar/ Wien 2000, S. 46-50.

36 Zum Kriegsausbruch Vgl.: *Eberhard Kolb:* Der Kriegsausbruch 1870. Politische Entscheidungsprozesse und Verantwortlichkeiten in der Julikrise 1870. Göttingen 1970.

37 Benjamin Disraeli im Unterhaus, 9. Februar 1871. In: Hansard's Parliamentary Debates, 3. Series, Bd. CCIV, S. 81-82.

38 Vgl. Engelberg, der vom Wunsch Bismarcks nach einer preußischen Hegemonie über ganz Deutschland spricht und die Möglichkeit einer Machtteilung mit Österreich hintanstellt: I. (Anm. 19, S. 438).

39 Bismarck gegenüber deutschen Studenten, 1. April 1895. In: H. Kohl (Hrsg.): Die politischen Reden des Fürsten Bismarck. Historisch-kritische Gesamtausgabe. Bd. 13. Stuttgart 1905 (ND Aalen 1970), S. 316.

40 Siehe Anm. 4, Bd. 9, S. 49.

Bismarcks Außenpolitik

Von Ulrich Lappenküper

I. Das Dilemma der potentiellen Hegemonie 1871-1875

Die Gründung des Deutschen Reiches 1871 markierte für das europäische Staatensystem wie für die deutsche Außenpolitik eine tiefe Zäsur. Nach drei kurzen, duellartigen Kriegen war es dem preußischen Ministerpräsidenten Otto von Bismarck innerhalb eines Jahrzehnts gelungen, die über Jahrhunderte zersplitterte Mitte Europas in ein politisches »Gravitationszentrum« umzuwandeln[1]. Nicht nur die geschlagenen Staaten Dänemark, Österreich und Frankreich, auch die abseits stehenden Mächte England und Rußland verfolgten den rasanten Aufstieg Preußen-Deutschlands mit größtem Argwohn[2]. Benjamin Disraeli, der Oppositionsführer im englischen Unterhaus, begriff die Entwicklung auf dem Kontinent gar als »German revolution«. Aleksandr Gorčakov, der russische Reichskanzler, sah Europa »aus den Angeln gehoben«. Würde das von Bismarck mit »Eisen und Blut« geschaffene Reich, so fragten sich die besorgten Beobachter, der Versuchung widerstehen, die nun errungene vorwaltende Stellung im Sinne einer pangermanischen Politik weiter auszubauen und eine Universalmonarchie anzustreben?

Bismarcks gesamte Politik beruhte ab 1871 auf zwei fundamentalen Prämissen: dem »cauchemar des révolutions« im Innern und dem »cauchemar des coalitions« nach außen. Schwer trug das Kaiserreich an seinen Hypotheken, die dem machtstarrenden Gebilde gewissermaßen als Morgengabe in die Wiege gelegt worden waren: die Annexion Elsaß-Lothringens, die dazu zwang, das gedemütigte Frankreich als negativen Faktor im europäischen Machtspiel einzuplanen; der schleichende Wandel der internationalen Staatenwelt, in der das Militärische über dem Politischen zu rangieren begann oder – wie der österreichisch-ungarische Außenminister Andrássy es formulierte

Bismarck in seinem Arbeitszimmer im Reichskanzlerpalais. Foto: Julius Braatz, bpk, Berlin

– die »Macht über Recht« ging; das im Deutschen Reich sich zunehmend schmerzhafter auswirkende Fehlen eines »ostensiblen Missionsauftrag[s]«, einer zivilisatorischen Idee, die die Deutschen zu fesseln vermochte[3].

Nicht minder stark wie das Trauma der gefürchteten Umfassungskoalition lastete das Menetekel des revolutionären Umsturzes auf dem Reichskanzler. Die von ihm in der Reichsverfassung verankerte Trennung zwischen den durch die Krone definierten Interessen des Staates und den Wünschen der sich rasch wandelnden Gesellschaft ließ sich mit wachsender Distanz zur integrierend wirkenden Reichseinigungsphase immer schwerer durchhalten. Schon 1873, nach dem Abebben der Hochstimmung, geriet das Deutsche Reich in eine erste Krise. Die innere Konsolidierung der Monarchie und die Einbindung der gewonnenen Bevölkerungsteile verliefen keineswegs reibungslos. Der von Bismarck vom Zaun gebrochene Kulturkampf zerstörte sein Verhältnis zum politischen Katholizismus. Eine ökonomische Depression entfachte lautstarke Kritik an der liberalen Wirtschaftspolitik des Reichskanzlers.

Auch in der Außenpolitik, die Bismarck als seine ganz persönliche Domäne reklamierte, endete nun die halkyonische Zeit der Gründerjahre. Um die fragile halbhegemoniale oder besser »potentiell hegemoniale«[4] Position des Kaiserreiches im Zentrum Europas zu sichern, ließen sich für Bismarck, den neuen Reichskanzler – grob vereinfacht und den machtpolitischen Gepflogenheiten des 19. Jahrhunderts entsprechend – drei außenpolitische Handlungsmuster denken. Zum einen besaß er die Möglichkeit, die von ihm provozierten Verschiebungen im europäischen Kräfteverhältnis mittels Kompensationen an die relativ schwächer gewordenen Großmächte auszugleichen. Zum anderen bot sich die Konzeption der präventiven Militäraktion gegen potentielle Gegner an. Schließlich blieb der Weg, die Interessen der Großmächte an die Peripherie Europas zu dirigieren und – bei eigener Zurückhaltung – gegeneinander zu lenken.

In Anlehnung an sein Motto, in einer von Unsicherheit gekennzeichneten Welt der fünf Großmächte stets »selbdritt« sein zu müssen, suchte Bismarck nach dem deutsch-französischen Krieg eine lockere Verbindung zu potentiellen Partnern. Da Frankreich prinzipiell und England ob seiner traditionellen Distanz zu den Angelegenheiten des Kontinents, aber auch wegen der liberalen Moralpolitik des Premierministers Gladstone als Bündnispartner ausfielen, gab es für das Deutsche Reich in der Pentarchie nur zwei Aktivposten: Österreich-Ungarn und Rußland. Sich mit beiden Mächten zu arrangieren, entsprach einer innen- wie außenpolitisch konservativen Strategie, die auf Sicherung der kriegerisch erkämpften Reichseinheit wie auf Erhalt der monarchischen Staatenordnung abzielte.

Ohne Zweifel eine bevorzugte Position nahm dabei in den Augen Bismarcks das Zarenreich ein. Denn Rußland war nicht nur ob seiner territorialen Weite und demographischen Ressourcen unbesiegbar; es meldete nun auch mehr oder weniger unverhohlen den Anspruch auf eine Gegenleistung für die wohlwollende Neutralität in den Jahren der Reichseinigung an und reifte wegen der rasenden inneren Wandlungsprozesse zum potentiellen Risiko heran[5].

Um das Deutsche Reich vor einer allzu weitgehenden Abhängigkeit vom östlichen Nachbarn zu bewahren, zugleich das republikanische Frankreich machtpolitisch zu isolieren und im russisch-österreichischen Gegensatz – dem wegen der beiderseitigen Balkanrivalitäten schwierigsten Problem seiner Außenpolitik – vermittelnd einwirken zu können, betrieb Bismarck eine Annäherung an beide Kaiserreiche und schloß mit ihnen im Herbst 1873 das Dreikaiserabkommen. Seine Hoffnung, dieses Band der monarchischen Solidarität gegen den »Alpdruck der Revolution« in der Zukunft auch als Korrektiv zwischenstaatlicher Gegensätze instrumentalisieren zu können, sollte sich schon bald zerschlagen. Weder Rußland noch Österreich-Ungarn waren bereit, sich die Regeln des Machtspiels von Deutschland vorschreiben zu lassen.

Wenige Wochen nach der Unterzeichnung dieses Abkommens, das nur unverbindliche Absichtserklärungen enthielt, zeichneten sich Risse in der »Entente à trois« ab. In der Absicht, den Druck innerhalb der Koalition zu mindern, entwickelte der Reichskanzler mit erfinderischem Geist neue ‹Ablaßventile›. Zunächst attackierte er mit ungestümen Aktionen den universalen Ultramontanismus und das als dauerhaft unversöhnlich geltende Frankreich, das nach dem vorzeitigen Abzug der deutschen Besatzungstruppen im Herbst 1873 seine Handlungsfreiheit im europäischen Mächtekonzert zurückzugewinnen begann. Als seine martialische Politik der Kriegsdrohungen das Deutsche Reich 1874 von Rußland zu entfremden drohte, veränderte Bismarck seine Taktik und versuchte nun, den »Erzfeind« Frankreich indirekt, durch die Bindung Rußlands an Deutschland, in Schach zu halten. Doch die Führung in St. Petersburg dachte nicht daran, in ein von Berlin geschmiedetes anti-französisches Sicherheitssystem einzutreten. Bismarcks Bemühen, die außenpolitische Lage des Reiches durch die Etablierung einer gewissen Suprematie langfristig zu sichern, begriff Gorčakov als hegemoniale Herausforderung. Indem er sich der deutschen Umarmungsstrategie entzog, Frankreich Gesten der Solidarität signalisierte und trotz, fortwährender Rivalitäten im Balkanraum, außerdem eine exklusive Fühlungnahme mit Österreich-Ungarn aufnahm, entfachte der russische Reichskanzler in Berlin das Gefühl einer bedrohlichen Einkreisung.

Geplagt von dem Gespenst der alten »Kaunitzschen Koalition« – jener Allianz aus Rußland, Frankreich und Österreich, die Preußen im Siebenjährigen Krieg an den Rand des staatlichen Ruins geführt hatte –, entschloß sich Bismarck im Winter 1874/75 zu einem gewagten Gegenschlag. Physisch wie psychisch so geschwächt, daß er seinen Rücktritt vorbereitete, eröffnete er einen alle Schliche und Kunstgriffe geheimer Kabinettsdiplomatie, aber auch offiziöser politischer Publizistik umfassenden Angriff auf den scheinbar sich formierenden Einkreisungsring. Zunächst trachtete er danach, Zar Alexander II. mit dem Versprechen zur Förderung der russischen Orientpolitik zu Lasten der Donaumonarchie die Zusage einer wohlwollenden Neutralität im Falle eines Krieges gegen Frankreich abzuringen. Als dies in der geheimnisumwitterten Mission seines Vertrauten Josef Maria von Radowitz in St. Petersburg im März 1875 fehlschlug, ließ Bismarck die durch französische Aufrüstungen weiter verschärfte Lage eskalieren. Durch offiziös lancierte Presseartikel und absichtsvoll hingeworfene Worte deutscher Diplomaten und Militärs verbreitete der Reichskanzler in der »Krieg-in-Sicht«-Krise vom Mai 1875 den Eindruck, Deutschland rüste abermals zum Kriege. Er tat dies in dem Glauben, die angebliche Bedrohung im Westen mit massiven Pressionen und taktisch bedingten Kompensationsvorschlägen bereinigen zu können. Doch seine riskante Politik endete im Fiasko. Aufgerüttelt durch Hilferufe der französischen Regierung, fühlten sich England und Rußland in ihrem Ruhebedürfnis dermaßen gestört, daß sie zugunsten der scheinbar oder anscheinend bedrohten französischen Republik in Berlin intervenierten[6].

In einer eklatanten Fehleinschätzung der europäischen Situation hatte der Reichskanzler eine Mächtekonstellation heraufbeschworen, die für einen Augenblick die Kriegskoalition von 1914 aufblitzen ließ. Die Antwort der »Flügelmächte« des europäischen Staatensystems verdeutlichte ihm in aller Klarheit, daß isolierte Waffengänge im Stile der 1860er Jahre unmöglich geworden waren. Die europäischen Machtverhältnisse durch Konvenienzpolitik oder Präventivkrieg zum Vorteil Deutschlands zu verändern, war Bismarck fortan verwehrt. Er zog daraus die Lehre, nur noch eine konsequent defensiv angelegte, dem Gebot der »Saturiertheit« verpflichtete Außenpolitik betreiben zu dürfen, die die bestehenden Antagonismen zwischen den europäischen Staaten im Zuge einer variantenreichen »Strategie der peripheren Ablenkung« zu eigenem Nutzen fördern, aber auch begrenzen mußte.

Bismarck in Zivil, um 1894.
Otto-von-Bismarck-Stiftung Friedrichsruh

II. Die »Periode der kontinentalen Hochspannung« 1875-1879

Eine erste Chance, die neutrale Friedensfähigkeit des Reiches für den Bestand des europäischen Gleichgewichts zu aktivieren, tauchte mit der Orientkrise des Sommers 1875 auf, die die europäische Machtpolitik in eine »Periode der kontinentalen Hochspannung«[7] führte. Seit Jahrzehnten haftete die Orientalische Frage Europa wie ein ererbtes Gebrechen an. Der Grund lag in der notorischen Schwäche des Osmanischen Reiches, das sich nur mit großer Mühe den Unabhängigkeitsbestrebungen seiner slawischen Untertanen zu erwehren wußte. Zum gesamteuropäischen Problem wurde das Befinden des »kranken Mannes am Bosporus« wegen der machtpolitischen und strategischen Rivalitäten innerhalb der Pentarchie. Während Rußland die Schwächung der Türkei insgeheim begrüßte, um die Meerengen unter seine Kontrolle zu bekommen – eine unter Militärs, Diplomaten, in der Gesellschaft aber auch bei Hofe beheimatete ‹Kriegspartei« gar die sofortige Befreiung der unter türkischem »Joch« stehenden Slawen propagierte –, plädierte England für den Erhalt des Osmanischen Reiches, weil nur so die Seeroute zu seinem »Kronjuwel« Indien gesichert werden konnte. Auch Österreich-Ungarn wünschte wegen der im habsburgischen Vielvölkerreich lebenden slawischen Minderheiten den Status quo auf dem Balkan zu bewahren. Allein Deutschland zeigte sich an den Geschehnissen auf dem Balkan demonstrativ desinteressiert[8], da die Orientalische Frage gemäß einem berühmten Diktum Bismarcks nicht die »gesunden Knochen eines einzigen pommerschen Musketiers wert« war.

Der Sieg der Türken über die aufständischen Serben im Jahre 1876 drohte den bisher regional begrenzten Konflikt in eine europäische Konfrontation umschlagen zu lassen. Bedrängt von russischen Wohlverhaltenssondierungen, versicherte der Reichskanzler dem Zaren, Deutschland werde Rußland jene freundschaftliche Gesinnung erwidern, die ihm in der Zeit der Einigungskriege zuteil geworden sei. Doch damit gab sich der Herrscher aller Reußen nicht zufrieden; von seinem Urlaubsort auf der Krim verlangte er die präzise Zusage, daß Deutschland sich im Falle eines russisch-österreichischen Feldzugs ebenso verhalte wie Rußland anno 1870/71. Bismarck wich dieser »Doktorfrage aus Livadia« aus, unterbreitete zwar den Vorschlag eines Bündnisses »durch dick und dünn«, knüpfte das Angebot aber an zwei grundlegende Bedingungen: keine Opferung Österreich-Ungarns und Garantie der deutschen Westgrenze einschließlich Elsaß-Lothringen.

Für den Augenblick konnte der Reichskanzler den Optionsdruck mindern. Denn Rußland suchte nun die Anlehnung an Österreich-Ungarn und begann nach dem Abschluß bilateraler Vereinbarungen im April 1877 den seit langem ins Auge gefaßten Krieg gegen die Türkei ohne deutsche Rückendeckung. In dieser vorübergehend vom »Alp der Koalitionen« befreiten Lage formulierte Bismarck bei einem Kuraufenthalt Mitte Juni jenes berühmte Kissinger Diktat, mit dem er die außenpolitische Zukunft des Reiches absteckte. Eher in konkreter denn in allgemeiner Absicht sprach er sich für ein Offenhalten des türkischen »Geschwürs«, für die Förderung der Interessengegensätze seiner Bündnispartner ohne Umschlag in einen großen Krieg und ganz generell für die Umlenkung der europäischen Spannungen an den Rand des Kontinents aus. Sein Ziel sei es, eine »politische Gesamtsituation« herbeizuführen, »in welcher alle Mächte außer Frankreich unser bedürfen und von Koalitionen gegen uns durch ihre Beziehungen zueinander nach Möglichkeit abgehalten werden«.

Wie schwierig die Umsetzung dieser »Strategie der peripheren Ablenkung« sein sollte, zeigte sich ein Jahr später auf dem Berliner Kongreß. Nach hartem militärischem Ringen hatte Rußland der Türkei im März 1878 einen Diktatfrieden aufgezwungen, der bei den übrigen europäischen Mächten auf Entrüstung und Kritik stieß. Denn die Russen übergingen nicht nur die mit Österreich-Ungarn 1877 getroffenen Absprachen, sie veränderten auch das Gleichgewicht der Mächte auf dem Balkan so grundlegend, daß ein erneuter Krieg, diesmal der Großmächte, nicht ausgeschlossen werden konnte. Um den »Janus-Tempel« geschlossen zu halten, wurde auf Vorschlag Österreich-Ungarns ein europäischer Kongreß einberufen, der gemäß dem Wunsch Rußlands in der Hauptstadt des ‹neutralen› Deutschen Reiches stattfand.

Da die Streithähne die größten Konfliktpunkte bereits im Vorfeld dieser Konferenz ausräumten und selbst die vermeintlich härtesten Gegner, England und Rußland, aufeinander zugingen, begann der Berliner Kongreß am 13. Juni 1878 durchaus unter einem guten Stern[9]. Obwohl Bismarck es mit energischem Vorsitz schaffte, den Frieden zu bewahren, mündete die Konferenz für den »ehrlichen Makler« in eine Periode heftiger außenpolitischer Turbulenzen. Denn die Bilanzrechnungen der beteiligten Großmächte fielen am Ende dieser letzten großen Manifestation des Europäischen Mächtekonzerts höchst unterschiedlich aus. Zu den Gewinnern zählten das Deutsche Reich und sein Kanzler, der sich vom Stigma des Revolutionärs befreite und in Nord-, Süd- und Westeuropa ein hohes Maß an Ansehen gewann. Nutznießer waren auch die Briten, die mit Zypern einen wichtigen Posten im östlichen Mittelmeer erhielten und maßgeblichen Einfluß in Konstantinopel gewannen. Als Verlierer standen hingegen die Russen da, deren machtpolitische Blütenträume jäh zerplatzt waren, weil Bismarck sich ihrem Wunsch nach einer Revision der Vorabsprachen verschlossen hatte. Das Zarenreich empfand die Ergebnisse des Berliner Kongresses daher als Niederlage, ja als Demütigung und gab dafür dem deutschen Kanzler die Schuld.

Kaum war der Kongreß beendet, brach zwischen beiden Mächten abrupt ein Gegensatz auf, der freilich nicht nur eine machtpolitische, sondern auch eine ökonomische Dimension besaß. Nach der Reichseinigung hatten die bilateralen Wirtschaftsbeziehungen durch die Schaffung des einheitlichen deutschen Wirtschaftsraumes zunächst günstige Impulse erhalten. Dies änderte sich mit der Weltwirtschaftskrise von 1873 und der 1875 einsetzenden Weltagrarkrise, in deren Gefolge alle Großmächte ihr Heil in Protektionismus und Wirtschaftsnationalismus zu suchen begannen[10]. Auch Deutschland orientierte sich um. Vor dem Hintergrund scharfer innerdeutscher Spannungen vollzog Bismarck Ende der 1870er einen innenpolitischen Richtungswechsel, der vielfach zu einer »zweiten Reichsgründung« hochstilisiert wurde. Der Kanzler schuf sich neue Optionen der parlamentarischen Mehrheitsbildung, leitete den Abbau des Kulturkampfes ein und nahm mit der Verabschiedung der Sozialistengesetze den Kampf gegen die Sozialdemokratie auf. Um die Führungsschichten von Landwirtschaft und Industrie sowie breite Bevölkerungskreise bis hin zur Arbeiterschaft und zu den Katholiken an den Staat heranzuführen, verließ er den bisher beschrittenen Pfad der Freihandelspolitik und baute ein Schutzzollsystem auf.

Mit diesen wirtschaftspolitischen Maßnahmen trug Bismarck implizit zu einer russisch-französischen Annäherung bei, die in Berlin große Besorgnis erweckte. Während die militärische Führung auf die an der Spree eingehenden Signale zunehmender Intimität zwischen St. Petersburg und Paris den seit 1871 gültigen Operationsplan änderte und den Schwerpunkt des deutschen Aufmarsches nach Osten verlegte[11], trachtete der Reichskanzler unterhalb der militärischen Schwelle mit einer Politik von Zuckerbrot und Peitsche danach, die Russen zur Wiederannäherung an das Reich zu bewegen. Eine Handhabe bot ihm der auf dem Berliner Kongreß gefaßte Beschluß, Rumänien in die Unabhängigkeit zu entlassen, sofern es allen Konfessionen Gleichberechtigung zugestand. Indem Deutschland sich gemeinsam mit Frankreich und England Ende 1878 in Bukarest für die Emanzipation der unterdrückten Juden einsetzte, verschrieb es sich dem Kalkül, die Intimität zwischen französischer Republik und russischer Autokratie zu unterbinden. Anfang 1879 griff der Reichskanzler zu einem zweiten, ihm opportun erscheinenden Mittel, ließ unter dem Vorwand einer russischen Rinderpest die Grenzen zu Rußland schließen und begann einen latenten Zollkrieg. Kurz darauf überraschte er die europäische Öffentlichkeit mit dem Abschluß eines Vertrages, in dem Österreich-Ungarn auf die im Prager Frieden von 1866 geforderte Volksabstimmung über die Zugehörigkeit Nordschleswigs zu Deutschland verzichtete – ein aus machtpolitischer Perspektive höchst bemerkenswertes Zeichen wachsender deutsch-österreichischer Intimität.

Die Entsendung des Chefs des russischen Generalstabs zu französischen Manövern im Sommer 1879 und russische Truppendislozierungen an der Grenze zu Deutschland zeigten, daß der Zar die Herausforderung anzunehmen bereit war. Besonders alarmierend wirkte in Berlin ein Schreiben an den deutschen Kaiser vom August 1879, der als »Ohrfeigen-Brief« in die Geschichte eingegangen ist. Alexander II. beklagte sich darin über die mangelnde Berücksichtigung der russischen Interessen und drohte verhängnisvolle Konsequenzen an, falls das Deutsche Reich nicht endlich eine freundlichere Außenpolitik zu betreiben bereit wäre.

Anstatt dem von heftigen Presseattacken unterfütterten Verlangen Rußlands nachzukommen, rückte Bismarck noch enger an die Donaumonarchie heran[12]. Im Frühjahr 1878 hatte er entsprechende Bündniserörterungen aus Rücksicht auf das Dreikaiserabkommen höchst dilatorisch behandelt; jetzt, im Sommer 1879, ging er in die Offensive und schlug Andrássy eine parlamentarisch abgesicherte deutsch-österreichische »Assekuranz-Gesellschaft für den Frieden« vor. Doch Andrássy wollte von seinem ökonomisch-politisch motivierten Konzept, das den Deutschen Bund wieder aufleben ließ und die Basis der deutschen Machtstellung durch eine mitteleuropäische Blockbildung stärken sollte, nichts wissen. Er wünschte vielmehr den

Abschluß einer militärischen Allianz, die Österreich-Ungarn Schutz gegen Rußland bringen sollte.

Auch in Berlin blies dem Reichskanzler der Wind heftig ins Gesicht. Namentlich Kaiser Wilhelm I., der für die ungestüm hervorbrechenden Kräfte des russischen Nationalismus kaum ein Gespür hatte, meldete Widerstand gegen Bismarcks Planungen an. Erst nachdem der Reichskanzler mit Rücktritt gedroht hatten, lenkte er ein, stimmte zögernd dem Abschluß eines deutsch-österreichischen Bündnisses zu. Am 7.10.1879 unterzeichneten beide Regierungen eine geheime Defensivallianz, die freilich weder den von Bismarck gehegten Gedanken der ökonomischen Verflechtung noch den der parlamentarischen Billigung enthielt. Gegen seine Intention sah der Vertrag außerdem eine Bündnisverpflichtung nur für den Fall eines russischen Angriffs gegen einen der Vertragspartner vor.

III. Das »Jahrfünft verhältnismäßiger Entlastung« 1879-1885

Mit dem Abschluß des »Zweibundes« erkor Bismarck Österreich-Ungarn zum festesten Partner des Deutschen Reiches; das Dreikaiserbündnis abgeschrieben hatte er aber nicht – im Gegenteil. Daß er die »begrenzte« Option zugunsten der Doppelmonarchie[13] einging, hing ganz wesentlich damit zusammen, daß Rußland zwischenzeitlich die Bereitschaft zur Wiederbelebung des Entente à trois signalisiert hatte.

Die umgehend aufgenommenen Konsultationen verliefen indes äußerst schleppend. Österreichs neuer Außenminister Baron Haymerle, der Andrássys im Oktober abgelöst hatte, wollte die Zusammenarbeit zu dritt nur dann fortsetzen, wenn der Zar bereit wäre, den österreichischen Primat auf dem Westbalkan anzuerkennen. Die Ermordung Zar Alexanders II. im März 1881 schien die Aussicht auf ein trilaterales Bündnis vollends zu begraben. Mit seinem Sohn Alexander III. stieg nämlich ein Mann auf den Thron der Romanows, der dem russischen Nationalismus weit entgegenkam. Wenn er die Bündnisverhandlungen trotz starker Balkanambitionen und einer beträchtlichen Abneigung gegenüber Österreich-Ungarn nicht abbrach, so lag das vor allem an der Einflußnahme von Nikolaj Giers, dem Leiter der Asienabteilung im russischen Außenministerium. Da der frankophile Gorčakov wegen seiner Altersgebrechen kaum noch amtsfähig war, stieg Giers nun zur zentralen Figur der russischen Diplomatie auf und sollte im April 1882 auch dessen Nachfolge antreten. Durchdrungen von dem Gedanken, dem von der Revolution bedrohten Rußland durch eine außenpolitische Anlehnung an Deutschland innere Stabilität zu geben, trug er ganz maßgeblich dazu bei, daß die Bündnisverhandlungen am 18.6.1881 erfolgreich abgeschlossen werden konnten.

Im Gegensatz zum »Dreikaiserabkommen« von 1873 war der »Dreikaiservertrag« kein vor der Öffentlichkeit zelebrierter Akt weltanschaulicher Gemeinsamkeit. Die strikte Geheimhaltung des Abkommens, das die Mächte zu wohlwollender Neutralität im Falle eines Angriffs einer vierten Macht verpflichtete, deutete sinnfällig an, daß die ideologischen Gemeinsamkeiten der einstigen »Heiligen Allianz« weitgehend aufgebraucht war. Namentlich in Rußland, wo die nationalistische Öffentlichkeit eine Annäherung an Frankreich propagierte und einem Waffengang gegen Deutschland das Wort redete, fehlte dem Bündnis der drei Schwarzen Adler fast jegliche gesellschaftliche Unterstützung.

Indem Bismarck die natürlichen Balkan-Rivalen Rußland und Österreich-Ungarn zu künstlichen Verbündeten machte, ließ er sich zwangsweise in deren Rivalität hineinziehen. Da die Vertragspartner aber versprachen, sich vor einem etwaigen Waffengang gegen die Türkei vorab ins Benehmen zu setzen, glaubte der Reichskanzler ein Mittel zu besitzen, einen Krieg zwischen ihnen verhindern zu können.

Wenngleich Bismarck der nationalistisch-autokratischen Regierung Alexanders III. außenpolitischen Friedenswillen testierte, blieb das Zarenreich ob seiner inneren Verhältnisse für ihn ein unkalkulierbarer Machtfaktor. Wie fragil das Gebäude des Dreikaiserbündnisses potentiell war, verdeutlichte ihm die »Skobelewepisode« vom Frühjahr 1882. General Michail Skobelew, ein wegen seiner Leistungen im Balkankrieg 1877/78 höchst populärer russischer Offizier, polemisierte in einer haßerfüllten Rede in Paris gegen das deutsche Kaiserreich und trat für ein Bündnis mit Frankreich ein. Skobelew war kein irregeleiteter Einzelgänger; nicht wenige russische Militärs und Diplomaten huldigten seinen Gedanken. Auch Publizisten wie der mächtige Michail Katkow forderten vom Zaren lautstark eine Kehrtwende in der russischen Außenpolitik, was bei den umworbenen Franzosen verständlicherweise auf offene Ohren stieß.

Ovation beim Verlassen des Reichskanzler-Palais am 29. März 1890. Zeichnung von R. Knötel.
Aus: Bismarck – Denkmal für das Deutsche Volk.

In einer Hinsicht kam Skobelews Säbelrasseln dem deutschen Reichskanzler gar nicht einmal ungelegen. Seit geraumer Zeit führte er Bündnisgespräche mit Italien, die das »östliche« Allianzsystem gewissermaßen im »Westen« ergänzen sollten. Den Auslöser dazu hatte der von ihm animierte Vertrag von Bardo gegeben, durch den Tunesien 1881 in ein französisches Protektorat umgewandelt wurde. Da Italien dieses afrikanische Vorfeld Siziliens für sich beanspruchte, sah es seine kolonialen Ausdehnungsmöglichkeiten an entscheidender Stelle blockiert. Wollte es seine machtpolitischen Ambitionen nicht vollends abschreiben, benötigte es Schützenhilfe, die nach Lage der Dinge nur Deutschland bieten konnte.

Allein, Bismarck verharrte zunächst in deutlicher Distanz zu einer engeren Verständigung, denn Italiens Wünsche kollidierten nicht nur mit den französischen, sondern auch mit den österreichischen Interessen und waren daher geeignet, das deutsch-österreichische Einvernehmen zu stören. Der Reichskanzler empfahl den italienischen Staatsmännern daher, zunächst eine Verständigung mit Österreich-Ungarn herbeizuführen. Doch die in Wien aufgenommenen Beratungen verliefen wegen des bilateralen Gegensatzes über die Irredenta in der Alpenregion außerordentlich schwierig. Als die Konsultationen im Winter 1881/82 zu scheitern drohten, sah sich Bismarck gezwungen, beim neuen österreichischen Außenminister Gustav Kálnoky ein geheimes Dreierbündnis anzuregen.

Der am 20.5.1882 abgeschlossene »Dreibund« beinhaltete für Deutschland die abermalige Gefahr, für die radikal unterschiedlichen Erwartungen der Bündnispartner vereinnahmt zu werden. Sein Wert bestand aus der Sicht Bismarcks darin, Österreich-Ungarn den Rücken frei- und Frankreich von einem Revanchekrieg abzuhalten. Er war also wie der Zweibund ein Instrument der Friedenssicherung, weil er Deutschland die Möglichkeit bot, auf die Politik der Allianzpartner mäßigend einzuwirken[14].

Nach dem ein Jahr darauf vollzogenen Anschluß Rumäniens an die Zweibundmächte und der Vereinbarung lockerer Verbindungen zu Spanien und zur Türkei besaß das Deutsche Reich zu fast allen europäischen Staaten vertragliche Beziehungen. Gewissermaßen vollendet wurde das von Bismarck ganz maßgeblich bestimmte europäische Vertragssystem mit der Verlängerung des Dreikaiservertrages am 27.3.1884. Anders als die sich regenden deutschen Militärs, die unmißverständlich verlangten, zusammen mit Österreich-Ungarn den Zweifrontenkrieg gegen Frankreich und Rußland vorzubereiten, und damit quasi spiegelbildlich den Vorstellungen der französischen und russischen militärischen Führung entsprachen, hielt der Reichskanzler eisern daran fest, das Bündnis zu den beiden Kaiserreichen gleichermaßen zu pflegen. Die schwere parlamentarische Wahlniederlage 1881 und die wirtschaftliche Depression des Jahres 1882 erschwerten ihm sein Geschäft zwar ganz erheblich. Dennoch gelang es ihm, den im Juni 1884 auslaufenden Dreikaiservertrag noch einmal zu verlängern.

Bismarcks hoch-komplexes Bündnissystem stellte den Gipfelpunkt einer in den traditionellen Vorstellungen des 19. Jahrhunderts denkenden Diplomatie dar, die auf die Balancierung von Machtverhältnissen durch Beistands- und Neutralitätsverpflichtungen beruhte und den Kontinent nicht als solidarische Rechtsgemeinschaft, sondern als Mächte-Europa verstand. Viele Zeitgenossen begrüßten dieses System, denn es diente dem Frieden. Es besaß freilich einen gravierenden Mangel: durch die Befristung der Verträge war es nicht auf Dauer eingestellt und bedurfte daher der steten Pflege[15].

Für die Zukunft der europäischen Staatenordnung extrem belastend wirkte der die Großmächte nun erfassende Imperialismus. Indem sie begannen, die Welt unter sich aufzuteilen, nahm das System des europäischen Gleichgewichts eine globale Gestalt an.

Ihr konkretes Objekt fand die »nackte Raumgier«[16] zunächst im »Kampf um Afrika«. Schon auf dem Berliner Kongreß 1878 hatte Bismarck Absprachen angeregt, die eine Okkupation Tunesiens durch Frankreich und eine Übernahme Ägyptens durch England anvisierten. Sein Kalkül lag auf der Hand: Während er dem Deutschen Reich strikte kolonialpolitische Abstinenz auferlegte, animierte er die Westmächte zu mehr Aktivität, um ihre Konfliktpotentiale zu mehren. Erfaßt vom steigenden europäischen Kolonialfieber, formulierte Deutschland fünf Jahre später plötzlich eigene Kolonialinteressen und unterstützte gleichzeitig die Ambitionen Frankreichs. Sein Beistand sollte den britisch-französischen Gegensatz auf dem afrikanischen Kontinent anstacheln, England durch Isolation vom Reich abhängig machen und einem Ausgleich zwischen Deutschland und Frankreich den Boden ebnen. In langfristiger Perspektive ging es Bismarck mit seiner Kolonialpolitik über diverse wirtschaftlichen, wahltaktische und herrschaftsstabilisierende Motive hinaus darum, das seit 1879 geschaffene bündnispolitische »System der Aushilfen«[17] zu ersetzen, und zwar durch einen Kontinentalbund unter Einschluß Frankreichs[18].

Bismarcks »Ausflug nach Afrika« endete 1885 mit dem Sturz der entspannungswilligen französischen Regierung Jules Ferrys. Fast abrupt wandte sich der Reichskanzler von der Kolonialpolitik wieder ab und lenkte auch umgehend gegenüber den zuletzt so rüde attackierten Briten ein. Die Folgen seines Kolonialabenteuers blieben dennoch gewaltig: Das Reich war in die imperialistische Politik eingetreten und schuf – ob gewollt oder nicht – neue Reibungsflächen zu den europäischen Großmächten.

IV. Die west-östliche Doppelkrise 1885-1887

Nach einem »Jahrfünft verhältnismäßiger Entlastung«[19] geriet die deutsche Außenpolitik Mitte der 1880er Jahre abermals in schweres Gewässer. In Frankreich brach sich im Anschluß an Ferrys Rücktritt der Revanchismus gegen Deutschland eine

Bahn, und auf dem Balkan zog ein Krieg zwischen Serben und Bulgaren deren Schutzmächte Österreich-Ungarn und Rußland an den Rand des Abgrunds. Nachdem der von Bismarck gestartete Versuch einer Aufteilung des Balkans in Einflußsphären gescheitert war und Rußland den Dreikaiservertrag für tot erklärt hatte, signalisierte der deutsche Reichskanzler im Winter 1886/7 an der Neva abermals seine Bereitschaft zu einem Bündnis ‹durch dick und dünn›. Liebäugelte sein Sohn Herbert inzwischen gar mit einer Tripelallianz mit London und St. Petersburg, zog der Vater die Grenze der Verbindung zum Zarenreich weiterhin dort, wo es um Österreich-Ungarns Existenz ging. Allzu groß schien ihm die Gefahr, sich der östlichen Flügelmacht nach einer Preisgabe der Habsburger Monarchie vollends auszuliefern.

Seine Rücksichtnahme auf Österreich-Ungarn gab den anti-deutschen Kräften in Rußland immer wieder neue Nahrung für Polemik und Agitation. Die nationalistische Öffentlichkeit plädierte unverblümt für eine Annäherung an Frankreich und stieß dort inzwischen selbst in Regierungskreisen auf starken Widerhall. Als neuer Hoffnungsträger der nach Revanche sinnenden Franzosen stieg Kriegsminister Boulanger auf, der ganz ungeniert einen Feldzug gen Osten propagierte, um die 1871 verlorenen Provinzen zurückzuerobern.

Bismarck reagierte auf die sich schürzende Konflikte in Ost und West mit einem doppelten Schachzug. Ende 1886 brachte er eine Heeresvorlage in den Reichstag, die die Armee um 40.000 Mann vergrößerte. Anfang 1887 drohten deutsche Diplomaten öffentlich mit der Notwendigkeit zum Präventivkrieg gegen Frankreich.

Ungeachtet der kriegslüsternen Rhetorik einzelner Mitarbeiter dachte der Reichskanzler nicht daran, seine Friedenspolitik aufzugeben, schuf vielmehr zur Abwendung der akuten Doppelkrise ein ebenso geniales wie kompliziertes System der ‹Checks and balances›. Rußland einzudämmen und dadurch an das Deutsche Reich heranzuziehen, Frankreich zu isolieren und dadurch für Bündnisse gegen das Deutsche Reich unfähig zu machen – das war der Entwurf für eine neue Ordnung der Staatenwelt, die er nunmehr aufzubauen begann[20].

Zunächst regte Bismarck vertragliche Verbindungen der Dreibundpartner zu Großbritannien an, die im Februar/März 1987 zum Abschluß eines »Mittelmeerabkommens« führten, das der Integrität der Türkei und dem Schutz der Meerengen dienen sollte. Sodann betrieb er die Verlängerung des Dreibundes, was infolge der allgemeinen Erschütterung der europäischen Stabilität nur in der komplizierten Form zweier Sonderverträge zwischen Italien und Deutschland bzw. Italien und Österreich erfolgen konnte. Das Kernstück seiner Aktionen stellte schließlich der am 18.6.1887 auf drei Jahre abgeschlossene deutsch-russische »Rückversicherungsvertrag« dar. Als Ersatz für die zerbrochene Entente à trois sah das Abkommen eine wechselseitige Neutralität beider Vertragspartner für den Verteidigungsfall vor und überließ den Russen in einem ganz geheimen Zusatzprotokoll de facto den Zugang zum Schwarzen Meer. Mit diesem im Widerspruch zu den deutschen Vertragsverpflichtungen zu England und Österreich-Ungarn stehenden Vereinbarungen sollte Rußland das Gefühl der Isolierung genommen und den panslawistischen Tendenzen in Richtung auf ein Bündnis mit Frankreich ein Riegel vorgeschoben werden.

V. An der Schwelle zu einer neuen Ära 1887-1890

Bismarck tat gut daran, dem von ihm im Herbst 1887 mit dem »Orientdreibund« noch erweiterten Geflecht von Allianzen im Ernstfall eine – wie Sohn Herbert es nannte – allenfalls »anodyne« Bedeutung zuzumessen. Im Auswärtigen Amt wurde der Vorwurf laut, das Deutsche Reich säe mit seiner »Schaukelpolitik« zwischen West und Ost nur Mißtrauen und bringe alle Mächte gegen sich auf. Nötig sei ein klarerer Kurs, der auch vor einem Krieg nicht zurückschrecke. In der Gesellschaft, den Parteien und in der Öffentlichkeit verlangten nicht wenige Stimmen, Deutschland müsse den Kampf – gegen Rußland – möglichst rasch suchen. Auch in der Wirtschaft nahm die Antipathie gegen das Zarenreich, das seinen Binnenmarkt durch ein Hochzollschutzsystem abschirmte, dramatisch zu.

Anders als im politisch-militärischen Raum gab Bismarck den Forderungen im ökonomischen Bereich durchaus nach, schien der sich zuspitzende wirtschaftliche Antagonismus doch die Möglichkeit zu bieten, den russischen Nationalisten eine Lektion zu erteilen[21]. In der Hoffnung, seiner Rußlandpolitik mehr Popularität zu verleihen, leitete er eine Reihe zoll-, finanz- und handelspolitischer Maßnahmen ein, die die deutsche Landwirtschaft und Industrie vor äußerer Konkurrenz abschirmten. Kurz nach der Unterzeichnung des Rückversicherungsvertrages initiierte das Auswärtige Amt eine Kampagne gegen russische Wertpapiere, die im November 1887 in ein Lombardverbot mündete. Der deutsche Kapitalmarkt, bisher größter Geldgeber für die Industrialisierung des Zarenreiches, wurde dadurch für russische Interessenten gesperrt.

Ihr Ziel, den Russen die Abhängigkeit von Deutschland vor Augen zu führen, erreichte Bismarcks Politik der finanzpolitischen Nadelstiche nicht; denn die russischen Finanzmärkte wichen kurzerhand nach Paris und Amsterdam aus. Damit war die in den 1890er Jahren geschlossene »schicksalhafte Allianz« zwischen Rußland und Frankreich aber keineswegs präjudiziert. Daß Rußlands Führung dem Ruf der Militärs, Bankiers und Panslawisten folgte, lag an Entscheidungen, die nicht Bismarck, sondern seine Nachfolger zu verantworten hatten[22]. Freilich kann nicht geleugnet werden, daß der Reichskanzler den deutsch-russischen Gegensatz nicht zu beseitigen vermochte.

Gleichwohl widersetzte er sich weiterhin mit aller Macht den Forderungen, die günstig scheinende Gelegenheit für einen Präventivkrieg gegen Rußland zu nutzen. Von seiner auf Frieden und Status quo ausgerichteten Politik abzugehen war er allenfalls dann bereit, wenn sie mit einem Kriegsausbruch im Osten gescheitert wäre; und selbst dann mußte sich das Reich seines Erachtens nicht gegen Rußland, sondern gegen Frankreich wenden, um den Zweifrontenkrieg zumindest zu verzögern.

Da der Versuch, über eine mitteleuropäische Blockbildung oder auf überseeischen Umwegen größere Bewegungsfreiheit zu erreichen, die Probe aufs Exempel nicht bestanden hatte, blieben dem Deutschen Reich à la longue nur zwei außenpolitische Wahlchancen: zum einen der von den Militärs, aber auch von führenden Repräsentanten des Staates, der Gesellschaft und der Öffentlichkeit artikulierte Gedanke eines Präventivkriegs; zum anderen die Anlehnung an eine der Flügelmächte. In der innerdeutschen Diskussion über die Ausrichtung der Außenpolitik schälte sich eindeutig eine Präferenz für ein Bündnis mit Großbritannien heraus. Bismarck stand einer solchen Option aufgrund seiner weltanschaulichen Ablehnung des englischen Parlamentarismus distanziert gegenüber. Er hielt sie auch deshalb für problematisch, weil England nicht auf ein festes Bündnis zu einer Kontinentalmacht angewiesen war und die innerdeutschen Kräfte, die danach riefen, außenpolitisch höchst ehrgeizige Ambitionen hegten.

Als das zunehmend künstlicher anmutende »Spiel mit den fünf Kugeln« immer undurchschaubarer wurde, streckte der Reichskanzler Anfang 1889 gleichwohl einen Bündnisfühler nach England aus. Doch Premierminister Salisbury ließ das Angebot eines parlamentarisch zu ratifizierendes Bündnisses ohne Antwort auf dem Tisch liegen und bestätigte damit die Richtigkeit der Bismarckschen Vorbehalte.

Während im Reich der Ruf nach einem Präventivkrieg gegen Rußland zunehmend lauter erklang und mit der Ernennung des Grafen Waldersee zum Generalstabschef 1888 einen mächtigen Fürsprecher bekam, blieb der Reichskanzler überzeugt, daß das Deutsche Reich keinen Angriff auf die östliche Nachbarmacht wagen dürfe, da es selbst aus einem militärischen Sieg keinen Vorteil ziehen könne. Wenngleich Bismarck an seinem feingesponnenen, in seiner Tragweite freilich zunehmend fragwürdigeren Netz von Bündnissen weiter arbeitete, stellte er insgeheim sehr wohl Überlegungen für den Tag an, an dem das Netz reißen würde. Um den dann drohenden Zweifrontenkrieg gegen Frankreich und Rußland zu vermeiden, so ließ er eines Tages den Botschafter Graf Hatzfeldt wissen, bleibe dem Deutschen Reich zur Sicherung der eigenen Existenz nur das Rezept, die russische Neutralität durch das Angebot der »freien Hand« im Orient unter »Aufopferung von Österreich« im letzten Augenblick zu erkaufen.

Nach den Reichstagswahlen vom Februar 1890, die für ihn mit einer schweren Niederlage endeten, waren Bismarcks Tage als Reichskanzler gezählt. Der Tod Kaiser Wilhelms I. hatte ihn bereits im Drei-Kaiser-Jahr 1888 seiner wichtigsten politischen Stütze beraubt. Zum »persönlichen Regiment« in den Staatsangelegenheiten neigend, trachtete der knapp dreißig-jährige neue Chef des Hauses Hohenzollern, Wilhelm II., unter dem Einfluß intrigierender Berater danach, die Macht des mehr als doppelt so alten Reichskanzlers einzudämmen. Die jüngere deutsche Generation begrüßte den Machtwechsel mit Begeisterung; in der Armee jubelte man dem Herrscher, der sich gern in soldatischer Pose präsentierte, laut zu und wartete auf die Beseitigung des einzigen Hindernisses, das der Realisierung ihrer machtpolitischen Sehnsüchte noch im Wege stand.

Am 20. März 1890 entließ Wilhelm II. den bald 75-jährigen Bismarck aus seinen Ämtern. Verbittert zog sich der zum Herzog von Lauenburg erhobene und zum Generalobersten der Kavallerie im Range eines Generalfeldmarschalls beförderte Reichskanzler a. D. in den Sachsenwald bei Hamburg zurück. Seine große außenpolitische Leistung bestand darin, daß er in seiner fast zwanzigjährigen Kanzlerschaft einer definitiven Festlegung der deutschen Außenpolitik nach Westen und Osten auszuweichen verstanden und den alles gefährdenden Krieg verhindert hatte. Die Frage nach der Zukunftsfähigkeit oder -losigkeit seines Systems wußte er aber nicht zu beantworten.

Mit der Entlassung Bismarcks endete für die europäische Mächtepolitik eine beispiellose Ära. Die Mächte traten in ein neues Zeitalter der europäischen, ja der Weltgeschichte ein; latente Antagonismen rivalisierender Kolonialimperien beherrschten allmählich den internationalen Schauplatz. Auch Deutschland richtete seine Begierden nun auf den Erwerb außereuropäischer Regionen; die von Bismarck verordnete Politik der Saturiertheit als »unerträglichen Stillstand«[23] empfindend, sann das Kaiserreich nach einem Aufbruch zu neuen Ufern, suchte einen »Platz an der Sonne« – und fand den Untergang im Ersten Weltkrieg.

Anmerkungen

1 *Andreas Hillgruber*: Bismarcks Außenpolitik, 2. Aufl., Freiburg 1981, S.129. Die Anmerkungen werden auf ein Minimum beschränkt. Zur allgemeinen Orientierung vgl. *Konrad Canis:* Bismarcks Außenpolitik 1870-1890. Aufstieg und Gefährdung, Paderborn u.a. 2004, *Klaus Hildebrand*: Das vergangene Reich. Deutsche Außenpolitik 1871-1945, Stuttgart 1995; *Wolfgang J. Mommsen:* Großmachtstellung und Weltpolitik. Die Außenpolitik des Deutschen Reiches 1870-1914, Frankfurt/M. – Berlin 1993.

2 Vgl. *Klaus Hildebrand* (Hrsg.): Das Reich im Urteil der Großen Mächte und europäischen Nachbarn (1871-1945), München 1995.

3 *Ludwig Dehio:* Gedanken über die deutsche Sendung 1900-1918, in: *ders.*, Deutschland und die Weltpolitik im 20. Jahrhundert, München 1955, S.71-106, S.94.

4 *Andreas Hillgruber*: Deutsche Rußlandpolitik 1871-1918. Grundlagen-Grundmuster-Grundprobleme, in: ders., Deutsche Großmacht- und Weltpolitik im 19. und 20. Jahrhundert, 2. Aufl., Düsseldorf 1979, S.70-90, S.71. Grundlegend dazu: *Ludwig Dehio:* Gleichgewicht oder Hegemonie. Betrachtungen über ein Grundproblem der neueren Staatengeschichte, hrsg. von Klaus Hildebrand, Zürich 1996.

5 Vgl. *Christian Baechler* : L'Aigle et l'Ours. La politique russe de l'Allemagne de Bismarck à Hitler 1871-1945, Bern u.a. 2001; *Klaus Hildebrand:* Bismarck und Rußland. Aspekte der deutsch-russischen Beziehungen 1871-1890, Friedrichsruh 2003; *Stefan Kestler*: Betrachtungen zur kaiserlich deutschen Rußlandpolitik. Ihre Bedeutung für die Herausbildung des deutsch-russischen Antagonismus zwischen Reichsgründung und Ausbruch des Ersten Weltkrieges (1871-1914), Hamburg 2002.

6 Vgl. *Ulrich Lappenküper:* Die Mission Radowitz. Untersuchungen zur Rußlandpolitik Otto von Bismarcks (1871-1875), Göttingen 1990.

7 *Gerhard Ritter:* Bismarcks Verhältnis zu England und die Politik des »Neuen Kurses«, in: Archiv für Politik und Geschichte 2 (1924), S.511-570, S.543.

8 Zur Orientpolitik Bismarcks vgl. *Friedrich Scherer:* Adler und Halbmond. Bismarck und der Orient 1878-1890, Paderborn u.a. 2001.

9 *Karl Otmar Freiherr von Aretin* (Hrsg.): Bismarcks Außenpolitik und der Berliner Kongreß, Wiesbaden 1978; *Imanuel Geiss* (Hrsg.): Der Berliner Kongreß 1878. Protokolle und Dokumente, Boppard 1979; *Ralf Melville/Hans-Jürgen Schröder* (Hrsg.): Der Berliner Kongreß von 1878. Die Politik der Großmächte und die Probleme der Modernisierung in Südosteuropa in der zweiten Hälfte des 19. Jahrhunderts, Wiesbaden 1982.

10 Vgl. *Sigrid Kumpf-Korfes*: Bismarcks »Draht nach Rußland«. Zum Problem der sozial-ökonomischen Hintergründe der russisch-deutschen Entfremdung im Zeitraum von 1878 bis 1891, Berlin 1968; *Horst Müller-Link*: Industrialisierung und Außenpolitik. Preußen-Deutschland und das Zarenreich von 1860 bis 1890, Göttingen 1977.

11 Vgl. *Michael Schmid*: Der »Eiserne Kanzler« und die Generäle. Deutsche Rüstungspolitik in der Ära Bismarck (1871-1890), Paderborn u.a. 2003.

12 Vgl. *Jürgen Angelow*: Kalkül und Prestige. Der Zweibund am Vorabend des Ersten Weltkrieges, Köln – Weimar 2000; *Helmut Rumpler/Jan Paul Niederkorn* (Hrsg.): Der »Zweibund« 1879. Das deutsch-österreichisch-ungarische Bündnis und die europäische Diplomatie, Wien 1996.

13 *Hillgruber*: Außenpolitik (wie Anm. 1), S.156.

14 Vgl. *Holger Afflerbach*: Der Dreibund. Europäische Großmacht- und Allianzpolitik vor dem Ersten Weltkrieg, Wien u.a. 2002; *Fritz Fellner:* Der Dreibund. Europäische Diplomatie vor dem Ersten Weltkrieg, Wien 1960.

15 Vgl. *Wolfgang Windelband*: Bismarck und die europäischen Großmächte 1879-1885. Auf Grund unveröffentlichter Akten, Essen 1940.

16 *Hildebrand*: Das vergangene Reich (wie Anm. 1), S.85.

17 Zu dem von Ulrich Noack geprägten Begriff vgl. *Lothar Gall*: Bismarck. Der weiße Revolutionär, Frankfurt/M. – Berlin – Wien 1980, S.597.

18 Vgl. dagegen *Axel T.G. Riehl*: Der »Tanz um den Äquator«. Bismarcks antienglische Kolonialpolitik und die Erwartung des Thronwechsels in Deutschland 1883 bis 1885, Berlin 1993.

19 *Ritter:* Bismarcks Verhältnis zu England (wie Anm. 7), S.543.

20 Vgl. *Herbert Elzer:* Bismarcks Bündnispolitik von 1887. Erfolg und Grenzen einer europäischen Friedensordnung, Frankfurt/M. u.a. 1991.

21 Vgl. *Karl Otmar Freiherr von Aretin/Werner Conze* (Hrsg.): Deutschland und Rußland im Zeitalter des Kapitalismus 1861-1914, Wiesbaden 1977; *Helga Deininger:* Frankreich-Rußland-Deutschland 1871-1891. Die Interdependenz von Außenpolitik, Wirtschaftsinteressen und Kulturbeziehungen im Vorfeld des russisch-französischen Bündnisses, München – Wien 1983; Müller-Link, Industrialisierung.

22 *George F. Kennan:* Die schicksalhafte Allianz. Frankreich und Rußland am Vorabend des Ersten Weltkrieges, Köln 1990; *Konrad Canis*: Von Bismarck zur Weltpolitik. Deutsche Außenpolitik 1890 bis 1902, Berlin 1997.

23 *Klaus Hildebrand:* Deutsche Außenpolitik 1871-1918, München 1989, S.4.

II.
Parteien, gesellschaftliche Gruppen und Konfessionen

Bismarck und die Liberalen

Von Günther Kronenbitter

Am Anfang stand ein Schock, der nur langsam abklingen sollte. Die Berufung Bismarcks zum preußischen Ministerpräsidenten 1862 war eine Kampfansage an die liberale Opposition, die das Abgeordnetenhaus Preußens dominierte und im Laufe des Heeres- und Verfassungskonflikts an Profil, Organisationskraft und Wählerstimmen gewonnen hatte. König Wilhelm I. und seine Berater sahen kaum mehr eine Möglichkeit, ihre Vorstellung von den Vorrechten der Krone durchzusetzen. Der Monarch erwog sogar abzudanken. Der letzte Pfeil im Köcher der Krone war Otto von Bismarck. Kriegsminister Albrecht von Roon zog ihn, als ein Sieg des Liberalismus immer wahrscheinlich wurde. Der neue Ministerpräsident galt bei den Liberalen als giftiger Gegner und sah sich wohl auch selbst in dieser Rolle. Bismarcks erste Schritte auf der politischen Bühne 1848/49 waren die eines königstreuen Junkers gewesen, der die traditionelle Ordnung im Hohenzollernstaat auch mit der Waffe der Publizistik verteidigte.

Die gefährlichsten Widersacher der konservativen Kräfte, denen sich Bismarck anschloß, schienen damals die Liberalen zu sein, deren gemäßigte Richtung in der Revolution nach den Hebeln der Macht griff, in Berlin genauso wie in der Frankfurter Paulskirche. Entschlossen, die Krone und die überlieferte Ordnung zu verteidigen, blieb Bismarck in den folgenden Jahren, auch wenn er zunehmend auf Distanz ging zu den konservativen Kreisen um die Gerlach-Brüder. Als Diplomat, der Preußens Interessen auf dem Frankfurter Bundestag vertrat, später auch als Botschafter in Sankt Petersburg, löste sich Bismarck von den weltanschaulich begründeten Präferenzen der Hochkonservativen für die Solidarität der Monarchen. Nicht das Programm der Heiligen Allianz, sondern die machtpolitischen Interessen Preußens lieferten den Maßstab für Außenpolitik, wie Bismarck sie betrieb und wie er sie sich wünschte. Er stellte sich auf den Boden der Tatsachen, rechnete auch mit der Macht von Faktoren, die ihm nach Herkunft und Weltsicht nicht sonderlich sympathisch sein konnten und versuchte, sie für Preußens Machtstellung und die monarchische Ordnung nutzbar zu machen. Bismarck folgte damit einer Tendenz zur »Realpolitik«, die er nicht erfunden hatte, für die er aber in Deutschland schon bald zum Inbegriff werden sollte. Von seiner Flexibilität, wenn es um die Wahl der Mittel zur Erreichung seiner Hauptziele ging, machten sich weder Preußens Liberale, noch die Kabinette und die Öffentlichkeit Europas eine rechte Vorstellung, als Bismarck Ministerpräsident wurde.

Innenpolitisch erfüllte Bismarck zunächst mit Entschlossenheit die Befürchtungen der preußischen Liberalen. Mit der »Lückentheorie« entwand er der oppositionellen Mehrheit im Abgeordnetenhaus die schärfste Waffe im Konflikt mit der Krone. Es ist durchaus möglich, daß die zeitweise Aushebelung des Budgetrechts die innenpolitische Krise noch gefährlich gesteigert hätte, aber die Verwerfungen der deutschen wie der europäischen Politik sollten ab 1863 dafür sorgen, daß der Verfassungskonflikt langsam in den Hintergrund rückte. Seine Erfolge in der mitteleuropäischen und internationalen Machtpolitik erlaubten es Bismarck, die Zustimmung der preußischen, schließlich auch die der deutschen Öffentlichkeit für seine Politik zu erringen. Von der liberalen Mehrheit im Berliner Abgeordnetenhaus erbat und erhielt Bismarck 1866 die Indemnität; in den folgenden Jahren wurden liberale Parlamentarier zu den wichtigsten Stützen der Gesetzgebung des Norddeutschen Bundes bzw. des Deutschen Reichs. Bismarck, die dominierende Gestalt der preußischen wie der deutschen Politik bis 1890, konnte sich dabei insbesondere auf jene gemäßigt-liberalen Politiker stützen, die sich von der Konfrontationspolitik der Fortschrittspartei distanzierten und seit 1867 in der Nationalliberalen Partei ihren organisatorischen Rückhalt besaßen. Erst durch die Neuausrichtung der Politik Bismarcks in der zweiten Hälfte der 1870er Jahre verloren die Liberalen ihre zentrale Rolle für den Reichskanzler.[1]

I.

In der Rückschau wirkt die Zusammenarbeit des größeren, rechten Flügels der Liberalen im preußischen Abgeordnetenhaus wie dann auch im Reichstag mit dem »Eisernen Kanzler« als verstörendes Element der politischen Kultur Deutschlands. Auf der Suche nach den tieferen Wurzeln der Krise bürgerlich-liberaler Politik in der Weimarer Republik richtet sich die Aufmerksamkeit auch auf Bismarck, der in Preußen, dann auch im Reich eine Parlamentarisierung der politischen Herrschaft zu verhindern suchte. Die Haltung der stärksten Gruppierungen der Liberalen, von der Kompromißbereitschaft bis zur Verdrängung aus dem Zentrum des parlamentarischen Geschehens ab Mitte der 1870er Jahre, erscheint auf den ersten Blick als klägliches Scheitern bei der Verwirklichung liberaler Vorstellungen von politischer Ordnung. Führte die Unterlegenheit der Liberalen in der Auseinandersetzung mit Bismarck tatsächlich auf einen deutschen Sonderweg? Haben die Liberalen durch zu große Nachgiebigkeit ihre eigentliche Aufgabe verfehlt und mußten sie dafür mit dem Niedergang ihrer Stellung im politischen Kräftespiel bezahlen? Um diese Fragen beantworten zu können, gilt es zunächst einmal, sich die Vielgestaltigkeit der liberalen Bewegung im Deutschland der fünf Jahrzehnte nach dem Wiener Kongreß bewußt zu machen. Das verfassungspolitische Erbe der Spätaufklärung bildete zusammen mit der Programmatik und Praxis der Reformpolitik der Rheinbundstaaten und Preußens, in geringerem Maße auch Österreichs, den Ausgangspunkt des deutschen Frühliberalismus als politischer Bewegung. Je nach Lage in den Einzelstaaten des Deutschen Bundes, boten sich größere oder nur ganz eng begrenzte Möglichkeiten zur institutionalisierten Teilhabe am Gesetzgebungsprozeß. Nach den Karlsbader Beschlüssen wurde rasch deutlich, daß die Partizipationsmöglichkeiten des süddeutschen Konstitutionalismus sich in den meisten Staaten des Deutschen Bundes, darunter den beiden größten, Österreich und Preußen, nicht durchsetzen lassen würden. Trotz des Drucks der staatlichen Behörden, dem sich die Liberalen in weiten Teilen Deutschlands ausgesetzt sahen, boten das Vereinswesen und die Publizistik neben den gewählten Kammern der süddeutschen Parlamente Foren liberaler Meinungsbildung. Als gesellschaftliche Kraft, untrennbar verbunden mit dem Bürgertum, seinen Interessen wie seinem Selbstverständnis, konnte der Liberalismus ohnehin durch keine staatliche Repression ausgeschaltet werden. Dazu trat noch die enge Verbindung von liberalen Forderungen nach Rechtsstaat und Selbstbestimmung mit dem Verlangen nach einem engeren Zusammenschluß aller Deutschen, also nach stärkerer nationaler Einheit.[2]

Daß die gesellschaftliche Verankerung und die Vielfalt der politischen Vorstellungen Stärke und Schwäche zugleich bedeuteten, erwies sich 1848/49. Die Liberalen dominierten, in den »Märzministerien«, den Parlamenten der Einzelstaaten und in der Paulskirchenversammlung, liberales Gedankengut prägte die Verfassungsdiskussion, aber zugleich traten die inneren Widersprüche des deutschen Liberalismus ans Licht, sozioökonomische Interessengegensätze ebenso wie politische Differenzen

Eduard Lasker (1829-1884). Jurist und Politker, Mitglied des Reichstags 1867-1883. Holzstich, 1884. bpk, Berlin

um die Grenzen der Partizipation oder um Verfassungsprinzipien. Die Abgrenzung gegen die Demokraten und die inneren Gruppenbildungen der Paulskirchen-Liberalen, das Auseinandertreten von konstitutionell-gemäßigten und linksliberalen Strömungen, legten davon Zeugnis ab. Einheit stiftete das Bekenntnis zur Nation nur solange, bis es galt, zwischen einer großdeutschen, Österreich einbeziehenden, und einer kleindeutschen, die Habsburgermonarchie ausschließenden Gestaltung eines deutschen Bundesstaates zu wählen. Kulturelle Faktoren, allen voran die konfessionelle Fragmentierung, das geschichtlich gewachsene »Image« Preußens wie Österreichs, aber auch die verfassungspolitische Tradition, vom Alten Reich bis zum Deutschen Bund, spielten dabei mit. Nach dem Ende der Paulskirchenversammlung und der Aufgabe der preußischen Unionspläne blieb die Lösung dieser Frage nach der künftigen politischen Gestalt Deutschlands offen.

Die Spaltung der Liberalen in Großdeutsche und Kleindeutsche wirkte jedoch weiter. Nach 1858/59, als im Gefolge des Thronwechsels in Preußen und der Niederlage Österreichs in Italien beide Großmächte des Deutschen Bundes vorsichtige Schritte einer inneren Liberalisierung einleiteten und sich die öffentliche Debatte um die Zukunft Deutschlands belebte, schlug sich dies in der Gründung zweier, miteinander konkurrierender nationalpolitischer Organisationen nieder. Im kleindeutschen »Nationalverein« wie im großdeutschen »Reformverein« engagierten sich Liberale, von denen manche bemerkenswerte politische Entwicklungen durchgemacht hatten. Julius Fröbel, der großdeutsche Demokrat von 1848/49, danach verfolgt und ins Exil getrieben, stellte sich beispielsweise in den Dienst der österreichischen Politik, die sich einer machtpolitischen Aufwertung Preußens entgegenstellen wollte. Er blieb dabei seinen großdeutschen Ansichten treu, war aber nun bereit, mit einer Regierung zusammenzuarbeiten, die auch nach dem Ende des Neoabsolutismus, gemessen an den Vorstellungen der Paulskirchen-Demokraten, nicht gerade progressiv zu nennen war. An Fröbel läßt sich zeigen, was für viele Vertreter der Linken in der Paulskirchenversammlung, aus den Reihen der Demokraten wie der Linksliberalen, galt: Die »Paulskirchenlinke als Gegenelite«[3] blieb zumindest teilweise auch nach 1849 politisch aktiv, suchte und fand neue Plattformen des Engagements. Die bürgerliche Linke von 1848/49 »war weder weltfremd noch machtfern«, so Christian Jansen. »Ihre erfolgreiche Formverwandlung aus sich selbst, aus der Kritik der Fehler von 1848/49 heraus und ihre Anerkennung der veränderten Realitäten sprechen dagegen, für die Zeit bis 1867 von einem Niedergang des deutschen Liberalismus zu sprechen.«[4] Die Paulskirchenlinke reagierte auf die veränderten politischen Rahmenbedingungen der späten 1850er und der 1860er Jahre, warf dabei jedoch keineswegs die Forderungen nach Liberalisierung und Demokratisierung über Bord.

Mit der Notwendigkeit, aus den Rückschlägen der Jahre nach 1848 zu lernen, sahen sich alle Liberalen konfrontiert, gleich, ob sie eher groß- oder eher kleindeutsch dachten, unabhängig davon, ob sie eher dem linken oder dem gemäßigten Liberalismus zuneigten.[5] Seit Ende der 1850er Jahre wuchs den Liberalen wieder mehr Gestaltungsmacht zu und damit auch mehr Verantwortung, am deutlichsten in Baden, wo seit 1860 ein liberales Kabinett regierte. Im November 1858 wurden die Liberalen zur stärksten Fraktion im preußischen Abgeordnetenhaus, kurz nachdem Prinz Wilhelm, der Bruder des psychisch erkrankten Königs Friedrich Wilhelm IV., die Regentschaft übernommen hatte. Prinzregent Wilhelm, 1848/49 noch ein besonders entschiedener Gegner der Revolution, inzwischen aber von der eher liberal-konservativen »Wochenblattpartei« beeinflußt, erklärte es im November 1858 zur Aufgabe preußischer Politik, in Deutschland »moralische Eroberungen« zu machen. Die Wochenblattpartei strebte schon seit längerem nach einer Wiederbelebung der Unionspolitik unter engerem Anschluß an die Westmächte. Um Anziehungskraft auf das national-bewegte und liberale Bürgertum ausüben zu können, galt es zunächst einmal, den Ruf abzustreifen, der Hohenzollernstaat sei ein Hort der Reaktion. Erste Schritte zum Abbau von Repressionsmaßnahmen und der Beginn einer neuer Personalpolitik auf Regierungsebene ließen bei Preußens Liberalen die Hoffnung auf eine »Neue Ära« erblühen. Preußen schien auf gutem Weg, den national- und verfassungspolitischen Wünschen der kleindeutschen und gemäßigten Liberalen entgegenzukommen. Die neue Politik der Krone war allerdings vor allem dazu gedacht, die Machtstellung Preußens in Deutschland und Europa zu stärken; Zugeständnisse an die liberale Öffentlichkeit hatten daher instrumentellen Charakter. Das Projekt einer Heeresreform, das Kriegsminister Roon im Februar 1860 im Abgeordnetenhaus einbrachte, legte die Prioritäten des Monarchen offen. Die Vermehrung der Friedensstärke stieß auf keinen ernstzunehmenden Widerspruch, wohl aber die Kosten der Reform, die Umsetzung der aktiven Dienstpflicht von drei Jahren und die Neugliederung des Feldheeres. Die drei jüngsten Jahrgänge der bisherigen Landwehr ersten Aufgebots wurden der Reserve zugeteilt und standen nun dem stehenden Heer zur direkten Verfügung; die älteren Jahrgänge sollten nur Etappen-, Garnisons- und Festungsdienst leisten. Die Reform, schon seit 1857 vorbereitet, diente dazu, das stark gewachsene demographische Potential besser zu nutzen und die militärische Schlagkraft zu steigern. Den militärischen Beratern des Monarchen, neben Roon vor allem dem Chef des Militärkabinetts, Edwin von Manteuffel, ging es aber auch darum, die eher bürgerlich geprägte Landwehr abzuwerten und das Landwehroffizierskorps aufzulösen. Strikt konservativ, lag ihnen auch daran, die Grenzen der Kompromisse mit liberalen Kräften unter den Ministern und im Parlament auszuloten.

Die liberale Mehrheit im Abgeordnetenhaus reagierte zunächst eher zurückhaltend, teilte sie doch den Wunsch nach einem stärkeren Heer, wenn auch die Demontage der Landwehr als Symbol selbstbewußter bürgerlicher Teilhabe an der Landesverteidigung seit dem Befreiungskrieg 1813 und die Rückkehr zur dreijährigen Dienstzeit Kritik hervorrief. Der Militärausschuß des Abgeordnetenhauses, unter Leitung Georg von Vinckes, eines jeder Radikalität abholden Altliberalen, verweigerte in diesen beiden strittigen Punkten der Vorlage die Unterstützung. Als sich auch im Plenum eine ähnliche Haltung abzeichnete, zog die Regierung ihre Vorlage zurück und beantragte nur, über einen Nachtragshaushalt die Heeresvergrößerung finanziell abzusichern. Dieses »Provisorium« fand im Mai 1860 die Billigung des Parlaments, befriedigte jedoch die konservativen Militärs um Manteuffel nicht. Ihnen war wichtig, die Bestimmung der Heeresorganisation ganz dem Monarchen zu überlassen. Dessen »Kommandogewalt« genügte Roon als Basis für die Reorganisation der Streitkräfte, die er vornahm, ohne die Zustimmung des Abgeordnetenhauses eingeholt zu haben. Das Vorgehen der Militärführung gab der liberalen Kritik an zu großer Kompromißbereitschaft Auftrieb. Nach der erneuten Bewilligung des »Provisoriums« im Januar 1861 spalteten sich einige Abgeordnete von den Altliberalen ab, gewannen bis zum Frühsommer auch namhafte Vertreter des Nationalvereins, Linksliberale und Demokraten und legten so den Grundstein zur Deutschen Fortschrittspartei, die sich Anfang Juni 1861 formierte.

Mit einem dezidiert liberalen Programm erzielte die neue Partei gleich bei ihrem ersten Antreten im Dezember 1861 einen durchschlagenden Wahlerfolg. Als stärkste Kraft im Abgeordnetenhaus stellte sie sich unverblümt gegen das Heeresreformprogramm Roons. Nachdem der Etat für 1862 nicht verabschiedet worden war, löste Wilhelm, seit 1861 König, den Landtag auf und bildete die Regierung im konservativen Sinn um. Aus der Neuwahl im Mai 1862 ging die Fortschrittspartei gestärkt hervor und stellte mehr als ein Drittel der Parlamentarier; zusammen mit anderen liberalen Gruppen dominierten sie im Abgeordnetenhaus vollständig. Daß trotz dieses Triumphes Repräsentanten des preußischen Liberalismus wie Karl Twesten, Heinrich von Sybel und Friedrich von Stavenhagen einen Kompromiß mit der Krone anstrebten, beweist die Flexibilität und den Pragmatismus der Liberalen selbst angesichts der Verhärtung der Fronten. Der Wille, der eigenen Mitverantwortung im Verfassungsstaat gerecht zu werden und Preußens Machtstellung nicht zu beeinträchtigen, wurde jedoch nicht belohnt. Der König war in keiner Weise zum Verzicht auf die dreijährige Dienstpflicht zu bewegen. Er sah in jedem Nachgeben den Anfang einer Parlamentarisierung des Heeres und damit einen irreversiblen Verlust an monarchischer Gewalt. Lieber war es Wilhelm I., die Ablehnung des Haushalts durch das Abgeordnetenhaus zu riskieren und ohne bewilligtes Budget regieren zu lassen. Nur mußte der König, wollte er nicht auf den Thron verzichten, einen Politiker seines Vertrauens finden, der bereit war, den Konflikt auch mit verfassungsrechtlich fragwürdigen Mitteln auszufechten. Das war die Chance Bismarcks, der den Kurs der preußischen Machtpolitik schon seit längerer Zeit kritisch begleitet hatte und Wunsch hegte, das Steuer selbst in die Hand zu bekommen.

II.

Zugleich bedeutete seine Berufung auf dem Höhepunkt des Heeres- und Verfassungskonflikts aber auch eine Belastung, denn das Geschehen in Berlin minderte die Attraktivität Preußens für die kleindeutsch gestimmten national-liberalen Kräfte, die nützlich sein konnten, wenn Bismarck preußische Politik, so Thomas Nipperdey, »als Hegemonialpolitik führen wollte. Aber konkret ging es nun zuerst um den Kampf mit dem Liberalismus, und in ihn stürzte der neue Minister sich mit Leidenschaft hinein. Er fing – in gewisser Weise von seinen Motiven her zufällig – an als engagierter Verteidiger des preußischen Militärkönigtums. Das schuf eine Anfangs- und Grundfigura-

Rudolf Virchow (1821-1902).
Foto: J. C. Schaarwächter, Berlin. bpk, Berlin

tion, die fortdauerte und prägend blieb, die nie mehr gänzlich zu überwinden war.«[6] Zunächst setzte Bismarck allerdings noch auf einen Kompromiß mit Teilen der Liberalen und bot sogar Ministersitze an. An den heerespolitischen Streitpunkten scheiterte dieser Lösungsansatz jedoch rasch. Der neue Ministerpräsident kündigte nun an, im Notfall auch ohne Budget zu regieren und reizte mit seiner »Blut-und-Eisen-Rede« die liberalen Abgeordneten. Das Abgeordnetenhaus sorgte seinerseits durch sein Abstimmungsverhalten dafür, daß kein ordnungsgemäßer Haushalt zustande kam. Eine Eskalation bis hin zur Revolution wollten die Liberalen verhindern, gerade angesichts der Lehren von 1848/49. Es mischte sich Furcht vor unkontrollierbarer Eskalation, vor revolutionärer und konterrevolutionärer Gewalt, mit Zuversicht und dem »Glauben an die Unausweichlichkeit des liberalen Triumphes.«[7] Das sollte sich als Illusion erweisen, aber verständlich war diese Erwartung nach Meinung Hans-Ulrich Wehlers durchaus: »Die Etatverweigerung, auf die sie nach drei Konfliktjahren … hinsteuerten, galt ihnen als schärfste, auch unwiderstehliche Waffe. Wer wollte es schon im modernen ›Rechtsstaat‹ wagen, ohne gültiges Haushaltsgesetz zu regieren? Im Kern blieb das Notabelnpolitik, gewiß, aber in ihrem Denk- und Erfahrungshorizont läßt sich den Liberalen Konsequenz und Kampfbereitschaft schwerlich absprechen.«[8] Bismarck hegte jedoch keine Bedenken, auch ohne das Haushaltsgesetz zu regieren. Er berief sich dabei auf die Deutung, die Krone als ursprünglicher Herrschaftsträger könne allein entscheiden, wenn sich die beiden Kammern des Parlaments und die Krone nicht zu einigen vermochten, da die Verfassung für einen solchen Konfliktfall keine Regelung enthalte. Auf diese Annahme einer Lücke in der Verfassung, die »Lückentheorie«, baute Bismarck seine Budgetpolitik. Für die Liberalen erhob Rudolf Virchow bei den Haushaltsberatungen Anfang 1863 durchaus folgerichtig den Vorwurf des Verfassungsbruchs. Der Konflikt gewann in den folgenden Monaten noch an Brisanz, nicht zuletzt deshalb, weil die Regierung die Pressefreiheit aushebelte.

Bismarck stand unter immer größerem innenpolitischen Druck, als er in den Konflikten um die Bundesreform, den Aufstand in Polen, die Schleswig-Holstein-Frage und schließlich dem Kampf mit Österreich 1866 Gelegenheit fand, durch Erfolge auf dem Feld der auswärtigen Politik entscheidend an Statur zu gewinnen und auch seine Gegner in den Reihen der preußischen Liberalen nachhaltig zu beeindrucken. Bei der Abwehr handelspolitischer Initiativen Österreichs konnte sich der Ministerpräsident ohnehin auf die Interessen des Wirtschaftsbürgertums verlassen. In der Schleswig-Holstein-Frage geriet die liberale Mehrheit des Abgeordnetenhauses in eine Zwickmühle, als es im Dezember 1863 galt, über die Mittel für den preußischen Beitrag zur Bundesexekution gegen Dänemark abzustimmen. Mit Rücksicht auf die deutsche Nationalbewegung votierte das Gros der Liberalen dafür. Gespalten waren die liberalen Politiker Preußens auch in der Frage, was mit Schleswig-Holstein nach einem Sieg über Dänemark geschehen solle. Ein Teil favorisierte, wie die Nationalbewegung außerhalb des Hohenzollernstaats, ein selbständiges Schleswig-Holstein unter dem Augustenburger Erbprinzen als Mitglied des Deutschen Bundes. Für die Annexion durch Preußen, die Bismarck schließlich anstrebte, ließen sich jedoch nicht nur Konservative und Altliberale, sondern auch Mitglieder der Fortschrittspartei gewinnen.

In der tief gespaltenen Kammermehrheit machte sich schon 1865 immer deutlicher der Wunsch nach einem Ausweg aus der Konfrontation mit der Regierung bemerkbar.[9] Die Sorge, daß die Zeit nicht für die Liberalen, sondern für die Krone arbeite und die Bevölkerung, des Konflikts müde, der Opposition die Unterstützung entziehen könne, spielte dabei mit. Bismarck erhöhte den Druck auf die Liberalen unter anderem durch die Beantragung von Mitteln für den Ausbau der Marine, eines traditionellen Lieblingskindes der Nationalbewegung. Zur Wahrung ihres prinzipiellen Standpunkts verweigerte die Mehrheit der Abgeordneten dennoch die Zustimmung. Das blieb nicht das einzige Beispiel dafür, daß Bismarck die Liberalen in ein Dilemma stürzte. Die bundespolitische Initiative, mit der Preußen 1866 den Kampf gegen Österreich publizistisch abstützte, sah die Schaffung eines deutschen Parlaments vor, das aus direkten und allgemeinen Wahlen hervorgehen solle. Bismarck verknüpfte das Werben um die Nationalbewegung mit der Hoffnung auf die konservative Grundstimmung der Bevölkerungsmehrheit. Die Liberalen fanden keine einhellige Antwort auf die Frage, ob der preußische Reformplan Unterstützung verdiene, obwohl er aus der Werkstatt Bismarcks stammte und durch das allgemeine Wahlrecht liberale Machtpositionen gefährden konnte.[10]

Es war der rasch errungene und entscheidende Sieg auf dem Schlachtfeld von Königgrätz, der die Fortsetzung des Verfassungskonflikts in den Augen der meisten preußischen Liberalen zwecklos machte. Am 3. Juli 1866, am Tag der Schlacht fanden Wahlen zum neuen Landtag statt. Die Liberalen, die noch im Januar der Regierung den Rückfall in den Absolutismus vorgehalten und sich gegen neue Anleihen ausgesprochen hatten, verloren rund hundert Mandate an die Konservativen. Bismarck überraschte Konservative wie Liberale, indem er die parlamentarische Zustimmung zu den seit 1862 vorgenommenen Ausgaben erbat. Die Vorlage des Indemnitätsgesetzes zwang die Liberalen zur Entscheidung zwischen Kompromiß und Fortsetzung des Verfassungskonflikts bis zu einem vollständigen Sieg – ein Sieg, der freilich nicht mehr sehr wahrscheinlich war. Dies war zumindest die Meinung jener Abgeordneten, die gleich im August 1866 die Fortschrittspartei verließen und im November in der neu geschaffenen Nationalliberalen Partei ihre politische Heimat finden sollten. Das Indemnitätsgesetz fand eine breite Mehrheit. Bismarck erhielt parlamentarische Unterstützung, was der Integration der annektierten Territorien Norddeutschlands wie einer künftigen Fortsetzung der deutschen Einigung unter preußischer Vormachtstellung dienlich war. Jener Flügel der Konservativen, der zur bedingungslosen Unterstützung des Ministerpräsidenten bereit war, hätte keine ausreichende Basis für Bismarcks Politik geboten; erst die Spaltung der Liberalen schuf größere Spielräume für die Gesetzgebungsvorhaben der Regierung.

War das Verständigungsangebot Bismarcks zweifellos klug berechnet, so stellt sich die Frage, ob die Liberalen nicht besser daran getan hätten, das Angebot zurückzuweisen. Auf dem linken Flügel der Fortschrittspartei, bei Benedikt Waldeck, Rudolf Gneist, Johann Jacoby, Virchow und ihren Mitstreitern, herrschte die Meinung vor, ohne Festschreibung des Budgetbewilligungsrechts bedeute das Indemnitätsgesetz faktisch die Anerkennung des Regierungsstandpunkts. Des langen Konflikts überdrüssig, längst in vielen Einzelfragen uneins und nun vor allem unter dem Eindruck der öffentlichen Begeisterung über den historischen Erfolg Bismarcks, stimmten so viele Liberale zusammen mit den Konservativen für das Indemnitätsgesetz, daß die Vorlage mit einer Dreiviertelmehrheit verabschiedet wurde. Ein Verrat an den Traditionen des deutschen und preußischen Liberalismus war dies nicht, sondern eine Reaktion darauf, daß es der ungeliebten Regierung auch ohne Unterstützung des Parlaments gelungen war, die deutsche Einigung unter preußischer Hegemonie entscheidend voranzutreiben. Ausgerechnet Bismarck erfüllte eine der zentralen Zukunftshoffnungen der Liberalen. Hans-Ulrich Wehler urteilt daher: »Hält man sich nüchtern die Situation vor Augen, mit der sich der preußische und deutsche Liberalismus und das deutsche liberale Bürgertum im Sommer 1866 konfrontiert sahen, so wird man einräumen müssen, daß sie ebenso verwirrend wie verführerisch war.«[11] Von einem Sündenfall des Liberalismus zu reden, wäre daher verfehlt. Die kompromißbereiten Liberalen folgten längst entwickelten pragmatischen Tendenzen, die nur durch die Eskalation des Verfassungskonflikts zeitweise in den Hintergrund geraten waren. Das stellte aber keineswegs nur einen Ausdruck von Resignation dar, sondern sie glaubten, so Nipperdey, weiterhin »optimistisch an eine Zwangsläufigkeit des Fortschritts.

Darum konnte man sich strategisch auf das Konzept der ›Vertagung‹ einlassen. Einheit im Ausgleich mit dem preußischen Staat und der ›Ausnahme‹ Bismarck; die Freiheit kam damit mittel- und langfristig auch weiter, und was vertagt war, ließ sich nachholen.«[12]

III.

Die Chance, die weitere Entwicklung in Preußen und Deutschland aktiv mitzugestalten, war verlockend. Gerade die Schaffung eines Bundes der norddeutschen Staaten unter preußischer Führung bot eine Gelegenheit, liberale Vorstellungen zur Geltung zu bringen und zugleich die erhoffte nationale Einheit voranzubringen. Der Konstituierende Reichstag des Norddeutschen Bundes war die Bühne dafür. Es ist bezeichnend, daß zu den Abgeordneten, die der Fortschrittspartei im Sommer den Rücken kehrten – unter ihnen Twesten, Hans Viktor von Unruh, Otto Michaelis und Eduard Lasker – bis zum Jahresende 1866 gerade Liberale aus den annektierten Territorien kamen. Zu ihnen zählten auch die Hannoveraner Rudolf von Bennigsen und Johannes Miquel, zwei Führungsfiguren der neuen Nationalliberalen Partei. Der Verfassungskonflikt stellte für die »Neupreußen« keine prägende Erfahrung da, während ihnen die kleindeutsche Lösung der nationalen Frage besonders am Herzen lag. Die Wahlen zum Konstituierenden Reichstag des Norddeutschen Bundes im Februar 1867 und die Wahlen zum ersten Reichstag im August zeigten, daß der Kurs der Nationalliberalen weit populärer war als jener der (Rest-)Fortschrittspartei. Die größte Fraktion, deren Vorsitz Bennigsen übernahm, konnte aus einer Position der Stärke heraus an der verfassungspolitischen und rechtlichen Neuordnung Deutschlands mitwirken. Das im Sommer 1867 vorgelegte Parteiprogramm, enthielt ein Bekenntnis zur Überwindung des Partikularismus im Namen des Fortschritts, zeugte aber auch von einem umfassenden Reformwillen. Es war »kein Dokument liberaler Machtanbetung«[13], sondern Ausdruck liberaler Zukunftshoffnung. Bei den Beratungen über den Verfassungsentwurf der Regierungen mußten Kompromisse eingegangen werden, etwa im Bereich der Rüstungsausgaben. Ein parlamentarisches Regierungssystem stand nicht zur Debatte und hätte im Konstituierenden Reichstag allein schon aufgrund der Mehrheitsverhältnisse auch keine Erfolgsaussicht gehabt. Ganz abgesehen davon, mußte auch Rücksicht auf die Machtverhältnisse außerhalb des Parlaments genommen werden. In zentralen Punkten Bismarck vor den Kopf zu stoßen, kam nicht in Betracht. So ließ sich auch das allgemeine Männerwahlrecht nicht verhindern, von dem sich Bismarck eine Stärkung der Konservativen auf Kosten der Liberalen versprach.

Zwischen 1867 und 1871, also bis zur Gründung des Deutschen Reiches, legte der Reichstag des Norddeutschen Bundes in vielerlei Hinsicht bereits die rechtlichen Fundamente eines deutschen Nationalstaats. Die Liberalen und die Bismarck, dem neuen Bundskanzler, besonders ergebenen Freikonservativen erwiesen sich als treibende Kraft bei der Bewältigung eines gesetzgeberischen Großprogramms. In enger Kooperation mit Rudolf von Delbrück, der seit 1867 das Bundeskanzleramt leitete, wurden die Rechtsvereinheitlichung, Abschaffung von Privilegien und Freiheitsräume der Bürger im wirtschaftlichen sowie gesellschaftlichen Leben gesetzlich verankert. Gerade die Vorstellung, die nationale Einheit vorzubereiten, förderte die Harmonie. Als die Nationalliberalen im Februar 1870 den Einigungsprozeß, der nach den Wahlen zum Zollparlament in eine Krise geraten war, durch die Aufnahme Badens in den Norddeutschen Bund zu forcieren suchten, stieß dies auf Bismarcks Widerstand. Außenpolitische Bedenken des Bundeskanzlers waren dafür verantwortlich, aber auch die Abneigung gegen das Vorpreschen der Parlamentarier, setzte Bismarck doch auf Verhandlungen mit den süddeutschen Regierungen als Weg zur Einigung. Andererseits durften Erfolge auf diesem Weg nicht allzu lange auf sich warten lassen, zumal die Militäretatregelung von 1867 auslief und die alte, immer noch nicht definitiv geklärte Machtfrage aus der Zeit des Heeres- und Verfassungskonflikts wieder virulent zu werden drohte. Der Krieg von 1870/71 eröffnete die Chance, durch Einigungsverträge den Beitritt der süddeutschen Staaten zu erreichen, ohne eine breite Verfassungsdiskussion zu riskieren. Die Verfassung des Norddeutschen Bundes wurde nur modifiziert. Die zentrale Stellung Bismarcks, nun als Reichskanzler mit dem Vorsitz im Bundestag und als preußischer Ministerpräsident und Außenminister, blieb so erhalten. Das nationale Parlament, der Reichstag, besaß das Budgetrecht, bestimmte aber auch weiterhin nicht über die vom Reichskanzler geführte Regierung.[14]

Dennoch setzte sich zunächst fort, was sich schon seit 1867 abgezeichnet hatte: Die Liberalen erwiesen sich, trotz des allgemeinen Wahlrechts, als stärkste politische Kraft im Reichstag.

Zusammen erreichte sie 46,6 % der Stimmen und 52,9 % der Mandate; mit gut 30 % der Stimmen und Mandate konnte die Nationalliberale Partei ihren bisherigen Kurs bestätigt sehen. Wie schon zur Zeit des Norddeutschen Bundes, so trugen insbesondere die Nationalliberalen die Gesetzgebung, mit der Regierung und Reichstag dem neuen Nationalstaat in vielerlei Hinsicht ein modernes Gesicht gaben. Wenn sie, wie Dieter Langewiesche formuliert, Reformpolitik »mit Bismarck gegen ihn« machten, so bedeutete das allerdings auch, daß von nationalliberaler Seite durchaus mehrfach Versuche unternommen wurden, die Verfassungswirklichkeit des Reiches in kleinen Schritten nach liberalen Vorstellungen zu verändern. Dabei gab es auch scheinbare Erfolge, wenn beispielsweise Bismarck 1875 dem Wunsch der Nationalliberalen nach verantwortlichen Ministern auf Reichsebene nicht dezidiert entgegentrat. Den klarsten Sieg über die Kräfte der Beharrung errangen die Liberalen an der Seite Bismarcks allerdings nicht auf Reichsebene: 1872 gelang in Preußen mit der Reform der Kreisordnung die Beseitigung feudaler Herrschaftsstrukturen. Die Nationalliberalen blieben jedoch, mit den Worten von Ansgar Lauterbach, im »Vorhof der Macht«.[15] Sie waren, auch in der Zeit enger Zusammenarbeit mit Bismarck und dem Reichskanzleramt unter Delbrück, nicht in der Lage, die Stellung des Reichstags im politischen Entscheidungsprozeß nachhaltig auszubauen. Besonders deutlich zeigte sich dies bei der Regelung des Militäretats. Der Maximalforderung der Militärführung nach einem »Äternat«, das den Etat faktisch dem parlamentarischen Einfluß entzogen hätte, versagte Bismarck gerade auch mit Rücksicht auf die Nationalliberalen in den Jahren nach der Reichsgründung die Unterstützung. Die Festlegung der Heeresstärke auf sieben Jahre, das 1874 beschlossene »Septennat«, war ein Kompromiß und das Ergebnis der Kooperation Bismarcks mit dem rechten Flügel der Nationalliberalen um Bennigsen und Miquel, die sich gegen Lasker und seine Anhänger richtete, zugleich aber auch den Wünschen der Militärs zuwiderlief. Die langfristig von den Liberalen aller Couleur erhoffte Machterweiterung des Reichstags in Militärfragen ließ sich jedoch nur in geringem Umfang erreichen.[16] Zudem blieb es dauerhaft dabei, daß die Außenbeziehungen, ein ganz zentrales Handlungsfeld staatlicher Politik, allein Sache Bismarcks blieben, wenn der Reichskanzler auch die Wirkungskraft der veröffentlichten Meinung in sein Kalkül einbezog.[17]

Obwohl Schlüsselbereiche der Reichspolitik außerhalb parlamentarischer Kontrolle blieben, gab es doch aus liberaler Sicht in den ersten Jahren nach 1871 genügend Anlaß zum Optimismus. Nicht zuletzt bewährte sich der Staatsapparat während des »Kulturkampfes« in Preußen wie im Reich als Vollstrecker liberal-protestantischer Vorstellungen. Bei dieser Auseinandersetzung mit dem Katholizismus als Faktor im gesellschaftlich-politischen Leben Deutschlands folgten die Liberalen tief sitzenden weltanschaulichen Vorstellungen, während Bismarck die Ausschaltung der Zentrumspartei im Blick hatte, aber auch die Polenfrage. Beide, Bismarck wie die Liberalen, konnten zudem hoffen, durch den gemeinsam ausgefochtenen Kulturkampf den Partner bei der 1867 eingeleiteten Reformgesetzgebung fester zu binden. Die Entfremdung zwischen Bismarck und den besonders prinzipienfesten Konservativen, die sich nicht den Freikonservativen angeschlossen hatten, wurde durch die Kreisreform in Preußen und den Kulturkampf zunächst noch vertieft. Ab Ende 1875 mehrten sich jedoch die Anzeichen dafür, daß Bismarck sich die Option für einen Kurswechsel eröffnen wollte. Die Gründung der Deutschkonservativen Partei 1876 bot die Aussicht auf einen zweiten konservativen Partner neben der Freikonservativen Partei; der Reichskanzler suchte nach neuen Finanzquellen für das Reich, die die Matrikularbeiträge der Bundesstaaten ergänzen oder gar ersetzen sollten und damit auch die parlamentarische Kontrolle der Einnahmen des Reiches unterlaufen konnten; der Rücktritt Delbrücks als Leiter des Reichskanzleramts 1876 deutete einen Kurswechsel an; Bismarck attackierte zunehmend die Fortschrittspartei wie den linken Flügel der Nationalliberalen.

Nach den Reichstagswahlen von 1877 verlor aber der Lasker-Flügel der Nationalliberalen an Bedeutung. In dieser Situation bot der Reichskanzler Bennigsen an, in die Regierung einzutreten. Von seinen Chancen, die Regierungspolitik nach liberalen Konzeptionen mitzugestalten, war Bennigsen nicht überzeugt und forderte, zwei weitere Nationalliberale, unter ihnen auch den Lasker nahe stehenden Forckenbeck, in die Regierung aufzunehmen. Damit zielte Bennigsen auf eine enge Bindung zwischen Regierung und der Nationalliberalen Partei. Für solch einen grundlegenden Systemwandel war Bismarck aber nicht zu haben. Bei den Verhandlungen zwischen Bismarck und Bennigsen spielte die Frage neuer Einnahmequellen für das Reich eine zentrale Rolle, die ihrerseits in engem Zusammenhang mit der wirtschaftlichen Lage Deutschlands stand. Die Weltwirtschaftskrise hatte 1873 eine bis 1879 dauernde Depressionsphase eingeleitet, die das Vertrauen in liberale Ordnungsmuster für das

Eugen Richter (1838-1906). Gegner von Bismarcks Realpolitik. Porträtfoto 1878. Photographische Gesellschaft Berlin. bpk, Berlin

Wirtschafts- und Finanzwesen erschütterte. Auch die Freihandelspolitik geriet nun in die Kritik organisierter Interessengruppen. Im Bündnis mit diesen Interessenverbänden, unter denen der Centralverband Deutscher Industrieller wie die Lobby der Großagrarier zu finden waren, vollzog Bismarck den Schwenk zur Schutzzollpolitik. Die Schutzzölle konnten helfen, die wirtschaftspolitischen Probleme zu entschärfen und die Reichsfinanzen auf eine neue Basis zu stellen. Für die Neuorientierung der Finanz- und Handelspolitik ließen sich die Nationalliberalen aber nur schwer gewinnen. Mit dem Scheitern der Verhandlungen um eine Regierungsbeteiligung nahte das Ende der liberalen Ära der preußischen und deutschen Politik, die 1867 begonnen hatte.[18]

Die Attentate auf den Kaiser im Mai und Juni 1878 nutzte Bismarck dazu, die Nationalliberalen in die Defensive zu drängen. Da zudem der Tod von Papst Pius IX. eine Chance zur Deeskalation des Kulturkampfes und damit auch zur Annäherung an das Zentrum bot, eröffneten sich Bismarck Spielräume, um eine neue Wirtschafts- und Finanzpolitik durchzusetzen, notfalls auch gegen die Liberalen. Kampf gegen den Sozialismus und eine aktive Wirtschaftspolitik, zu der Schutzzölle gehörten – das waren die Themen, die Bismarck ganz bewußt ins Zentrum des Wahlkampfes rückte, nachdem er die Auflösung des Reichstags durchgesetzt hatte. Wie vom Reichskanzler erhofft, verloren die liberalen Parteien bei den Wahlen Ende Juli massiv an Stimmenanteilen wie Mandaten und waren nun kaum stärker im Reichstag vertreten als die Konservativen. Die Krise des deutschen Liberalismus war nicht zu übersehen. Bei der Abstimmung über das Sozialistengesetz im neuen Reichstag trennten sich die Wege von Fortschrittspartei und Nationalliberalen. Was sich schon seit 1876 angedeutet hatte, wurde jetzt offenkundig: Die Einheit des Liberalismus, die sich bei allem Individualismus und trotz der Spaltung von 1866/67 im Parlamentsalltag immer wieder geltend gemacht hatte, wich nun einer weitaus schärferen Abgrenzung von Rechts- und Linksliberalen. Das entsprach den Absichten Bismarcks, der aber letztlich auch die Nationalliberale Partei entscheidend schwächen wollte. Sie sollte nach dem Thronwechsel nicht zum Instrument einer liberalen Umgestaltung des Kaiserreichs werden. Die Schutzzollgesetzgebung der Regierung, für die sich Bismarck mit dem Zentrum, nicht mit Bennigsen und seiner Fraktion einigte, legte 1879 die Bruchlinien innerhalb der Nationalliberalen frei. Die Linken um Lasker und Forckenbeck trugen die Kompromißbereitschaft der Partei nicht mehr mit und verließen sie im März 1880. Nach der Sezession orientierten sich Nationalliberalen zunehmend nach rechts. Sichtbar wurde das nach dem Rücktritt Bennigsens als Parteiführer in der »Heidelberger Erklärung« von 1884. Der Rechtsruck wurde in den Reichstagswahlen 1887 mit erheblichen Stimmengewinnen und einer annähernden Verdoppelung der Mandatszahl honoriert. Die Fortschrittspartei unter Führung von Eugen Richter schloß sich mit den Sezessionisten 1884 zur Deutsch-Freisinnigen Partei zusammen. Die

Linksliberalen schlugen sich in den Reichstagswahlen 1881, als die Nationalliberalen herbe Verluste erlitten, recht gut, verloren aber schon bei den Wahlen 1884 massiv und erlebten 1887 angesichts einer hohen Wahlbeteiligung ein Debakel.[19]

Insgesamt lag der Stimmenanteil der Liberalen in den Wahlen zum Reichstag während der 1880er Jahre relativ stabil bei rund 37 %; erst danach sank er auf rund ein Viertel ab. Im Vergleich zum Wahlerfolg 1871 nahmen sich diese Ergebnisse aus wie Anzeichen eines dramatischen Niedergangs. Wenn man hingegen die absoluten Stimmenzahlen berücksichtigt, dann wird klar, daß es den liberalen Parteien durchaus gelang, ihre angestammten Wähler zu halten. Stimmenanteile verloren sie bei steigender Wählerzahl und Wahlbeteiligung. Die Mobilisierung neuer Wähler war offensichtlich ein Schwachpunkt der liberalen Parteien.[20] Das mochte damit zu tun haben, daß Deutschkonservative, Zentrum und Sozialdemokratie beim Aufbau moderner Parteiapparate und/oder bei der Vernetzung mit gesellschaftlich-ökonomischen Interessengruppen einen Vorsprung besaßen. Aber auch die Liberalen bauten ihre Parteistrukturen bis Mitte der 1880er Jahre kräftig aus und waren in der Presselandschaft Deutschlands stark vertreten.[21] Dennoch verloren sie tendenziell Stimmenanteile an ihre Konkurrenten, im Reich und auch auf der Ebene der Bundesstaaten. Gerade durch ihre Erfolge, den Aufbau eines Rechtsstaats mit politischen Partizipationsmöglichkeiten, vor allem aber mit einem erheblichen Maß an gesellschaftlicher und insbesondere wirtschaftlicher Bewegungsfreiheit des Einzelnen sowie die Errichtung eines Nationalstaats, büßten die Liberalen konsensfähige und breitenwirksame Zukunftsziele ein. Andere Parteien stellten sich auf den Boden des Erreichten, besaßen aber darüber hinaus zusätzliche Stützen in relativ klar definierten soziokulturellen Milieus und ökonomischen Interessengruppen. Eine eklatante Schwäche oder gar ein Scheitern der Liberalen läßt sich aus der langsamen Erosion ihrer Stellung im Parlament nicht folgern; nur ein restriktives Wahlrecht hätte es möglich machen können, die Dominanz liberaler Parteien im Reichstag längerfristig zu bewahren. Der Blick auf die Ergebnisse der preußischen Landtagswahlen mahnt allerdings zur Vorsicht bei solchen kontrafaktischen Überlegungen.

Die Hebel der Regierungsmacht bekamen die Liberalen im Reich wie in Preußen nicht in die Hand. Verantwortlich dafür war nach dem Urteil von Zeitgenossen wie Historikern zu einem großen Teil die Stellung Bismarcks in der preußischen und deutschen Politik zwischen 1862 und 1890. Sein Handeln als Politiker und seine Persönlichkeit kann man aus der Geschichte jener Jahre nicht »wegdenken«. Darüber, ob die Liberalen ohne Bismarck erfolgreicher gewesen wären, läßt sich nur spekulieren. Bismarck, der in seiner antiliberalen Rhetorik nie einen Zweifel daran gelassen hat, daß er den »Professorenliberalismus« der Fortschrittspartei und Laskers nicht für politikfähig hielt,[22] nahm die Liberalen als Machtfaktor dennoch ernst. Ihrer Beharrlichkeit im Heeres- und Verfassungskonflikt verdankte er das Ministerpräsidentenamt und ihrer Kompromißbereitschaft den raschen Aufbau nationalstaatlicher Strukturen. Gerade deshalb, weil sie einen Machtfaktor darstellten, versuchte Bismarck immer wieder, die Liberalen zu spalten. Begünstigt von der macht- und deutschlandpolitischen Konstellation sowie gesellschaftlichen und ökonomischen Veränderungen, gelang es ihm, die Liberalen vom Steuer des Staatsschiffs fernzuhalten. Bismarck profitierte davon, daß vor allem in der nationalen Frage, später dann beim Kulturkampf, die Mehrheit der Liberalen von sich aus bereit war, preußische Machtpolitik und den Einsatz der Staatsgewalt gegen »Reichsfeinde« gutzuheißen. Gerade weil die meisten von ihnen nicht die machtfernen, idealistischen Träumer waren, als die Bismarck sie gelegentlich karikierte, konnten die Liberalen zwischen 1866/67 und 1878 zu seinen Weggefährten werden. Die Anpassung an die Realitäten der Machtpolitik im 19. Jahrhundert sollte einen Anspruch auf die Gestaltung der politischen Zukunft Deutschlands begründen; daß sie nie den erhofften Lohn für ihren Pragmatismus einstreichen konnten, lag auch an Bismarck, der die inneren Widersprüche der Liberalen zu nutzen verstand.

Anmerkungen

1 Vgl. hier und im folgenden: *Lothar Gall* (Hrsg.): Otto von Bismarck und die Parteien, Paderborn 2001; *James J. Sheehan*: Der deutsche Liberalismus. Von den Anfängen im 18. Jahrhundert bis zum Ersten Weltkrieg 1770-1914, München 1983; *Dieter Langewiesche*: Liberalismus in Deutschland, Frankfurt am Main 1988; *Lothar Gall*: Bismarck. Der weiße Revolutionär, Berlin 1995 (unveränderter Nachdruck der Ausgabe 1980); *Otto Pflanze*: Bismarck, 2 Bde., München 1997/98; *Thomas Nipperdey*: Deutsche Geschichte 1800-1866. Bürgerwelt und starker Staat, München 1983; Ders.: Deutsche Geschichte 1866-1918. Zweiter Band. Machtstaat vor der Demokratie, München 1992; *Hans-Ulrich Wehler*: Deutsche Gesellschaftsgeschichte. Dritter Band. Von der »Deutschen Doppelrevolution« bis zum Beginn des Ersten Weltkrieges 1849-1914, München 1995.

2 *D. Langewiesche*: Liberalismus (wie Anm. 1), S. 12-64.

3 *Christian Jansen*: Einheit, Macht und Freiheit. Die Paulskirchenlinke und die deutsche Politik in der nachrevolutionären Epoche 1849-1867, Düsseldorf 2000, S. 21 f.

4 Ebenda S. 616.

5 *Th. Nipperdey*: Deutsche Geschichte 1800-1866 (wie Anm. 1), S. 718.

6 Ebenda S. 761.

7 *O. Pflanze*: Bismarck 1 (wie Anm. 1), S. 227.

8 *H.-U. Wehler*: Deutsche Gesellschaftsgeschichte 3 (wie Anm. 1), S. 274.

9 *D. Langewiesche*: Liberalismus (wie Anm. 1), S. 99-104.

10 *O. Pflanze*: Bismarck 1 (wie Anm. 1), S. 272-330.

11 *L. Gall*: Bismarck (wie Anm. 1), S. 376

12 *Th. Nipperdey*: Deutsche Geschichte 1800-1866 (wie Anm. 1), S. 800. Vgl. dazu die ganz ähnliche lautende Einschätzung bei *H.-U. Wehler*: Deutsche Gesellschaftsgeschichte 3 (wie Anm. 1), S. 300 f.

13 *D. Langewiesche*: Liberalismus (wie Anm. 1), S. 106.

14 *Th. Nipperdey*: Deutsche Geschichte 1866-1918 2 (wie Anm. 1), S. 47-109; *H.-U. Wehler*: Deutsche Gesellschaftsgeschichte 3 (wie Anm. 1), S. 304-376.

15 *Ansgar Lauterbach*: Im Vorhof der Macht. Die nationalliberale Reichstagsfraktion in der Reichsgründungszeit (1866-1880); *Dieter Langewiesche*: Bismarck und die Nationalliberalen, in: L. Gall (Hrsg.): Bismarck und die Parteien (wie Anm. 1), S. 73-89.

16 *Michael Schmid*: Der »Eiserne Kanzler« und die Generäle. Deutsche Rüstungspolitik in der Ära Bismarck (1871-1890), Paderborn u.a. 2003, S. 31-272.

17 Dazu jetzt zusammenfassend *Konrad Canis*: Bismarcks Außenpolitik 1870-1890. Aufstieg und Gefährdung, Paderborn u.a. 2004.

18 *O. Pflanze*: Bismarck 2 (wie Anm. 1), S. 50-110; *A. Lauterbach*: Vorhof der Macht (wie Anm. 15), S. 195-264.

19 *Christian Jansen*: Bismarck und die Linksliberalen, in: L. Gall (Hrsg.): Bismarck und die Parteien (wie Anm. 1), S. 91-110; *D. Langewiesche*: Liberalismus (wie Anm. 1), S. 164-191; *A. Lauterbach*: Vorhof der Macht (wie Anm. 15), S. 265-337; *Th. Nipperdey*: Deutsche Geschichte 1866-1914 2 (wie Anm. 1), S. 322-331, 382-418; *H.-U. Wehler*: Deutsche Gesellschaftsgeschichte 3 (wie Anm. 1), S. 934-936, 990-994.

20 *D. Langewiesche*: Bismarck und die Nationalliberalen (wie Anm. 15), S. 77 .

21 *Wolther von Kieseritzky*: Liberale Parteieliten und politische Steuerung der Öffentlichkeit im Kaiserreich. Die Vernetzung von Partei und Presse, in: Dieter Dowe, Jürgen Kocka, Heinrich August Winkler (Hrsg.): Parteien im Wandel. Vom Kaiserreich zur Weimarer Republik. Rekrutierung – Qualifizierung – Karrieren, München 1999, S. 85-108, hier S. 88-91.

22 *Hans-Peter Goldberg*: Bismarck und seine Gegner. Die politische Rhetorik im kaiserlichen Reichstag, Düsseldorf 1998, S. 369-506.

Bismarck und der deutsche Katholizismus

Von Hans-Georg Aschoff

I. Der deutsche Katholizismus vor der Reichsgründung

Die Katholiken stellten sowohl in Preußen in der zweiten Hälfte des 19. Jahrhunderts als auch im Deutschen Reich nach 1871 mit jeweils einem Drittel der Gesamtbevölkerung eine Minderheit dar.[1] In Preußen konzentrierten sie sich im Rheinland, in Westfalen, im Emsland, Eichsfeld, Ermland, in Oberschlesien und in den polnischen Gebieten. Außerhalb Preußens waren Altbayern, Unterfranken, die Oberpfalz, das südliche Baden und das südliche Oldenburg sowie Teile Württembergs und Elsaß-Lothringen Gegenden mit katholischen Mehrheiten. Vor allem nach der Revolution von 1848 gelang es dem deutschen Katholizismus, sich durch ein ausdifferenziertes, weitverzweigtes Vereinswesen, das sich nach den Prinzipien des Standes, des Berufes oder zur Erreichung religiöser Zwecke organisierte, sowie durch die Gründung einer Vielzahl caritativer Einrichtungen wachsende gesellschaftliche und politische Präsenz und Relevanz zu verschaffen.

Bis in den Vormärz gehen die Ursprünge des Politischen Katholizismus zurück.[2] Wesentliche Gründe für die Politisierung des katholischen Bevölkerungsteils waren die politische und gesellschaftliche Benachteiligung von Katholiken in mehreren Einzelstaaten des Deutschen Bundes und die Einengung des kirchlichen Freiheitsraumes durch staatliche Bevormundung. Die Kölner Wirren von 1837 trugen maßgeblich zum Entstehen von politischem Bewußtsein unter Katholiken bei, als die preußischen Behörden unter Mißachtung rechtsstaatlicher Grundsätze durch die Verhaftung des Kölner Erzbischofs Clemens August Droste zu Vischering mit polizeilichen Mitteln ihren Standpunkt in der Frage der konfessionell verschiedenen Ehen durchzusetzen versuchten. Zwar schuf das preußische Vorgehen noch keine beständige politische Bewegung, jedoch erwuchs aus diesem Ereignis, nicht zuletzt durch den Einsatz publizistischer Mittel, von denen Joseph Goerres' Kampfschrift »Athanasius« die breiteste Wirkung erzielte, ein katholisches Gemeinschaftsbewußtsein.[3] Die Kölner Vorgänge festigten die Überzeugung, daß zur Verteidigung kirchlicher Rechte auch politische Mittel und Einrichtungen, wie Zusammenschlüsse katholischer Deputierter in den einzelstaatlichen Ständeversammlungen, einzusetzen seien. Mit Hilfe dieser Mittel gelang es den deutschen Katholiken, während der Revolution von 1848 wesentliche kirchenpolitische Ziele sowie Freiheitsrechte in der Frankfurter Verfassung und in den preußischen Verfassungen von 1848 und 1850 zu verankern.

In den süddeutschen Staaten erhielt der Politische Katholizismus nach der Revolution entscheidende Impulse durch die Auseinandersetzung mit dem Liberalismus, der zunehmend antikirchliche Tendenzen zeigte und den kirchlichen Einfluß im gesellschaftlichen und politischen Leben zurückdrängen wollte.[4] In den 1860er Jahren bildete sich in Baden die »Katholische Volkspartei« und in Bayern die »Patriotenpartei«[5], als dort liberale Regierungen und Parlamentsmehrheiten sich anschickten, das Staat-Kirche-Verhältnis unter starker Betonung staatlicher Souveränität und staatlicher Kontrollrechte über die Kirche neu zu regeln. Verschärft wurde der Konflikt zwischen Katholiken und Liberalen in diesen Staaten durch das Eintreten der liberalen Seite zugunsten der kleindeutschen Lösung, der Schaffung eines Nationalstaates unter preußischer Führung, während vornehmlich die nichtpreußischen Katholiken trotz aller Vorbehalte an ihrer Nähe zu Österreich als traditioneller katholischer Schutzmacht festhielten.

Unter vielen preußischen Katholiken war die großdeutsche Orientierung weniger stark ausgeprägt. Trotz des protestantischen Staatsverständnisses der regierenden Elite und der Unterrepräsentanz von Katholiken im Staatsdienst, Offizierskorps und an den Universitäten hatte das formal korrekte Verhältnis zwischen Staat und Katholischer Kirche nach der Beilegung des Kölner Kirchenstreites zu einer Identifizierung der katholischen Bevölkerung mit dem preußischen Staat geführt. Vor allem förderten die Kirchenartikel der Verfassung von 1850[6] diesen

Prozeß. Sie gestanden den Kirchen eine weitgehende Autonomie zu, die u. a. in der selbständigen Verwaltung der innerkirchlichen Angelegenheiten und einem freien kirchlichen Stellenbesetzungsrecht ihren Ausdruck fand; nach der Verfassung besaßen die Kirchen in Preußen einen größeren Freiheitsraum als in anderen deutschen Bundesstaaten.

Die Gefährdung dieser verfassungsmäßig verankerten kirchlichen und religiösen Freiheitsrechte war der Anlaß zur Formierung des Politischen Katholizismus in Preußen.[7] Die Erlasse des Kultusministers Karl Otto von Raumer, die u. a. den Priesteramtskandidaten das Studium am Collegium Germanicum in Rom untersagten und die Durchführung von Volksmissionen einzuschränken versuchten[8], führten 1852 unter der Leitung der Brüder August und Peter Reichensperger und Hermann von Mallinckrodts zum Zusammenschluß von 62 Abgeordneten im preußischen Abgeordnetenhaus zur »Katholischen Fraktion«. Die neue Fraktion beschränkte sich in ihrer politischen Zielsetzung nicht auf die Sicherung kirchlicher Freiheitsrechte, sondern setzte sich auch für den Ausbau der Verfassung im konstitutionellen Sinn ein. Damit unterschied man sich von den Konservativen, während die kirchenpolitischen Vorstellungen, vor allem der Kampf gegen die obligatorische Zivilehe und der Einsatz für die Sicherung kirchlichen Einflusses auf die Schule, die Mitglieder der »Katholischen Fraktion« von den Liberalen abgrenzten. Um auf die Koalitionsmöglichkeit mit der Rechten und der Linken hinzuweisen, führten die katholischen Abgeordneten ab 1859 die Bezeichnung »Fraktion des Zentrums«, die ursprünglich von ihrer Sitzordnung in der Mitte des Parlamentes herrührte. Da die Fraktion während des preußischen Verfassungskonfliktes keinen einheitlichen Standpunkt finden konnte, wurde sie zwischen den Fronten zerrieben.

II. Bismarcks Stellung zur Katholischen Kirche

Otto von Bismarck[9] nahm die Katholische Kirche und den deutschen Katholizismus vornehmlich als politisches Phänomen wahr. Eine Auseinandersetzung mit katholischen Glaubensinhalten lag ihm fern. Sein Elternhaus und seine Unterrichtung durch den protestantischen Theologen Friedrich Schleiermacher verliehen ihm keine feste religiöse Grundlage. Als Student näherte er sich unter dem Einfluß von Spinoza, Hegel, Strauß und Feuerbach pantheistischen und rationalistischen Vorstellungen. Erst die Beziehung zu pietistisch geprägten Kreisen seiner Gutsnachbarn und der Einfluß seiner Frau, Johanna von Puttkamer, förderten seine Entwicklung zu einem gläubigen protestantischen Christen.[10] »Der Glaube an einen persönlichen Gott und an die Unsterblichkeit gehörte seither fraglos zu den tragenden Elementen seiner ganzen Existenz«[11], während er ansonsten kaum dogmatische Gebundenheit zeigte. Der Kern seiner religiösen Einstellung waren ein starkes Verantwortungs- und Pflichtgefühl sowie ein lebendiger Vorsehungsglaube, mit dem sich ein christlicher Realismus und Pragmatismus im Sinne der Überzeugung verband, daß das jeweils Machbare nicht gegen Gottes Willen verstoße.[12]

Der Katholischen Kirche und dem deutschen Katholizismus stand Bismarck voller Vorurteile und Mißtrauen gegenüber.[13] Im preußischen Landtag lehnte er Ende der 1840er Jahre verfassungsrechtliche Zugeständnisse an den katholischen Bevölkerungsteil ab. Als preußischer Bundestagsgesandter sah er in den großdeutschen Bestrebungen von Katholiken vornehmlich eine antipreußische Komponente. In ihm verfestigte sich die Überzeugung, daß »Preußen eine Verschwörung der Ultramontanen«[14] zu fürchten habe, an der sich die Mehrheit der Kleriker und ein großer Teil der katholischen Laien beteiligten; diese beabsichtigten, »sich aller Regierungen zu bemächtigen und insbesondere derjenigen der Hohenzollernmonarchie, der größten protestantischen Macht in Europa«.[15] Noch während des Kulturkampfes wirkte sich Bismarcks Vorstellung von einer internationalen katholischen Phalanx gegen Preußen und den Protestantismus mit den Haupttreibern Vatikan, Polen und Frankreich aus.[16] Die Katholische Kirche galt ihm als fest organisierte monarchische Institution, die von Klerikern und Laien unbedingten Gehorsam nicht nur in Glaubensdingen, sondern auch in politischen Fragen forderte.[17]

Nach seiner Berufung zum preußischen Ministerpräsidenten hielt sich Bismarck in den 1860er Jahren von Einseitigkeiten gegenüber den Katholiken im allgemeinen fern. Offene Konflikte mit dem preußischen Klerus und dem Papst mußten vermieden werden, um den Anschluß der süddeutschen Staaten mit ihren relevanten katholischen Bevölkerungsteilen an den Norddeutschen Bund nicht zu gefährden. Als 1870 die Angliederung des verbliebenen Kirchenstaates an das Königreich Italien und die Einnahme Roms durch italienische Truppen bevorstanden, intervenierte zwar Bismarck nicht zugunsten des Papstes, weil

Ludwig Windthorst (1812-1891), seit 1867 Mitglied des Reichstages und des preußischen Abgeordnetenhauses. bpk, Berlin

dies möglicherweise Italien an die Seite Frankreichs getrieben hätte; er ersuchte allerdings die italienische Regierung in Florenz, das Oberhaupt der Katholischen Kirche respektvoll zu behandeln, und wiederholte nach einigem Zögern das bereits 1866 unterbreitete Angebot, dem Papst in Deutschland entweder in Köln oder in Fulda Asyl zu gewähren.[18]

Zurückhaltung übte Bismarck gegenüber dem 1869 einberufenen Ersten Vatikanischen Konzil und dem dort verkündeten Dogma von der päpstlichen Unfehlbarkeit; danach konnte der Papst letzte für die Katholische Kirche verbindliche Entscheidungen in Glaubens- und Sittenfragen treffen.[19] Bismarck betrachtete das Konzil vornehmlich als innerkichliche Angelegenheit und zeigte sich reserviert gegenüber den Bemühungen des bayerischen Ministerpräsidenten Chlodwig von Hohenlohe-Schillingsfürst, die europäischen Regierungen auf eine gemeinsame ablehnende Haltung zu einigen;[20] für Hohenlohe war, wie für viele Vertreter des liberalen Lagers, die Dogmatisierung der päpstlichen Unfehlbarkeit eine hochbrisante politische Angelegenheit, weil seiner Meinung nach die Päpste nun auch Entscheidungen in weltlichen Dingen zum Glaubenssatz erheben und deren Befolgung den Katholiken vorschreiben konnten.[21] Bismarck war dagegen davon überzeugt, daß der Staat ausreichende Mittel besitze, um sich gegen kirchliche Übergriffe in den staatlichen Bereich zur Wehr zu setzen. Relevanter als das Infallibilitätsdogma erschienen ihm die Konzilsaussagen über den päpstlichen Jurisdiktionsprimat, der die innerkirchliche Stellung des Papstes einseitig zum Nachteil der Bischöfe betonte.[22] Dies stärkte seine Vorstellung vom monolithischen Charakter der Katholischen Kirche und vom dominierenden Einfluß Roms auf die politische Handlungsweise nicht nur der Bischöfe und des Klerus, sondern auch der katholischen Laien[23] und wirkte sich auf sein Verhalten im Kulturkampf aus.

III. Der Kulturkampf

Als »Kulturkampf« bezeichnet man die Auseinandersetzung zwischen Staat und Katholischer Kirche um die Säkularisierung von Staat und Gesellschaft, die in der zweiten Hälfte des 19. Jahrhunderts in verschiedenen europäischen Staaten stattfand.[24] Seine Protagonisten waren in erster Linie die Liberalen oder die von ihnen unterstützten Regierungen, die davon überzeugt waren, gegenüber der im Zeichen des Ultramontanismus hierarchisch und dogmatisch gefestigten Katholischen Kirche die moderne Geisteskultur und den souveränen nationalen Staat verteidigen zu müssen. Die Auseinandersetzung wurde zeitweise mit äußerster Härte geführt, weil unterschiedliche Weltanschauungen aufeinander zu stoßen schienen. Neben dem »Syllabus errorum« Papst Pius' IX. von 1864[25], einer einseitigen und undifferenzierten Verurteilung moderner Entwicklungen, war es u. a. die Definition des Unfehlbarkeitsdogmas, die die Liberalen in ihrer Überzeugung bestärkte, den Einfluß der Katholischen Kirche auf Staat und Gesellschaft zurückdrängen zu müssen. Eine außergewöhnliche Schärfe erreichte der Kulturkampf nach der Reichsgründung in Deutschland und hier insbesondere in Preußen; etliche Maßnahmen, die staatlicherseits gegen die Kirche ergriffen wurden, verletzten die Grund- und Menschenrechte und verstießen als Ausnahmegesetze gegen den Rechtsgrundsatz der Gleichheit aller vor dem Gesetz. Im Laufe des Kulturkampfes wurden die fortschrittlichen, die Freiheit der Kirchen sichernden preußischen Verfassungsartikel novelliert und schließlich aufgehoben.[26]

Ohne Bismarcks Billigung wäre der Kulturkampf nicht mit einer derartigen Schärfe geführt worden, so daß es naheliegt, diesen Konflikt »trotz aller anderen mitwirkenden Kräfte« als sein »persönliches Werk« zu bezeichnen.[27] Während die Liberalen und insbesondere die Nationalliberalen im Kulturkampf vor allem eine weltanschauliche Auseinandersetzung mit der Katholischen Kirche sahen, ging es Bismarck hauptsächlich um die Neuregelung des Verhältnisses von Kirche und Staat, um Konflikte in Zukunft auszuschalten, wie sie im Zusammenhang mit dem Unfehlbarkeitsdogma in der Frage der Altkatholiken und exkommunizierter Theologen entstanden waren.[28] Dabei näherte sich Bismarck dem Gedanken einer stärkeren Abgrenzung kirchlicher und staatlicher Kompetenzen an, wenn ihm auch die Trennung von Staat und Kirche nach nordamerikanischem oder belgischem Vorbild aufgrund der historischen Entwicklung in Deutschland und in Preußen nicht realisierbar erschien. Allerdings sollte vor allem das Bildungswesen allein staatlicher Kontrolle unterstehen, und kirchliche Einwirkungsmöglichkeiten sollten unter anderem durch die Beseitigung der geistlichen Schulinspektion und die Verbannung des Religionsunterrichtes aus der Schule ausgeschaltet werden.[29] Der Kulturkampf bewirkte jedoch weniger eine schärfere Abgrenzung des kirchlichen und des staatlichen Kompetenzbereiches, sondern führte zur staatlichen Bevormundung der Katholischen Kirche.

Mit Hilfe der Kulturkampfpolitik beabsichtigte Bismarck, die Nationalliberalen an sich zu binden und sie von weitergehenden freiheitlichen und konstitutionellen Forderungen abzuhalten. Bismarck hob in späteren Jahren immer wieder hervor, der Kulturkampf sei ihm durch die Polenfrage aufgezwungen worden; für das Wachstum des polnischen Nationalismus und den Rückgang der deutschen Sprache und Kultur in den preußischen Ostprovinzen machte er den polnischen Klerus verantwortlich, der mittels der Kulturkampfgesetze stärker kontrolliert werden sollte.[30] Wenn auch außenpolitische Gründe, wie die Verhinderung einer Koalition der katholischen Staaten Österreich und Frankreich gegen das Deutsche Reich und deren Verbindung mit den deutschen Katholiken, heute in der Forschung nicht mehr als ausschlaggebend für die Einleitung des Kulturkampfes durch Bismarck angesehen werden, sondern diese in einem »Komplex von Ideen, Vorurteilen und Umständen«[31] begründet lag, so kam der Reichskanzler von den Befürchtungen einer ultramontanen Verschwörung nicht los und fühlte sich darin durch Entwicklungen in den polnischen Gebieten Preußens bestärkt. Diese Gefahren mußten seiner Meinung nach behoben werden, solange das Reich noch nicht konsolidiert war.

Vor allem schien der Kulturkampf Bismarck eine Möglichkeit zu bieten, um gegen das Zentrum, die parteiliche Organisation des Politischen Katholizismus, vorgehen zu können. Die Zentrumspartei war im Winter 1870/71 durch den Zusammenschluß katholischer Abgeordneter im preußischen Abgeordnetenhaus und im ersten Reichstag des Deutschen Reiches ins Leben gerufen worden.[32] Befürchtungen vor Benachteiligungen im kleindeutschen Reich, in dem die Katholiken eine Minderheit darstellten und dessen protestantischer Charakter von Nichtkatholiken hervorgehoben wurde, legten neben der Verschärfung der Konfessionsgegensätze, der Erschütterung der Stellung der Kirche nach dem Verlust des Kirchenstaates, verstärkten Angriffen eines kirchenfeindlichen Liberalismus und der Gefahr staatlicher Eingriffe in kirchliche Belange eine Vereinigung auf parlamentarischer Ebene nahe.

Politische Ziele des Zentrums waren die Ablehnung von Unitarismus und Zentralisierung und die Stärkung des Föderalismus, die Förderung des moralischen und materiellen Wohls aller Volksklassen und die Gewährleistung der bürgerlichen und religiösen Freiheiten sowie der Schutz der Rechte der Religionsgemeinschaften.[33] Die Partei bemühte sich in den folgenden Jahren, auch evangelische Wählerschichten zu erfassen; dies gelang ihr wegen der ausgeprägten konfessionellen Gegensätze in Deutschland und wegen ihrer von Bismarck systematisch betriebenen Diskreditierung als konfessionelle Interessenvertretung allerdings nicht;[34] Bismarck wollte mit dieser Diffamierungspolitik eine Verbindung von Zentrum und protestantischen Konservativen unmöglich machen. Hinsichtlich seiner Wähler und Abgeordneten blieb das Zentrum eine katholische Partei, die jedoch, wenn auch auf konfessioneller Grundlage, den frühen

Typ einer »Volkspartei« darstellte, weil sie alle Schichten und Klassen der Bevölkerung umfaßte und damit eine »Praxis des Ausgleichs sozialer Gruppen«[35] entwickeln mußte.

Die Zentrumspartei erregte Bismarcks Mißtrauen, weil sich mit ihr Gruppierungen, wie Welfen, Polen, Dänen und später Elsässer, verbanden, die der Reichsgründung zurückhaltend, wenn sich sogar ablehnend gegenüberstanden, und weil das Zentrum deshalb den Anschein erhielt, Nährboden für reichsfeindliche Umtriebe zu sein;[36] auch bei den süd- und südwestdeutschen Vertretern der Partei vermutete der Reichskanzler starke Vorbehalte gegen Preußen und das von diesem Staat geführte kleindeutsche Reich. Insbesondere erschien Bismarck der Hannoveraner Ludwig Windthorst, der wachsenden Einfluß im Zentrum erlangte und sich zum eigentlichen Parteiführer und damit zum politischen Führer im deutschen Katholizismus entwickelte, als Verkörperung antipreußischer Ressentiments, der den Politischen Katholizismus benutzte, um welfische Restaurationsbestrebungen zu fördern.[37] Entscheidender für Bismarcks Gegnerschaft zum Zentrum war allerdings der allgemeine politische Charakter und das parlamentarische Handeln der Partei. Als Massenpartei auf konfessioneller Grundlage ließ sie sich nicht in sein politisches Konzept einordnen. Das inopportune, wenn auch verständliche Vorgehen des Zentrums gegen das im ersten deutschen Reichstag aufgestellte Nichtinterventionsprinzip, das die Partei im Hinblick auf ein Einschreiten des Deutschen Reiches zugunsten des Papstes in seinem Kampf um die Wiederherstellung seiner weltlichen Souveränität abändern wollte, sowie sein Antrag zur Aufnahme der preußischen Grundrechteartikel in die Reichsverfassung deuteten darauf hin, daß sich die neue Partei nicht als ein Instrument der Regierungspolitik benutzen ließ, sondern die Bedeutung der parlamentarischen Einrichtungen zur Verwirklichung eigener Interessen erkannt hatte.[38]

Das Bekenntnis des Zentrums zu »naturrechtlichen und ewigen Werten«[39], denen auch im politischen Bereich Achtung verschafft werden mußte, blieb dem politischen Pragmatiker Bismarck ebenso unverständlich, wie ihm unter dem Einfluß von Luthers Zwei-Reiche-Lehre der konfessionelle Charakter der Partei die Gefahr einer Verquickung von Politik und Christentum, einer mangelnden Scheidung des politischen und religiösen Bereiches heraufzubeschwören schien. Bismarck bemühte sich, die Kurie für eine gemeinsame antirevolutionäre Front gegen das Zentrum zu gewinnen und so die katholische Wählerschaft von der Partei zu trennen. Seine Versuche, »das Zentrum in Rom als Verbündeten der Revolution zu denunzieren und den Papst zu seiner Desavouierung zu bewegen«[40], blieben ohne Erfolg.[41] Bismarck weitete daraufhin den Kampf gegen den Politischen Katholizismus zu einem Kampf gegen die Katholische Kirche aus. Denn durch die staatliche Oberaufsicht über die Kirche und ihre Beeinflussung im nationalen Sinn schien es möglich zu sein, katholische Wählerschichten dem Zentrum zu entfremden. Nationalisierung der Kirche und »Zertrümmerung des Zentrums« waren wesentliche Ziele, die Bismarck durch die Kulturkampfgesetzgebung erreichen wollte.

Die staatlichen Kulturkampfmaßnahmen erreichten ihren ersten Höhepunkt mit den Maigesetzen von 1873[42], die u. a. erhebliche Eingriffe des Staates in die Ausbildung und die Anstellung des Klerus vorsahen und die Bischöfe verpflichteten, jegliche Besetzung einer geistlichen Stelle dem Oberpräsidenten zur Genehmigung anzuzeigen. Dieser war dann berechtigt, sein Veto einzulegen. Mit Hilfe weiterer Gesetze wurde die kirchliche Disziplinargewalt eingeschränkt und ein Königlicher Gerichtshof für kirchliche Angelegenheiten geschaffen, der die Befugnis besaß, Geistliche ihres Amtes zu entheben. In einer Eingabe an das Staatsministerium protestierten die preußischen Bischöfe gegen alle diese Gesetze und kündigten passiven Widerstand, die Weigerung, am Vollzug der Gesetze mitzuwirken, an.

Nicht zuletzt um diesen Widerstand zu brechen, wurden in den folgenden zwei Jahren die Strafgesetze erlassen. Zu ihnen zählte das »Expatriierungsgesetz« (4. Mai 1874)[43], nach dem die Landespolizeibehörde maigesetzwidrig handelnden Geistlichen den Aufenthalt an bestimmten Orten untersagen bzw. anweisen, in besonders schweren Fällen sogar die Staatsangehörigkeit aberkennen konnte. Aufgrund des »Brotkorbgesetzes« (22. April 1875)[44] stellte die preußische Regierung alle staatlichen Leistungen an die preußischen Bistümer und ihre Geistlichen ein, zu denen sie aufgrund von Verträgen verpflichtet war, während das »Ordensgesetz« (31. Mai 1875)[45] das Wirken aller Orden und Kongregationen, mit Ausnahme der Krankenpflegeorden, in Preußen untersagte und ihre Niederlassungen aufhob.

Die Auswirkungen dieser Gesetze waren für die Katholische Kirche in Preußen verheerend. So wurden in den folgenden Jahren von den zwölf preußischen Erzbischofs- und Bischofssitzen neun vakant, weil die Bischöfe von der Regierung abgesetzt oder verhaftet wurden oder ins Exil gehen mußten. Eine ordnungsgemäße Leitung ihrer Diözesen war nicht mehr gewährleistet. 1879 war ein Viertel der Pfarrstellen in Preußen unbesetzt, weil sich die Bischöfe geweigert hatten, der Anzeigepflicht beim Oberpräsidenten nachzukommen. Wegen Schließung der Priesterseminare und mangelnder Berufsaussichten ging die Zahl der Priesteramtskandidaten auf die Hälfte zurück, während die Angehörigen von Orden das preußische Staatsgebiet verlassen mußten.[46]

Während diese Maßnahmen die Seelsorge erheblich beeinträchtigten, zeitigte der Kulturkampf doch eine andere Wirkung, als Bismarck und die Liberalen erwartet hatten. Die Beziehungen zwischen den Geistlichen und ihren Gemeinden sowie zwischen den Bischöfen und ihren Diözesanen wurden enger, was sich u. a. in der verstärkten finanziellen Unterstützung der der staatlichen Leistungen beraubten Geistlichen und kirchlichen Institutionen durch die katholischen Gläubigen zeigte. Die ursprüngliche Absicht Bismarcks, den nationalen Gedanken in der katholischen Bevölkerung zu stärken, verwandelte sich eher ins Gegenteil; die Distanz, wenn nicht Abneigung gegenüber dem kleindeutschen Reich und Preußen wuchsen. Vor allem erreichte Bismarck nicht die Schwächung der Zentrumspartei; der Kulturkampf festigte die Bindung zwischen ihr und den katholischen Wählern. Anfang der 1880er Jahre wählten über 80 % der deutschen Katholiken das Zentrum, das im Vergleich zu den ersten Wahlen nach der Reichsgründung seine Mandate im Reichstag und im preußischen Abgeordnetenhaus verdoppeln konnte. Die Partei erhöhte ihre Reichstagssitze von 59 im Jahr 1871 auf 94 und 10 Hospitanten im Jahr 1878 und sogar auf 100 und 9 Hospitanten im Jahr 1881 und wurde zur stärksten Fraktion; ihre Wählerstimmen stiegen im gleichen Zeitraum von 724 200 auf 1 328 100 (1878). Im preußischen Abgeordnetenhaus nahm die Mandatszahl während des Kulturkampfes von 52 (1870) auf 94 und 2 Hospitanten (1879) zu; hier entwickelte sich die Zentrumspartei zur zweitstärksten Fraktion.[47] Unermüdlich hatte sich Ludwig Windthorst während des Kulturkampfes für die Bewahrung kirchlicher Freiheit eingesetzt und war gegen staatliche Übergriffe und Kompetenzanmaßung aufgetreten. Dies verhalf ihm zu der unangefochtenen Führungsposition im Zentrum und machte ihn zum »bedeutendsten parlamentarischen Gegenspieler Bismarcks«.[48]

IV. Die Beilegung des Kulturkampfes

Die Erfolglosigkeit der Auseinandersetzung zwischen Staat und Kirche war der Hauptgrund, der Bismarck zum Abbruch des Kulturkampfes veranlaßte. Er mußte erkennen, daß eine Zerrüttung der Katholischen Kirche, wie sie durch den Kulturkampf hervorgerufen wurde, dem Staatsinteresse schadete. Der Katholizismus schien »aus einem Moment der Autorität, der Ordnung und Ruhe ... ein Moment der Unordnung und ständigen Unruhe, wenn nicht der Anarchie« zu werden.[49] Von Anbeginn hatte Kaiserin Augusta, die im Kulturkampf immer mehr die Rolle einer Beschützerin der Katholischen Kirche in Preußen einnahm, davor gewarnt, daß die Untergrabung der kirchlichen Autorität auch der monarchischen Autorität schaden könnte und den Zielen des Liberalismus und des Sozialismus dienen würde.[50] Diesem Standpunkt näherte sich Bismarck Ende der 1870er Jahre. Die Beilegung des Kulturkampfes[51] ist vor dem Hintergrund der »Konservativen Wende« zu sehen, der Trennung Bismarcks von den liberalen Verbündeten und der Einleitung einer konservativen Politik im Zeichen von Schutzzoll, Finanzreform und Sozialgesetzgebung. Die Liberalen hatten im Kulturkampf das »Gesetz des Handelns« an sich genommen und die Regierung in eine Abhängigkeit gebracht, die »leicht die kalte Parlamentarisierung der Reichsleitung« heraufführen konnte.[52] Bismarck fand bei ihnen keine Unterstützung bei seinen neuen finanz-, wirtschafts- und sozialpolitischen Plänen. Die Realisierung dieser Politik war nur durch eine Aussöhnung mit den Konservativen und eine Annäherung an die wirtschafts- und sozialpolitisch antiliberale Zentrumspartei möglich, deren Unterstützung ein Nachgeben der Regierung in der Kulturpolitik voraussetzte. Windthorst griff die von Bismarck dem Zentrum im Rahmen der Konservativen Wende gebotene Möglichkeit zur Mitgestaltung der Reichsgesetzgebung bereitwillig auf, um die Katholiken aus ihrer durch den Kulturkampf geförderten politischen und gesellschaftlichen Isolierung herauszuführen, ihre nationale Verantwortung zu dokumentieren, die Abhängigkeit des Reichskanzlers von der Zentrumspartei deutlich herauszustellen und die Beilegung des Kulturkampfes einzuleiten.[53]

Die ersten Schritte zur Beilegung des Kulturkampfes gingen jedoch von römischer Seite aus.[54] 1878 war dem intransigenten Pius IX. der versöhnungsbereite Papst Leo XIII. gefolgt, der die Beendigung des Kulturkampfes in Deutschland als

Zwischen Berlin und Rom.

Der letzte Zug war mir allerdings unangenehm; aber die Partie ist deshalb noch nicht verloren. Ich habe noch einen sehr schönen Zug in petto!

Das wird auch der letzte sein, und dann sind Sie in wenigen Zügen matt — — wenigstens für Deutschland.

»Zwischen Berlin und Rom« – Bismarck und Papst Pius IX. beim Schachspiel. Karikatur aus: »Kladderadatsch«, 1875. bpk, Berlin

vordringliche Aufgabe seines Pontifikates ansah. Die Aussöhnung und ein Bündnis mit einer monarchischen Staatsmacht wie Preußen und das Reich betrachtete er als wichtigen Beitrag zur Erhaltung und Stärkung der konservativen Gesellschaftsordnung gegen Sozialismus und Revolution. Die Beilegung des Kulturkampfes sollte seiner Meinung nach in einem förmlichen Vertragsabschluß zwischen Papsttum und Kaiserreich seinen Ausdruck finden, der gleichzeitig eine Stärkung des päpstlichen Souveränitätsanspruches bedeutet hätte. Für das Zustandekommen dieses Vertrages war Leo XIII. bereit, größtmögliche Zugeständnisse zu leisten.

Der Abbau des Kulturkampfes vollzog sich in weiten Bereichen auf diplomatischer Ebene durch Verhandlungen zwischen Bismarck und der Kurie. Anfangs herrschte zwischen der Kurie unter Papst Leo XIII. und der Zentrumspartei in der kirchenpolitischen Zielsetzung weitgehende Übereinstimmung; man wollte den staatskirchenrechtlichen Status quo der Zeit vor dem Kulturkampf wiedererlangen. Als sich dieses Ziel jedoch nicht verwirklichen ließ, neigte der Papst ab Mitte der 1880er Jahre unter dem Einfluß des Bischofs von Fulda und späteren Fürstbischofs von Breslau, Georg Kopp[55], einem Kompromißfrieden zu, während Windthorst, die Zentrumspartei und die Mehrheit des preußischen Episkopates an der vollen Wiederherstellung der Kirchenautonomie festhielten.[56] Ganz im Sinne Bismarcks, aber auch des Papstes wurde nun das Zentrum als parlamentarische Vertretung des deutschen Katholizismus von den Verhandlungen praktisch ausgeschaltet.

Bismarck erfüllte die Erwartungen Leos XIII. hinsichtlich eines förmlichen Vertragsabschlusses nicht. Er versuchte zunächst, die ärgsten Härten der Maigesetze durch die »Milderungsgesetze« von 1880, 1882 und 1883[57] abzubauen. Die Vereinbarkeit dieser Milderungsgesetze mit rechtsstaatlichen Grundsätzen bleibt zweifelhaft; denn sie übertrugen der Regierung durch »diskretionäre Vollmachten« bei grundsätzlicher Aufrechterhaltung der Maigesetze die Möglichkeit, im Einzelfall von einer strengen Handhabung des Gesetzes abzusehen. Die Ausführung der Milderungsgesetze höhlte zwar faktisch die Maigesetze aus und ermöglichte die Wiederherstellung einer ordentlichen Kirchenverfassung und einer geregelten Seelsorge; das Staatskirchenrecht der Kulturkampfzeit wurde dadurch aber nicht entscheidend geändert. Deshalb erregten die Milderungsgesetze die Unzufriedenheit der Kurie und stießen auf den Widerstand des Zentrums, das unter Windthorsts Führung einen streng konstitutionellen Standpunkt vertrat. Erst die Friedensgesetze von 1886 und 1887[58], denen Verabredungen Bismarcks mit der Kurie vorausgingen, setzten mehrere gesetzliche Bestimmungen des Kulturkampfes außer Kraft, wenn auch der staatskirchenrechtliche Zustand der Zeit vor dem Kulturkampf nicht vollständig erreicht wurde. Die Friedensgesetze hoben den staatlichen Gerichtshof für kirchliche Angelegenheiten auf, die Wiedererrichtung von Priesterseminaren und Konvikten ohne maigesetzliche Staatsaufsicht wurde ermöglicht, die Staatsleistungen an die Kirche wurden wieder aufgenommen, und die meisten Orden durften ihre Tätigkeit wieder ausüben. Das wichtigste Zugeständnis der Kurie war die Gewährung der Anzeigepflicht, die jedoch auf die dauerhafte Besetzung der Pfarrämter beschränkt blieb, dem Oberpräsidenten aber ein Einspruchsrecht einräumte, »wenn der Anzustellende aus einem auf Thatsachen beruhenden Grunde, welcher dem bürgerlichen oder staatsbürgerlichen Gebiete angehört, für die Stelle nicht geeignet« war.[59] Das Zentrum hatte nur infolge des starken Druckes seitens der Kurie den Friedensgesetzen zugestimmt. Windthorst befürchtete, daß ein großzügiges Entgegenkommen die Kirche in eine Abhängigkeit von der Staatsgewalt führen werde und somit der im Kulturkampf bewiesene Widerstand nutzlos gewesen sei. Die Partei mußte sich bei den Abstimmungen über die Gesetze letztlich der Anweisung Roms fügen. Die Fraktion rechtfertigte ihr Nachgeben mit dem Argument, daß die Friedensgesetze eine kirchliche Materie betrafen, für die den leitenden kirchlichen Stellen die Hauptverantwortung zukam.

Am Ende des Kulturkampfes waren somit die meisten diskriminierenden staatskirchenenrechtlichen Bestimmungen beseitigt. Von der Kulturkampfgesetzgebung blieben die staatliche Schulaufsicht[60], die Einführung der Zivilehe[61] und der Kanzelparagraph des Strafgesetzbuches bestehen, der Geistlichen eine Freiheitsstrafe androhte, wenn sie Angelegenheiten des Staates »in einer den öffentlichen Frieden gefährdenden Weise« behandelten;[62] außerdem das Jesuitengesetz, das Niederlassungen des Ordens im Reich verbot[63], und das Expatriierungsgesetz; letzteres wurde 1890 aufgehoben. Auch die Wiederherstellung der Kirchenartikel der preußischen Verfassung blieb aus. Darüber hinaus zeitigte der Kulturkampf langfristige Folgen. Er festigte zwar den Zusammenhalt der Zentrumspartei, überdeckte für lange Zeit die unterschiedlichen Interessen ihrer heterogenen Anhängerschaft und führte ihr die Mehrheit der katholischen Wähler zu. Auf der anderen Seite verschärfte er die konfessionellen Gegensätze in Deutschland und verzögerte die Integration der Katholiken in das Reich. Dies förderte im deutschen Katholizismus die Tendenz zur Konzentration auf die eigenen Kräfte, zur Isolierung von den gesellschaftlichen Entwicklungen und trug zur Ausbildung einer Ghettosituation der Katholiken im Kaiserreich bei.

Zwar blieben nach dem Kulturkampf staatliche Einflußmöglichkeiten auf die Katholische Kirche gewahrt, das Verhältnis zwischen Kirche und preußischem Staat entwickelte sich in der Folgezeit weitgehend konfliktfrei, so daß der kirchliche Freiheitsraum auch ohne die frühere verfassungsrechtliche Absicherung erhalten blieb. Diese Entwicklung stellte eine Rechtfertigung der Politik Leos XIII. und Kopps als seines Vertrauensmannes im preußischen Episkopat dar, die beide durch Schaffung eines vertrauensvollen Verhältnisses zur Staatsmacht, besonders zu Bismarck, die seelsorglichen Möglichkeiten nicht erkämpfen, sondern erhandeln wollten und zu einem Kompromißfrieden bereit waren. Dennoch hatten auch Windthorst und das Zentrum wesentlichen Anteil an der Beendigung des Kulturkampfes, weil sie durch den Einsatz ihrer parlamentarischen Macht und die Ausübung von Druck auf die Regierung diese ebenfalls zu Zugeständnissen zwangen und die Verhandlungsposition der kirchlichen Seite verbesserten. Ihre Forderung nach Wiederherstellung des staatskirchenrechtlichen Status quo ante, bei der die Partei von der Mehrheit des preußischen Episkopates voll unterstützt wurde, ging zwar über das politisch Realisierbare hinaus. Mit ihren Bemühungen, die Verhandlungen auf die parlamentarische Ebene zu verlagern und ein Vorgehen im Sinne der Geheimdiplomatie zu unterbinden sowie die Kirchenfreiheit konstitutionell abzusichern und kirchliche Interessen im Rahmen des allgemeinen Rechtes und durch parlamentarische Aktivitäten zu verwirklichen, verfolgten Windthorst und die Zentrumspartei jedoch eine in die Zukunft weisende Politik.

V. Bismarcks Sturz

Im allgemeinen hatte Windthorst das Zentrum während der 1880er Jahre auf einem Oppositionskurs zu Bismarck gehalten. Die Bildung des Kartells, des Zusammenschlusses der Nationalliberalen und der beiden konservativen Parteien im Rahmen der Reichstagswahlen von 1887, das Bismarcks Politik in der folgenden Legislaturperiode die parlamentarische Mehrheit verschaffte, minderte die Bedeutung des Zentrums. Als sich gegen Ende der Legislaturperiode aber die inneren Widersprüche des Kartells und erste Auflösungserscheinungen bemerkbar machten, bemühte sich Bismarck um eine Annäherung an die Zentrumspartei. Es erscheint geradezu als eine »Ironie der Geschichte«, daß es zum Schluß seiner Regierungszeit von allen parteipolitischen Kräften »nur noch die Fraktionsführung der Zentrumspartei unter Windthorst war, die sich hinter den Kulissen für ein Verbleiben Bismarcks im Amt aussprach«.[64] Um seine Stellung gegenüber Kaiser Wilhelm II. zu stärken, arbeitete Bismarck auf eine Mitte-Rechts-Koalition aus Konservativen und Zentrum im Reichstag hin, auf die er seine Politik stützen wollte.[65] Da seine früheren Ansprechpartner aus den Zentrumsreihen, wie der Fraktionsvorsitzende Georg Arbogast von Franckenstein und Burghard von Schorlemer-Alst, der dem konservativen Flügel der Partei angehörte und nach der Beilegung des Kulturkampfes für ein Arrangement mit der Reichsleitung und der preußischen Regierung eintrat, gestorben oder aus dem politischen Leben ausgeschieden waren, wurden Konsultationen mit Windthorst unumgänglich, gegen den Bismarck lange Zeit eine persönliche Abneigung empfunden hatte.[66] Die Unterredung zwischen dem Reichskanzler und dem Zentrumsführer fand durch die Vermittlung von Bismarcks Bankier, Gerson Bleichröder[67], dem Windthorst freundschaftlich verbunden war, am 12. März 1890 im Reichskanzlerpalais zu Berlin in einem Klima gegenseitiger Offenheit statt. Bismarck berichtete von seinen politischen Schwierigkeiten, die vor allem im angespannten Verhältnis zu Wilhelm II. bestanden, und seiner möglichen Entlassung und fragte Windthorst nach den Bedingungen für eine Zusammenarbeit. Der Zentrumsführer sah diese in der Aufhebung des Expatriierungsgesetzes, der Novellierung der Anzeigepflicht und der ungehinderten Betätigung der katholischen Missionare in den Kolonien. Der Reichskanzler hielt derartige Forderungen für realisierbar, übte allerdings Zurückhaltung gegenüber einer vollständigen Wiederherstellung des staatskirchenrechtlichen Status quo der Zeit vor dem Kulturkampf. Windthorst befürchtete nach diesem Gespräch, daß Bismarcks Demission bevorstand. Gegenüber dem Zentrumsabgeordneten Felix Porsch äußerte er nach dem Treffen: »Ich komme von dem politischen Sterbebette eines großen Mannes.«[68] Ihm wäre Bismarcks Entlassung zu diesem Zeitpunkt äußerst ungelegen gekommen, weil er davon überzeugt war, daß nur mit Bismarcks Hilfe erhebliche Verbesserungen der kirchenpolitischen Situation erreichbar waren.[69] Bismarcks Gespräch mit Windthorst hatte für ihn fatale Folgen. Bei seinem Vortrag am 15. März ließ Wilhelm II. den Reichskanzler wissen, daß dieser die Verhandlungen mit dem Zentrumsführer nur mit kaiserlicher Zustimmung hätte führen dürfen. Diese Auffassung Wilhelms II. entbehrte allerdings jeglicher verfassungsrechtlichen Grundlage. Der Kaiser forderte Bismarck auf, sein Rücktrittsgesuch einzureichen, was am 19. März geschah. Bismarcks Annäherung an den Politischen Katholizismus hatte neben anderen Gründen, wie sachlich-politische Differenzen zwischen ihm und dem Kaiser sowie dem Wunsch Wilhelms II. nach größerem politischen Einfluß, zu seinem Sturz beigetragen.

Die Beurteilung Bismarcks durch die deutschen Katholiken blieb zwiespältig. Bereits Windthorst hatte dessen staatsmännische Bedeutung vor allem für die Reichsgründung anerkannt, und diese Bewertung festigte sich unter den Katholiken, je mehr diese in den deutschen Nationalstaat hineinwuchsen. Dennoch wurde mit der Person des Reichskanzlers auch immer der Kulturkampf assoziiert, für den man Bismarck als Hauptverantwortlichen hinstellte und in dessen Verlauf die Katholiken mit den Vorwurf der Reichsfeindschaft stigmatisiert worden waren. Unter diesem Gesichtspunkt erschien Bismarck als Wegbereiter der »Staatsomnipotenz«, der die verkehrte Auffassung zugrunde lag, daß der Staat die Quelle allen Rechts sei und in alle Lebensbereiche seiner Bürger eingreifen dürfe, sofern dafür eine formal-juristische Legitimation vorliege.[70] Das im wesentlichen konfliktfreie Verhältnis von Staat und Katholischer Kirche in Preußen während der Nachbismarckzeit, in der das Zentrum als stärkste Reichstagsfraktion zur parlamentarischen Stütze der Reichsleitung wurde, förderte die Integration der Katholiken in das Reich.

Anmerkungen

1 Zur Geschichte des deutschen Katholizismus im 19. Jahrhundert u. a.: *Hubert Jedin* (Hg.): Handbuch der Kirchengeschichte. Freiburg u. a., Band VI,1: Die Kirche zwischen Revolution und Restauration. 1971; Bd. VI, 2: Die Kirche zwischen Anpassung und Widerstand (1878 bis 1914). 1973; *Anton Rauscher* (Hg.): Der soziale und politische Katholizismus. Entwicklungslinien in Deutschland 1803-1863. 2 Bde. München/Wien 1981-1982; *Heinz Hürten*: Kurze Geschichte des deutschen Katholizismus 1800-1960. Mainz 1986; *Erwin Gatz* (Hg.): Geschichte des kirchlichen Lebens in den deutschsprachigen Ländern seit dem Ende des 18. Jahrhunderts. Die katholische Kirche. Bisher Bde. 1-6. Freiburg u. a. 1991-2000.

2 Zum Politischen Katholizismus und zur Zentrumspartei u. a.: *Ludwig Bergsträßer*: Studien zur Vorgeschichte der Zentrumspartei. Tübingen 1910; *Karl Bachem*: Vorgeschichte, Geschichte und Politik der Deutschen Zentrumspartei. Zugleich ein Beitrag zur Geschichte der katholischen Bewegung, sowie zur allgemeinen Geschichte des neueren und neuesten Deutschland 1815-1914. Bde. 1-9. Köln 1927-1932; *Karl Buchheim*: Geschichte der christlichen Parteien in Deutschland. München 1953; *Ursula Mittmann*: Fraktion und Partei. Ein Vergleich von Zentrum und Sozialdemokratie im Kaiserreich. Düsseldorf 1976; *Wilfried Loth*: Katholiken im Kaiserreich. Der politische Katholizismus in der Krise des wilhelminischen Deutschlands. Düsseldorf 1984; *Hans-Georg Aschoff*: Welfische Bewegung und Politischer Katholizismus 1866-1918. Die Deutschhannoversche Partei und das Zentrum in der Provinz Hannover während des Kaiserreiches. Düsseldorf 1987.

3 *Franz Schnabel*: Deutsche Geschichte im neunzehnten Jahrhundert. Bd. 7: Die katholische Kirche in Deutschland. Freiburg u. a. 1965, S. 138-205.

4 Über das Verhältnis von Katholischer Kirche und Liberalismus: *Hans-Georg Aschoff*: Politischer Liberalismus und Katholizismus in Deutschland im 19. Jahrhundert. In: Lebendiges Zeugnis 38, H. 2 (1983), S. 19-32.

5 *Friedrich Hartmannsgruber*: Die Bayerische Patriotenpartei 1868-1887. München 1986.

6 Druck: *Ernst Rudolf Huber* u. *Wolfgang Huber* (Hg.): Staat und Kirche im 19. und 20. Jahrhundert. Dokumente zur Geschichte des deutschen Staatskirchenrechts. Bd. 2: Staat und Kirche im Zeitalter des Hochkonstitutionalismus und des Kulturkampfs 1848-1890. Berlin 1976, Nr. 11, S. 37 f.

7 *Bachem*, Vorgeschichte II (Anm. 2), S. 75-220.

8 Druck: *Huber* u. *Huber* (Hg.): Staat und Kirche (Anm. 6), Nrn. 27-29, S. 70-72.

9 Aus der Vielzahl biographischer Veröffentlichungen: *Lothar Gall*: Bismarck. Der weiße Revolutionär. Frankfurt/M. u. a. 1980; *Ernst Engelberg*: Bismarck. 2 Bde. Berlin 1985-1990; *Otto Pflanze*: Bismarck. 2 Bde. München 1997-1998.

10 Vgl. *Hans Kars*: Kanzler und Kirche. Bismarcks grundsätzliche Einstellung zu den Kirchen während des Kulturkampfes. Gießen 1934, S. 15-32.

11 *Gall*: Bismarck (Anm. 9), S. 54.

12 Ebd., S. 61.

13 *H. Sacher*: Art. »Bismarck«. In: Lexikon für Theologie und Kirche. Bd. 2. 2. Aufl. Freiburg 1958, Sp. 510 f.

14 Der Begriff »ultramontan« (lat. »ultra montes« = jenseits der Berge) wurde ursprünglich im geographischen Sinn gebraucht, entwickelte sich aber im 19. Jahrhundert zu einem negativen Schlagwort, mit dem Katholiken, vornehmlich auch die Vertreter der Zentrumspartei, wegen ihrer Papstverbundenheit als undeutsch und national unzuverlässig diskreditiert werden sollten. Heute wird die Bezeichnung von Historikern und Soziologen auch wertneutral zur Kennzeichnung von Entwicklungen im Katholizismus des 19. Jahrhunderts verwandt, die eine römisch-päpstliche Orientierung in Lehre und Praxis beinhalten; auch die Bewegung gegen das Staatskirchentum und für die volle Freiheit der Kirche wird zuweilen mit diesem Begriff belegt (vgl. *Klaus Schatz:* Art. »Ultramontanismus«. In: Lexikon für Theologie und Kirche. Bd. 10. 3. Aufl. Freiburg u. a. 2001, Sp. 360 f.).

15 *Pflanze*: Bismarck I (Anm. 9), S. 708; auch S. 700-702

16 *Sacher*: Bismarck (Anm. 13), Sp. 511.

17 *Pflanze*: Bismarck I (Anm. 9), S. 703.

18 *Erich Schmidt-Volkmar*: Der Kulturkampf in Deutschland. Göttingen u. a. 1962, S. 16-19; *Pflanze*: Bismarck I (Anm. 9), S. 704; einschränkend *Engelberg*: Bismarck II (Anm. 9), S. 117.

19 Über das Konzil: *Klaus Schatz*: Vaticanum I. 1869-1870. Bde. 1-3. Paderborn u. a. 1992-1994.

20 Vgl. ebd. I, S. 277-284.

21 *Ernst Rudolf Huber*: Deutsche Verfassungsgeschichte seit 1789, Bd. 4. Stuttgart u. a. 1969, S. 664.

22 Vgl. *Engelberg*: Bismarck II (Anm. 9), S. 114-116; Druck der Konzilskonstitution »Pastor aeternus«: *Huber* u. *Huber* (Hg.): Staat und Kirche (Anm. 6), Nr. 190, S. 421-427.

23 Vgl. *Pflanze*: Bismarck I (Anm. 9), S. 702 f.

24 Aus der umfangreichen Literatur zum Kulturkampf: *Georg Franz*: Kulturkampf. Staat und Katholische Kirche in Mitteleuropa von der Säkularisation bis zum Abschluß des preußischen Kulturkampfes. München 1954; *Schmidt-Volkmar*: Kulturkampf (Anm. 18); *Huber*: Verfassungsgeschichte IV (Anm. 21), S. 645-831; *Rudolf Lill*: Der Kulturkampf in Preußen und im Deutschen Reich (bis 1878). In: Jedin (Hg.): Handbuch VI,2 (Anm. 1), S. 28-48; *Ders.*: Die Beilegung des Kulturkampfes in Preußen und im Deutschen Reich. In: Ebd., S. 59-78; *ders.* (Hg.): Der Kulturkampf. Paderborn u. a. 1997.

25 Druck: *Huber* u. *Huber* (Hg.): Staat und Kirche (Anm. 6), Nr. 183, S. 400-407.

26 Druck: *Huber* u. *Huber* (Hg.): Staat und Kirche (Anm. 6), Nr. 278, S. 593; Nr. 312, S. 661.

27 *Heribert Raab* (Hg.): Kirche und Staat. Von der Mitte des 15. Jahrhunderts bis zur Gegenwart. München 1966, S. 110.

28 Eine Reihe von katholischen Theologieprofessoren und Religionslehrern an staatlichen Bildungseinrichtungen erkannte das Infallibilitätsdogma nicht an und verlor somit die kirchliche Lehrbefugnis, die »missio canonica«; der Staat konnte diese Personen aus beamtenrechtlichen Gründen allerdings nicht entlassen, so daß Konflikte mit der Katholischen Kirche entstanden. Die meisten katholischen Gegner des Unfehlbarkeitsdogmas schlossen sich in der »Altkatholischen Kirche« zusammen.

29 *Pflanze*: Bismarck I (Anm. 9), S. 713; *Engelberg*: Bismarck II (Anm. 9), S. 123.

30 *Pflanze*: Bismarck I (Anm. 9), S. 691 f., 710 f.

31 *Pflanze*: Bismarck I (Anm. 9), S. 708.

32 Über den Gründungsvorgang: *Willy Real* (Hg.): Katholizismus und Reichsgründung. Neue Quellen aus dem Nachlaß Karl Friedrich von Savignys. Paderborn u. a. 1988; auch *Bachem*: Vorgeschichte III (Anm. 2), S. 97-156.

33 Vgl. die Programme in *Wilhelm Mommsen* (Hg.): Deutsche Parteiprogramme. München 1960, S. 212-222.

34 Über die aufschlußreiche Zusammenarbeit von Katholiken und Protestanten in Hannover: *Aschoff*: Welfische Bewegung (Anm. 2).

35 *Theodor Schieder*: Die geschichtlichen Grundlagen und Epochen des deutschen Parteiwesens. In: Ders.: Staat und Gesellschaft im Wandel unserer Zeit. Studien zur Geschichte des 19. und 20. Jahrhunderts. München 1974, S. 133-171, hier: S. 157.

36 *H Bornkamm*: Die Staatsidee im Kulturkampf. In: Historische Zeitschrift 170 (1950), S. 41-72, 273-306, hier: S. 287.

37 Zu Windthorst vor allem: *Ed. Hüsgen*: Ludwig Windthorst. Köln 1907; *Margaret Lavinia Anderson*: Windthorst. Zentrumspolitiker und Gegenspieler Bismarcks. Düsseldorf 1988; *Hans-Georg Aschoff*: Rechtsstaatlichkeit und Emanzipation. Das politische Wirken Ludwig Windthorsts. Sögel 1988; *Ders.*: Ludwig Windthorst. Ein christlicher Politiker in einer Zeit des Umbruchs. Hannover 1991; *Ders.* (Hg.): Ludwig Windthorst 1812-1891. Paderborn u. a. 1991; *Hans-Georg Aschoff* u. *Heinz-Jörg Heinrich* (Bearb.): Ludwig Windthorst. Briefe 1834-1880. Paderborn u. a. 1995; *Hans-Georg Aschoff* (Bearb.): Ludwig Windthorst. Briefe 1881-1891. Um einen Nachtrag mit Briefen von 1834 bis 1880 ergänzt. Paderborn u. a. 2002.

38 Vgl. *Bachem*: Vorgeschichte III (Anm. 2), S. 193-205.

39 *Rudolf Morsey*: Probleme der Kulturkampf-Forschung. In: Historisches Jahrbuch 83 (1964), S. 217-245, hier: S. 222.

40 *Lill*: Kulturkampf in Preußen (Anm. 24), S. 33.

41 Vgl. *Pflanze*: Bismarck I (Anm. 9), S. 705 f; *Engelberg*: Bismarck II (Anm. 9), S. 118 f., 122 f.

42 Druck: *Huber* u. *Huber* (Hg.): Staat und Kirche (Anm. 6), Nr. 279, S. 594-599; Nrn. 283-285, S. 602-611.

43 Druck: *Huber* u. *Huber* (Hg.): Staat und Kirche (Anm. 6), Nr. 298, S. 632 f.

44 Druck: *Huber* u. *Huber* (Hg.): Staat und Kirche (Anm. 6), Nr. 309, S. 656-658.

45 Druck: *Huber* u. *Huber* (Hg.): Staat und Kirche (Anm. 6), Nr. 310, S. 659.

46 *Schmidt-Volkmar*: Kulturkampf (Anm. 18), S. 167-187.

47 *Bachem*: Vorgeschichte III (Anm. 2), S. 278 f., 356, 399; IV, S. 42; *Johannes Schauff*: Das Wahlverhalten der deutschen Katholiken im Kaiserreich und in der Weimarer Republik, hg. v. Rudolf Morsey. Mainz 1975, S. 160-163.

48 *Walter Bußmann*: Das Zeitalter Bismarcks (Handbuch der deutschen Geschichte, Bd. 3,2, hg. v. Leo Just). Frankfurt/M. 1968, S. 161.

49 *Huber*: Verfassungsgeschichte IV (Anm. 21), S. 773.

50 Augusta an Wilhelm I., 5. März 1871. In: *Raab*: Kirche (Anm. 27), Nr. 70, S. 255 f.

51 Vgl. *Lill*: Beilegung (Anm. 24); *Ders.*: Die Wende im Kulturkampf. Tübingen 1973.

52 *Huber*: Verfassungsgeschichte IV (Anm. 21), S. 772.

53 *Aschoff*: Rechtsstaatlichkeit (Anm. 37), S. 113-127.

54 Ebd., S. 161-229.

55 *Erwin Gatz*: Art. »Kopp, Georg von«. In: Ders. (Hg.): Die Bischöfe der deutschsprachigen Länder 1785/1803 bis 1945. Ein biographisches Lexikon. Berlin 1983, S. 400-404; *Hans-Georg Aschoff*: Kirchenfürst im Kaiserreich. Georg Kardinal Kopp. Hildesheim 1987.

56 *Aschoff*: Kopp (Anm. 55), S. 45-64.

57 Druck: *Huber* u. *Huber* (Hg.): Staat und Kirche (Anm. 6), Nr. 387, S. 818 f.; Nr. 391, S. 828 f.; Nr. 400, S. 845.

58 Druck: *Huber* u. *Huber* (Hg.): Staat und Kirche (Anm. 6), Nr. 414, S. 867-870; Nr. 420, S. 883 f.

59 Ebd., S. 883.

60 Druck: *Huber* u. *Huber* (Hg.): Staat und Kirche (Anm. 6), Nr. 247, S. 530.

61 Druck: *Huber* u. *Huber* (Hg.): Staat und Kirche (Anm. 6), Nr. 297, S.631.

62 Druck: *Huber* u. *Huber* (Hg.): Staat und Kirche (Anm. 6), Nr. 245, S. 528.

63 Druck: *Huber* u. *Huber* (Hg.): Staat und Kirche (Anm. 6), Nr. 260, S. 547.

64 *Gall*: Bismarck (Anm. 9), S. 701.

65 Über das Zentrum und das Ende Bismarcks: *Aschoff*: Rechtsstaatlichkeit (Anm. 37), S. 268-271.

66 Vgl. *Bachem*: Vorgeschichte V (Anm. 2), S. 174-176. Bismarck soll gesagt haben: »Mein Leben erhalten und verschönern zwei Dinge: meine Frau und – Windthorst. Die eine für die Liebe, der andere für den Haß« (zitiert nach: Ebd., S. 175).

67 *Fritz Stern*: Gold und Eisen. Bismarck und sein Bankier Bleichröder. Würzburg 1980, bes. S. 531-557.

68 Zitiert nach *Hüsgen*: Windthorst (Anm. 37), S. 340.

69 Windthorst an Reuß, 7. April 1890: «Der Rücktritt des Fürsten Bismarck ist ein Ereigniß von folgenreicher Bedeutung ... In dem Rücktritt dieses gewaltigen Mannes liegt ein hochtragisches Moment und zur Zeit läßt sich noch nicht übersehen, wie die Dinge sich weiter gestalten werden. ... Was die innerkirchlichen Angelegenheiten Deutschlands, insbesondere Preußens betrifft, so würde Fürst Bismarck, so lange die Zusammensetzung des Deutschen Reichstags die jetzige Gestalt behält, unseren Forderungen auf die Herstellung des status quo ante vor 1870 Concessionen gemacht haben, wenn die Centrumsfraction zu ihrer früheren strammen Haltung zurückzukehren sich entschlossen hätte. *Von diesem Standpuncte aus muß ich den Rücktritt Bismarcks in diesem Augenblicke bedauern.* Ich weiß nicht, ob das neue Regiment in gleichem Maße entgegenzukommen bereit sein wird. Vorläufig muß ich zu meinem Bedauern annehmen, daß in den entscheidenden Kreisen keine für die Katholiken günstige Stimmung vorherrscht« (*Aschoff*: Windthorst Briefe II, Anm. 37, Nr. 754, S. 801).

70 *Rudolf Lill*: Zur Politik Ludwig Windthorsts. In: Kurt Kluxen u. Wolfgang J. Mommsen (Hg.): Politische Ideologien und nationalstaatliche Ordnung. Festschrift für Theodor Schieder zu seinem 60. Geburtstag. München/Wien 1968, S. 317-335, hier: S. 324.

Bismarck und die sozialistische Arbeiterbewegung

Von Wilfried Rudloff

Ende der zwanziger Jahre brach im Preußischen Staatsministerium ein lange Zeit unbeachtet gebliebener Aktenschrank zusammen. Was die erstaunten Ministerialbeamten aus den Trümmern des altersschwachen Möbelstücks hervorzogen, war der bis dahin als verschollen geltende Briefwechsel zwischen Bismarck und Lassalle. Daß sich der Reichsgründer und die Gründerfigur aus der Frühzeit der sozialistischen Arbeiterbewegung mehrfach getroffen hatten und Bismarck diese Begegnungen in überaus angenehmer Erinnerung geblieben waren, war freilich seit den siebziger Jahren des 19. Jahrhunderts bekannt. Jetzt zeigte sich noch einmal, was beide 1863/64 zusammengeführt und worüber sie sich ausgetauscht hatten. Bismarck, als preußischer Ministerpräsident wenige Monate erst im Amt, suchte inmitten der festgefahrenen, scheinbar ausweglosen Situation des Verfassungskonfliktes nach Verbündeten gegen jenes liberale Bürgertum, dessen Partei ihm im preußischen Abgeordnetenhaus das Leben schwer machte. Die Feindschaft gegen die Fortschrittspartei war der gemeinsame Nenner, der die Antipoden zusammenführte. Lassalle drängte den Konfliktminister, das allgemeine Wahlrecht zur Waffe gegen den bürgerlichen Liberalismus zu machen, ein Gedanke, dem sich Bismarck ohnehin anzunähern im Begriff stand. Auch was die möglichen Antworten auf die soziale Frage anging, gab es Berührungspunkte, etwa in der Frage der sogenannten Produktivassoziationen mit Staatshilfe. Nicht zum letzten Mal stand zudem die Idee eines sozialen Königtums, das Monarchie und Volksmassen versöhnen sollte, im Raum. In anderer Hinsicht freilich waren die Differenzen unüberbrückbar, und überhaupt konnten Lassalle und seine zur gleichen Zeit vollzogene Parteigründung nicht im entferntesten das Gewicht in die Waagschale werfen, dessen es bedurft hätte, um zu einem ernst zu nehmenden Faktor in Bismarcks politischem Kalkül zu werden.[1]

Die Begegnung zwischen Bismarck und Lassalle blieb Episode. Im Licht der weiteren Entwicklung betrachtet liegt das Bemerkenswerte an ihr weniger in den Möglichkeiten, die sie enthielt, als in der Ungewöhnlichkeit, ja Unwahrscheinlichkeit ihres Zustandekommens. Zwar bewies Bismarck bei der Gründung des Deutschen Reiches, daß er höchst moderne Mittel für die Verfolgung seiner Zwecke nicht scheute, indem er für den Reichstag nun in der Tat das allgemeine, gleiche (Männer)Wahlrecht einführte, für einen Politiker konservativer Herkunft eine nicht eben selbstverständliche Tat.[2] Aber gerade weil trotz vielfältig fortbestehender Benachteiligungen auch die sozialistischen Kräfte zunehmend von dem neuen Wahlrecht profitierten, und weil auch ganz unabhängig davon mehr und mehr erkennbar wurde, daß mit ihrer Partei eine ganz neue, radikale Komponente im politischen Kräftefeld heranwuchs, waren Annäherungen taktischer Natur jetzt vollends unrealistisch geworden. Die sozialistische Arbeiterbewegung wurde zum »Reichsfeind«, von Bismarck bis zum Ende seiner Regierungszeit erbittert bekämpft.

Die sozialistische Arbeiterbewegung

Bis 1875 war es nicht eine, sondern waren es zwei Parteien, die sich der politischen und ökonomischen Emanzipation der Arbeiterklasse verschrieben hatten – der 1863 unter Führung von Ferdinand Lassalle gegründete Allgemeine Deutsche Arbeiterverein und die 1869 von August Bebel und Wilhelm Liebknecht aus der Taufe gehobene Sozialdemokratische Arbeiterpartei (nach dem Schauplatz ihres Gründungsparteitags meist als die »Eisenacher« bezeichnet). Die Arbeiterorganisationen löste sich aus der bisherigen Obhut des liberalen Bürgertums und wandten sich gegen dessen politische Vormundschaft. Zwischen beiden Arbeiterparteien gab es breite Zonen programmatischer Übereinstimmung, zunächst aber auch erhebliche Bewertungsunterschiede, etwa was den bestehenden Staat, das fortschrittliche Bürgertum oder das aufblühende Gewerkschaftswesen betraf. Entscheidend war freilich, daß sich die Lassalleaner als pro-preußisch und kleindeutsch, die Eisenacher als anti-preußisch und großdeutsch verstanden, und es war eine Zeitlang gerade dieser Graben, der beide Parteien voneinander trennte.[3] Nachdem die nationale Frage allerdings entschieden war und nachdem sich abzeichnete, daß die bald einsetzenden staatlichen Verfolgungsmaßnahmen beide Parteien in gleicher Weise trafen, schienen innere Notwendigkeit und äußerer Druck in Richtung eines Zusammenschlusses zu drängen. 1875, auf dem Gothaer Einigungsparteitag, taten sich die Schwesterparteien zur »Sozialistischen Arbeiterpartei« zusammen. Das auf dem Parteitag verabschiedete »Gothaer Programm« vermied es zwar, von Revolution und Klassenstaat zu sprechen. Nicht die Diktatur des Proletariats, sondern die demokratische Republik – der »Volksstaat« – war das Ziel. Aber die Partei erklärte, »mit allen gesetzlichen Mitteln den freien Staat und die sozialistische Gesellschaft« erkämpfen zu wollen, sie stritt für die »Abschaffung des Systems der Lohnarbeit, die Aufhebung der Ausbeutung in jeder Gestalt, die Beseitigung aller sozialen und politischen Ungleichheit«. Die Befreiung der Arbeit, so hieß es, erfordere die »Verwandlung der Arbeitsmittel in Gemeingut der Gesellschaft«. Das reichte aus, um die Partei in den Augen Bismarcks als politischen Fundamentalgegner erscheinen zu lassen.[4]

Bismarcks Wahrnehmung der Sozialisten

Daß Bismarck sich mit den sozialistischen Theorien näher befaßt hat, ist unwahrscheinlich.[5] Nicht die Suggestivkraft des sozialistischen Ideengebäudes war es, die ihn beschäftigte, es war die politische Sogwirkung der sozialdemokratischen Agitation, die ihn beunruhigte. Aus seinen Reichstagsreden trat als ein Grundakkord immer wieder die Überzeugung hervor, eine Schicht sozialistischer Agitatoren, die sich das Aufwiegeln zum Beruf gemacht habe, würde der an sich wenig zur Aufruhr neigenden Arbeiterschaft mit den Mitteln von Demagogie und Indoktrination den Geist der Unzufriedenheit und des Umsturzes einträufeln. Ihr Geschäft bestehe darin, alles, was bisher als heilig gegolten habe, zu negieren – »den Glauben an Gott, den Glauben an unser Königtum, die Anhänglichkeit an das Vaterland, den Glauben an die Familienverhältnisse, an den Besitz, an die Vererbung dessen, was sie erworben für ihre Kinder«.[6]

Unter mindestens vier Gesichtspunkten, so wird hier bereits deutlich, sah Bismarck die Sozialdemokraten als fundamentale Gegner seiner politischen und weltanschaulichen Grundüberzeugungen an: verfassungspolitisch als Anti-Monarchisten und Republikaner, außenpolitisch als Internationalisten, religiös als Vertreter des Atheismus und gesellschaftspolitisch als Verfechter eines Umsturzes der bestehenden Sozialordnung.[7] In den Bestrebungen der sozialdemokratischen Parteiführer vermochte Bismarck seit Mitte der siebziger Jahre nur noch das Element der »Negation« zu erkennen – eine Mal für Mal von ihm verwandte Vokabel –, im Reichstag rief er sie wiederholt dazu auf, doch einmal deutlich zu machen, was es an Positivem mit dem in Aussicht gestellten »Zukunftsstaat« auf sich haben werde. Was er selbst als »letztes Staatsideal« hinter den Verheißungen jener »verschleierten Propheten« zu erkennen glaubte,[8] malte er als »zuchthausmäßige Existenz« oder als eine »Art Sklaverei« aus, einen Zustand jedenfalls, bei dem sich die Agitatoren als die »erbarmungslosesten Tyrannen« erweisen würden.[9] Da sie das bestehende Herrschafts- und Gesellschaftssystem unerbittlich bekämpften, stellten sich die Sozialdemokraten für Bismarck außerhalb der staatlichen Ordnung. Den Staat sah er deshalb nicht nur als berechtigt, sondern als verpflichtet an, die Sozialdemokraten ihrerseits mit allen Mitteln zu bekämpfen: »Das Wesen der Sozialdemokratie besteht darin, daß sie die staatliche Ordnung negiert. Daraus ergibt sich für den Staat das Recht und die Pflicht, seinerseits die Sozialdemokratie nicht nur in ihren Wirkungen, sondern in ihrer Berechtigung zur Existenz im Staat zu bekämpfen. Dieselbe befindet sich mit dem Staat im Kriegszustand, und der Staat ist befugt und ... verpflichtet, sie nach Kriegsrecht zu behandeln.«[10]

Den Internationalismus der Arbeiterbewegung, wie er im Anschluß der »Eisenacher« an die Erste Internationale seinen Ausdruck fand, nahm er immerhin so ernst, daß er nach dem Krieg gegen Frankreich vorschlug, die europäischen Mächte sollten sich gegenseitig über subversive Regungen unterrichten.[11] Dahinter stand freilich auch die Absicht, die konservativen Mächte Deutschland, Rußland und Österreich über die Frage eines antirevolutionären Schulterschlusses wieder enger zusammenzuführen. Ob es tatsächlich 1871 August Bebels Apologie der Pariser Kommune war, die Bismarck die Augen für die Gefährlichkeit der sozialistischen Bewegung öffnete, sei dahingestellt. So jedenfalls hat er es rückblickend dargestellt. Wenn Bebel die Pariser Ereignisse im Reichstag vollmundig zu einem kleinen »Vorpostengefecht« im Kampf des europäischen Proletariats gegen die bestehende Ordnung erklärte, so hatte er sich aus der Sicht Bismarcks »offen vor dem Volke zu dem Evangelium« von »Mörder[n] und Mordbrenner[n]« bekannt.[12]

Getreu seiner Unterscheidung zwischen Anführern und verführten Arbeitermassen glaubte er zu diesem Zeitpunkt noch, das Gros der sozialistischen Arbeiterschaft aus den staatsfeindlichen Gewässern wieder herauslotsen zu können, in welche die Parteiführer ihre Anhänger gelenkt hatten – zwar nicht unbedingt die »Eisenacher«, die Exponenten der Internationale, wohl aber die pro-preußischen Lassalleaner. Auf sie bezog er sich, als er 1871 davon sprach, es komme darauf an, »der sozialistischen Bewegung in ihrer gegenwärtigen Beirrung Halt zu gebieten und dieselbe insbesondere dadurch in heilsamere Wege zu leiten, daß man realisiert, was in den sozialistischen Forderungen als berechtigt erscheint und in dem Rahmen der gegenwärtigen Staats- und Gesellschaftsordnung verwirklicht werden kann.«[13] Spätestens als sich die beiden Parteien 1875 vereinten, schien solchen Unterscheidungen allerdings die Grundlage entzogen.

Auch wenn man zugeben wird, daß nicht wenige Äußerungen aus dem Munde der sozialistischen Parteiführer dazu angetan waren, den Eindruck einer unversöhnlichen Gegnerschaft zum bestehenden Staatswesen zu nähren, war typisch für Bismarck die Unbedingtheit, ja Gewaltsamkeit, mit der er den realen Antagonismus zuspitzte. So etwa, wenn er noch in hohem Alter von einem »raub- und mordsüchtigen Feinde« sprach, der es darauf anlege, »der bürgerlichen Gesellschaft den Hals abzuschneiden« oder, martialischer noch und in decouvrierend haßerfüllter Sprache, von »Ratten im Lande«, die »vertilgt« werden sollten.[14] Im Reichstag pflegte er die Sozialdemokraten in eine Reihe mit »Mördern« und »Gewalttätern« zu stellen und dem »Sozialismus« der Arbeiterbewegung das Attribut »verbrecherisch« anzuhängen.[15] Den bayerischen König warnte er vor der »bedrohlichen Räuberbande, mit der wir gemeinsam unsere größeren Städte bewohnen«.[16] Immer wieder war von »Kriegszustand«, »Kriegsrecht«, »staatlicher Notwehr« oder gar der Notwendigkeit die Rede, einen »Vernichtungskrieg« zu führen.[17] Man täusche sich nicht, belehrte er 1889 das Parlament, die Sozialdemokratie »lebt mit uns im Kriege, und sie wird losschlagen, gerade so gut wie die Franzosen, sobald sie sich stark genug dazu fühlt.«[18]

Bismarcks Sprachgebrauch war mehr als nur Rhetorik im Dienste seiner Ausgrenzungspolitik. So sehr Bismarck ein Virtuose darin war, die öffentliche Revolutionsfurcht anzuheizen, um sie als Instrument seiner Wahlmanöver und taktischen Machtspiele nutzen zu können, so ernst muss man sie doch zuletzt auch für ihn selbst nehmen. In Anlehnung an einen zeitgenössischen Ausspruch, der auf Bismarcks beständige Sorge vor außenpolitischen Koalitionen gegen das Reich gemünzt war (den »cauchemar des coalitions«), hat die Geschichtsschreibung diese Grundstimmung in dem Bild des »cauchemar des révolutions« zu fassen versucht.[19] Man darf hier nicht einfach aus der sicheren Kenntnis der späteren Entwicklung urteilen, als sich die Sozialdemokraten in ihrer Hauptlinie faktisch zu einer

Gründungsmitglieder des Allgemeinen Deutschen Arbeitervereins, 1863. Ganz rechts: Ferdinand Lassalle. Stadtgeschichtliches Museum Leipzig

reformistischen Partei gewandelt hatten. Es ist richtig, daß die Sorge vor den gewaltbereiten Revoluzzern, die Bismarck immer wieder schürte, weitgehend auf einem Phantom beruhte. Aber es ist ebenso richtig, daß es an sozialistischem Theaterdonner nicht fehlte, mochte auch die ganze Umsturz- und Revolutionsrhetorik, der Verweis auf die sorglosen Zeiten des sozialistischen Zukunftsstaates zuletzt dem Zwecke dienen, die Anhänger in ihrer bedrängten Lage bei der Stange zu halten.

In einem sich wechselseitig hochschaukelnden Prozeß hat Bismarck so die sozialistische Arbeiterbewegung aus der Reichsgesellschaft ausgegrenzt und sich das sozialistische Milieu seinerseits zu einer nach außen scharf abgegrenzten Gegenwelt entwickelt. Das betraf die Zukunftserwartungen ebenso wie die Zielsetzungen und Leitgedanken der Partei und reichte bis weit in die Sphäre der symbolischen Repräsentation kollektiver Identitäten hinein. Dem »Sedanstag« am 2. September, dem nationalen Gedenktag an den Sieg über Frankreich, stellte die sozialistische Arbeiterbewegung den 18. März entgegen, den Gedenktag nicht nur an die Märzrevolution von 1848, sondern auch an die Errichtung der Pariser Kommune.[20]

»Zuckerbrot und Peitsche«

Um den beiden Kernbestandteilen der Bismarckschen Arbeiterpolitik einen Namen zu geben, hat sich bereits die zeitgenössische sozialdemokratische Publizistik des metaphorischen Begriffspaars »Peitsche und Zuckerbrot« bedient. Die Geschichtsschreibung hat nicht nur das Bild, sondern auch die damit verbundene Deutung übernommen.[21] Zuckerbrot, das war die Sozialgesetzgebung der achtziger Jahre, der Beginn des Bismarckschen Sozialstaates. Peitsche, das war, zeitlich vorgelagert, das Sozialistengesetz, die Repression der sozialistischen Arbeiterbewegung seit spätestens 1878. Zuckerbrot und Peitsche wurden als zwei Seiten einer Medaille verstanden, als strategisches Doppelspiel, bei dem die Arbeiter mit dem Staat versöhnt, den sozialistischen Arbeiterorganisationen aber mit aller Macht das Wasser abgegraben werden sollte. Franz Mehring, marxistischer Autor einer ersten umfassenden Geschichte der Sozialdemokratie, wußte zu berichten, in den sozialdemokratischen Flugblättern der achtziger Jahre sei der Ausspruch »Sein Zuckerbrot verachten wir, seine Peitsche zerbrechen wir« zu einem geflügelten Wort geworden.[22]

Der dialektische Zusammenhang von positiven und negativen Maßnahmen begegnet uns in einer Vielzahl von Quellen aus Bismarcks Hand. 1871 bereits, in einem Votum Bismarcks an den preußischen Handelsminister, wurde gefordert, daß die Regierung einerseits »denjenigen Wünschen der arbeitenden Klassen ..., welche in den Wandlungen der Produktions-, Verkehrs- und Preisverhältnisse eine Berechtigung haben«, durch Gesetzgebung und Verwaltung entgegenkommen solle, sie andererseits aber »die staatsgefährlichen Agitationen durch Verbots- und Strafgesetze hemmen« müsse, soweit dies möglich sei, »ohne ein gesundes öffentliches Leben zu verkümmern.«[23] In einem Immediatbericht an Wilhelm I. hieß es ein Jahr später, die »Krankheit«, welche die ganze zivilisierte Welt durchziehe, in der Internationalen ihre »hervorragendste« Erscheinung finde und ihre Ursachen in dem Bestreben der besitzlosen Klassen habe, auf Kosten der Besitzenden ihre soziale Lage zu verbessern, könne mit repressiven Mitteln nicht eigentlich geheilt werden. Es bedürfe vielmehr legislativer und administrativer Maßregeln zugunsten der Besitzlosen. Solange der erhoffte Heilungsprozeß noch nicht vollzogen sei, müsse es zugleich jedoch auch Aufgabe der Regierung sein, die Gesellschaft gegen den Versuch eines gewaltsamen Angriffs auf ihren Bestand zu schützen. Es sei deshalb zu prüfen, ob das bestehende Strafrecht für diese Zwecke noch ausreiche.[24] Erneut wurden hier die zwei Gleise bezeichnet, auf denen sich die Bismarcksche Politik in der Folge bewegen sollte. Beide standen in einem spezifischen zeitlichen Verhältnis zueinander: Zu lösen war das Problem nur durch Maßnahmen zur Verbesserung der Lage der Arbeiter, aber dafür bedurfte es eines langen Atems. Einstweilen halfen deshalb nur die – zu diesem Zeitpunkt wesentlich konkreter ins Auge gefaßten – Mittel der Repression, so wenig damit das Übel bei den Wurzeln zu packen war. In einem Gespräch mit dem bayerischen Gesandten befand Bismarck 1880 erneut: »Die bloße Verfolgung der Sozialisten sei nicht genügend. – Die Frage müsse auf einem anderen Gebiet gelöst werden.« Um die »Massen der Arbeiter« ihren Anführern entziehen zu können, müsse man ihnen zeigen, »daß der Staat sich für sie interessiere und für ihr Wohl durch praktische Maßregeln sorge, anstatt sie mit falschen, unmöglichen Versprechungen zu betrügen, wie dies bisher seitens der sozialistischen Führer geschah.«[25]

Zuckerbrot und Peitsche – es wird im folgenden darauf zu achten sein, wie weit dieser Interpretationsansatz trägt.

Repression vor dem Sozialistengesetz

Wie bereits angedeutet hatten Sozialistengesetz und Sozialgesetzgebung eine Vorgeschichte, deren Anfänge bis in die sechziger und frühen siebziger Jahre zurückreichten. Während jedoch die Überlegungen und Pläne auf dem Feld der Sozialgesetzgebung aus dem Stadium mehr oder weniger verbindlicher Gedankenspiele einstweilen kaum herausfanden, war die Unterdrückungspolitik gegenüber den Sozialisten auch schon vor 1878 sehr real. Es waren vor allem straf-, vereins- und versammlungsrechtliche Mittel, die dabei angewandt wurden. Während im Spiegelsaal von Versailles Wilhelm I. zum Kaiser ausgerufen wurde, saßen Liebknecht und Bebel unter dem Vorwurf der Vorbereitung zum Hochverrat in Untersuchungshaft. Ebenso bezeichnend war, daß die Partei Bebel, nachdem ihm zusätzlich zur Festungshaft auch noch sein Reichstagsmandat aberkannt worden war, bei der erforderlichen Nachwahl unbeirrt wieder aufstellte, worauf er mit erheblichem Stimmenzuwachs wiedergewählt wurde – die Verfolgung schuf ihre Märtyrer und trug den Betroffenen in Arbeiterkreisen zusätzliche Sympathien ein.[26] Der Berliner Staatsanwalt Tessendorff machte sich in den siebziger Jahren dadurch einen Namen, daß er unter Rückgriff auf die strafrechtlichen Tatbestände der Volksverhetzung, Majestätsbeleidigung und Anstiftung zum Hochverrat eine Welle von Strafverfolgungsmaßnahmen gegen sozialistische Arbeiterführer einleitete und zugleich reichen Gebrauch von den Verfolgungsmöglichkeiten machte, welche die Restriktionen des Vereinsrechts für politische Vereine bereithielten.[27] Seit Mitte der siebziger Jahre häuften sich die Gefängnisstrafen aufgrund von Beleidigungsdelikten, zu denen Redakteure sozialdemokratischer Zeitungen verurteilt wurden.[28] Es gab sozialdemokratische Presseorgane, die dauerhaft damit leben mußten, daß mehrere ihrer Redakteure in Haft saßen. In Preußen wurde nicht nur scharf gegen die Eisenacher vorgegangen, sondern 1874 auch die Zentrale des lassalleanischen Allgemeinen Deut-

Bismarck verkündet das Sozialistengesetz. Gemälde von Friedrich Emil Klein, 1909. Friedrichsruh, Otto-von-Bismarck-Stiftung

schen Arbeitervereins verboten. Im März 1875 waren in vier Fünfteln des Reiches die sozialdemokratischen Organisationen gerichtlich aufgelöst.[29] Schließlich wurde im Frühjahr 1876 in Preußen auch die neugegründete Sozialistische Arbeiterpartei verboten, die Parteiführung wich nach Hamburg aus.

Damit nicht genug, suchte Bismarck unter dem Eindruck der Streikwelle von 1872 im Reichstag eine Gesetzesnovelle zur Gewerbeordnung durchzubringen, die den Kontraktbruch, den Bruch des Arbeitsvertrags durch Verlassen der Arbeitsstelle (besonders bei Arbeitsniederlegungen), mit Haftstrafe bedrohte.[30] Vorerst führte dies noch ebenso wenig zu einem Erfolg wie sein etwas später unternommener Versuch, das Strafrecht durch eine Novelle zu verschärfen, die für Aufreizung zum Klassenhaß oder Angriffe auf Ehe, Familie und Eigentum Gefängnisstrafen vorsah.[31] In beiden Fällen war der Reichstag nicht bereit mitzugehen. Jedoch war deutlich geworden, daß Bismarck eine Verschärfung der verfügbaren staatlichen Machtmittel anstrebte, um die Handlungsmöglichkeiten und Wirkungschancen von Arbeiterschaft und Arbeiterbewegung noch mehr einschränken zu können. Was zustande kam, war ein Reichspressegesetz, das bei vielfältigem Entgegenkommen gegenüber den Liberalen neue Eingriffsmöglichkeiten des Reichs gegen die sozialdemokratische Presse eröffnete. Auch hier muss man freilich sehen, daß sich Bismarck die Spitze gegen die sozialistische Agitation weitaus schärfer vorgestellt hatte.[32]

Sozialpolitik vor den Sozialversicherungsgesetzen

Dies war die eine Seite. Die andere Seite, die Ansatzpunkte zu einer sozialpolitischen Neuorientierung, sind demgegenüber zunächst weitaus weniger deutlich zu erkennen. Man kann sie in einer Reihe von Denkschriften ausmachen, die in den sechziger und frühen siebziger Jahren in den zuständigen Ministerien entstanden. Die zentrale Figur im Umfeld Bismarcks war in dieser Hinsicht der konservative Sozialreformer Hermann Wagener, vorübergehend Vortragender Rat im preußischen Staatsministerium, Experte für sozialpolitische Fragen, eine schillernde Figur, der Bismarck in den sechziger und siebziger Jahren zeitweilig sein Ohr lieh.[33]

Wagener war es, auf dessen Anraten Bismarck 1864 einer Abordnung schlesischer Weber einen Zuschuß aus der königlichen Privatschatulle verschaffte, um ihnen die Errichtung einer »Produktivassoziation« zu ermöglich, ein vielbeachtetes Experiment, das sich jedoch nach einem Jahr schon als kompletter Fehlschlag erweisen sollte. Von Wagener ließ Bismarck sich auch den Gedanken der Koalitionsfreiheit nahe bringen, das in der Gewerbeordnung von 1869 schließlich realisierte Recht der Arbeiter, sich zur Vertretung ihrer wirtschaftlichen Interessen – auch mit den Mitteln des Streiks – kollektiv zu organisieren.[34] Wahl- und Streikrecht eröffneten dem politischen und wirtschaftlichen Arm der Arbeiterbewegung neue Handlungsmöglichkeiten. Bismarck hat dies in letzter Konsequenz nicht vorausgesehen, und als er es später dann erkennen mußte, mehrfach mit dem Gedanken gespielt, das Rad wieder zurückzudrehen.

Zwischen Mitte der sechziger und Ende der siebziger Jahre stand einem tatkräftigeren sozialpolitischen Vorgehen indes auch Bismarcks Allianz mit den Nationalliberalen entgegen, die hierfür nicht zu haben waren. Die Nationalliberalen hatten unter dem Eindruck der kleindeutschen Einigungspolitik 1866 eine Kehrtwendung vollzogen, um bis zu Bismarcks innenpolitischer Wende von 1878/79 zum tragenden Bestandteil der regierungsnahen Mehrheit des Reichstages zu werden. Zwar spielte Hermann Wagener noch einmal eine wichtige Rolle, als es im Zuge der preußisch-österreichischen Annäherung 1872 zu einer Konferenz von Fachmännern beider Staaten kam, auf der eine breite Spanne sozialpolitischer Fragestellungen behandelt wurde (Wohnungsfrage, Einigungsämter, Genossenschaftswesen, Gewerkvereine, Kinder- und Frauenarbeit, Normalarbeitstag, Koalitionsfreiheit, Bildungsfrage etc.). Der übergeordnete Bezugspunkt der Initiative lag auch hier in der Bekämpfung der Internationale, für die Repressionsmittel allein nicht als hinreichend empfunden wurden.[35] Die Konferenz blieb jedoch ohne jedes praktische sozialpolitische Ergebnis, Bismarck hat sich offenbar für ihren Ertrag nur wenig interessiert.

Auch unter seinen preußischen Ministerkollegen stieß Bismarck in jenen Jahren mehrfach auf hinhaltenden Widerstand. Seinen langjährigen Handelsminister von Itzenplitz trieb Bismarck wiederholt an, sozialpolitisch aktiv zu werden, ohne daß daraus eine nennenswerte Initiative hervorgegangen wäre.[36] Man darf auch nicht übersehen, daß Bismarck seinerseits bestimmten Bestrebungen zu einer sozialpolitischen Weiterentwicklung geradezu halsstarrig im Wege stand: In puncto präventiver Arbeiterschutz, der Regelung von Arbeitszeit und Arbeitsbedingungen und dem Schutz vor den Gefahren des gewerblichen Arbeitslebens, erklärte er sich 1877 »principaliter gegen Gesetzesarbeit überhaupt«.[37] Die Fortschritte, welche die Gewerbeordnungsnovelle 1878 in Fragen des Arbeiterschutzes brachte, waren deshalb überaus begrenzt. Die Institution des Fabrikinspektors war Bismarck spätestens seit dem Moment mißliebig, als ein solcher es gewagt hatte, ein kritisches Auge auf seine Varziner Papierfabriken zu werfen.[38] Mit dem Arbeiterschutz umging die Bismarcksche Arbeiterpolitik gerade den Bereich, auf den es der Arbeiterbewegung in jenen Jahren sozialpolitisch in erster Linie ankam, das Gebiet, für das die Sozialdemokraten ihren einzigen Gesetzentwurf in den ersten fünf Legislaturperioden im Reichstag einbrachten.[39] Insofern lässt sich durchaus sagen, daß dem sozialpolitischen »Zuckerbrot« gerade die Komponente fehlte, die am ehesten auf eine »aussöhnende Politik« hätte hinauslaufen können.[40] Für Arbeiterschutz, für ein modernes System der Arbeitsbeziehungen, erst recht aber für die politische Emanzipation der Arbeiter hatte Bismarck ebenso wenig Verständnis wie für Wageners 1873 ausgesprochene Einsicht, »daß jeder Versuch der Verständigung und Ausgleichung mit den arbeitenden Klassen durchaus aussichtslos ist, solange man sich nicht auf den Standpunkt vollkommener politischer und sozialer Gleichberechtigung stellt«.[41] Schon Lassalle hatte 1864 bemerkt, Bismarck sei womöglich bereit, »das soziale Element der Arbeiterbewegung durchzuführen, *moins* das politische«.[42]

Das Ausnahmegesetz gegen die sozialistische Partei

1873, in einer Denkschrift für Bismarck, hatte Wagener die hellsichtige Mahnung ausgesprochen: »Solange der Staat und dessen Gesetzgebung mit dem Arbeiterstande und dessen Bestrebungen nichts weiter anzufangen weiß, als diesen als Feind zu behandeln, und jene unter eine Ausnahmegesetzgebung zu stellen, wird selbstverständlich der Arbeiterstand auch seinerseits je länger, desto mehr dazu fortschreiten, seinen Gegensatz gegen den bestehenden Staat zu verschärfen und zu verbittern und sich mit der Überzeugung zu durchdringen, daß die Zerstörung des bestehenden Staates die unabweisliche Vorbedingung der Verbesserung seiner Lage sei.«[43] Auch wenn Wageners Warnung auf die Restriktionen aus der Zeit vor den Sozialistengesetzen zielte, traf sie in noch höherem Maße auf die Jahre nach 1878 zu.

1878 wurden, wie bekannt, in kurzer Folge zwei Attentate auf Kaiser Wilhelm I. ausgeübt. Beide Male handelte es sich bei dem Attentäter um einen Einzelgänger, beide Male nicht eigentlich um einen Sozialdemokraten. Bismarck witterte gleichwohl die Gelegenheit, löste nach dem zweiten Attentat den Reichstag auf, mobilisierte in einem hitzigen Wahlkampf die Revolutionsfurcht der weiteren Öffentlichkeit und setzte anschließend durch, was ihm nach dem ersten Attentat vom Parlament noch verweigert worden war, ein Ausnahmegesetz gegen die Sozialdemokraten. Hatten die Nationalliberalen, die Partei des liberalen Rechtsstaates, den bisherigen Vorstößen Bismarcks, die Sozialdemokraten mit den Mitteln einer Verschärfung des Vereins- oder Strafrechts zu bekämpfen, noch widerstanden, so fielen sie unter dem Eindruck der allgemeinen öffentlichen Erregung nun endgültig um. Und zumindest ein gewichtiger Neben-, wenn nicht gar Hauptzweck in Bismarcks Vorgehen lag 1878 auch genau darin, die Nationalliberalen in die Enge zu treiben, wenn möglich zu spalten und vor ihren Wählern bloßzustellen.[44]

Unter dem Sozialistengesetz, das bis 1890 mehrfach verlängert wurde, konnten nicht nur sozialistische Vereine, sondern auch Druckschriften und Versammlungen, die zum Umsturz der Staats- und Gesellschaftsordnung anleiteten, ohne größere Mühe verboten werden. Das sozialdemokratische Parteileben kam so gut wie vollständig zum Erliegen. Die Partei mußte in die Illegalität flüchten. Vom Ausland aus baute sie unter hohen Opfern eine klandestine Organisation auf – ein Netzwerk von beträchtlicher Effizienz, was etwa das Einschmuggeln des Parteiorgans »Der Sozialdemokrat« anging. Berüchtigt war der sog. »Kleine Belagerungszustand«, der bei Gefährdung der öffentlichen Sicherheit verhängt werden konnte. Zirka 1.500 Personen wurden zu Gefängnis- und Zuchthausstrafen verurteilt, rund 900 aus ihren Wohnorten ausgewiesen. So wie es beträchtliche regionale Unterschiede bei der Umsetzung des Gesetzes gab, lösten sich Zeiten einer milderen Praxis mit solchen einer schärferen Vorgehensweise ab. Was den Sozialdemokraten an legalen Möglichkeiten jedoch immer noch blieb, war zu Wahlzeiten Wahlvereine zu bilden, die Kandidaten für die Reichs-, Länder- oder Stadtparlamente aufstellen und Wahlversammlungen abhalten konnten. Das aktive wie passive Wahlrecht blieb also unangetastet, die Tribüne der Volksvertretungen erhalten – Instrumente, von denen die Partei in erstaunlicher Weise Gebrauch zu machen verstand.[45]

Alles in allem ist Bismarcks Repressionspolitik fulminant gescheitert. Zwei Schlaglichter genügen, um dies zu verdeutlichen. Zum einen: Die Serie beeindruckender Wahlerfolge der Sozialdemokratie setzte nach einem kurzen Knick jetzt erst richtig ein. Bei den Wahlen zum Reichstag 1878 hatte die Partei 7,6% der abgegebenen Stimmen erlangt, 1890 waren es knapp 20%. Das Anwachsen der sozialdemokratischen Wählerschaft war nicht nur nicht gestoppt worden, die Sozialdemokratische Arbeiterpartei war dem Zuspruch der Wähler nach nunmehr die größte unter den deutschen Parteien und auch die größte im Kreis der internationalen Schwesterparteien. Der Stimmenzuwachs, so wird gemeinhin angenommen, war ganz wesentlich der staatlichen Repressionspolitik zuzuschreiben, genauer gesagt, dem durch die Repressionspolitik hervorgerufenen Solidarisierungseffekt, wozu dann begünstigend noch hinzutrat, daß sich die Arbeiterschaft in Industrie und Gewerbe, die sozialistische Kernklientel, immer weiter ausdehnte. Als der Versuch, der Partei das Wasser abzugraben, hatte sich das Sozialistengesetz rundum als ein Fehlschlag erwiesen. Kaum weniger bedeutsam war, daß sich 1890, als das Sondergesetz aufgehoben wurde, auch das ideologische Profil der Partei spürbar verschoben hatte. Hatten im Gründungsjahrzehnt noch zahlreiche Strömungen nebeneinander bestanden – Lassalleaner und Marxisten, Anarchisten und ethische Sozialisten – und waren zu diesem Zeitpunkt noch die wenigstens Parteiführer wirklich mit dem marxistischen Gedankengebäude vertraut gewesen, so war die Partei am Ende der Unterdrückungsperiode nun in der Tat weitgehend eine marxistische Partei. Karl Marx hatte den Synkretismus des 1875 auf dem Gothaer Einigungsparteitag verabschiedeten Programms noch scharf kritisiert. 1890 war die Partei ungleich mehr auf den Marxismus eingeschworen, sie hatte sich radikalisiert, war dogmatischer, war ideologisch einheitlicher geworden. Die marxistische Doktrin schien am ehesten den Erfahrungen zu entsprechen, die unter den Bedingungen von »Gründerkrise« und Unterdrückungspolitik täglich gemacht werden mußten.[46] Das Erfurter Programm, 1891 verabschiedet und für 30 Jahre die offizielle ideologische Richtschnur der Partei, enthielt zumindest in seinem theoretischen Teil die reine Lehre des Marxismus.[47] Das fortwährende Erleben von Unterdrückung, Diskriminierung und Ausgrenzung, die aufgezwungene Pariastellung, die schweren Repressalien, denen sich Tausende von Sozialdemokraten ausgesetzt sahen, hatten zur Flucht in die ideologische Radikalisierung geführt. In der sozialdemokratischen Arbeiterschaft breitete sich eine Wagenburgmentalität aus. Die Heilserwartung der marxistischen Eschatologie half die Bürden der Gegenwart ertragen, der Glaube an die Revolution, wie auch immer man sich diese vorstellte, schweißte die Sozialisten zusammen. Das konnte es kaum gewesen sein, was Bismarck Ende der siebziger Jahre vorgeschwebt hatte.

Die Bismarcksche Sozialgesetzgebung der achtziger Jahre

Drei Jahre nach der Verabschiedung des ersten Sozialistengesetzes trug Bismarck 1881 zur Eröffnung des neugewählten Reichstags eine »Kaiserliche Botschaft« vor, die umfassende soziale Reformen in Aussicht stellte. Sie gilt vielen Historikern als Geburtsurkunde des modernen deutschen Sozialstaats. Auch hier stoßen wir wieder auf die bekannte dialektische Argumentationsfigur, nach der die »Heilung der sozialen Schäden nicht ausschließlich im Wege der Repression sozialdemokratischer Ausschreitungen, sondern gleichmäßig auf dem der positiven Förderung des Wohls der Arbeiter zu suchen sein werde.«[48] Erneut sieht es so aus, als würde die Interpretationsfigur von Zuckerbrot und Peitsche bestätigt.

Karikatur »Zur Verschärfung des Sozialistengesetzes«. Holzschnitt von Hermann Scherenberg, in: »Ulk«, 17. Jahrgang, Nr. 4 vom 26.1.1888

Unterzieht man jedoch den Gesetzgebungsprozeß einer genaueren Betrachtung, ist das Überraschende, daß der gemeinhin angenommene kausale Nexus zwischen Sozialisten- und Sozialversicherungsgesetzen so nicht anzutreffen ist. Die Sozialgesetze der achtziger Jahre – die Trias von Krankenversicherung, Unfallversicherung und zuletzt Invaliditäts- und Altersversicherung – weisen, wie neuere Forschungen zur Entstehung des Bismarckschen Sozialstaats gezeigt haben, eine durchaus eigenlogische Genese auf, entspringen also nicht oder jedenfalls nicht ausschließlich der Dialektik von negativer Kampfpolitik und positivem Gegenstück.

Im einzelnen kann der verwickelte Gang der Gesetzesgenese hier nicht nachgezeichnet werden. Einige wenige Bemerkungen müssen genügen.[49] Zunächst: Die Kaiserliche Botschaft war nicht der Ausgangspunkt, sondern als öffentliche Manifestation bloß Zwischenstation im Gesetzgebungsprozeß. An dessen Anfang stand die allgemeine Unzufriedenheit mit dem Schutz der Arbeiter bei Arbeitsunfällen, für die seit 1871 der Grundsatz der Verschuldenshaftung der Unternehmer galt. Die Haftung trat damit nur im Falle eines nachgewiesenen unternehmerischen Verschuldens ein, ein Nachweis, den die Geschädigten obendrein auch noch selbst zu erbringen hatten. Diese Regelung erwies sich als wenig praktikabel und kam in der Praxis einer Rechtsverweigerung gleich. Seit Ende der siebziger Jahre wurde in den zuständigen Reichsämtern und preußischen Ministerien über mögliche Regelungsalternativen nachgedacht. Was sich dabei nach und nach herausschälte, waren einige der zentralen Bauprinzipien der deutschen Sozialversicherungsarchitektur. Für die Unfallversicherung bedurfte es als gedanklicher Voraussetzung zunächst noch der Umkehr des Prinzips der Verschuldenshaftung. Die Unternehmer sollten grundsätzlich für die bei der Arbeit entstandenen Schäden einstehen. Um diesen Grundsatz für die Unternehmen erträglich zu machen, kam der Gedanke auf, das Ganze in der Form einer Versicherung zu organisieren, die auf der Grundlage des korporativen Zusammenschlusses der Betroffenen in Zwangsgenossenschaften beruhen sollte.[50] Nicht also die Krankenversicherung, für die sich Bismarck im übrigen nicht weiter interessierte, und auch nicht die Rentenversicherung, für die er seine Vorstellungen nicht durchzusetzen vermochte, stehen am Anfang der Bismarckschen Sozialgesetzgebung, sondern die heute kaum sonderlich beachtete Unfallversicherung. Aber auch für die Entstehung der beiden anderen Zweige der Sozialversicherung läßt sich zeigen, daß der Problemdruck, das Bewußtsein der Unsicherheit proletarischer Existenz, ein eigenständiges Gewicht besaß. Demgegenüber erwies sich die Verschränkung mit den Sozialistengesetzen keineswegs immer als so eng, wie für gewöhnlich angenommen wird. Tatsächlich war man bei der Vorbereitung der »Kaiserlichen Botschaft« im Reichsamt des Innern sogar mit dem Gedanken umgegangen, das Sozialistengesetz von 1878 alsbald wieder aufzuheben, ein Vorhaben, dem Kaiser Wilhelm I. mit der Bemerkung: »Ich habe mich komplett erschreckt, als Minister von Bötticher mir diese Absicht mitteilte« einen Riegel vorschob.[51] Umgekehrt hat Bismarck im Jahr des Sozialistengesetzes, als von verschiedenen preußischen Ministerien Überlegungen an ihn herangetragen wurden, die negative durch eine positive Arbeiterpolitik zu flankieren, diesen Gedanken zunächst keineswegs aufgegriffen.[52]

Die Sozialgesetze waren also nicht bloß eine abgeleitete Größe des Sozialistengesetzes. Man wird ihrer Rolle und Bedeutung nicht gerecht, wenn man sie lediglich auf ein Gegenstück zur Repressionspolitik reduziert. Sie haben eigene Wurzeln und ein eigenes Gewicht.[53] Bismarck hat die »sozialen Schäden«, die der Industriekapitalismus erzeugte, deutlich gesehen, und er hat die Notwendigkeit, ihnen durch staatliche Gesetzgebung zu begegnen, anerkannt, jenseits aller dialektischen Verschränkung mit den repressiven Seiten der Arbeiterpolitik und jenseits aller Instrumentalisierung der Sozialgesetzgebung für anders geartete Zwecke.[54]

Das schließt freilich nicht aus, daß es diese Zwecke ebenfalls gab. Die eigenlogische Entwicklung der Sozialgesetzgebung zu betonen, darf nicht heißen, negative Kampf- und positive Integrationspolitik vollends zu dissoziieren. Man darf das Argument nicht überdehnen. Denn daß zwischen beiden Strängen wenn nicht eine unmittelbare kausale Verknüpfung, so doch funktional ein Zusammenhang bestand, ist nun doch kaum zu bestreiten. Negativ die sozialistische Bewegung zu unterdrükken und positiv die Arbeiter an den Staat binden zu wollen, war in der Intention eng miteinander verschränkt. Einmal die Notwendigkeit erkannt, auf dem Feld der sozialen Sicherung gegen Invalidität, Krankheit und Alter tätig werden zu müssen, lag es nahe, die in Frage stehende Verbindung herzustellen und besonders herauszustreichen. Das zeigte etwa eine gegenüber Parlamentariern ausgesprochene Bemerkung des Reichskanzlers zur Frage der Unfallversicherung aus dem Jahre 1881, die auf den Kern des Themas zurückführt. Bismarck versprach sich danach den »Sieg über die lügenhaften Versprechungen und schwindelhaften Ideen, mit welchen die Führer der Sozialdemokratie die Arbeitermassen ködern, namentlich in dem tatkräftigen Beweise, daß der Staat oder wie bei uns der König sich der wirtschaftlichen Schwachen und Bedrängten annimmt.«[55]

Deshalb war für Bismarck auch die Beteiligung des Staates an Trägerschaft und Kosten der Sozialversicherung ungeheuer wichtig, was dann beim letzten Kapitel seiner Sozialgesetzgebung, der Invaliditäts- und Altersversicherung, besonders zutage trat. Weit mehr als sich schlußendlich durchsetzen ließ, hatte er sich hier eine unmittelbare, geldwerte Beteiligung des Staates vorgestellt. Seine Überlegungen gingen lange Zeit dahin, nicht eine primär beitragsgestützte, sondern aus Steuermitteln getragene Versicherung zu schaffen, wofür ihm als Finanzquelle zunächst ein staatliches Tabakmonopol vorschwebte. Im Hinblick auf die erheblichen Summen, die vom Staat für eine solche Versicherung aufgebracht werden mußten, meinte er 1881, die »Zufriedenheit der besitzlosen Klassen, der Enterbten, ist auch mit einer sehr großen Summe nicht zu teuer erkauft. ... Wir können als das niedrigstbesteuerte Land in dieser Beziehung viel vertragen«. Wenn man die Mittel aus einem Tabakmonopol oder einer höheren Besteuerung der Genußmittel »zur Sicherstellung der Zukunft unserer Arbeiter« verwende, »deren Ungewißheit der Hauptgrund zu ihrem Hasse gegen den Staat ist, so ist das eine Sicherstellung unserer eigenen Zukunft, so ist das eine gute Anlegung des Geldes auch für uns: Wir beugen damit einer Revolution vor, die in fünfzig Jahren ausbrechen kann, aber auch schon in zehn Jahren«.[56] Worauf Bismarck hinauswollte, war, aus den Arbeitern »Staatsrentner« zu machen, um sie an den Staat zu binden und dem Staat, modern gesprochen – und seinerzeit auch überaus modern -, eine neue Legitimationsgrundlage zu verschaffen. Der Staat sollte den Arbeitern nicht nur als notwendige, sondern auch als wohltätige Einrichtung erscheinen. Im übrigen dürften Bismarcks Worte aus dem Jahre 1881, die Sozialdemokratie sei ein »Menetekel für die besitzenden Klassen ..., daß nicht alles so ist, wie es sein sollte« (ohne die »Furcht vor der Sozialdemokratie« wären auch die mäßigen Fortschritte in der Sozialreform nicht erreicht worden), zu guten Teilen auch auf ihn selbst zugetroffen haben.[57]

Ob man Bismarcks Sozialpolitik als Erfolg versteht, hängt davon ab, an welcher Elle man sie misst. Nimmt man die Absicht zum Maßstab, die »besitzlosen Klassen« von den sozialistischen Arbeiterorganisationen zu lösen, so ist sie gescheitert. Nimmt man hingegen das Bestreben zum Maßstab, die Arbeiter stärker an den Staat zu binden, so blieb sie, auf lange Sicht betrachtet, durchaus nicht ohne Erfolg. Die Arbeiter haben mit der Zeit die Vorzüge der öffentlich-rechtlichen Krankenversicherung erkannt, die ihnen erstmals einen breiten Zugang zur medizinischen Versorgung eröffnete.[58] Möglicherweise haben sie auch stärker als lange Zeit angenommen die kargen Invaliditäts- und Altersrenten zu schätzen gelernt, die Meinungen gehen in diesem Punkt auseinander.[59] Zunächst jedoch dürfte der Sozialpolitik durch die gleichzeitige Erfahrung von Unterdrückung und vorenthaltener Gleichberechtigung eine positivere Wirkung verwehrt geblieben sein.

Bismarck selbst sah in vielem seine Vorstellungen und Erwartungen nicht erfüllt. Im Gespräch mit einem englischen Schriftsteller urteilte er 1892 über die Versicherungsgesetze: »Sie entsprechen meinem Plane nicht ganz; sie verlangen von den Arbeitern zu viel.« Er sei, so kommentierte er rückblickend, aufgrund von Krankheit und Arbeitsüberlastung daran gehindert gewesen, dafür Sorge zu tragen, daß die Gesetze stärker nach seinen Überlegungen ausgestaltet worden seien. Mit dem Unfallversicherungsgesetz zufrieden, befand er für die anderen Gesetze – insbesondere die Invaliditäts- und Altersversicherung – man sei hier »nicht weit genug gegangen.« Was ihm zur kurz gekommen schien, war das staatliche Element, die sichtbare Wohltätigkeit durch den Staat. Seiner Auffassung nach, so wiederholte er 1892, habe »jeder Arbeiter das Recht auf ein Existenzminimum, und ich wünschte, daß ihm dies vom Staate eben in seiner Eigenschaft als Arbeiter gewährt werden sollte.«[60]

Die Sozialdemokraten haben die Sozialversicherungsgesetze im Reichstag abgelehnt, schon weil sie in ihren Augen eng mit der staatlichen Unterdrückungspolitik verbunden waren, aber auch weil die Leistungen ungenügend erschienen, den Arbeitern aus ihrer Sicht ein zu großer Anteil an der Finanzierung aufgeladen wurde und nicht hinreichend Mitspracherechte gewährt wurden.[61] Bei dieser Haltung sollte es auf längere Sicht jedoch nicht bleiben. Seit der Jahrhundertwende zeichnete sich ein Umdenken ab.[62] Auf Dauer wollte die Sozialpolitik manchem gestandenen Sozialdemokraten gar als ein Brückenkopf erscheinen, der, immer weiter vorangetrieben, vielleicht schon in jene sozialistische Zukunftsgesellschaft hineinragen konnte, von der man ansonsten nur wenig klare Vorstellungen besaß. Für den Sozialversicherungsexperten der Partei, Hermann Molkenbuhr, deutet sich dies noch vor dem Weltkrieg an. Die kleinen Schritte auf dem Weg des weiteren Ausbaus der Sozialversicherung, erkämpft durch die Arbeit im Parlament, erschienen ihm 1913 als »wirkliche Fortschritte in der Richtung der Vergesellschaftung .... Wenn man dann zusammenfaßt, was in einem halben Jahrhundert entstanden ist, dann ist das auch so viel Umwälzung, wie gewaltsame Erschütterungen wie die französische und russische Revolution hinterlassen haben.«[63]

Bismarcks Arbeiterpolitik: eine Bilanz

Bismarcks Arbeiterpolitik war janusköpfig, sie enthielt Irrwege ebenso wie Zukunftsweisendes. Beide Elemente gehören zusammen, müssen jedoch auch in ihrem Eigengewicht betrachtet werden. Zur Bilanz gehört, daß die Sozialistengesetze die Sozialdemokraten nicht aufgerieben, sondern zusammengeschweißt haben. Auch die Sozialgesetzgebung hat das Ziel verfehlt, die Arbeiter von der Partei zu lösen. Bismarcks Politik gegenüber der Arbeiterbewegung hat die Gräben, welche die Gesellschaft durchzogen, vertieft und das Reich dauerhaft mit einer Hypothek belastet. An der Aufgabe, nach der äußeren Einheit auch die innere Einheit herzustellen, ist Bismarck deshalb gescheitert. Seine Politik hat die Fundamente der Gesellschaft nicht stabilisiert, sondern mit zusätzlichen Spannungsmomenten befrachtet. Unterm Strich wirkte sie desintegrierend und war damit kontraproduktiv.

Staatlicher Außendruck und ideologisch-organisatorische Binnenintegration haben dazu geführt, daß sich die sozialdemokratische Arbeiterbewegung – und mit ihr große Teile der Arbeiterschaft – von Staat und Gesellschaft des Kaiserreichs abkapselte und weiter entfremdet hat. Die Fähigkeit zur politischen Kooperation hat dadurch gelitten, zunächst gerade auch bei den reformbereiten Kräften. Die Sozialdemokraten haben, wie erwähnt, der Sozialgesetzgebung im Reichstag ihre Zustimmung versagt, aus der radikalen Oppositionsrolle heraus, in die sie getrieben worden waren, aber auch weil sie in entscheidenden Gestaltungsfragen andere Vorstellungen besaßen. Vier Jahrzehnte später jedoch, als der weiter ausgebaute Sozialstaat Bismarckscher Prägung in eine schwere Krise geriet, erwiesen sich die Sozialdemokraten, Ironie der Geschichte, als dessen hartnäckigste Verteidiger. Auch das gehört zur Bilanz. Und wie sehr wir uns heute an ihrem Erbe abarbeiten, die Bismarcksche Sozialgesetzgebung enthielt ein großes Stück Modernität, das dem Reich international auf diesem Feld bis weit in das neue Jahrhundert hinein einen Entwicklungsvorsprung verschaffte.

Anmerkungen

1 *Gustav Mayer*: Bismarck und Lassalle. Ihr Briefwechsel und ihre Gespräche. Berlin 1928; zur Einordnung vgl. auch *Shlomo Na'aman*: Lassalles Beziehung zu Bismarck – ihr Sinn und Zweck. Zur Beleuchtung von Gustav Mayers »Bismarck und Lassalle«. In: Archiv für Sozialgeschichte 2 (1962), S. 55-85.

2 *Andreas Biefang*: Modernität wider Willen. Bemerkungen zur Entstehung des demokratischen Wahlrechts des Kaiserreichs. In: Wolfram Pyta / Ludwig Richter (Hrsg.): Gestaltungskraft des Politischen. Festschrift für Eberhard Kolb. Berlin 1998, S. 239-259.

3 Vgl. zu diesem Problemkomplex *Hans-Jürgen Steinberg*: Sozialismus, Internationalismus und Reichsgründung. In: Ernst Deuerlein / Theodor Schieder (Hrsg.): Reichsgründung 1870/71. Tatsachen, Kontroversen, Interpretationen. Stuttgart 1970, S. 319-344; *Werner Conze / Dieter Groh*: Die Arbeiterbewegung in der nationalen Bewegung. Die deutsche Sozialdemokratie vor, während und nach der Reichsgründung. Stuttgart 1966.

4 Gothaer Programm der Sozialistischen Arbeiterpartei Deutschlands. In: *Hans Fenske* (Hrsg.): Im Bismarckschen Reich 1871-1890 (Quellen zum politischen Denken der Deutschen im 19. und 20. Jahrhundert, Bd. VI). Darmstadt 1978, S. 141f.

5 *Wolfgang Schieder*: Bismarck und der Sozialismus. In: Johannes Kunisch (Hrsg.): Bismarck und seine Zeit. Berlin 1992, S. 173-189, hier S. 178, dort, S. 185f., auch zum folgenden; daneben als grundlegender Beitrag zum Gesamtthema aus jüngster Zeit v.a. *Klaus Tenfelde*: Bismarck und die Sozialdemokratie. In: Lothar Gall (Hrsg.): Otto von Bismarck und die Parteien. Paderborn u.a. 2001, S. 111-135.

6 Reichstagsrede 9.10.1878. In: *Otto von Bismarck*: Die gesammelten Werke, Berlin 1924-35 (künftig: GW), Bd. 12, S. 1-15, hier S. 5.

7 *Wolfgang Pack*: Das parlamentarische Ringen um das Sozialistengesetz Bismarcks 1878-1890. Düsseldorf 1961, S. 8.

8 Reichstagsrede 31.3.1886. In: GW, Bd. 13, S. 133-139, hier S. 138.

9 Reichstagsrede 17.9.1878. In: Quellensammlung zur Geschichte der deutschen Sozialpolitik 1867 bis 1914, I. Abt., Bd. 1: Grundfragen staatlicher Sozialpolitik. Bearb. von *Florian Tennstedt* und *Heidi Winter* unter Mitarbeit von *Wolfgang Ayaß* und *Karl-Heinz Nickel*. Stuttgart u.a. 1994, S. 526-538, hier S. 532; Gespräch mit dem Korrespondenten des New York Herald, 23.4.1890. In: GW, Bd. 9, S. 8-11, hier S. 10.

10 Votum an das Preußisches Staatsministerium, 13.2.1889. In: GW, Bd. 6c, S. 409f.

11 Zu den außenpolitischen Hintergründen vgl. *Ludolf Herbst*: Die erste Internationale als Problem der deutschen Politik in der Reichsgründungszeit. Ein Beitrag zur Strukturanalyse der Politik »monarchischer Solidarität«. Göttingen u.a. 1970, S. 70ff.

12 Reichstagsrede 17.9.1878. In: Quellensammlung, I. Abt., Bd. 1 (wie Anm. 9), S. 526-538, hier S. 537; vgl. auch schon Reichstagsrede 9.2.1876, in: GW, Bd. 11, S. 425-437, hier S. 434; Erlass Bismarcks an den deutschen Gesandten in Wien, von Schweinitz, 7.7.1871. In: Quellensammlung, I. Abt., Bd. 1 (wie Anm. 9), S. 198f.

13 Bismarck an den preußischen Handelsminister von Itzenplitz, 17.11.1871. In: Quellensammlung, I. Abt., Bd. 1 (wie Anm. 9), S. 249-252, hier S. 250.

14 Zit. nach *Manfred Hank*: Kanzler ohne Amt. Fürst Bismarck nach seiner Entlassung 1890-1898. München 1977, S. 548f.; hierzu wie zum folgenden auch *Schieder*, Bismarck und der Sozialismus (wie Anm. 5), S. 186ff.

15 Reichstagsrede 2.4.1881. In: GW, Bd. 11, S. 236-249, S. 241; vgl. auch Votum an das Preußische Staatsministerium, 6.8.1888. In: GW, Bd. 6c, S. 392f.

16 Bismarck an König Ludwig II., 12.8.78. In: GW, Bd. 14/II, S. 893-895, hier S. 894.

17 Sitzung des Kronrates, 5.6.1878. In: Quellensammlung, I. Abt., Bd. 1, (wie Anm. 9), S. 498-503, hier S. 501.

18 Reichstagsrede 18.5.1889. In: GW, Bd. 13, S. 395-404, hier S. 396.

19 *Theodor Schieder*: Bismarck – gestern und heute, in: Lothar Gall (Hrsg.): Das Bismarck-Problem in der Geschichtsschreibung nach 1945, Köln / Berlin 1971, S. 342-374, hier S. 365; zur Interpretation von Bismarcks Revolutionsfurcht vgl. auch *Lothar Gall*: Bismarck. Der weiße Revolutionär. Frankfurt a.M. u.a. 1980, S. 497ff.

20 *Beatrix W. Bouvier*: Die Märzfeiern der sozialdemokratischen Arbeiter: Gedenktage des Proletariats – Gedenktage der Revolution. In: Dieter Düding / Peter Friedemann / Paul Münch (Hrsg.): Öffentliche Festkultur. Politische Feste in Deutschland von der Aufklärung bis zum Ersten Weltkrieg. Reinbek bei Hamburg 1988, S. 334-351.

21 Jüngst noch einmal bei *Volker Ullrich*: Die nervöse Großmacht. Aufstieg und Untergang des deutschen Kaiserreichs 1871-1918. Frankfurt a.M. 1997, S. 65; ausdrücklich auch *Tenfelde*, Bismarck (wie Anm. 5), S. 132; für die ältere Literatur vgl. v.a. *Hans Rothfels*: Prinzipienfragen der Bismarckschen Sozialpolitik. In: ders.: Bismarck. Vorträge und Abhandlungen. Stuttgart u.a. 1970, S. 166-181.

22 Hier zitiert nach der 4. Aufl.: *Franz Mehring*: Geschichte der Deutschen Sozialdemokratie. Bd. 4: Bis zum Erfurter Programm. Stuttgart 1913, S. 232.

23 Bismarck an den preußischen Handelsminister von Itzenplitz, 21.10.1871. In: Quellensammlung, I. Abt., Bd. 1 (wie Anm. 5), S. 222f.

24 Immediatbericht Bismarcks an Wilhelm I. vom 4.4.1872. In: Quellensammlung, I. Abt., Bd. 1 (wie Anm. 9), S. 282f.

25 Berichtsentwurf des bayerischen Gesandten Graf von und zu Lerchenfeldt-Koefering an den bayerischen Außenminister Freiherr von Crailsheim, 18.12.1880. In: Quellensammlung, I. Abt., Bd. 1 (wie Anm. 9), S. 597-600, hier S. 598. Bismarck bezeichnete das, was ihm hier vor Augen stand, als mäßigen, vernünftigen und »gesunden Staatssozialismus« – ein Begriff, der auf eine stärkere Intervention des Staates in die Sozialordnung abzielen sollte und nach der Abkehr von den Liberalen 1878/79 in seinen Äußerungen öfter wiederkehrte.

26 *Francis L. Carstens*: August Bebel und die Organisation der Massen. Berlin 1991, S. 60ff.

27 *Paul Kampffmeyer / Bruno Altmann*: Vor dem Sozialistengesetz. Krisenjahre des Obrigkeitsstaates. Berlin 1928, S. 130ff.; *Willy Albrecht*: Fachverein – Berufsgewerkschaft – Zentralverband. Organisationsprobleme der deutschen Gewerkschaften 1870-1890. Bonn 1982, S. 197ff.

28 *Hans-Wolfgang Wetzel*: Presseinnenpolitik im Bismarckreich (1874-1890). Die Probleme der Repression oppositioneller Zeitungen. Bern / Frankfurt a.M. 1975, S. 157f. und 166f.

29 *Thomas Welskopp*: Das Banner der Brüderlichkeit. Die deutsche Sozialdemokratie vom Vormärz bis zum Sozialistengesetz. Bonn 2000, S. 444 und 485.

30 Vgl. Votum des preußischen Handelsministers Achenbach für das Staatsministerium mit Gesetzentwurf. In: Quellensammlung zur Geschichte der deutschen Sozialpolitik 1867 bis 1914, I. Abt., Bd. 4: Arbeitsrecht. Bearb. von *Wolfgang Ayaß*. Darmstadt 1997, S. 404-410; Antrag Bismarcks an der Reichstag, 10.2.1874. In: ibid., S. 447-454; Bericht der VI. Reichstagkommission an den Reichstag. In: ibid., S. 487-492; vgl. ibid. auch die Einleitung, S. XIX-XLI, bes. S. XXXIIIff.

31 *Werner Pöls*: Sozialistengesetz und Revolutionsfurcht in ihrem Zusammenhang mit den angeblichen Staatsstreichplänen Bismarcks. Lübeck und Hamburg 1960, S. 36ff.; *Otto Pflanze*: Bismarck and the Development of Germany. Vol. II: The Period of Consolidation, 1871-1890. Princeton, N.J. 1990, S. 296ff.

32 *Eberhard Naujoks*: Die parlamentarische Entstehung des Reichspressegesetzes in der Bismarckzeit (1848/74). Düsseldorf 1975, S. 100f.

33 *Wolfgang Saile*: Hermann Wagener und sein Verhältnis zu Bismarck. Ein Beitrag zur Geschichte des konservativen Sozialismus. Tübingen 1958; *Hans-Christof Kraus*: Hermann Wagener. In: Bernd Heidenreich (Hrsg.): Politische Theorien des 19. Jahrhundert. Konservatismus, Liberalismus, Sozialismus, 2. Aufl. Berlin 2002, S. 537-586.

34 Einleitung. In: Quellensammlung, I. Abt., Bd. 1 (wie Anm. 9), S. XXI-LVII, bes. XXIVff.

35 Vgl. Protokoll der preußisch-österreichischen Konferenz über die soziale Frage. In: Quellensammlung, I. Abt., Bd. 1 (wie Anm. 9), S. 337-377; Promemoria über die preußisch-österreichische Konferenz über die soziale Frage. In: ibid., S 380-431.

36 *Pflanze*, Bismarck, Vol. II (wie Anm. 31), S. 302f.

37 Zit. nach: *Wolfgang Ayaß*: Einleitung. In: Quellensammlung zur Geschichte der deutschen Sozialpolitik 1867 bis 1914, I. Abt., Bd. 3: Arbeiterschutz. Bearb. von Wolfgang Ayaß. Stuttgart u.a. 1996, S. XIX-XLIII, hier S. XXXVI.

38 *Pflanze:* Bismarck, Vol. II (wie Anm. 31), S. 308f.; vgl. auch *Wolfgang Ayaß*: Bismarck und der Arbeiterschutz. Otto von Bismarcks Ablehnung des gesetzlichen Arbeiterschutzes – eine Analyse der Dimensionen und Hintergründe. In: Vierteljahresschrift für Sozial- und Wirtschaftsgeschichte 89 (2002), S. 400-426, S. 406ff.

39 *Ayaß*, Einleitung, Quellensammlung, I. Abt., Bd. 3 (wie Anm. 37), S. XXVf.

40 So vor allem *Wolfgang Ayaß*: Einleitung, in: Quellensammlung zur Geschichte der deutschen Sozialpolitik 1867 bis 1914, II. Abt., Bd. 3: Arbeiterschutz. Bearb. von Wolfgang Ayaß. Stuttgart 1999, S. XIX-LII, hier S. XIX; *ders.*: Bismarck und der Arbeiterschutz (wie Anm. 38), bes. S. 403.

41 Denkschrift Wageners für Bismarck, 31.7.1873. In: Quellensammlung I. Abt., Bd. 1 (wie Anm. 9), S. 457-459.

42 Zit. nach: *Na'aman*, Lassalles Beziehung (wie Anm. 1), S. 61.

43 Denkschrift Wageners für Bismarck, 31.7.1873. In: Quellensammlung I. Abt., Bd. 1, S. 457-459.

44 *Michael Stürmer*: Regierung und Reichstag im Bismarckstaat 1871-1890. Düsseldorf 1974, S. 216ff., 231ff. und 241ff.; vgl. auch *Pack*, Das parlamentarische Ringen (wie Anm. 7).

45 Zur sozialdemokratischen Parteigeschichte unter dem Sozialistengesetz vgl. *Vernon L. Lidtke*: The Outlawed Party. Social Democracy in Germany, 1878-1890, Princeton 1966; vgl. insg. auch *Thomas Nipperdey*: Deutsche Geschichte 1866-1918. Bd. II: Machtstaat vor der Demokratie. München 1992, 355ff.; 282ff., 398ff. und 554ff.; *Mommsen, Wolfgang J.*: Das Ringen um den nationalen Staat. Die Gründung und der innere Ausbau des Deutschen Reiches unter Otto von Bismarck 1850-1890. Frankfurt a.M. / Berlin 1993, S. 466ff. und 602ff.; zur Repressionspolitik ferner *Walter Mühlhausen*: Gegen den Reichsfeind – Anmerkungen zur Politik von Staat und Gesellschaft gegenüber der Sozialdemokratie im Kaiserreich. In: Hans Matthöfer / ders. / Florian Tennstedt: Bismarck und die soziale Frage im 19. Jahrhundert (Friedrichsruher Beiträge, Bd. 16). Friedrichsruh 2001, S. 13-49.

46 *Helga Grebing*: Arbeiterbewegung. Sozialer Protest und kollektive Interessenvertretung bis 1914. München 1985, S. 80ff.

47 Vgl. neben *Lidtke*, The Outlawed Party (wie Anm. 45), auch *Ingrid Gilcher-Holtey*: Das Mandat des Intellektuellen. Karl Kautsky und die Sozialdemokratie. Berlin 1986, S. 67ff. (zum Erfurter Programm).

48 Allerhöchste Botschaft Kaiser Wilhelms I, 17.11.1881. In: Quellensammlung zur Geschichte der deutschen Sozialpolitik, II. Abt., Bd. 1: Grundfragen der Sozialpolitik. Die Diskussion der Arbeiterfrage auf Regierungsseite und in der Öffentlichkeit. Bearbeitet von *Wolfgang Ayaß, Florian Tennstedt und Heidi Winter*. Darmstadt 2003, S. 61-65, hier S. 63, der Entwurf zur Kaiserlichen Botschaft aus dem Reichsamt des Innern war von Bismarck einer eingehenden Überarbeitung unterzogen worden, vgl. das Faksimile in: ibid, S. 13-57.

49 Der in jüngster Zeit erheblich erweiterte Kenntnisstand ist einem umfassenden Editionsprojekt zur Geschichte der deutschen Sozialpolitik 1867-1914 zu verdanken, das von einer Arbeitsstelle der Akademie der Wissenschaften und der Literatur (Mainz) an der Universität Kassel unter der Leitung von Florian Tennstedt in Angriff genommen worden ist, vgl. die Einleitungen zu den bisher erschienenen elf Bänden dieser »Quellensammlung zur Geschichte der deutschen Sozialpolitik«. Als prägnante Schilderung auf der Grundlage des neuesten Forschungsstandes sei für die folgenden Ausführungen besonders verwiesen auf *Gerhard A. Ritter*: Bismarck und die Grundlagen des deutschen Sozialstaates. In: Franz Ruland / Bernd Baron von Maydell / Hans-Jürgen Papier (Hrsg.): Verfassung, Theorie und Praxis des Sozialstaats. Festschrift für Hans F. Zacher zum 70. Geburtstag. Heidelberg 1998, S. 789-820; sowie *ders.*: Bismarck und die Entstehung der deutschen Sozialversicherung. Pforzheim 1998; *ders.*: Sozialpolitik im Zeitalter Bismarcks. Ein Bericht über neue Quelleneditionen und neue Literatur. In: Historische Zeitschrift 265 (1997), S. 684-720; ebenso *Florian Tennstedt*: »Bismarcks Arbeiterversicherung« zwischen Absicherung der Arbeiterexistenz und Abwehr der Arbeiterbewegung. Anmerkungen zu den Voraussetzungen ihrer Entstehung. In: Matthöfer / Mühlhausen / ders., Bismarck (wie Anm. 45), S. 51-87; aus der älteren, weitgehend überholten Literatur sei nur genannt *Walter Vogel*: Bismarcks Arbeiterversicherung. Ihre Entstehung im Kräftespiel der Zeit. Braunschweig 1951.

50 Hierzu v.a. *Florian Tennstedt / Heidi Winter*: »Der Staat hat wenig Liebe – activ wie passiv«. Die Anfänge des Sozialstaats im Deutschen Reich von 1871. In: Zeitschrift für Sozialreform 39 (1993), S. 362-392, und *dies.*: »Jeder Tag hat seine eigenen Sorgen, und es ist nicht weise, die Sorgen der Zukunft freiwillig auf die Gegenwart zu übernehmen.« (Bismarck). Die Anfänge des Sozialstaats im Deutschen Reich von 1871. In: Zeitschrift für Sozialreform 41 (1995), S. 671-706. Nicht näher eingegangen werden kann hier auf Bismarcks Mitarbeiter in der Ministerialbürokratie, die maßgeblichen Anteil am Zustandekommen der Sozialversicherungsgesetze hatten. Wichtig war anfänglich vor allem Theodor Lohmann, der in wichtigen Punkten indes eine andere Grundkonzeption als Bismarck vertrat (stärker auf genossenschaftlicher Selbstverwaltung und Selbstorganisation fußend, nicht auf staatlichem Zwang, und mehr auf die Gleichberechtigung der Arbeiterschaft zielend), später dann bspw. Robert Bosse im Reichsamt des Innern, vgl. *Hans Rothfels*: Theodor Lohmann und die Kampfjahre der staatlichen Sozialpolitik (1871-1905). Berlin 1927; *Renate Zitt*: Zwischen Innerer Mission und staatlicher Sozialpolitik. Der protestantische Sozialreformer Theodor Lohmann (1831-1905). Heidelberg 1997; *Florian Tennstedt:* Glaubensgewissheit und Revolutionsfurcht. Zum sozialpolitischen Wirken Robert Bosses. In: Zeitschrift für Sozialreform 49 (2003), S. 831-846.

51 Wilhelm I. an Reichskanzler Bismarck, 9.11.1881. In: Quellensammlung, II. Abt, 1.Bd. (wie Anm. 48), S. 8f.; Entwurf des Abteilungsdirektors im Reichsamt des Innern Robert Bosse für die Thronrede Wilhelms I. In: ibid., S. 1-6.

52 *Florian Tennstedt*: Peitsche und Zuckerbrot oder ein Reich mit Zuckerbrot? Der Deutsche Weg zum Wohlfahrtsstaat 1871-1881. In: Zeitschrift für Sozialreform 43 (1997), S. 88-101, hier S. 91; ders., »Bismarcks Arbeiterversicherung«, S. 83f.

53 So schon *Thomas Nipperdey*: Deutsche Geschichte 1866-1918. Bd. 1: Arbeitwelt und Bürgergeist. München 1990, S. 338.

54 Vgl. *Tennstedt*, Peitsche und Zuckerbrot (wie Anm. 52); ferner die kritischen Bemerkungen zur Zuckerbrot und Peitsche-These bei *Ulrike Haerendel:* Die Anfänge der gesetzlichen Rentenversicherung in Deutschland. Die Invaliditäts- und Altersversicherung von 1889 im Spannungsfeld von Reichsverwaltung, Bundesrat und Parlament. Speyer 2001, S. 28ff.; anders hingegen *Volker Berghahn*: Das Kaiserreich 1871-1914. Industriegesellschaft, bürgerliche Kultur und autoritärer Staat (Gebhardt Handbuch der deutschen Geschichte, 10. Aufl., Bd. 16). Stuttgart 2003, S. 368f., der auf die neue Forschungslage nicht eingeht.

55 Aufzeichnung von Äußerungen Bismarcks gegenüber Parlamentariern am 23.5.1881. In: Quellensammlung zur Geschichte der deutschen Sozialpolitik 1867 bis 1914. I. Abt., Bd. 2: Von der Haftpflichtgesetzgebung zur Ersten Unfallversicherungsvorlage. Bearb. von *Florian Tennstedt* und *Heidi Winter* unter Mitarbeit von *Heinz Domeinski*. Stuttgart u.a. 1993, S. 611f.

56 Aufzeichnung eines Gesprächs Bismarcks mit Moritz Busch, 21.1.1881. In: ibid., S. 521f., hier 522; zur Invaliditäts- und Altersversicherung vgl. allg. jetzt *Haerendel*, Die Anfänge (wie Anm. 54). Auch bei der Unfallversicherung hatte Bismarck ursprünglich einen Reichszuschuss durchsetzen wollen.

57 Reichstagsrede vom 26.11.1881. In: GW, Bd. 12, S. 495-512, hier S. 498 (auch im übrigen mit einem vergleichsweise gemäßigten Tonfall, etwa der Bekundung, daß er, Bismarck, nicht zu jenen gehöre, »die die Sozialdemokratie als das größte Schreckbild der Zukunft betrachten«).

58 Vgl. *Gerhard A. Ritter*: Staat, Arbeiterschaft und Arbeiterbewegung in Deutschland. Vom Vormärz bis zum Ende der Weimarer Republik. Berlin / Bonn 1980, S. 48ff.; *Florian Tennstedt*: Vom Proleten zum Industriearbeiter. Arbeiterbewegung und Sozialpolitik in Deutschland 1800 bis 1914. Köln 1983, S. 426ff.

59 *Lars Kaschke*: Eine versöhnende und beruhigende Wirkung? Zur Funktion der Rentenverfahren in der Invaliditäts- und Altersversicherung im Kaiserreich. In: Stefan Fisch / Ulrike Haerendel (Hrsg.): Geschichte und Gegenwart der Rentenversicherung in Deutschland. Beiträge zur Entstehung, Entwicklung und vergleichenden Einordnung der Alterssicherung im Sozialstaat. Berlin 2000, S. 127-144; zur Wahrnehmung der Sozialversicherung durch die Arbeiter vgl. insg. *Gerhard A. Ritter / Klaus Tenfelde*: Arbeiter im Deutschen Kaiserreich 1871 bis 1914. Bonn 1992, S. 708ff.

60 Gespräch mit William Harbutt Dawson am 18.4.1892. In: GW, Bd. 9, S. 194-197, hier S. 196.

61 *Gerhard A. Ritter*: Sozialversicherung in Deutschland und England. Entstehung und Grundzüge im Vergleich. München 1983, S. 49ff. (auch zum folgenden).

62 *Bernd Braun*: Hermann Molkenbuhr (1851-1927). Eine politische Biographie. Düsseldorf 1999, S. 171ff.

63 Arbeiterführer, Parlamentarier, Parteiveteran. Die Tagebücher des Sozialdemokraten Hermann Molkenbuhr. 1905 bis 1927. Hrsg. von *Bernd Braun* und *Joachim Eichler*. München 2000, S. 186 (Eintrag vom 22.1.1913).

Bismarck und die Generale – Zum Kampf um den Primat der Politik

Von Sönke Neitzel

Das Wechselspiel von Politik und Strategie, von politischen und militärischen Kräften, war im 19. Jahrhundert für die preußisch-deutsche Politik eine der prägenden Gestaltungskräfte. Carl von Clausewitz – der bedeutendste preußische Militärtheoretiker – hat in seinem Werk »Vom Kriege« Politik und Strategie in ein eindeutiges Verhältnis zueinander gebracht und vom Vorrang der Politik gesprochen, dem sich die Kriegführung – sozusagen als Hilfsmittel in besonderen Fällen – unterzuordnen habe. Der Clausewitzsche Grundsatz vom Primat der Politik ist in den folgenden 175 Jahren immer wieder aufgegriffen, diskutiert und neu ausgelegt worden. Letztlich scherten sich die Verantwortlichen um Clausewitz‹ Theorien aber herzlich wenig. In jeder Epoche mußte das Verhältnis von Politik und Militär neu ausgelotet werden, war es bestimmt vom Machtbewußtsein, Charakterstärke und Zusammenspiel der handelnden Spitzenkräfte. Ab 1871 hatte sich der Reichskanzler gemäß der Verfassung des Deutschen Reiches als alleiniger Leiter der Politik, der sich nur gegenüber dem Kaiser zu verantworten hatte, mit den drei obersten Militärdienststellen auseinanderzusetzen: Dem Militärkabinett, das für alle Personalangelegenheiten der Armee verantwortlich war und das schon vor 1871 eine Immediatstellung erkämpft hatte, dem Generalstab – der im Frieden für die operative Kriegsplanung und im Konfliktfall für die Führung der Operationen zuständig war – und dem Kriegsministerium, das bedingt durch den Machtzuwachs der beiden anderen Stellen nur noch eine Verwaltungsbehörde war[1].

Bismarck hat nie einen Zweifel daran gelassen, daß er als preußischer Ministerpräsident und dann als Reichskanzler fest dazu entschlossen war, sich in seine Außenpolitik von niemandem – am allerwenigsten von den Militärs – hineinreden zu lassen und daß er zwar nicht nominell aber doch de facto der alleinige Staatslenker war, dem sich die Generäle bedingungslos unterzuordnen hatten. Zugleich war er aber »militärfromm«, wenn es darum ging, die institutionelle Stellung des Militärs im Staat zu verteidigen. 1862 war er von König Wilhelm I. aus Paris gerufen worden, um die unbeschränkte Verfügungsgewalt des Monarchen über seine Armee gegen die Machtansprüche des Parlaments zu verteidigen. In dem von ihm ausgefochtenen Verfassungskonflikt zwischen 1862 und 1866 demonstrierte er anschaulich, daß er gewillt war, die konstitutionelle Sonderstellung der Streitkräfte erbittert zu verteidigen, um das Parlamentsheer zu verhindern. Auch nach 1871 hat Bismarck versucht, der Armee eine größtmögliche Unabhängigkeit vom Reichstag zu sichern. So beteiligte er sich etwa an dem Kampf des Chefs des Militärkabinetts General Emil von Albedyll und des stellvertretenden Generalstabschefs Alfred von Waldersee gegen den Kriegsminister Georg von Kameke 1883[2]. Letzterer war als einziger der mit dem Militär befaßten Führungspersonen vom Reichstag abhängig und stand ganz in der Tradition der preußischen Reformen der Befreiungskriege. Kameke glaubte, daß das Kriegsministerium ein gutes Verhältnis zu den Parlamentariern suchen und diesen auch eine gewisse Mitsprache einräumen müsse. Für Albedyll, Waldersee und auch Bismarck war diese Haltung völlig inakzeptabel. Ihnen ging es vielmehr darum, die Zuständigkeiten des Kriegsministers weiter zu begrenzen, um das Militär unabhängiger vom Reichstag zu machen. Bismarck ließ an seiner Haltung zu Kamekes parlamentarischen Liebeleien keinen Zweifel aufkommen: »Ein parlamentarischer General in aktivem Dienste ist stets eine unpreußische Erscheinung, als Kriegsminister aber eine gefährliche. Damit würde eine Zukunft angebahnt werden, in welcher die monarchische Tradition unseres Heeres langsam aber sicher hinfällig werden müßte. ... Alle anderen Institutionen können eher von der Gunst der Parlamente abhängig erscheinen; für die Armee aber muß m. E. auch der Schein vermieden werden, als ob deren Vertreter das Bedürfnis haben, Parlamentsbeschlüsse durch Bitten und künstliche Manöver wie Tausch- und Handelsgeschäfte zu erreichen«[3]. Und tatsächlich war das Triumvirat Bismarck, Albedyll und Waldersee erfolgreich. Kameke trat Anfang März 1883 zurück und sein Nachfolger, Paul Bronsart von Schellendorf, stimmte zuvor der Übertragung sämtlicher Personalangelegenheiten an das Militärkabinett und dem Recht des Generalstabschefs auf den Immediatvortrag ohne sein Beisein zu. Der Kriegsminister war damit ein Minister zweiter Klasse, militärische Kernbereiche waren zunehmend auf die vom Parlament unabhängigen Institutionen verlagert worden[4].

Bismarcks Haltung gerade gegenüber dem Kriegministerium wurde indes nicht nur von institutionellen Überlegungen geleitet. Seit 1871 griff er in die vom Kriegsminister im Parlament zu vertretenden Rüstungsbeschlüsse massiv ein, um diese für innenpolitische Zwecke zu instrumentalisieren. So ging Bismarck Anfang der siebziger Jahre gegen die Pläne des Kriegsministeriums vor, die Heeresstärke regelmäßig vor dem Parlament neu zu verhandeln, und forderte statt dessen sie dauerhaft festzulegen (Aeternat) – und zwar mit der bisherigen Stärke. Ihm war klar, daß die Nationalliberalen unter Rudolf von Benningsen dieser Entmachtung des Parlaments niemals zustimmen würden. Zudem hatte er für die von den konservativen Militärs befürwortete Beschränkung der Heeresstärke zur Bewahrung eines adelig-konservativen Eliteheeres nicht viel übrig. Mit dem 1874 vereinbarten Kompromiß, die Heeresstärke alle sieben Jahren neu zu verhandeln (Septennat), gab es auch die Möglichkeit, zumindest in gewissen Schüben weiter aufzurüsten und so Deutschlands schwierige strategische Lage defensiv abzusichern. Rüstungspolitik war für Bismarck übrigens ein ganz wesentliches Mittel zur Wahrung des Friedens. Ein starkes Deutsches Reich würde weder von Rußland noch von Frankreich angegriffen werden, so seine Logik. Daher mischte er sich zum Leidwesen der Kriegsminister selbst in Detailfragen der Rüstung ein, beispielsweise wenn es um die Einführung neuer Geschütze oder moderner Gewehre ging[5].

Aus dieser Zusammenarbeit kann man freilich nicht auf Bismarcks generelles Verhältnis zur Generalität schließen. Dieses war – typischerweise – von Pragmatismus gekennzeichnet. Gab es Überstimmungen kooperierte er, gab es diese nicht – und dies war eher die Regel als die Ausnahme – kam es zu teilweise erbitterten Auseinandersetzungen. Der Hauptkonfliktstoff erwuchs aus Bismarcks Machtanspruch, immer dann in militärische Fragen eingreifen zu können, wenn sie in irgendeiner auch noch so fernen Weise die Außenpolitik berührten. Sein Gegenspieler war dabei vor allem der in den Einigungskriegen zu großem Ruhm aufgestiegene Chef des Generalstabs, Helmut von Moltke, und in der Doppelkrise von 1885/87 dann noch dessen Stellvertreter, Graf von Waldersee[6].

Helmuth von Moltke (1800-1891), seit 1857 Chef des preußischen Generalstabs. Geheimes Staatsarchiv Preußischer Kulturbesitz, Berlin

Moltke und Bismarck, der begnadete Stratege und der begnadete Politiker, beide hatten eine grundlegend unterschiedliche Auffassung über den Krieg. Für den Machtmenschen Bismarck war Krieg durchaus ein probates Mittel seiner Politik, doch es war eben nur das letzte Mittel, wenn alle anderen Optionen nicht zum gewünschten Erfolg geführt hatten. Bevor man das Schwert zog mußte in einer sorgfältigen Kosten-Nutzen-Analyse die Erkenntnis reifen, daß sich ein Waffengang »lohnen« würde. »Nur für seine [des Staates, d. Verf.] vitalsten Interessen darf ein Krieg begonnen werden. Kein Staatsmann hat das

Recht, ihn zu beginnen, bloß weil er nach seinem subjektiven Ermessen ihn in gegebener Frist für unvermeidlich hält«[7].

Es ließe sich trefflich darüber streiten, was Bismarck als die vitalsten Interessen seines Staates ansah. Bei etlichen Gelegenheiten äußerte er, daß auch für die »Ehre des Vaterlandes« gefochten werden müsse. Könne man einem Krieg also nicht mehr mit Ehren ausweichen, so müsse man auch bereit sein, zu den Waffen zu greifen[8]. Bismarck hat es nach der Demütigung von Olmütz 1850 nur zu geschickt verstanden, mit dem Ehrenstandpunkt, der – wie er betonte – nicht mit Prestige verwechselt werden dürfe, zu spielen, und ihn je nach Gelegenheit einzusetzen. Wenngleich auch er natürlich ein Mensch des 19. Jahrhunderts war, für den gewiß »Ehre« einen anderen Stellenwert hatte, als für uns heute, waren Ehrenfragen für ihn indes keine bestimmenden Faktoren für seine Politik. Moltke war in dieser Hinsicht eine vollkommen andere Persönlichkeit. Er war weit weniger einer rationalen, kühlen Kosten-Nutzen-Rechnung verhaftet, weil er den völkischen, bürgerlichen, nationalliberalen und großdeutschen Standpunkten nahe stand, ganz anders als Bismarck in seiner kleindeutsch-konservativen Ausrichtung. Für Moltke war die preußische Politik zwischen 1850 und 1864 – also zwischen Olmütz und dem deutsch-dänischen Krieg – beinahe unerträglich, weil sie vor dem Wagnis zurückwich, mit einem kraftvollen Krieg für die Erhebung der deutschen Nation zu kämpfen. Die Einsicht in die größeren außenpolitischen Zwänge und Zusammenhänge blieben ihm dabei versperrt. Trotz seiner hervorragenden Bildung und seiner vielfältigen Auslandserfahrung war und blieb Moltke Zeit seines Lebens ein Militär, ein politisch denkender Militär zwar – was in dieser Zeit von besonderer Qualität war –, aber er konnte eben nicht umhin, die Welt durch die Brille des Berufssoldaten zu betrachten. Seine resigniert pointierten Kommentare etwa zur preußischen Krimkriegspolitik verdeutlichen dies. Für ihn war es vollkommen unverständlich, warum sich Friedrich Wilhelm IV. nicht an die Seite des Zaren stellte, um gegen Napoleon III. zu kämpfen. Er erkannte dabei nicht, daß bei der gegebenen politischen und militärischen Konstellation Preußen einen strikten Neutralitätskurs verfolgen mußte, weil jede Einmischung in den Konflikt nur massive Nachteile zur Folge haben konnte[9].

Als Generalstabschef arbeitete Moltke seit Oktober 1857 dann unaufhörlich auf den Krieg zur Einigung Deutschlands hin, der freilich auch 1859 während des österreichisch-italienisch-französischen Konfliktes nicht kam, sondern erst 1864. Bismarck und Moltke setzten nunmehr – wenn auch mit unterschiedlichem Nachdruck – auf militärische Mittel zur Durchsetzung ihrer politischen Ziele, und das Zusammenwirken beider ermöglichte den Erfolg vom 18. Januar 1871. Indes fochten sie zwischen 1864 und 1871 heftige Auseinandersetzungen aus und obwohl für beide mit der Proklamation Wilhelms I. zum Deutschen Kaiser ein politischer Traum in Erfüllung gegangen war, erreichte ihr Verhältnis zu diesem Zeitpunkt einen nie mehr erreichten Tiefpunkt.

So sehr Moltke eine eigene Auffassung vom rechten Zeitpunkt zum militärischen Losschlagen vor allem gegen den Erzfeind Frankreich entwickelte, so sehr erkannte er *im Frieden* den Primat der Politik an. Niemals trachtete er danach, seinen Einfluß bei Hofe oder über lancierte Veröffentlichungen in der Presse, eine Entscheidung in seinem Sinne zu *erzwingen*. Bismarck konnte ihn etwa 1867 während der Luxemburgischen Krise davon überzeugen, daß der Zeitpunkt für einen Krieg gegen Frankreich noch nicht gekommen sei[10].

Der eigentliche Konfliktstoff ergab sich während der Einigungskriege aus Moltkes Überzeugung, daß im *Kriegsfall* der Primat der Politik zurückzustehen habe und die Politik lediglich auf Beginn und Ende des Krieges einwirken dürfe, dazwischen aber die Militärs das alleinige Sagen haben müßten, um die Niederwerfung des Feindes zu erreichen. Diese Haltung war für einen Militär mit der Biographie Moltkes keineswegs überraschend. 1800 geboren stand er ganz in der Tradition der Befreiungskriege und des Siebenjährigen Krieges mit ihren zahllosen Beispielen militärisch verhängnisvoller Eingriffe der Politik in die Kriegführung – man denke nur an die Schlacht von Kunersdorf 1759 als die politischen Zwistigkeiten zwischen Wien und St. Petersburg den finalen Todesstoß des bereits geschlagenen Preußen verhinderten. Bismarck war freilich niemals bereit, diese Maxime anzuerkennen. Gewiß hatte er keinerlei Ambitionen, sich als Feldherr zu betätigen – er verlangte aber überall dort einen entscheidenden Einfluß auf die Operationen, wo sich politische Implikationen ergaben.

Der erste, nur angedeutete Konflikt ergab sich 1864 im Krieg gegen Dänemark, als sich Bismarck aus politischen Gründen für die Erstürmung der Düppeler Schanzen aussprach. Dabei ging es diesem darum, die preußische Position durch einen Prestigeerfolg bei den Londoner Verhandlungen zu stärken. Zudem galt es für Bismarck auch die innenpolitischen Folgen eines Schlachterfolges zu bedenken: Der letzte nennenswerte preußische Sieg – die Schlacht von Waterloo am 18. Juni 1815 – lag fast 50 Jahre lange zurück. Inmitten des ungelösten Streits um die Heeresreform, die sich zum Verfassungskonflikt ausgedehnt hatte, konnte Bismarck ein prestigeträchtiger Sieg der von den Liberalen so verhaßten preußischen Armee nur recht sein. Moltke hielt den Sturm auf Düppel freilich für nicht gerechtfertig. Ganz auf das militärische Ziel, den Gegner wehrlos zu machen, um ihm dann die Friedensbedingungen diktieren zu können, wollte er vielmehr durch die Besetzung Jütlands Dänemarks Widerstandskraft brechen, anstatt einen strategisch sinnlosen und zudem zeitaufwendigen Prestigeerfolg zu erringen[11].

Diese Meinungsverschiedenheit führte allerdings noch nicht zu einer handfesten Auseinandersetzung, weil Moltke als Generalstabschef nur eine beratende Funktion des preußischen Kriegsministers Albrecht Graf von Roon innehatte, der wie Bismarck, der König und Edwin Freiherr von Manteuffel (Chef des Militärkabinetts) für einen Sturm auf Düppel plädierte.

Den preußisch-österreichischen Krieg haben Moltke als auch Bismarck gebilligt, während Bismarck in ihm aber nur eine Option sah, »brannte Moltke darauf«, diese ausstehende Entscheidung um die Vormachtstellung in Deutschland endlich auszufechten, um das dann bald unter preußischer Führung geeinigte Deutschland zum Schicksalskampf gegen Frankreich zu führen. Moltkes Vernichtungsstrategie im Rahmen eines klassischen Kabinettkrieges deckte sich voll mit Bismarcks Erwartungen. Wenngleich die Zerschlagung des österreichischen Heeres bei Königgraetz nicht vollständig gelang, bot dieser Sieg doch die Grundlage für einen schnellen Friedensschluß. Militär und Politiker konnten mit dem Ergebnis zufrieden sein. Der allgemeine Siegesjubel überdeckte freilich die vollkommen unterschiedliche Konzeption, wie ein Krieg im Detail zu führen sei: Moltke betrachtete den Konflikt rein aus der Perspektive des Militärs. Bei der Erarbeitung des Kriegsplans erkannte er, daß die preußische Armee aufgrund des dichter ausgebauten Eisenbahnnetzes einen entscheidenden Vorteil bei der Mobilmachung haben würde. Für ihn besaß daher der Faktor Zeit einen ganz bedeutenden Stellenwert. Folglich stellte er alles darauf ab, sich durch ein frühes Losschlagen eine zahlenmäßige Überlegenheit zu sichern. Preußens Chancen für einen Sieg – so prophezeite Moltke – waren zwischen dem 18. und 42. Tag nach dem Mobilmachungsbefehl am besten. Um den Zeitvorteil auszunutzen dürfe Preußen auch nicht davor zurückschrecken, in die Rolle des Aggressors zu schlüpfen. Doch genau dies hat Bismarck erfolgreich zu verhindern verstanden. Während er virtuos die außenpolitische Konstellation in seinem Sinne zu beeinflussen verstand, verstrich der Zeitvorteil auf dem Moltkes Feldzugplan basierte. Der entscheidende Sieg von Königgraetz am 3. Juli 1866 lief daher ganz anders ab als Moltke sich dies ursprünglich vorgestellt hatte und war letztlich einer ganzen Reihe von Zufällen und den Leistungen der preußischen Infanterie zu verdanken, keinesfalls aber einem überlegenen Kriegsplan oder der preußischen Eisenbahn[12]. Bismarck – so bleibt festzuhalten – hatte sich mit seiner Sicht der Dinge durchgesetzt. Ein Befund der zum Vergleich mit der Situation im Sommer 1914 anregt, als die Logik militärischer Aufmarschpläne über die Politik triumphierte.

Der große Zusammenprall zwischen Bismarck und Moltke ereignete sich dann während des Krieges gegen Frankreich. Moltke ging mit demselben Ziel in den Krieg, das er schon 1866 verfolgt hatte: In einem klassischen Kabinettskrieg eine schnelle Vernichtungsschlacht führen und so den Kampf rasch beenden. Nach den ersten großen militärischen Erfolgen schloß er sich allerdings den nationalistischen Forderungen nach einer Abtretung Elsaß-Lothringens an und trug so dazu bei, einem frühzeitigen Ausgleich beider Länder den Weg zu verstellen. Doch Moltke war nunmehr bereit, seine Vernichtungsstrategie auch im sich nun anbahnenden Volkskrieg zu verfolgen. Dies bedeutete in letzter Konsequenz nichts anderes, als Frankreich Schild und Schwert aus der Hand zu schlagen, es vollständig wehrlos zu machen und gegebenenfalls vollständig zu besetzen[13]. Bismarck hatte für solche Konzeptionen nichts übrig, mußte er doch vor allem daran interessiert sein, den Konflikt gerade wegen der deutschen Annexionsforderungen schnell zu einem politisch akzeptablen Ende zu bringen, um das Eingreifen der anderen Großmächte zu verhindern.

Für all die Gedankenspiele Bismarcks, nach dem großen Sieg von Sedan (2. September 1870), zunächst die Klärung der innenpolitischen Lage in Frankreich abzuwarten – Bismarck dachte etwa an die Restitution der bourbonischen Monarchie – konnte Moltke wenig Verständnis aufbringen. Da sich die innenpolitischen Verhältnisse jedoch rasch klärten und zum weiteren Vormarsch auf Paris keine reale Alternative bestand, kam es jetzt noch nicht zum Zusammenprall von Kanzler und Generalstabschef[14]. Bismarck ließ es sich freilich nicht nehmen, später bei jeder sich bietenden Gelegenheit darauf hinzuweisen, daß er ja immer gegen die Belagerung von Paris gewesen sei[15].

Zum handfesten Konflikt kam es schließlich, als sich im Winter 1870 die außenpolitische Lage deutlich zu verschlechtern begann. Bismarck mußte mit dem Eingreifen Großbritanniens und Rußlands in den sich hinziehenden Krieg rechnen und drängte massiv auf eine rasche Beendigung des Krieges. Moltke sah dies ganz anders, für ihn hatte der Faktor Zeit nicht die erste Priorität: »Denn daß der Krieg entschieden sei, stand ihm fest«[16]. Er wollte unbedingt die restlichen französischen Truppen in der Provinz schlagen, um das Land damit militärisch wehrlos zu machen. An diesem Grundsatzkonflikt entzündete sich in der Folgezeit ein bitterer Streit: Bismarck forderte, das belagerte Paris endlich zu beschießen, um die Kapitulation zu erzwingen. Moltke verwahrte sich gegen eine solche Einmischung in sein Ressort, lehnte eine Beschießung aus technischen Gründen zu diesem frühen Zeitpunkt ab. Er glaubte aber auch aus humanitären Gründen und mit Rücksicht auf die Folgen in der internationalen Öffentlichkeit kein Bombardement wagen zu können.

Albrecht Graf von Roon (1803-1879).
Gemälde (Ausschnitt) von Gustav Graf (1821-1895). bpk, Berlin

Im Dezember 1870 hatte der Disput an Brisanz zugenommen. Bismarck hatte sich bei König Wilhelm I. bitter über Moltke beklagt, daß dieser ohne vorherige Konsultationen einen Brief an den Gouverneur von Paris, General Louis-Jules Trochu, geschrieben hatte. »Graf Bismarck fängt wirklich an, für das Tollhaus reif zu werden«, kommentierte Paul Bronsart von Schellendorf, Chef der Operationsabteilung des Generalstabes, die Auseinandersetzung[17]. Der Streit bekam immer mehr eine persönliche Note zweier schon vom Temperament vollkommen unterschiedlicher Persönlichkeiten. Moltke verwahrte sich gegen die Anschuldigungen des »Zivilisten im Kürassierrock« während Bismarck die eingeschränkte Persönlichkeit Moltkes monierte. Der Konflikt weitete sich aus, weil Bismarck den Generalstab beschuldigte, ihn über den Gang der Dinge nur unzureichend zu informieren und weil er darauf beharrte, auch über die Pläne der Militärs genau informiert zu werden. Moltke lehnte dies süffisanterweise aus Geheimhaltungsgründen ab[18]. »Es steht zu befürchten«, so der enge Vertraute Moltkes Bronsart von Schellendorf am 18. Dezember 1870, »daß eine vielleicht erwünscht scheinende, für den gesicherten Gang der Operationen aber sehr gefährliche diplomatische Ausbeutung des zunächst doch noch vollständig geheim zu haltenden Operationsplanes stattfindet. Seitdem der Mann glaubt, alles zu verstehen, sind wir gegen Indiskretionen, der er aus mangelhaftem Verständnis begehen würde, nicht mehr gesichert. ... Es widerspricht allem wohl begründeten Herkommen, daß die Details der in Ausführung begriffenen oder beabsichtigten Operationen mit Personen besprochen werden, denen das Verständnis hierfür fehlt. Das Tragen eines Kürassierüberrocks verhilft nicht zu letzterem. Dennoch traut Graf Bismarck es sich zu und hat schon mehrfach Versuche gemacht, Einfluß auf die militärischen Operationen zu gewinnen«[19].

Nachdem der Beschuß von Paris schließlich doch begonnen hatte, klafften die Vorstellungen weit auseinander, unter welchen Bedingungen man die Kapitulation der Hauptstadt akzeptieren sollte: Mußte man wirklich darauf bestehen, die französischen Soldaten gefangenzunehmen oder sollten sie lediglich ihre Waffen und Befestigungsanlagen ausliefern? In diesem kleinlich erscheinenden Streit ging es wieder um die noch nicht entschiedene Frage, wie es nach dem Fall von Paris weitergehen sollte: Moltke trachtete danach, den Krieg fortzuführen bis auch der letzte französische Soldat ausgeschaltet war; er wollte das ganze Land okkupieren und ihm für alle Zeiten die Möglichkeit nehmen, das Deutsche Reich wieder herauszufordern. Zudem verbat er sich jedwede Einmischung des Bundes- bzw. Reichskanzlers in den militärischen Bereich. Er ging sogar so weit, im Januar 1871 den Ausschluß Bismarcks von den Immediatvorträgen zu verlangen, womit die Politik von der Kriegführung vollkommen losgelöst worden wäre. Diese verhängnisvolle Trennung ist erst im Ersten Weltkrieg Wirklichkeit geworden (hier sei nur auf den verhängnisvollen Bruch der belgischen Neutralität 1914 sowie auf die mangelnde politische Einbindung der Frühjahrsoffensiven des Jahres 1918 verwiesen)[20].

Bismarck hatte für die Vernichtungsstrategie und die Autonomiebestrebungen Moltkes nichts übrig. Mit Blick auf die europäischen Flügelmächte wollte und mußte er den Konflikt rasch zu Ende bringen. Der Kanzler konnte sich schließlich in allen Streitpunkten bei Wilhelm I. durchsetzen, nicht nur bezüglich des Bombardements von Paris, sondern auch in den Fragen der Informationspolitik und der Beendigung des Krieges. Das Verhältnis beider Männer blieb daher auch im Zeichen des Sieges gespannt. Selbst über die Frage von Truppenverschiebungen nach dem Waffenstillstand am 28. Januar 1871 kam es zum Streit. Selbstbewußt notierte Bronsart von Schellendorf hierzu in sein Tagebuch: »Wenn man sich diese Verhältnisse ruhig überlegt, steht man vor der unlösbaren Frage, ob die Dummheit oder die Frechheit eines Laien größer ist, welcher es wagt, nach solchen Erfolgen, wie sie dieser Feldzug bietet, in die Gedanken der Obersten Heeresleitung eingreifen zu wollen. Jedenfalls ist eine angenehme Mischung beider Eigenschaften vorauszusetzen«[21]. Das Kriegsbeil zwischen Bismarck und Moltke ist dann erst anläßlich der Unterzeichnung des Präliminarfriedens am 26. Februar begraben worden[22].

Moltke hat freilich das Ergebnis des deutsch-französischen Krieges nicht als einen Endzustand empfunden, der die Rivalität beider Länder ein für alle mal beseitigt hätte. Er trauerte der »verpaßten« Chance hinterher und für ihn war unzweifelhaft, daß eine zweite – diesmal finale – Runde notwendig sein würde, um Frankreich dauerhaft niederzuringen. Die Forderung nach einem Präventivkrieg wiederholte er nach 1871 gebetmühlenartig bei jeder sich bietenden Gelegenheit und machte eine Krieg-in-Sicht-Krise[23] nach der anderen durch, wobei für ihn der Präventivkrieg nicht der Abwehr einer unmittelbar bevorstehenden Gefahr, sondern der Vorbeugung künftiger Gefahren diente. Bismarck zweifelte nicht daran, daß die militärische Auseinandersetzung mit Frankreich langfristig wohl nicht zu umgehen sei – schließlich hatte er sich ja auch aus diesem Grund bereits sehr früh, etwa Mitte August 1870, zur Annexion von Elsaß-Lothringen entschieden. Doch er bezweifelte, daß Deutschland in seinem solchen Waffengang irgend etwas zu gewinnen hatte. Das Reich war saturiert, es wäre also »lediglich« um die Abwehr französischer Machtgelüste gegangen. Hierfür ein »Prävenire« zu riskieren war für Bismarck nur die allerletzte Option. Wie in den Jahren zuvor konnte der Krieg immer nur ein letztes Mittel sein, falls alle anderen Möglichkeiten ausgeschöpft waren. Darum war eine Prämisse seiner Außenpolitik nach 1871 Frankreich politisch isoliert zu halten, und solange dies gelang bestand keine Kriegsgefahr.

Für Moltke war das Problem »Frankreich« freilich kein isoliertes. Er hat es seit April 1871[24] immer in Zusammenhang mit dem drohenden Zweifrontenkrieg gesehen, also einer zeitgleichen Auseinandersetzung mit Rußland. Spätestens seit dem Berliner Kongreß hielt er den Kampf auch mit dem Gegner im Osten für unvermeidlich[25]. Moltke nahm die Lage eines zwischen zwei Fronten nationaler Feinde im Westen und Osten eingekeilten Deutschen Reiches als gegeben an und sinnierte fortan darüber nach, wie man ihr siegreich begegnen könnte. Bismarck erkannte die potentielle Gefahr natürlich auch, nur sein Lösungsansatz war grundverschieden: Er glaubte mit seiner Bündnispolitik dem »chauchemar des coalitions« entkommen zu können. Dazu diente der Zweibund mit Österreich-Ungarn (1879) und das Dreikaiserbündnis (1880) bzw. dann der geheime Rückversicherungsvertrag mit Rußland (1887). Ein Zusammengehen von Frankreich und Rußland sollte so möglichst lange verhindert werden – eine Politik die trotz ihres zunehmend provisorischen Charakters bis zu seinem Abgang funktionierte.

Im Generalstab entstanden unterdessen eine ganze Reihe verschiedener Kriegspläne, die mal die Entscheidung erst im Osten oder im Westen suchten, wobei der kurze Krieg, der mit einer einzigen großen Vernichtungsschlacht beendet werden würde, zum Dogma erhoben wurde, ja mußte, weil das Reich einen langen »Nationalkrieg« gegen zwei Großmächte kaum bestehen konnte. Der Generalstab suchte demnach nach seiner eigenen Lösung aus der »Zwickmühle« – er arbeitete an einem Plan, wie

Die Kapitulation von Sedan. Verhandlungen in Donchery in der Nacht vom 1. zum 2. September 1870. Nach dem Gemälde von Anton von Werner. V.l.n.r.: Capt. d'Orcey, General Faure, General Castelnau, General de Wimpffen, General von Podbielski, Moltke, Bismarck, Hptm. von Winterfeld, Rittm. Graf Nostiz, Major Krause, Oberstl. Bronsart von Schellendorf, Oberstl. Verdy du Vernois, Major Blume, Major de Claer. AKG, Berlin

ein Zweifrontenkrieg doch noch zu gewinnen sei – versuchte also, eine militärische Lösung des Problems zu erarbeiten. Mit der wirtschaftlichen und militärischen Erholung Frankreichs und der Verbesserung auch des russischen Heeres, wurden die Zweifel, einen solchen Kampf gegen zwei Großmächte noch gewinnen zu können, allerdings immer stärker. Moltke erkannte, daß eine einzige große Entscheidungsschlacht zukünftig einen Krieg nicht mehr würde beenden können. In einer Zeit, in der Kämpfe mit der ganzen Kraft der Nation geführt wurden, erhielt die Maxime von der Vernichtung des Gegners eine vollkommen neue Bedeutung. Moltke war sich bewußt, daß der Krieg der Zukunft ein totaler Krieg sein würde, der bis zur völligen Erschöpfung des Gegners geführt werden mußte. Er erkannte schließlich, daß totale Kriege in Zukunft wahrscheinlich nicht durchführbar waren, da sie selbst für den überlegenen Part ein zu hohes Risiko bedeuteten. Der begrenzte Krieg, der nach einem gewissen Anfangserfolg durch die Diplomatie beendet werden müsse, rückte für ihn daher gegen Ende seiner Dienstzeit in den Mittelpunkt seiner Überlegungen und nahm seinen Kriegsplanungen die Schärfe[26]. Am deutlichsten brachte er seine Sorgen über den Zukunftskrieg in seiner Abschiedrede vor dem Reichstag am 14. Mai 1890 zum Ausdruck:

»Meine Herren, wenn der Krieg, der jetzt schon mehr als zehn Jahre lang wie ein Damoklesschwert über unseren Häuptern schwebt, – wenn dieser Krieg zum Ausbruch kommt, so ist seine Dauer und sein Ende nicht abzusehen. Es sind die größten Mächte Europas, welche, gerüstet wie nie zuvor, gegeneinander in den Kampf treten; keine derselben kann in einem oder in zwei Feldzügen so vollständig niedergeworfen werden, daß sie sich für überwunden erklärte, daß sie auf harte Bedingungen hin Frieden schließen müßte, daß sie sich nicht wieder aufrichten sollte, wenn auch erst nach Jahresfrist, um den Kampf zu erneuern. Meine Herren, es kann ein siebenjähriger, es kann ein dreißigjähriger Krieg werden – und wehe dem, der Europa in Brand steckt, der zuerst die Lunte in das Pulverfaß schleudert«[27].

Düppeler Schanzen, Unterstände. Reportagefoto vom 18. April 1864. bpk, Berlin

Moltkes Sorgen und Zweifel führten dazu, daß er sich dem Primat der Politik unterwarf und Bismarcks ablehnende Haltung gegenüber seinen Präventivkriegsforderungen (etwa 1875) widerspruchslos hinnahm. Der betagte Moltke vermochte freilich den nachrückenden jüngeren Generälen, vor allem seinem Stellvertreter Waldersee, diese Zurückhaltung nicht zu vermitteln[28].

Waldersee, Schlieffen und Moltke d. J. haben seine Schlußfolgerungen in dieser scharfen Form nämlich nicht übernommen. Ihre Planungen gingen stets von dem alten Vernichtungsgedanken und der großen Entscheidungsschlacht aus, auch wenn über die Dauer des Konfliktes durchaus unterschiedliche Prognosen im höheren Offizierkorps vertreten wurden. Der Vernichtungskampf blieb für sie auch im Zeitalter des Volkskrieges gewinnbar und stellte damit – im Gegensatz zu Moltkes Schlußfolgerungen – nach wie vor eine Option für die Politik dar. Insbesondere Waldersee, dem der greise Moltke in den achtziger Jahren weitgehend freie Hand ließ, war davon überzeugt, daß das Deutsche Reich und Österreich-Ungarn möglichst bald Rußland angreifen und vernichtend schlagen müßten, so lange das Zarenreich militärisch noch nicht zu stark geworden war. Daß es dabei auch zum Krieg mit Frankreich kommen könne, nahm er billigend in Kauf. Der Konflikt mit Bismarck war somit vorprogrammiert[29].

Während der Doppelkrise 1885-1887[30], in er sich die diversen Konfliktlinien in den internationalen Beziehungen gefährlich überlagerten, und in der besonders der Disput zwischen St. Petersburg und Wien um die bulgarische Nationsbildung und den zukünftigen bulgarischen Regenten sowie die Zwistigkeiten zwischen Berlin und Paris im Zuge nationalistischer Agitationen diesseits und jenseits des Rheins eine besondere Sprengkraft entfalteten, erreichten die Präventivkriegsforderungen ihren Höhepunkt – und zwar nicht nur von seiten des Generalstabes, sondern auch in der öffentlichen Meinung. Für wenige Wochen sah sich Bismarck im Herbst 1886 einer erheblichen öffentlichen Kritik ausgesetzt. Stimmen wurden laut, die die Annahme des vermutlich unvermeidbaren Endkampfes zwischen Germanen und Slawen forderten. Bismarck konnte jedoch die Wogen glätten, indem er deutlich machte, daß man angesichts des französischen Kriegsgeschreis gut daran tat, die von ihm verfolgte zurückhaltende Politik gegenüber dem Zarenreich zu verfolgen[31]. Als im Februar 1887 der Reichstag aufgelöst wurde, um mit Neuwahlen das Bündnis von Konservativen und Liberalen zu stärken, setzte Bismarck im anschließenden Wahlkampf ganz auf die nationalistische Karte. Die Aufmerksamkeit wandte sich nun Frankreich zu, wo es der neue französische Kriegsminister Georges Boulanger verstand, die öffentliche Meinung mit seinem aggressiven, auf Revanche ausgerichteten Nationalismus zu dominieren. In dieser Situation berannte Alfred Graf von Waldersee Bismarck mit der Forderung, den ohnehin unausweichlichen Konflikt endlich zu beginnen. Die Kriegshysterie erfaßte auch Teile des Parlaments. Rudolf von Benningsen, Fraktionsführer der Nationalliberalen äußerte im Reichstag: »Dieser zweite Krieg mit Frankreich über Elsaß-Lothringen ist und bleibt eine geschichtliche Notwendigkeit. Nur nachdem derselbe siegreich durchgeführt ist, wird der deutsche Nationalstaat dauernd gesichert sein«[32].

Die Reichstagswahlen vom 21. Februar 1887 brachten dann das gewünschte Ergebnis einer Bismarck ergebenen Mehrheit von Konservativen und Nationalliberalen, die im September die Heeresvermehrung von 40.000 Mann verabschiedeten. Ganz im Gegensatz zu den Militärs ging es Bismarck dabei freilich nicht um die Vorbereitung eines Angriffskrieges. Für ihn galt nach wie vor: »Wir haben keine Bedürfnisse, die wir durch das Schwert erkämpfen könnten«[33]. Die quantitative Verstärkung benutzte der Reichskanzler vielmehr als Argument, um nach innen und außen die gesicherte militärische Lage Deutschlands zu unterstreichen.

Die Bulgarische Krise schwelte unterdessen weiter. Insbesondere Rußland auf der einen und Österreich-Ungarn sowie England auf der anderen Seite waren nicht in der Lage, sich auf einen von beiden Seiten akzeptierten Regenten zu verständigen. Russische Truppenverschiebungen im Herbst 1887 im galizischen Raum lenkten schließlich die Aufmerksamkeit des Generalstabes wieder nach Osten und heizten seine Befürchtungen um einen unmittelbar bevorstehenden Angriff der Russen an. In der sich nun anbahnenden Winterkrise 1887/88 forderte Waldersee eindringlich den deutsch-österreichischen Angriff und zog schließlich auch Moltke, der am 30. November 1887 von Bismarck das Prävenire einforderte, auf seine Seite[34]. Dieser ließ sich von dem Kriegsgeschrei aber nicht beirren. Bereits am 11. Januar 1887 hatte er unmißverständlich klargestellt: »Der Gedanke, einen Krieg zu führen weil er vielleicht späterhin unvermeidlich ist und späterhin unter ungünstigeren Verhältnissen geführt werden könnte, hat mir immer fern gelegen und ich habe ihn immer bekämpft«[35].

Als der greise Kaiser Wilhelm I. am 17. Dezember 1887 seine Spitzenmilitärs um sich versammelte und einen Kriegsrat abhielt, konnten sich die Falken nicht durchsetzen. Wilhelm I. beurteilte einen Waffengang überaus pessimistisch und auch in Moltke kamen die starken Zweifel an der Gewinnbarkeit des Volkskrieges an zwei Fronten wieder hoch. Wie Michael Schmid unlängst herausgearbeitet hat, war es nicht die Anerkennung des Primats der Politik, die Moltke von seiner ursprünglichen Forderung abgehen ließ, sondern die eigenen Sorgen und die Haltung des Kaiser, gegen dessen ausdrücklichen Willen er niemals zu handeln bereit war. Der Frieden war vorerst gerettet und das Staatsschiff schwenkte wieder auf den Kurs Bismarcks zurück[36]. Dieser hatte sich von der allgemeinen Hysterie nicht anstecken lassen, verfolgte kühl seinen Kurs der Absicherung des Reiches mit diplomatischen Mitteln. Er nutzte die Stimmung freilich, um 1888 eine Wehrpflichtreform im Parlament durchzusetzen, die die *Kriegs*stärke des Heeres deutlich vermehrte. Es war nach der 1887 geglückten Vermehrung des *Friedens*heeres ein weiterer Punkt, um die Stellung des Reiches militärisch abzusichern, den angesichts der vermeintlichen militärischen Schwäche Deutschlands notwendigen Präventivkrieg überflüssig zu machen und den ständigen Forderungen der Falken »Je eher, desto besser«, den Boden zu entziehen[37].

In der Doppelkrise von 1885-1887 wurde einmal mehr deutlich, daß Waldersee, der die Risken eines großen Krieges nicht recht bedachte, ein grundsätzlich anderer Charakter als Moltke war. Zudem war er – im Gegensatz zu Moltke – willens, in dem Entscheidungsprozeß über Krieg und Frieden gegen den Reichskanzler zu arbeiten. Moltke hatte sich gegenüber Kaiser und Kanzler immer loyal verhalten und auf dem Höhepunkt der Bulgarienkrise im Dezember 1887 auch deutlich gemacht, daß die Politik das letzte Wort haben müsse[38]. Obgleich Waldersee nicht müde wurde, den Präventivkrieg als einzige noch gangbare Option des Deutschen Reiches zu verkaufen, wurde in der Folgezeit deutlich, daß er sich reichlich verkalkuliert hatte. Eine Auswertung der russischen Akten hat ergeben, daß der deutsche Generalstab die Leistungsfähigkeit der russischen Streitkräfte, die zu einer umfassenden Angriffsoperation auf absehbare Zeit überhaupt nicht in der Lage waren, weit überschätzt hat. In maßloser Hysterie deutete man Truppenverlegungen an die galizische Grenze als Beweis für Angriffsabsichten, und verkannte, daß St. Petersburg lediglich die eigene Verteidigung verstärken wollte[39]. Abgesehen von den mangelnden militärischen und wirtschaftlichen Voraussetzungen, gestattete auch die diplomatische Situation kein offensives Vorgehen St. Petersburgs: Das Bekanntwerden des defensiven Zweibundes zwischen Österreich-Ungarn und Deutschland sowie die französische Weigerung, ein formales Bündnis einzugehen, standen einem Angriff im Wege. Rußland fand sich daher notgedrungen mit der Regentschaft des Prinzen Ferdinand von Sachsen-Coburg-Koháry als Fürst von Bulgarien ab und öffnete so den Weg zur Beilegung der Krise[40].

Auf den ersten Blick mag die Krise von 1885-1887 verblüffende Parallelen mit der Zeit von 1912-1914 aufweisen, freilich mit dem Unterschied, daß bei letzterer eben der Virtuose Bismarck fehlte, der sich gegen die kriegstreibenden Generäle beim Kaiser hätte durchsetzen können. Und schnell kann man mit der Schlußfolgerung bei der Hand sein, daß ein Bismarck den Ausbruch des Ersten Weltkrieges schon verhindert hätte. Wenngleich Bethmann Hollweg sicherlich nicht über das diplomatische Geschick seines Vorgängers verfügte, so hinkt der Vergleich dennoch. Man darf nicht vergessen, daß 1885-1887 der Imperialismus erst eine junge, sich allmähliche entwickelnde Zeiterscheinung war, die vor dem Ersten Weltkrieg aber ihre ganze Wirkungsmächtigkeit erreicht hatte und das Europäische Staatensystem schwer belastete. Der Glaube an den unvermeidlichen großen Krieg war ab 1911 ungleich stärker ausgeprägt als noch Mitte der 1880er Jahre[41].

Wir können somit festhalten: Entscheidend für die Bewahrung des Friedens war die Überzeugung Bismarcks, daß sich ein Krieg in den jeweiligen Konstellationen nicht lohne und seine Fähigkeit, Kaiser Wilhelm I. stets auf seine Seite zu ziehen. Bedeutend war somit nicht nur die Persönlichkeit des Kanzlers, sondern eben auch des Kaisers.

Seit 1888/1890 veränderte sich diese Konstellation entscheidend, weil mit Wilhelm II. ein völlig anders gearteter Charakter den Thron bestiegen hatte und die nun folgenden Reichskanzler weit weniger Geschick aufbrachten, den Monarchen von ihrer Politik zu überzeugen und ihn gegen den Einfluß der Militärs abzuschirmen. Dies bedeutete freilich nicht, daß das Reich sofort einen Krieg begann – hiervon war man im letzten Jahrzehnt des 19. Jahrhunderts weit entfernt. In den Reflexionen anläßlich der Jahrhundertwende findet sich außerhalb eines kleinen militärischen Kreises kaum etwas von einer Kriegsangst – vielmehr erwartete man im kommenden 20. Jahrhundert Wirtschaftskonflikte mächtiger Weltreiche[42].

Die preußische Führung am Morgen der Schlacht von Königgrätz 1866. V.l.n.r.: Prinz Carl von Preußen, Großherzog von Mecklenburg-Schwerin, Bismarck, Roon, Moltke, Generalmajor von Podbielski, König Wilhelm I. Foto: H. Schnaebeli, Berlin. bpk, Berlin

Selbst während der Ersten Marokko-Krise 1905/06, als die militärische Lage für einen Angriff auf Frankreich günstig wie nie zuvor war, stand dies ernsthaft nicht zur Debatte. Und vergessen wir auch nicht, daß die deutsche Flottenrüstung, die das Gespann Wilhelm II., Bülow und Tirpitz auf den Weg brachten, primär nicht als offensives, reales Kriegsmittel gedacht war, sondern als Druckmittel zum Erzwingen außenpolitischer Prestigeerfolge[43].

Seit dem Debakel der Zweiten Marokkokrise nahm der Einfluß der Militärs, sei es nun eines Moltkes d. J. oder eines Tirpitz immer unheilvolle Ausmaße an, die Ausgleichspolitik des Reichskanzlers[44] und das Kriegsgeschrei der Militärs[45] standen sich unversöhnlich gegenüber, wobei die schwankende Haltung des Kaiser immer mehr zu den Militärs neigte.

Wenngleich die Generalität zweifelsohne eine Katalysatorfunktion beim Ausbruch des Ersten Weltkrieges einnahm und vor allem versäumte, den Charakter des kommenden Krieges vollständig zu erfassen und weiterzugeben[46], kann die Verantwortung der Politik für den Ausbruch des Ersten Weltkrieges nicht geleugnet werden. Bethmann Hollweg hätte gewiß den Zug noch zum Stehen bringen können, wenn er es nur wirklich gewollt hätte.

Nach Kriegsausbruch, setzte sich der schleichende Prozeß der Entmachtung der Politik fort bis das Verhältnis zwischen Politik und Militär, wie es einst zu Zeiten Bismarcks herrschte, vollkommen umkehrt worden war. Überspitzt formuliert wandelte sich die Kanzlerdiktatur der Bismarckzeit zur Militärdiktatur des Weltkrieges, die alles bei weitem übertraf, was Moltke 1871 im Sinne einer von der Politik losgelösten Kriegführung gefordert hatte. In der ersten Kriegsphase vermochte der Reichskanzler durchaus noch den Kurs des Staatsschiffes zu lenken, man denke nur an die Zurückweisung von Falkenhayns Lageanalyse vom November 1914, wonach der Krieg an beiden Fronten nicht mehr gewonnen werde könne[47]. Bethmann Hollweg verlor dann aber mit dem Amtsantritt der 3. OHL rapide an Einfluß, so daß Hindenburg und Ludendorff schließlich die entscheidende Stimme zur Kursbestimmung inne hatten. Die Schwäche in der Verfassung, die den Kanzler und den Generalstabschef zum gleichberechtigten Berater des Monarchen machten, wirkte sich nun verhängnisvoll aus.

Eine erneute völlige Umkehr des Machtverhältnisses von Politik und Militär erfolgte dann schrittweise ab 1933. 1938 hatte sich der Politiker Adolf Hitler auch offiziell zum Feldherrn gemacht, knüpfte damit an das Vorbild Friedrichs des Großen an, der Staatsmann und oberster Militär in einer Person war. Die Generalität wurde zur reinen Funktionselite degradiert und sie akzeptierte Befehle von oben, auch wenn diese ihren eigenen Auffassungen vollkommen entgegenstanden und auch wenn sie viel umfassender in den ureigensten Bereich der Operationsführung eingriffen[48], wie Bismarck dies je zu tun gewagt hätte. Die Generalität vermochte sich niemals gegen das politische Staatsoberhaupt durchzusetzen – ebensowenig wie die Militärs dies zwischen 1870 und 1890 geschafft hatten. Urteilt man also über den vermeidlichen Kadavergehorsam der deutschen Generalität in der NS-Zeit, so sollte man nicht vergessen, daß mit Ausnahme des Ersten Weltkrieges, die Generale immer nur ausführendes Organ der (politischen) Führung waren, ein Umstand, der während des Zweiten Weltkrieges freilich verheerende Folgen hatte. Die Verknüpfung von Außenpolitik und Kriegswesen war indes noch nie die Sache der Spitzenmilitärs gewesen – zumindest nicht in der Praxis, sondern allenfalls in der Theorie. Die Qualität des politischen Horizonts und vor allem die Fähigkeit zur kritischen Reflexion des eigenen Handelns, die bei einer Persönlichkeiten wie Moltke noch ausgeprägt war, stellen somit vielleicht den größten Unterschied zur Generation eines Falkenhayn, Manstein oder Dönitz dar.

Anmerkungen

1 Zur Organisationsstruktur siehe *Manfred Messerschmitt*: Die politische Geschichte der preußisch-deutschen Armee, in: Handbuch zur deutschen Militärgeschichte 1648-1939, Bd. 2, Abschnitt IV. München 1979, S. 213-248.

2 Hierzu zusammenfassend *Eberhard Kolb*: Gezähmte Halbgötter? Bismarck und die militärische Führung 1871-1890, in: Lothar Gall (Hrsg.): Otto von Bismarck und Wilhelm II. Repräsentanten eines Epochenwechsels? Paderborn 2001, S. 45-49.

3 Zit. nach *Kolb*, Gezähmte Halbgötter?, S. 48.

4 Zum Sturz Kamekes vgl. auch *Michael Schmid*: »Der Eiserne Kanzler« und die Generäle. Deutsche Rüstungspolitik in der Ära Bismarck (1871-1890). Paderborn [u.a.] 2003, S. 145-150.

5 Ebenda, S. 46-68, 329-334.

6 Die Studie von *Konrad Canis*: Bismarck und Waldersee. Die außenpolitischen Krisenerscheinungen und das Verhalten des Generalstabes 1882-1890. Berlin 1980, ist mittlerweile veraltet und hat sich in mancher Hinsicht als überzogen erwiesen. Eine neue zusammenfassende Darstellung aus der Feder von Canis demnächst in: *Konrad Canis*: Militärführung und Grundfragen der Außenpolitik in Deutschland 1860 bis 1890, in: Gerhard P. Groß (Hrsg.): Politik und Kriegführung 1860-1890. München 2004.

7 *Karl-Ernst Jeismann*: Das Problem des Präventivkrieges im europäischen Staatensystem mit besonderem Blick auf die Bismarckzeit. Freiburg, München 1957, S. 67. Vgl. zu diesem Themenkomplex auch *Michael Salewski*: Krieg und Frieden im Denken Bismarcks und Moltkes, in: Roland G. Foerster (Hrsg.): Generalfeldmarschall von Moltke. Bedeutung und Wirkung. München 1991, S. 67-88.

8 *Salewski*, Krieg und Frieden, S. 71.

9 Zur Haltung Preußens im Krimkrieg zusammenfassend *Winfried Baumgart*: The Crimean War. London [u.a.] 1999, S. 37-41.

10 »Bismarcks Standpunkt ist unanfechtbar, wird uns aber seinerzeit viel Menschenleben kosten«. *Eberhard Kessel*: Moltke. Stuttgart 1957, S. 533.

11 Ebenda, S. 387-398.

12 Vgl. hierzu *Terence Zuber*: Inventing the Schlieffen Plan. German War Planning 1858-1914. Diss. Phil. Würzburg 2000, S. 75.

13 Vgl. *Stig Förster*: Helmuth von Moltke und das Problem des industrialisierten Volkskrieges, in: Foerster, Generalfeldmarschall von Moltke, S. 108-110; ders.: Optionen der Kriegführung im Zeitalter des »Volkskrieges« – Zu Helmuth von Moltkes militärisch-politischen Überlegungen nach den Erfahrungen der Einigungskriege, in: Detlev Bald (Hrsg.): Militärische Verantwortung in Staat und Gesellschaft. Koblenz 1986, S. 88-90.

14 *Eberhard Kolb*: Der Weg aus dem Krieg. Bismarcks Politik im Krieg und die Friedensanbahnung 1870/71. München 1989, S. 196 ff.

15 Vgl. etwa *Paul Bronsart von Schellendorf*: Geheimes Kriegstagebuch, hrsg. v. Peter Rassow. Bonn 1954, S. 290.

16 *Kolb*, Der Weg aus dem Krieg, S. 305.

17 *Bronsart von Schellendorf*, Geheimes Kriegstagebuch, S. 212.

18 *Kessel*, Moltke, S. 578-591.

19 *Bronsart von Schellendorf*, Geheimes Kriegstagebuch, S. 233 f.

20 *Förster*, Optionen der Kriegführung, S. 91 f.

21 *Bronsart von Schellendorf*, Geheimes Kriegstagebuch, S. 340. Weitere Belege zum Disput zwischen Bismarck und Moltke S. 148, 152, 185 f., 200, 220 f., 279, 281, 290, 306, 313, 333 f.

22 *Lothar Gall*: Bismarck. Der weiße Revolutionär. Frankfurt [u.a.] 1980, S. 441 f. Zum Gesamtkomplex vgl. auch *Stig Förster*: The Prussian Triangle of Leadership in the Face of a Peoples War, in: Stig Förster, Jörg Nagler (Hrsg.): On the road to total war: the American Civil War and the German Wars of Unification, 1861-1871. Washington 1999, S. 115-140.

23 Eine neue Darstellung der Krieg-in-Sicht-Krise von 1875 bereitet *Johannes Janorschke*, Mainz in seiner Dissertation vor.

24 *Bronsart von Schellendorf*, Geheimes Kriegstagebuch, S. 402.

25 *Rudolf Stadelmann*: Moltke und der Staat. Krefeld 1950, S. 297 ff.

26 Vgl. etwa Denkschrift vom April 1879, in: Graf *Moltke*. Die deutschen Aufmarschpläne 1871-1890, hrsg. von Ferdinand von Schmerfeld. Berlin 1929, S. 77-81. Weitere Hinweise in: *Kolb*, Gezähmte Halbgötter, S. 51. Vgl. auch *Stig Förster*, Optionen der Kriegführung im Zeitalter des »Volkskrieges« – Zu Helmuth von Moltkes militärisch-politischen Überlegungen nach den Erfahrungen der Einigungskriege, in: Detlev Bald (Hrsg.): Militärische Verantwortung in Staat und Gesellschaft. Koblenz 1986, S. 94-102; ders.: General-Feldmarschall Helmuth von Moltke und die kriegsgeschichtlichen Folgen des deutsch-französischen Krieges, in: Philippe Levillain, Rainer Riemenschneider (Hrsg.): La Guerre de 1870/71 et ses conséquences. Bonn 1990, S. 86-96.

27 Gesammelte Schriften und Denkwürdigkeiten des General-Feldmarschalls Grafen *Helmuth von Moltke*, Bd. 7. Berlin 1892, S. 139.

28 Im Tagebuch Waldersees finden sich etliche Hinweise auf seine Gedanken an einen Präventivkrieg, auf dessen Ausbruch trotz der Vorbehalte der Politik hinzuarbeiten sei. Denkwürdigkeiten des Generalfeldmarschalls *Alfred Grafen von Waldersee*, bearb. und hrsg. von Heinrich Otto Meisner, Bd. 1. Stuttgart, Berlin 1922, z.B. S. 263. Vgl. auch *Jürgen Angelow*: Kalkül und Prestige. Der Zweibund am Vorabend des Ersten Weltkrieges. Köln, Weimar, Wien 2000, S. 95 f.

29 Zu den Kriegsvorstellungen vor dem Ersten Weltkrieg vgl. *Christian Müller*: Anmerkungen zur Entwicklung von Kriegsbild und operativ-strategischem Szenario im preußisch-deutschen Heer vor dem Ersten Weltkrieg, in: Militärgeschichtliche Mitteilungen 57 (1998), S. 385-442; *Stig Förster*: Der deutsche Generalstab und die Illusion des kurzen Krieges. Metakritik eines Mythos, in: Militärgeschichtliche Mitteilungen 54 (1995), S. 61-95; *Detlev Bald*: Zum Kriegsbild der militärischen Führung im Kaiserreich, in: Jost Dülffer, Karl Holl (Hrsg.): Bereit zum Krieg. Kriegsmentalität im wilhelminischen Deutschland 1890-1914. Göttingen 1986, S. 146-160; *Dieter Storz*: Kriegsbild und Rüstung vor 1914. Europäische Landstreitkräfte vor dem Ersten Weltkrieg. Herford [u.a.] 1992.

30 Hierzu als Überblick *Martin Kröger*: Das europäische System »auf Messers Schneide«. Die Kriegsgefahr der Jahre 1885-1887, in: Jost Dülffer, Martin Kröger, Rolf-Harald Wippich (Hrsg.): Vermiedene Kriege. Deeskalation von Konflikten der Großmächte zwischen Krimkrieg und Erstem Weltkrieg 1865-1914. München 1997, S. 369-408.

31 *Friedrich Scherer*: Adler und Halbmond. Bismarck und der Orient, 1878-1890. Paderborn [u.a.] 2001, S. 267.

32 Zit. nach *Klaus Hildebrand*: Das vergangene Reich. Deutsche Außenpolitik von Bismarck bis Hitler. Stuttgart 1995, S. 109.

33 Politische Reden *Bismarcks*, hrsg. v. *Horst Kohl*, Bd. 12, S. 186 [Rede vom 11. Januar 1887].

34 Molte d.Ä. an Bismarck, 30. November 1887, in: *Stig Förster* (Hrsg.): Moltke. Vom Kabinettskrieg zum Volkskrieg. Eine Werkauswahl. Bonn, Berlin 1992, S. 620.

35 Politische Reden *Bismarcks*, hrsg. v. *Horst Kohl*, Bd. 12, S. 186 [Rede vom 11. Januar 1887].

36 Zum Kriegsrat vom 17. Dezember 1887 ausführlich *Schmid*, Der eiserne Kanzler, S. 403-419.

37 Ausführlich hierzu ebenda, S. 434-491.

38 *Kolb*, Gezähmte Halbgötter, S. 50 f.

39 *Schmid*, Der Eiserne Kanzler, S. 378-386.

40 *Kröger*, Das europäische System, S. 403-405.

41 Vgl. auch *Gerd Krumeich*: Vorstellungen vom Krieg vor 1914, in: Sönke Neitzel (Hrsg.): 1900: Zukunftsvisionen der Großmächte. Paderborn 2002, S. 173-185.

42 *Sönke Neitzel:* Außenpolitische Zukunftsvorstellungen in Deutschland um 1900, in: Neitzel, Zukunftsvisionen der Großmächte, S. 55-79.

43 Dies wird etwa in der neuesten Studie über Reichskanzler Bülow nicht erkannt. Vgl. *Peter Winzen*: Bernhard Fürst von Bülow. Weltmachtstratege ohne Fortune. Wegbereiter der großen Katastrophe. Göttingen 2003.

44 Stellvertretend ist hier das Buch von *Hans Plehn*: Deutsche Weltpolitik und kein Krieg. Berlin 1913, zu nennen, in dem die außenpolitische Stoßrichtung deutlich gemacht wurde.

45 Beispielhaft ist hier das Werk von *Friedrich von Bernhardi*, Deutschland und der nächste Krieg. Stuttgart, Berlin 1912, zu nennen. Zu diesem Werk vgl. auch *Thomas Weber*: British War Propaganda and the Thesis of German Militarism: Friedrich von Bernhardi's Germany and the Next War reconsidered (unpublished paper from the 2nd European Conference in First World War Studies, Oxford, June 2003).

46 Demnach war der Krieg angesichts der hochgerüsteten Arsenale der Großmächte eben kein probates Mittel der Politik mehr. Bezeichnend für die unreflektierte Haltung der Generalität ist der Ausspruch Falkenhayns am 4. August 1914: »Und wenn wir auch darüber zugrunde gehen, schön war's doch«! *Kurt Riezler*: Tagebücher, Aufsätze, Dokumente. Hrsg. von Karl Dietrich Erdmann. Göttingen 1972, S. 228.

47 Hierzu *Holger Afflerbach*: Falkenhayn. Politisches Denken und Handeln im Kaiserreich. München 1994, S. 198-210, 242-248.

48 Vgl. hierzu beispielsweise *Karl-Heinz Frieser*: Blitzkrieglegende. Der Westfeldzug 1940. München 1995, S. 315-324, 363-376.

III.
Einzelne Personen und Regionen

Bismarck und Friedrich Wilhelm IV.

Von Frank-Lothar Kroll

Leben und Werk Otto von Bismarcks gehören seit über einem Jahrhundert zu den bevorzugten Themen der preußisch-deutschen Historiographie. Längst schon hat sich die Zahl der ihm gewidmeten Untersuchungen in eine unüberschaubare Vielfalt allgemeiner und spezieller Forschungsbeiträge ausdifferenziert,[1] die ihrerseits wiederum zu einem heftig umstrittenen Gegenstand fachhistorischer Diskussion und Interpretation geworden sind.[2] Alle Stadien seines Lebens scheinen erfaßt, die verschiedenen Aspekte seines Wirkens bedacht, Größe und Grenze des von ihm Geschaffenen hinreichend gedeutet zu sein.

Und doch gibt es Leerstellen innerhalb dieses vordergründig so lückenlos erschlossenen Areals. Eine dieser »Lücken« bildet das weite Feld der Beziehungen Bismarcks zu Friedrich Wilhelm IV., jenem Monarchen, dessen Gestalt den Werdegang des Reichsgründers weit über ein Jahrzehnt hindurch bestimmte und auf die Voraussetzungen seiner Persönlichkeitsentwicklung entscheidend einwirkte. Unter der Herrschaft dieses Königs legte Bismarck nicht nur die ersten Etappen seiner politischen Laufbahn zurück; in der Auseinandersetzung mit den Positionen Friedrich Wilhelms IV. klärte sich auch sein geistig-weltanschaulicher Horizont. Die damals grundgelegten Erkenntnisfundamente sollten sich für das Weltbild des späteren Kanzlers zeitlebens als von prägender Bedeutung erweisen.

Die Forschung dürfte den Kontakten Bismarcks zu Friedrich Wilhelm IV. bisher vor allem deshalb kaum Beachtung geschenkt haben, weil das Zeitalter des »Romantikers auf dem Thron«[3] allzulange als bloße »Vorstufe« der Reichsgründungs-Epoche besehen und demgemäß auch das »Problem Bismarck« schwerpunktmäßig von den Jahren nach 1866 her zu erhellen versucht wurde. Traten dann doch einmal, selten genug, Bismarcks Frühzeit und seine politischen Anfänge in den Blick, so standen dabei meist biographische und politische Detailfragen im Mittelpunkt, nicht aber die Beziehungen Bismarcks zum damaligen Repräsentanten des Hohenzollernstaates.[4]

Der Analyse dieser Beziehungen gelten die folgenden Ausführungen. Sie nähern sich dem Themenfeld »Bismarck und Friedrich Wilhelm IV.« zunächst durch einen Blick auf Eigenart und Erscheinungsbild ihrer »äußeren« Kontakte, die anhand der vorliegenden Quellenzeugnisse erstmals zusammenhängend nachgezeichnet werden (I.). Dann stehen die für das beiderseitige Verhältnis charakteristischen und für einen Vergleich sinnvoll erscheinenden »inneren« Berührungspunkte zur Erörterung:

Ernst Ludwig von Gerlach als »neuer Peter von Amiens« mit dem Eisernen Kreuz (dem Symbol der Kreuzzeitung) in der erhobenen Rechten. Rechts »St. Stahl« als Priester, links Bismarck als »Erzschelm in Panzer und Schuppen«, Stammbaum in der einen, Peitsche in der anderen Hand. Hinter Gerlach Hermann Wagener als Don Quichotte. Wilhelm Scholz im »Kladderadatsch«, 4. November 1849

Gemeinsamkeiten und Gegensätze ihres Staats- und Verfassungsideals (II.), ihrer Einstellung zur »deutschen Frage« (III.), ihrer Grundhaltung gegenüber Problemen der internationalen Politik (IV.). Dabei vermag der Blick auf diese Zusammenhänge einen über das Aufdecken bloßer Einflüsse und Verbindungslinien weit hinausgehenden Beitrag zur Epochengliederung der preußisch-deutschen Geschichte zu leisten. Stehen sich in der Person des von ideologisch fixierten Leitbildern bestimmten »Romantikers« einerseits und des aus konkret gegebenen Situationen heraus handelnden »Realpolitikers« andererseits die Wesenszüge zweier voneinander getrennter Zeitalter – eines »intellektualistischen« und eines »voluntaristischen« – gegenüber? Oder weisen die vermeintlichen Antipoden Bismarck und Friedrich Wilhelm IV. jenseits aller äußeren, durch Stellung, Erziehung und Charakter bedingten Unterschiede letztlich doch Gemeinsamkeiten des Denkens und Handelns auf, die sie beide gleichermaßen in einen ungebrochenen Traditionsstrang der geschichtlichen Entwicklung Deutschlands und Europas einbinden (V.)? Die »Strukturanalyse« des Verhältnisses zwischen Bismarck und Friedrich Wilhelm IV. findet so ihren Ort innerhalb jener übergeordneten Frage nach der Kontinuität oder Diskontinuität deutscher Politik im 19. und 20. Jahrhundert, die seit den Forschungen von Andreas Hillgruber zu den großen Themen der neueren Geschichtswissenschaft gehört.

I.

Bismarck ist »seinem« König erstmals am 15. Oktober 1840 begegnet, als er, zusammen mit Vater und Bruder, der offiziellen Huldigungsfeier in Berlin anläßlich der Thronbesteigung des neuen Herrschers beiwohnte. Zu einer engeren persönlichen Fühlungnahme kam es jedoch erst sieben Jahre später. Im Mai 1847 war Bismarck als stellvertretender Abgeordneter für die Ritterschaft der Provinz Sachsen in den Vereinigten Landtag berufen worden und hatte durch seine betont antikonstitutionell-royalistischen Redebeiträge nicht nur eine breitere Öffentlichkeit, sondern auch den König selbst auf sich aufmerksam gemacht. Aus Angst, allzu parteiisch zu erscheinen, wagte Friedrich Wilhelm IV. damals jedoch nicht, mit Bismarck offen zu verkehren. Demonstrativ mied er seinen Umgang während der Hoffestlichkeiten und bekundete dem pommerschen Junker erst später, in privaten Zusammenkünften, seine Gunst.[5]

Durch die revolutionären Ereignisse vom März 1848 geriet Bismarck erneut in engen Kontakt zu Friedrich Wilhelm IV. In der Überzeugung, daß der König als Gefangener der Revolution schutzlos den Aufrührern preisgegeben sei, trieb es Bismarck am 20. März nach Potsdam, um dort die Möglichkeiten für eine kombinierte Aktion der preußischen Armee und der Landbevölkerung zum »Marsch auf Berlin« und zur gewaltsamen »Befreiung« des Monarchen auszuloten Mit dem Ziel, von Friedrich Wilhelm IV. die Zustimmung für ein Losschlagen der Truppen zu erwirken, hatte Bismarck den Prinzen Karl um ein einführendes Empfehlungsschreiben bei Hofe gebeten und dieses in Form eines kurzen Handbillets auch erhalten. Er war dann aber von der Schloßwache abgewiesen worden und konnte den König nur brieflich über seine Pläne unterrichten. Nach einem Gespräch mit der Prinzessin Augusta am 23. März, in dessen Verlauf er sich vergeblich bemühte, den Prinzen von Preußen für einen militärischen Schlag gegen die Revolution zu gewinnen, war er zunächst unverrichteter Dinge in seine Heimat zurückgekehrt, jedoch erneut am 25. März mit einer Delegation der Bauern seines Gutsbezirks in Potsdam eingetroffen. Dort, im Marmorsaal des Schlosses, wurde er Zeuge jener denkwürdigen Worte Friedrich Wilhelms IV. an die Offiziere des Gardekorps, die allen Plänen einer bewaffneten Gegenrevolution ein Ende bereiteten.[6]

Bismarck war über diese Rede wie über das ganze Verhalten Friedrich Wilhelms IV. während der Märztage enttäuscht und verbittert. Die Schwäche, Tatenscheu und Hilflosigkeit des Monarchen am 19. März, seine Nachgiebigkeit gegenüber den Forderungen der Revolution, sein kampfloser Verzicht auf überlieferte Herrschaftsrechte – all diese Momente vermeintlichen Fehlverhaltens, durch welche »die Krone selbst die Erde auf ihren Sarg geworfen« habe,[7] hielt Bismarck dem König schonungslos vor, als dieser ihn Mitte Juni 1848 zu einem Besuch nach Sanssouci geladen hatte. Gereizt und zornig, steigerte sich Bismarck in eine »frondirende Gemüthsstimmung« hinein und trieb Friedrich Wilhelm zu dem Eingeständnis, »wie ein Esel« gehandelt zu haben. Erst nach Hinzutritt der Königin, die ihn wegen seines ungebührlichen Umgangstones zurechtwies, legte sich Bismarcks Wut. Am Ende der Zusammenkunft verließ er das Herrscherpaar, durch die Offenheit Friedrich Wilhelms IV. und den Zauber seiner Persönlichkeit »vollständig entwaffnet und gewonnen«.[8]

Diese offenherzige und klärende Begegnung auf der Terrasse von Sanssouci scheint das Verhältnis zwischen Bismarck und

Friedrich Wilhelm IV. (1795-1861).
Schabkunstblatt von Karl Friedrich Gustav Lüderitz nach einem Gemälde von Franz Krüger, um 1845. bpk, Berlin

Friedrich Wilhelm IV. auf ein neues, für beide Seiten tragfähiges Fundament gestellt zu haben. Bismarck untersagte sich in der Folgezeit jede härtere Kritik am Verhalten des Monarchen, bemühte sich vielmehr darum, ihn aus der Eigenart seiner Persönlichkeitsstruktur und aus den Bedingtheiten seiner politischen Stellung heraus zu beurteilen. »Sprich nicht geringschätzig von dem Könige«, so ermahnte er seine Frau am 19. September 1849; »wir fehlen beide darin und sollen nicht anders von ihm reden wie von unseren Eltern, auch wenn er irrt und fehlt, denn wir haben seinem Fleisch und Blut Treue und Huldigung geschworen.«[9] Und seinem Bruder gegenüber bekannte er Ende 1848: »Der König allein hat nie den Muth und nie das Ziel [gemeint ist die Wiederaufrichtung der monarchischen Autorität nach den Märzereignissen] aus den Augen verloren.«[10]

Umgekehrt erblickte auch Friedrich Wilhelm IV. in Bismarck nun zunehmend einen geeigneteren Kandidaten für ein hohes Staats- und Ministeramt. Durch seine royalistische Gesinnung und seinen Einsatz für die Belange der Krone hatte er sich dem König empfohlen, schien allerdings auf seinem Weg in die hohe Politik noch einer gewissen Formung zu bedürfen, um vollauf in der von Friedrich Wilhelm IV. gewünschten Weise tätig werden zu können.[11] Der König betrachtete ihn damals – so Bismarck in rückschauender Perspektive – als »ein Ei, was er selbst gelegt hatte und ausbrütete und würde bei Meinungsverschiedenheiten immer die Vorstellung gehabt haben, daß das Ei klüger sein wolle als die Henne.«[12]

Mit diesem Aperçu deutet Bismarck bereits die ganze Problematik an, die sein Verhältnis zu Friedrich Wilhelm IV. hinfort kennzeichnen sollte. Beide waren sich bei aller gegenseitigen Wertschätzung bewußt, daß – noch diesseits der ohnehin gegebenen politisch-weltanschaulichen Differenzen – persönliche Eigenheiten und Unterschiede des Charakters, welche wiederum auf die politische Konzeption zurückwirkten, eine langfristige Zusammenarbeit auf engem Raum ausschlossen. Dem phantasievollen Geist des Königs bot sich bei jeder politischen Kombination stets eine Vielfalt möglicher Handlungsweisen, zwischen denen er – alle Folgen seiner Entscheidung bedenkend und voller moralischer Skrupel über die Auswirkungen seines Tuns – unentschlossen hin- und herschwankte. Nur selten vermochte er in Krisensituationen die Kraft zur befreienden Tat aufzubringen. Er neigte vielmehr dazu, vor den Problemen der Wirklichkeit in eine Welt traumhafter Idealität zu flüchten, in der alle realen Gegensätze schlichtweg »aufgehoben« schienen und fruchtbare politische Lösungen im Grunde nicht mehr möglich waren. Allzuoft wurde durch diese Furcht vor den Konsequenzen der eigenen Anschauung die »Gunst des Augenblicks« verspielt. Anders Bismarck. Auch er lehnte jede »Einförmigkeit« politischen Handelns ab,[13] auch ihm boten sich, wie Friedrich Wilhelm IV., bei einer sachgerechten Analyse der internationalen Lage immer mehrere Wege zur Erlangung des angestrebten Zieles. Aber im Unterschied zu Friedrich Wilhelm hütete er sich davor, seine Überlegungen in eine Vielfalt vager und zuletzt dann doch unausgeführt bleibender Denkmöglichkeiten zu zersplittern, sondern fand – nach sorgfaltiger Abwägung der eigenen Machtmittel wie auch der sich bietenden Risiken, und in pragmatischer Einschätzung des jeweils Erreichbaren – die Kraft, das für richtig gehaltene Konzept konsequent zu verwirklichen. Orientiert an den Gegebenheiten der staatlichen Realität und jederzeit bereit, der sich wandelnden tagespolitischen Situation Rechnung zu tragen, stand seine Haltung in fundamentalem Gegensatz zu derjenigen Friedrich Wilhelms IV., dessen gesamtes Denken und Handeln in seiner Ausrichtung auf ideologisch fixierte Idealbilder von einer letztlich eher unpolitischen Grundeinstellung geprägt wurden.

Bismarck selbst hat diese Differenzen vollauf erkannt und die komplizierte Seelen- und Persönlichkeitsstruktur des Monarchen rückschauend resümiert und im wesentlichen zutreffend charakterisiert: Willensschwach und unentschlossen,[14] ohne Widerstandskraft und Energie,[15] weich, skrupulös und sentimental,[16] schien er ihm »durch Abneigung gegen klare und feste Entschlüsse in der praktischen Betätigung gehemmt ... und seine reiche Phantasie war flügellahm, sobald sie sich auf dem Gebiete praktischer Entschlüsse geltend machen sollte«.[17]

Diese mit seinen eigenen Maximen unvereinbaren Wesenszüge machten es Bismarck schwer, den zwischen 1853 und 1857 mehrfach erwogenen Plänen des Königs, ihn mit einem Ministerposten zu betrauen,[18] anders als skeptisch und distanziert zu begegnen. Bei des Herrschers »selbstherrlichen Anwandlungen mit oft jähem Wechsel der Ansichten, bei der Unregelmäßigkeit in Geschäften und bei der Zugänglichkeit für unberufene Hintertreppen-Einflüsse von politischen Intriguanten«[19] hätte er es in der unmittelbaren königlichen Umgebung »nicht acht Tage lang« ausgehalten.[20] So blieb er auf wichtigem diplomatischem Posten im Dienst des Monarchen, ohne täglich in seiner Nähe weilen zu müssen. Sein Amt als preußischer Bundestagsgesandter in Frankfurt enthob beide Seiten ab Mai 1851 der Schwierigkeit, sich dauernd aufeinander einzustellen. Die gelegentlichen Unterredungen, die zwischen dem König und seinem Gesandten bei dessen Berliner Aufenthalten stattfanden – Bismarck berichtete darüber vor allem in Briefen an seine Frau[21] – scheinen in sachlicher und routinemäßiger Atmosphäre verlaufen zu sein. Letztmalig ist Bismarck, nun schon in seiner Eigenschaft als preußischer Gesandter in Petersburg, dem geistig bereits umnachteten Monarchen am 15. Oktober 1859 begegnet – auf den Tag genau neunzehn Jahre, nachdem er ihn anläßlich der Berliner Erbhuldigung 1840 zum ersten Mal aus der Ferne gesehen hatte. Auch bei diesem letzten persönlichen Kontakt traf Bismarck nicht mit seinem Landesherrn zusammen: Er erblickte ihn nur »von weitem« auf der Terrasse von Sanssouci.[22] So spiegelt sich in den äußeren Umständen der ersten und letzten Begegnung Bismarcks mit Friedrich Wilhelm IV. noch einmal symbolhaft jene innere Distanz, die zwischen beiden, auch in den Zeiten enger politischer Zusammenarbeit, stets bestanden hat, und deren charakteristische Eigentümlichkeit im folgenden anhand ausgewählter Gesichtspunkte aus den Bereichen der inneren und äußeren Politik näher ins Auge zu fassen ist.

II.

In den 1840er und 1850er Jahren zeigte Bismarcks Grundeinstellung zu innenpolitischen Fragen starke Übereinstimmungen mit der Haltung Friedrich Wilhelms IV. Beider Denken wurzelte damals in jenem Ideenkomplex, den man verallgemeinernd als »christlich-germanische Staatslehre« zu bezeichnen pflegt, der sich bei genauerem Zusehen jedoch als ein Konglomerat höchst verschiedenartiger Gedankengänge erweist, welche keineswegs ein einheitliches und in sich geschlossenes »System« bilden. Gemeinsam freilich war allen Repräsentanten dieser Richtung das Bekenntnis zur christlich-religiösen Grundierung staatlichen Lebens. Dieses Bekenntnis manifestierte sich im Festhalten am Königtum von Gottes Gnaden sowie am Verständnis der Obrigkeit als Institution von metaphysischer Qualität und fand im Streben nach Aufrechterhaltung der überlieferten, »gottgewollten« Ständeordnung seinen konkreten Ausdruck. Abzulehnen waren nach christlich-germanischer Sichtweise sowohl das konstitutionelle Regierungssystem als auch jegliche zentralisierenden und nivellierenden Tendenzen in Staat und Verwaltung, die als eine Bedrohung der gestuften Mannigfaltigkeit historisch gewachsener Sozialstrukturen erschienen.

Bismarck stand damals, zumindest äußerlich, ganz im Bann dieser christlich-germanischen Staatsauffassung, deren Hauptvertreter in Preußen Friedrich Julius Stahl, Ernst Ludwig von Gerlach und Friedrich Wilhelm IV. selbst gewesen sind.[23] Nicht nur in seinen beiden berühmten Reden über den christlichen Staat[24] und über die Zivilehe,[25] sondern auch in weniger bekannten, teilweise an entlegenerem Ort geführten Parlamentsdebatten und Gesprächen sowie in zahlreichen Briefen Bismarcks aus jener Zeit lassen sich die Grundgedanken dieser Richtung unschwer wiederfinden: Die Kritik an der unifizierenden Regierungspraxis des fürstlichen Absolutismus mit seinem Streben nach Einebnung regionaler und sozialer Eigenarten;[26]

Ernst Ludwig von Gerlach (1795-1877), preußischer Politiker und Jurist.
Foto: Karl-Heinz Noack, Berlin

die Gegnerschaft zu einer in mechanischen Handlungsformen erstarrten Bürokratie, deren »abstrakte« Entscheidungen den Gang der Staatsgeschäfte weitgehend lähmten;[27] der Kampf gegen jede »gemachte«, dem Gedanken der Volkssouveränität verpflichtete Verfassung, welche das Prinzip der »organischen Anknüpfung an den ... bestehenden Rechtszustand« verletzte[28] und als ein »Stück Papier«[29] die lebendige Wechselwirkung zwischen König und Volk vernichtete; das Bekenntnis zu einem starken, unabhängigen Königtum von Gottes Gnaden, dem es frei stand, aus eigener Machtfülle einen Teil seiner Rechte an das Volk abzutreten[30] – alle diese von Bismarck seinerzeit vertretenen Ansichten entstammten ausnahmslos der Ideenwelt des christlich-germanischen Kreises und waren als solche ganz nach des Königs Geschmack.

Und doch erweisen sich die diesbezüglichen Haltungen Bismarcks und Friedrich Wilhelms IV. bei aller äußeren Übereinstimmung keineswegs als deckungsgleich. Das hat bereits Friedrich Meinecke erkannt,[31] ohne jedoch die Differenzen im einzelnen näher zu skizzieren. Sie sind erst bei genauerem Hinsehen greifbar.

Bismarck verteidigte wie Friedrich Wilhelm IV. den monarchischen Ständestaat mit seiner hierarchisch gestuften Sozialgliederung und seinen lokalen Zwischengewalten als Kernstück »christlich-germanischer« Gesinnung. Während nun aber Friedrich Wilhelm IV. die patriarchalische Ständeordnung in ein harmonisch verklärendes Licht rückte und dabei vor allem den Dualismus von Fürst und Ständen zur Idylle eines paritätischen Interessenausgleichs zwischen monarchischer Gewalt und ständischen Freiheitsrechten idealisierte, verband Bismarck mit seinem Plädoyer für die altständische Gesellschaftsordnung urwüchsige und handfeste Eigeninteressen, die sich auch gegen Macht und Autorität der Krone selbst richten konnten. Bereits sein Eintreten für die gutsherrliche Patrimonialgerichtsbarkeit seit Anfang 1846 zeigte ihn als unsentimentalen Verfechter ritterschaftlicher Privilegien.[32] Er plädierte hier nicht nur für eine die örtlichen Gegebenheiten sinnvoll berücksichtigende Rechtssprechung »guten alten Stils« im allgemeinen. Sein Ziel war vielmehr standes- und interessenspezifisch durchaus eingeschränkt: Entfernung aller staatlichen Richter aus der nebenamtlichen Verwaltung patrimonialer Stellen und Besetzung des patrimonialrichterlichen Amtes ausschließlich mit Angehörigen der ritterschaftlichen Korporationen. Dieses Bestreben, durch eine Stärkung der ständischen Selbstverwaltungsorgane die feudalen Sonderrechte und Eigenvorteile des Adels gegenüber den staatlichen Verwaltungseinrichtungen zu behaupten, war von einer prinzipiell anderen Qualität als das von Friedrich Wilhelm IV. vertretene Idealbild ständisch-monarchischen Zusammenwirkens, wie er es beispielhaft anläßlich einer Audienz für die Deputierten des ostpreußischen Provinziallandtages im September 1840 formuliert hat: »Ich will eine ständische Verfassung, die nach dem Bedürfnisse und der zeitgemäßen Entwickelung ihrer weiteren Ausbildung entgegenreift. Ich will ohne Stände gar nicht regieren; denn unter ihrer Mitwirkung kann ich nur das Glück meines Volkes fördern, und wie dieses das innigste Streben Meines Herzens ist, so liegt darin auch die zweckdienliche, weitere Entwickelung und Ausführung des ständischen Lebens.«[33] Die Einsicht, daß die oft sehr robusten, *gegen* den monarchischen Beamtenstaat gerichteten Bestrebungen feudalständischer Kreise, wie sie etwa auf der Tagung des »Junkerparlaments« (18. und 19. August 1848) oder im »Verein zur Wahrung der Interessen des Grundbesitzes« (Ernst von Bülow-Cummerow) zum Ausdruck kamen, diesem Idealbild keineswegs entsprachen, verschloß sich dem Blick des Königs. Dabei hätten ihn bereits die Auseinandersetzungen zwischen Hardenberg und dem kurmärkischen Adel in den Jahren nach 1815, an denen er damals selbst beteiligt war, eines Besseren belehren können.

Eine ähnlich zweckrationale, an der Verteidigung materieller Vorrechte des »Junkertums« orientierte Argumentation vertrat Bismarck in den von ihm 1848 verfaßten Kreuzzeitungs-Artikeln[34] und vor allem in seinen parlamentarischen Redebeiträgen zu den damals aktuellen Problemen der Sozial- und Agrarpolitik. In der Frage der Einführung einer – seiner Ansicht nach ungerechten – Besteuerung des Grundbesitzes etwa,[35] oder bei der Kontoverse über die vorgesehene Befreiung der Bauern von den Reallasten gegenüber ihrer Gutsherrschaft[36] trieb ihn die Sorge um das gutsherrliche Eigentum an Grund und Boden zum Widerstand gegen die Gesetzesentwürfe der Regierung, welche »das Vermögen bestimmter Klassen der Staatsbürger als ein nicht nur wünschenswertes, sondern auch erreichbares Objekt der revolutionären Begehrlichkeit« darstellten.[37] Und auch in seiner Rede zur Rechtfertigung des Zunftzwanges am 19. Oktober 1849 im preußischen Abgeordnetenhaus – die Zunftbindung erschien ihm als »die erste Bedingung, welche nötig ist, um eine auf Handwerkerehre gegründete kräftige Korporation hervorzubringen«[38] – war er ganz an pragmatischen Gesichtspunkten orientiert: Sicherheit des Einzelnen vor Verarmung, gründlichere Ausbildung der Handwerker, solidere Qualität der produzierten Waren, Möglichkeit zu intensiver Nutzung des innungseigenen Betriebskapitals – alle diese für Beibehaltung des Zunftzwanges ins Feld geführten Argumente waren auf die praktischen Vorzüge der überlieferten Sozialverfassung bezogen und weit davon entfernt, die korporative Gesellschaftsgliederung zu einem überzeitlichen Idealbild zu stilisieren. Die Zunft- und Ständeordnung galt Bismarck primär als ein politisch-administrativer Zweckverband zur Durchsetzung materieller Standesinteressen. Friedrich Wilhelm IV. dagegen sah im Ständewesen nicht nur eine zeitlich und räumlich begrenzte Form staatlicher Ordnung, sondern eine allen anderen politischen Organisationsweisen prinzipiell überlegene, weltanschaulich überhöhte Lebensweise von absoluter Gültigkeit. Die Ausrichtung auf die »ideellen« Werte ständischen Lebens versperrte ihm die von Bismarck genutzte Möglichkeit, Gedanken der »christlich-germanischen« Lehre als schlagkräftige Argumente in die aktuelle tagespolitische Auseinandersetzung einzubringen.

III.

In Fragen und Problemen der inneren Politik sind also erhebliche Differenzen zwischen Bismarck und Friedrich Wilhelm IV. zu beobachten, deren Eigentümlichkeit darin besteht, daß bei verwandter Grundüberzeugung die Verschiedenartigkeit der hinter dieser Überzeugung stehenden »Haltungen« letztlich doch zu einer unterschiedlichen politischen Konzeption führte.

Lassen sich diese »Strukturgegensätze« zwischen einer realistisch-praktischen und einer »idealistischen« Einstellung, die das Zeitalter Bismarcks von der Epoche Friedrich Wilhelms IV. trennen, auch auf dem Gebiet der Deutschlandpolitik nachweisen? Anders als im Falle der skizzierten innen- und verfassungspolitischen Problembereiche zeigt Bismarcks Grundhaltung hier zunächst keine Übereinstimmung mit den Positionen des Königs.

Friedrich Wilhelm IV. hat, genährt vom »vaterländischen« Erlebnis des Befreiungskampfes gegen Napoleon I., die deutsche Sache stets als »Herzensangelegenheit« empfunden – als »heilige Losung ..., die mein Gemüt seit 50 Jahren mit den Schauern der Begeisterung durchbohrt.«[39] Diese »Begeisterung« für nationale Belange erwies sich zeitlebens als handlungs- und entscheidungsprägender Faktor seiner Politik. Vom Zeitpunkt der Thronbesteigung an bis zum Eintritt der Regierungsunfähigkeit maß er dem Vorstellungskomplex »Deutschland« einen derart hohen Rang zu, daß er bereit war, preußische Machtinteressen dem Ziel eines nationalen Zusammenschlusses oder zumindest einer Straffung der Organisationsstruktur des Deutschen Bundes unterzuordnen. Praktisch bedeutete dies eine weitgehende Anerkennung des österreichischen »Vorzugsrechts« in der Leitung der Bundesangelegenheiten. Jegliches nationale Engagement sollte nur im Zusammenwirken mit der österreichischen »Brudermacht« erfolgen, deren Suprematie sich Friedrich Wilhelm IV. nicht primär aus Gründen machtpolitischer Einsicht, sondern infolge historischer Reminiszenzen unterzuordnen geneigt zeigte. Das verklärte Bild des durch habsburgische Kaiserherrschaft zu Macht und Ansehen gelangten Heiligen Römischen Reiches führte ihn zu der immer wieder offen bekundeten Bereitschaft, »mit Freuden ... das silberne Waschbecken dem [österreichischen] Kaiser bei seiner Krönung« zu halten.[40] Habsburgs Kaisertum war für Friedrich Wilhelm IV. eine geradezu mystische Größe, die sein Idealbild einer gesamtdeutschen Staatsordnung und seine im Grunde unpolitische Fiktion eines harmonischen und paritätischen Interessenarrangements der beiden deutschen Führungsmächte wesentlich konstituierte und jeden Gedanken an eine Abkehr von Österreich zumindest bis 1854 kategorisch ausschloß.

Bismarck hat diese Prämissen der deutschen Politik seines Königs nicht zu teilen vermocht und den »latenten deutschen Gedanken«[41] Friedrich Wilhelms IV. – er meinte damit sowohl dessen Nachgiebigkeit gegenüber Österreich als auch seine Rücksichtnahme auf die liberal-nationale Volksmeinung[42] – für die Mißerfolge der preußischen Politik nach 1848 verantwortlich gemacht. Aufs Ganze gesehen maß er dem Prinzip der Nationalität, zumindest damals, eine untergeordnete Bedeutung bei[43] und konnte sich in dieser Sichtweise einig wissen mit den meisten anderen Repräsentanten des vormärzlichen Konservativismus, etwa mit Haller, Stahl, den Brüdern Gerlach, mit Metternich oder Nikolaus I., die alle – im Unterschied zu Friedrich Wilhelm IV. – gegenüber nationalen Belangen auf Grund deren vermeintlicher Nähe zu liberalen und revolutionären Strömungen eine deutlich distanzierte Haltung einnahmen. Auch für Bismarck war die Idee der Einheit Deutschlands nur soweit von Wert, wie sie sich mit dem Gedanken einer Machtsteigerung *Preußens* verband. »Sicherung und Erhöhung der preußischen Macht«[44] – das war die Maxime, der sich nach Bismarck alles politische Handeln einzufügen hatte, und die in dem von Friedrich Wilhelm IV. gehüteten Ideal gesamtdeutscher Einheit ein zwar schönes, aber unerfüllbares Traumbild erblicken mußte.

Aus dieser Einstellung heraus lehnte Bismarck nicht nur die Frankfurter Reichsverfassung ab,[45] sondern verwarf auch den Unionsverfassungs-Entwurf vom 28. Mai 1849. Dieser enge – so Bismarcks Erläuterungen im preußischen Abgeordnetenhaus[46] und im Erfurter Unionsparlament[47] – die Macht der preußischen Krone, des preußischen Ministeriums und der preußischen Kammern gegenüber den Klein- und Mittelstaaten in einer nicht zu verantwortenden Weise ein, mindere Preußens Bewegungsfreiheit und zerstöre damit zugleich den stärksten Pfeiler deutscher Größe. Preußen durfte nicht die Kosten für Deutschlands Einigung tragen. Im Gegenteil! Nationale Einheit und preußischer Machtzuwachs waren für Bismarck komplementäre Größen. Nur ein politisch und militärisch starkes, in Nord- und Mitteldeutschland als Hegemonialmacht stabilisiertes Preußen konnte dauerhaft zur Gesundung Deutschlands beitragen, nur eine Politik, die dem preußischen Staat eine seiner inneren Kraft angemessene Stellung im Rahmen der deutschen Staatenwelt einräumte, vermochte »Deutschland zu der Macht zu helfen, die ihm in Europa gebührt.«[48]

Dem von Friedrich Wilhelm IV. immer wieder offen bekundeten Verzicht auf eine Führungsrolle Preußens in Deutschland zugunsten österreichischer »Vorzugsrechte« konnte Bismarck daher nur mit größter Skepsis begegnen. Daß »der König über historische Formfragen und reichsgeschichtliche Erinnerungen die Gelegenheiten zu praktischem Eingreifen in die Entwicklung der Gegenwart versäumte«,[49] hat Bismarck dann auch mehr als einmal bitter beklagt und die nationale Politik Preußens zwischen 1848 und 1862 rückschauend mit dem »kläglichen« Zeitraum von 1786 bis 1806 verglichen, in dem das Land durch eine Ansammlung versäumter Gelegenheiten, ungenutzter Chancen und ängstlich-planloser Passivität seinen Kredit in Deutschland und Europa verspielt hatte.[50] Als Grundübel der Deutschlandpolitik Friedrich Wilhelms IV. in den verschiedenen Phasen ihrer Entwicklung erschien Bismarck jener die Grenzen der Selbstverleugnung streifende »Edelmuth«,[51] mit welchem der König sowohl dem Souveränitätswillen der Kleinfürsten als auch den Machtansprüchen Österreichs Rechnung zu tragen gewillt war, der ihm aber keineswegs gedankt, sondern »nur benutzt und ausgebeutet« wurde.[52] Nachteile für die preußische Politik fürchtete er – so Bismarck in einem Privatschreiben an Ministerpräsident Otto von Manteuffel vom 25. April 1854 – »eher von der großmüthigen Gesinnung Sr Majestät gegen einen Bundesgenossen, der in dieser Beziehung so wenig Reciprocität gewährt, als von den äußern Ereignissen«.[53] Und tatsächlich setzte Friedrich Wilhelm IV. bei seinen Mitfürsten eine idealistische Gesinnung voraus, die ihn selbst auf jede ehrgeizige Verfolgung preußischer Eigeninteressen zugunsten gesamtdeutscher Ideale verzichten ließ, der nachzueifern die österreichische Staatsführung jedoch weder unter Metternich noch unter Schwarzenberg oder gar unter Buol ernsthaft bereit war.

Nun wäre es bei alledem verfehlt, der politischen Überzeugung Bismarcks in den 1850er Jahren eine kompromißlos anti-österreichische, zum Waffengang mit dem Habsburgerstaat bereits fest entschlossene Haltung zu unterstellen. Diesem Irrtum ist vor allem die ältere Forschung um Friedjung, Brandenburg und Meyer erlegen.[54] Zwar hat Bismarck im Laufe seiner Tätigkeit als preußischer Bundestagsgesandter in Frankfurt rasch erkannt, mit welcher »Perfidie und Unzuverlässigkeit für Bundesgenossen«[55] Österreich dort versuchte, die Kräfte des Hohenzollernstaates seinen eigenen Zwecken dienstbar zu machen, ohne dabei dem preußischen Wunsch nach paritätischer Führung der Bundesangelegenheiten auch nur ansatzweise entgegenzukommen.[56] An Unmutsäußerungen über die österreichischen Winkelzüge und an Bekundungen fester Kampfesbereitschaft aus Bismarcks Feder mangelte es in jenen Jahren nicht.[57] Doch kann es seit den Arbeiten von Stadelmann, Mombauer, Becker, Lipgens, Hillgruber, Kaernbach und Kolb als erwiesen gelten,[58] daß keineswegs die konsequent betriebene Verdrängung Österreichs aus Deutschland, sondern lediglich die Anerkennung Preußens als einer Österreich gegenüber gleichberechtigten deutschen Großmacht das Ziel der Bismarckschen Politik jener Jahre gewesen ist. Zur Erlangung dieses Zieles standen *zwei* mögliche Vorgehensweisen zur Wahl: entweder ein friedliches Zusammenwirken mit Österreich auf der Basis paritätischer Leitung der Bundespolitik durch Zweiteilung Deutschlands in eine preußische bzw. österreichische Einflußsphäre – oder eine militärische Auseinandersetzung mit dem Habsburgerstaat um die politische Vorherrschaft in Deutschland. Beide Möglichkeiten, den friedlichen wie den kriegerischen Weg, hat Bismarck nicht nur während der Regierungszeit Friedrich Wilhelms IV., sondern noch bis zum Vorabend der großen Auseinandersetzung von 1866 immer wieder nebeneinander erwogen und sich die endgültige Entscheidung über »Frieden« oder »Krieg« offengehalten.[59] Deshalb auch bildet die offensive Politik Bismarcks gegenüber Österreich in den späten 1850er Jahren *keinen* Bruch zu seiner am Beginn des Jahrzehnts vertretenen Position, die ihn – vor allem in der Olmütz-Rede vom 3. Dezember 1850 – als Verteidiger der austrophilen Politik Preußens an die Seite des hochkonservativen Kreises um Friedrich Wilhelm IV. geführt hatte.[60] Damals hatte die preußische Staatsleitung, indem sie die Verständigung mit Österreich einer kriegerischen Verwicklung vorzog und auf die Nationaleinheit vorläufig verzichtete, den Gegebenheiten der preußischen Machtstellung entsprechend gehandelt und die erste der beiden von Bismarck in Betracht gezogenen Verhaltensweisen gewählt: den Weg friedlichen Ausgleichs. Daß auch das entgegengesetzte Vorgehen – Krieg und Kampf zwecks Gründung des kleindeutschen Nationalstaates – unter günstigeren, den preußischen Machtinteressen dienlicheren Umständen durchaus denkbar und nur temporär, nicht aber prinzipiell ausgeschlossen schien, hätten aufmerksame Beobachter bereits aus Bismarcks frühem Briefwechsel mit Leopold von Gerlach herauslesen können.[61]

Leopold von Gerlach (1790-1861), Generaladjutant Friedrich Wilhelms IV. bpk, Berlin

Die Wege der deutschen Politik Bismarcks und Friedrich Wilhelms IV., die anfangs in eine diametral entgegenlaufende Richtung zu führen schienen, haben sich – unter dem Blickwinkel der »zweigliedrigen«, ein Zusammenwirken mit Österreich niemals ganz ausschließenden Haltung Bismarcks – bis zu einem gewissen Grade aufeinander zubewegt. Der Näherungsgrad wird um so intensiver, je schärfer man die von der Forschung bisher nicht ausreichend beachtete Entwicklung der preußisch-österreichischen Beziehungen in den letzten Herrschaftsjahren Friedrich Wilhelms IV. ins Auge faßt. Der König hat sich nämlich gegen Ende seiner Regierungszeit – allen bis dahin vertretenen Überzeugungen zum Trotz – mit dem Gedanken einer Abkehr vom Habsburgerreich getragen und eine offensiv militärische Lösung des preußisch-österreichischen Dualismus im Sinne Bismarcks zumindest vom Denkansatz her nicht mehr ausgeschlossen. Seitdem Österreich – in ausdrücklichem Widerspruch zu den Bestimmungen des preußisch-österreichischen Schutz- und Trutzbündnisses vom 20. April 1854, nach denen keiner der beiden Vertragspartner ohne Zustimmung des anderen Separatabmachungen mit dritten Staaten treffen durfte[62] – am 2. Dezember 1854 einen Kontrakt mit den Westmächten über den Beitritt zur anti-russischen Allianz geschlossen hatte, empfand Friedrich Wilhelm IV. die Kluft zwischen beiden Ländern in ihrer ganzen Tiefe und hegte, enttäuscht und verbittert über »Österreichs Verrath«,[63] zunehmend Zweifel an der Realisierbarkeit seines Ideals gesamtdeutscher Interessenharmonie. Die Klagen über das unaufrichtige Doppelspiel und die skrupellos-intriganten Methoden der österreichischen Politik bildeten seit 1854 einen festen Bestandteil seiner privaten und amtlichen Korrespondenz und bezeugen, daß er an den erhofften, friedlich-fairen Ausgleich mit Österreich ernsthaft nicht mehr gedacht hat. Die liebgewonnenen Wunschträume gänzlich abzustreifen und ein gewaltsames Hinausdrängen des Habsburgerstaates aus dem Deutschen Bund entschlossen zu betreiben – diese Konsequenzen aus seiner veränderten Einstellung vermochte Friedrich Wilhelm IV. dann aber doch nicht zu ziehen. Und während Bismarck beide Möglichkeiten – das friedliche Arrangement *und* den militärischen Waffengang mit Österreich – als gleichberechtigte und je nach den sich bietenden Umständen einzuschlagende Wegrichtungen preußischer Deutschlandpolitik nebeneinander abwog, war der »späte« Friedrich Wilhelm zu solch »zweigliedrigen« Erwägungen nur theoretisch bzw. rhetorisch bereit.[64] In der Praxis stand für ihn ein Krieg mit dem Haus Habsburg auch nach 1854 weiterhin außerhalb seines Handlungsvermögens, weil der Kaiserstaat ihm nicht als ein europäisches Land wie jedes andere galt, sondern als eine »aus tugendhafter Sentimentalität«[65] verklärte »Brudermacht«, der gegenüber Preußen »ein Andres, ein höheres, ... ein heiliges« Verhältnis einzunehmen habe: »Das ist stets und immer mein letztes Wort.«[66]

IV.

Diese haltungs- und gesinnungsmäßigen Differenzen zwischen Bismarck und Friedrich Wilhelm IV. in der deutschen Frage verweisen bereits auf ihre unterschiedliche Grundeinstellung zu prinzipiellen Problemen der großen, internationalen Politik. Es ist bekannt, daß Bismarck in brieflicher Auseinandersetzung mit seinem alten Mentor Leopold von Gerlach vor allem im Mai 1857 seine vom hochkonservativen Verständnis abweichende Anschauung über Sinn und Form außenpolitischen Handelns entfaltet hat, und daß sich in Gerlach und Bismarck jene beiden Politik-Auffassungen gegenüberstehen, »die an der Schwelle der neuen Zeit miteinander rangen«.[67] Nicht abstrakte Ideale und Doktrinen, nicht starre Normen, Dogmen oder Lehrsätze, sondern allein die vorurteilslos zu betrachtenden Gegebenheiten staatlicher Realität sollten – so Bismarck in Frontstellung zum hochkonservativen Prinzipiendenken Gerlachs – den Maßstab staatsmännischen Handelns bieten, welches sich, der wechselnden politischen Lage entsprechend, ganz nach den Interessen des eigenen Landes richten mußte. Schon in der Olmütz-Rede vom 3. Dezember 1850 hatte Bismarck sich zu diesem Prinzip der »Realpolitik«[68] bekannt: »Die einzige gesunde Grundlage eines großen Staates, und dadurch unterscheidet er sich wesentlich von einem kleinen Staate, ist der staatliche Egoismus und nicht die Romantik, und es ist eines großen Staates nicht würdig, für eine Sache zu streiten, die nicht seinem eigenen Interesse angehört.«[69] Diese Worte, von Bismarck seinerzeit zur Rechtfertigung der pro-österreichischen »Prinzipienpolitik« des Gerlach-Kreises gesprochen, enthielten – so paradox dies klingen mag – bereits alle Keime seiner späteren Argumentation *gegen* das prinzipiengebundene Handeln der preußischen Hochkonservativen um Gerlach, Stahl und Friedrich Wilhelm IV. Denn Bismarck verteidigte hier die Politik einer Aussöhnung mit Österreich gerade *nicht* wegen ihres prinzipiengebundenen

Verharrens auf dem strikten Grundsatz gesamtdeutscher Interessensolidarität, sondern deshalb, weil eine Politik preußisch-österreichischer Verständigung in der damaligen Situation die den preußischen Staatsinteressen einzig angemessene war, weil eine Haltung, die sich am »Gegebenen« und politisch »Machbaren« orientieren wollte, den Weg des Nachgebens gegenüber Österreich wählen *mußte* – kurz: weil sich »Prinzip« und »Realität« in diesem konkreten Fall – man könnte fast sagen: ausnahmsweise – einmal deckten.

Friedrich Wilhelm IV. trat den Problemen der internationalen Politik mit einer gänzlich anderen Grundeinstellung entgegen. Sein Ideal war »nicht eine Politik der wechselnden Interessen, nicht die Politik der Selbstsucht, sondern die Politik des Grundsatzes«.[70] Die diplomatischen Beziehungen der europäischen Staaten und Regierungen sollten sich, gemäß der vom religiösen Universalismus der Romantik geprägten Leitkonzeption Friedrich Wilhelms IV., primär dem Prinzip antirevolutionärer Solidarität aller legitimen Obrigkeiten verpflichtet fühlen. Zugunsten dieses »höheren Prinzips« war Friedrich Wilhelm IV. bereit, die Machtinteressen des eigenen Staates zurückzustellen und auf den Anspruch »einer sogenannten glorreichen Regierung, ... die mit Geschützesdonner und Posaunenton die Nachwelt ruhmvoll erfüllt«,[71] bewußt zu verzichten. Demgemäß machte er seine Stellungnahme zu den einzelnen europäischen Mächten entscheidend davon abhängig, ob die innenpolitische Struktur des jeweiligen Landes mit seinem eigenen Ideal einer monarchisch-konservativen Rechts- und Lebensordnung übereinstimmte. Ein »realistisches«, die tagespolitischen Gegebenheiten berücksichtigendes und daher stets neue Einstellungen erforderndes Handeln schloß eine solch »idealistische« Sichtweise aus.

Bismarck hat diese Ansicht entschieden bekämpft. Er lehnte es ab, sich für die Stützung wankender Throne überall in Europa verantwortlich zu fühlen und in der Art Friedrich Wilhelms IV. ideologische Postulate zum Maßstab außenpolitischen Handelns zu erheben. Die inneren Zustände anderer Länder spielten für die Politik Preußens diesen Ländern gegenüber nicht die geringste Rolle. Was zählte, war vielmehr die Frage, »welche Gestaltung des Auslandes die günstigste sei für die Machtstellung und Sicherheit der Krone *Preußens*«.[72] Nur innerhalb der eigenen Grenzen hatte sich die preußische Staatsleitung für Recht und Ordnung verantwortlich zu fühlen. Denn auswärtige Politik war für Bismarck eben *keine* Fortsetzung des weltanschaulichen Kampfes zwischen legitimen Obrigkeiten und revolutionären Umsturzbewegungen, sondern ein Ringen der Staaten untereinander um Einfluß, Größe und Erweiterung des eigenen Machtbereiches. Daß die im Konzeptionellen voneinander abweichenden außenpolitischen Grundhaltungen Bismarcks und Friedrich Wilhelms IV. in Einzelfragen durchaus auch Übereinstimmungen zuließen, zeigt ihr gemeinsames Eintreten für die preußische Neutralität im Krimkrieg.[73] Beide strebten danach, Preußens Stellung als vermittelnde Größe zwischen den kriegführenden Parteien zu stabilisieren, beide sahen in der Behauptung eines von den Westmächten wie von Rußland gleichermaßen unabhängigen Kurses die einzige Möglichkeit, das preußische Staatsschiff wohlbehalten an den Klippen kriegerischer und damit existenzbedrohender Verwicklungen vorbeizumanövrieren. Beide verfolgten das gleiche Ziel jedoch aus völlig unterschiedlichen Motiven. Während nämlich Friedrich Wilhelm IV. das Streben nach »Bluterspamiß« seiner »herzigen und treuen Landeskinder«[74] und das damit verbundene Werben um Frieden und Versöhnung zwischen den Völkern und Nationen Europas als persönliches Anliegen und als eine von christlichem Verantwortungsgefühl getragene, prinzipiell bindende Verpflichtung empfand, verteidigte Bismarck, dem pragmatischen Charakter seiner »Realpolitik« entsprechend, die Neutralität Preußens im Krimkrieg zunächst und vor allem aus praktischen Erwägungen und aus Gründen des preußischen Staatsinteresses. Eine neutrale Haltung schien ihm der unter den gegebenen Umständen angemessene, jedoch keineswegs allein zu erwägende und stets gleichbleibend zu wahrende Weg preußischer Politik. Bei einer veränderten Mächtekonstellation konnten auch ganz andere bündnispolitische Bindungen und Festlegungen in Betracht kommen. Maßgeblich war allein die für den eigenen Staat günstigste »Lage«.

Einer solchen Sichtweise entsprechend, blieb auch Bismarcks Bindung an die Institution der Monarchie ganz auf Preußen und sein angestammtes Herrscherhaus beschränkt. Dem Gottesgnadentum fremder Fürsten stand Bismarck relativ gleichgültig gegenüber. Seine Drohungen, die deutsche Nationaleinheit im August 1866 durch Entfesselung eines revolutionären Volkskrieges herbeizuführen;[75] die kurz darauf betriebene Depossedierung der Regenten von Hannover, Kurhessen und Nassau; seine Kontakte mit Napoleon III., den er als faktischen Herrscher Frankreichs seit seinen Paris-Aufenthalten von 1855 und 1857 genauso in das außenpolitische Kalkül einbezog wie einen »legitimen« Monarchen; sein Widerstand gegen die Restauration der Bourbonen-Monarchie in Frankreich nach 1870 mit dem Argument, ein französisches Königtum könne leichter Bündnispartner finden als die innerhalb Europas isolierte Republik[76] – alle diese Motive und Momente seines Denkens und Handelns zeugen davon, daß ihm ein abstrakter Legitimismus nach der Art Friedrich Wilhelms IV. fremd gewesen ist. Ihn leitete vielmehr die Empfindung einer rein persönlichen Treuebindung an die Dynastie,[77] welche ihn die Rechte seines Königs nicht nur gegenüber anderen Staaten, sondern auch – wie etwa in der Herrenhausfrage 1852 – gegenüber den Interessen der eigenen konservativen Fraktionskollegen im preußischen Abgeordnetenhaus verteidigen ließ.[78] Wenige Wochen vor dem Tod Friedrich Wilhelms IV. hat er die ihn leitende Auffassung in seinem bekannten Brief an Schleinitz apodiktisch formuliert: »In betreff der inneren preußischen Politik bin ich ... so konservativ, als mir mein Landes- und Lehnsherr irgend gestattet, und gehe grundsätzlich bis in die Vendée, ... auch für einen König, dessen Politik mir nicht gefiele; aber nur für *meinen* König. In Betreff der Zustände aller andern Länder aber erkenne ich keine Art prinzipieller Verbindlichkeit für die Politik eines Preußen an; ich betrachte sie lediglich nach Maßgabe ihrer Nützlichkeit für preußische Zwecke.«[79] Und so wie Bismarck jeden prinzipiellen Legitimismus mit Blick auf das Wohl Preußens verwarf, so waren für ihn auch alle anderen »überstaatlichen« Prinzipien nur dann von Bedeutung, wenn sie den spezifischen Interessen des eigenen Landes und seines Herrschers zu dienen vermochten;[80] die Bewegungsfreiheit des Hohenzollernstaates durften sie nicht einschränken.

V.

Mit alledem scheinen die unterschiedlichen Positionen im außenpolitischen Denken Bismarcks und Friedrich Wilhelms IV. markiert, Meinung und Gegen-Meinung deutlich voneinander abgegrenzt zu sein: Friedrich Wilhelm IV. strebte danach, die konservative Sache durch Aufrechterhaltung der Solidargemeinschaft aller legitimen Obrigkeiten zu fördern – also durch das Prinzip eines politischen Universalismus christlich-idealistischer Prägung. Bismarck strebte danach, die konservative Sache durch Stärkung der preußischen Monarchie zu fördern – also durch das Prinzip des souveränen, sein begrenztes Einzelinteresse wahrenden Machtstaates. Beide Prinzipien standen einander schroff gegenüber, beide schienen durch »Welten« voneinander getrennt. Und doch verwiesen sie – wie schon im Falle der innen- und deutschlandpolitischen Problemfelder – auf ein letztlich gemeinsames Ziel: auf die Wahrung und Verteidigung des überlieferten europäischen Staatensystems und der ihm zugrundeliegenden Wert- und Lebensordnung. Diesem seit dem 16. Jahrhundert bestehenden, auf Verständigung und Gleichgewicht beruhenden Staatensystem waren Bismarck und Friedrich Wilhelm IV. gleichermaßen verpflichtet. Nur bedienten sie sich verschiedener Mittel, um dieser Verpflichtung nachzukommen. Während Bismarck die miteinander konkurrierenden Interessen der europäischen Mächte gemäß den Lehren der klassischen Diplomatie und ihrer Kabinettspolitik durch Verträge und Koalitionen, Konferenzen und Kongresse in wohlausgewogener Balance zu erhalten strebte – sein Bündnissystem nach 1871 galt zu Recht als erfolgreiche Wiederaufnahme der Allianzpolitik alten Stils[81] –, wollte Friedrich Wilhelm IV. das Zusammenleben der Völker im Rahmen der europäischen Staatenordnung auf »universale«, übernationale Rechts- und Wertvorstellungen gründen und damit die Gleichgewichtsidee der vorausgegangenen Jahrhunderte durch eine Art kosmopolitischen Idealismus gleichsam moralisch überhöhen. Angesichts jenes fundamentalen Bruches, den die politisch-militärische Führung in Deutschland – und nicht nur dort – nach 1890 mit den Traditionen des europäischen Gleichgewichtsdenkens vollzog,[82] erscheinen die Sichtweisen Bismarcks und Friedrich Wilhelms IV. nur graduell, nicht prinzipiell verschieden, sondern vielmehr – jenseits aller Differenzen im einzelnen – durch einen übergeordneten Kontinuitätszusammenhang miteinander verknüpft.

Ein auch nur oberflächlicher Vergleich ihrer beider Haltung mit der gänzlich andersgearteten Denkrichtung der dem Reichsgründer nachfolgenden Generation läßt diesen Wandel in seiner ganzen Tiefe erahnen. Was nämlich bei Bismarck und Friedrich Wilhelm IV. noch als unverrückbarer Bestandteil aller politischen Kombinationen und Kalkulationen gegolten hatte – der Respekt vor den Interessen anderer Großmächte sowie die Bereitschaft, nach Erlangung begrenzter Ziele durch eine Politik der Selbstbeschränkung jede Überspannung der europäischen Mächteordnung zu vermeiden –, geriet bei den Repräsentanten des »Neuen Kurses« zunehmend außer Sicht. Staatliches Handeln orientierte sich nun weder an »Idealen« noch an »Realitäten«, sondern vorwiegend an einer den einzelstaatlichen

Expansionsdrang verabsolutierenden »Weltmachtvision«, bei deren versuchter Realisierung das Bewußtsein von den Grenzen der Staatsräson ebenso verlorenging, wie die Einsicht, daß jede unvorsichtige Einzelbewegung den Gesamtorganismus des europäischen Staatensystems zerstören konnte. Bismarck und Friedrich Wilhelm IV. haben diese Einsicht noch besessen. Sie standen damit zusammen am Ende einer Epoche. Ihre gemeinsame Gegen-Welt war jener übersteigerte, von den Kräften des Nationalismus, Imperialismus und Militarismus getragene Machtstaatsgedanke »modernen« Stils, dessen bedenkenlose Idealisierung der Welt Alt-Europas 1914 zum Verhängnis wurde.

Anmerkungen

1 Eine weitgehend vollständige Auflistung aller bis 1965 erschienenen Titel bieten Karl Erich Born, Hansjoachim Henning und Willy Hertel (Hrsg.): Bismarck-Bibliographie. Quellen und Literatur zur Geschichte Bismarcks und seiner Zeit. Köln/Berlin 1966; vgl. zuletzt auch die fundierte Darstellung von *Hans Fenske*: Das Bismarckbild der Deutschen. In: Historische Mitteilungen 13 (2000), S. 94-141.

2 Dazu die beiden Sammelbände von Lothar Gall (Hrsg.): Das Bismarck-Problem in der Geschichtsschreibung nach 1945. Köln/Berlin 1971, und Hans Hallmann (Hrsg.): Revision des Bismarckbildes. Die Diskussion der deutschen Fachhistoriker 1945-1955. Darmstadt 1972.

3 Zur Einschätzung Friedrich Wilhelms IV. als »Romantiker« vgl. *Frank-Lothar Kroll:* Politische Romantik und romantische Politik bei Friedrich Wilhelm IV. In: Jahrbuch für die Geschichte Mittel- und Ostdeutschlands 36 (1987), S. 94-106; *ders.:* Friedrich Wilhelm IV. und das Staatsdenken der deutschen Romantik. Berlin 1990; *ders.*: Monarchie und Gottesgnadentum in Preußen 1840-1861 (1997). Wiederabgedruckt in: Ders.: Das geistige Preußen. Zur Ideengeschichte eines Staates. Paderborn / München / Wien / Zürich 2001, S. 55-74; *ders.*: Herrschaftslegitimierung durch Traditionsschöpfung. Der Beitrag der Hohenzollern zur Mittelalter-Rezeption im 19. Jahrhundert. In: Historische Zeitschrift 274 (2002), S. 61-85, bes. S. 66 ff.

4 Auch die jüngeren, großangelegten Gesamtdarstellungen von *Lothar Gall:* Bismarck. Der weiße Revolutionär. Berlin 1980, *Ernst Engelberg:* Bismarck. Urpreuße und Reichsgründer. Berlin 1985; *ders.:* Bismarck. Das Reich in der Mitte Europas. Berlin 1990, und *Otto Pflanze:* Bismarck. Der Reichsgründer. München 1997; *ders.:* Bismarck. Der Reichskanzler. München 1998, streifen das Thema nur am Rande; Gleiches gilt für die knappen, aber instruktiven Ausführungen von *Hans-Joachim Schoeps*: Bismarck über Zeitgenossen – Zeitgenossen über Bismarck. Berlin 1972, S. 21-24.

5 »Vorgestern waren wir bei unserem Freunde dem Könige, und wurde ich von den hohen Herrschaften sehr verzogen«; Bismarck an seine Braut, 22. Juni 1847; *Otto von Bismarck*: Die gesammelten Werke. Bde. 1-15. Berlin 1924-1935, hier Bd. 14/1, S. 96 (im folgenden abgekürzt zitiert als: GW mit Angabe der Bandzahl); vgl. auch Bismarcks Bericht über sein Zusammentreffen mit Friedrich Wilhelm IV. in Venedig, Ende September 1841, GW 15, S. 16 f.

6 Vgl. Bismarcks eigenen Bericht GW 15, S. 18-25; ferner *Max Lenz:* Bismarcks Plan einer Gegenrevolution im März 1848. Berlin 1930; *Gustav Adolf Rein:* Bismarcks gegenrevolutionäre Aktion in den Märztagen 1848. In: Die Welt als Geschichte 13 (1953), S. 24-62.

7 Bismarck im Zweiten Vereinigten Landtag, 2. April 1848, GW 10, S. 16.

8 Vgl. Bismarcks lebendige Schilderung GW 15, S. 34 f.

9 Bismarck an seine Frau, 19. September 1849, GW 14/1, S. 144.

10 Bismarck an seinen Bruder, 9. Dezember 1848, GW 14/1, S. 121.

11 In diesen Zusammenhang gehört auch jene vielzitierte Bemerkung, mit der Friedrich Wilhelm IV. den Namen Bismarcks kommentierte, als ihm die Brüder Gerlach im November 1848 eine Liste der für das Ministerium Brandenburg in Betracht kommenden Kandidaten vorlegten: »Nur zu gebrauchen, wenn das Bajonett schrankenlos waltet«; GW 15, S. 39, 618.

12 GW 15, S. 65; ähnlich ebd., S. 99.

13 Bismarck im Gespräch mit Heinrich Friedjung, 13. Juni 1890, GW 9, S. 50.

14 Vgl. GW 15, S. 37, 46, 49, 191, 231, 614.

15 Vgl. GW 15, S. 36, 614.

16 Vgl. GW 15, S. 33, 35, 614.

17 GW 15, S. 31, 191; in späteren Jahren hat Bismarck diese Charakterzüge des Königs weniger vorteilhaft kommentiert: »Man konnte ihn nicht bei einer Sache festhalten. Wenn man fest zugriff, blieb nur eine Hand von Schleim«; Bismarck im Gespräch mit Lucius von Ballhausen, 14. April 1872, GW 8, S. 33.

18 1853: GW 7, S. 26 (Bismarck im Gespräch mit Leopold von Gerlach, 26. Oktober 1853); 1854: GW 15, S. 103 f., 605, 618; 1856: GW 15, S. 127; 1857: GW 15, S. 128.

19 GW 15, S. 65.

20 Bismarck im Gespräch mit Robert von Keudell, 1857, GW 7, S. 33; ähnlich GW 15, S. 65, 79, 104, 127, 131, 605.

21 Vgl. GW 14/1, S. 119 (16. November 1848), S. 149 (Bismarck an seinen Bruder, 3. November 1849), S. 177 (21. Oktober 1850), S. 187 (7. Januar 1851), S. 196 (28. Februar 1851), S. 197 (5. März 1851), S. 209 (10. Mai 1851), S. 238 (23. August 1851).

22 Bismarck an seine Frau, 16. Oktober 1859, GW 14/1, S. 540.

23 Darüber zusammenfassend *Hans-Joachim Schoeps*: Der christliche Staat im Zeitalter der Restauration. In: Ders.: Ein weites Feld. Gesammelte Aufsätze. Berlin 1980, S. 309, 324; Bismarcks Beziehungen zu Stahl skizzieren *B. Michniewicz:* Stahl und Bismarck. Berlin 1913, sowie *Erich Marcks:* Bismarck und die deutsche Revolution 1848-1851. Aus dem Nachlaß hrsg. und eingeleitet von Willy Andreas. Berlin 1939, S. 154-164; über Bismarcks Verhältnis zu Gerlach vgl. in diesem Zusammenhang die Monographie von *Richard Augst:* Bismarck und Leopold von Gerlach. Ihre persönlichen Beziehungen und deren Zusammenhang mit ihren politischen Anschauungen. Leipzig 1912; alle älteren Untersuchungen werden ersetzt durch die jetzt maßgebliche Arbeit von *Hans-Christof Kraus:* Ernst Ludwig von Gerlach. Politisches Denken und Handeln eines preußischen Altkonservativen. Göttingen 1994, bes. S. 586 ff., 627 ff., 709 ff.; dazu die Rezension von *Frank-Lothar Kroll*, in: Historische Zeitschrift 269 (1999), S. 214 f.

24 Bismarck im Ersten Vereinigten Landtag, 15. Juni 1847, GW 10, S. 8-12.

25 Bismarck in der Zweiten Kammer des Preußischen Landtags, 15. November 1849, GW 10, S. 60-64.

26 Vgl. z B. GW 10, S. 56, 115 f.; 14/1, S. 471; 15, S. 15.

27 Vgl. z. B. GW 1, S. 367 f., 374 f.; 10, S. 115 f.; 15, S. 16. Für den Zusammenhang *Otto Hintze:* Bismarcks Stellung zur Monarchie und zum Beamtentum. In: Max Lenz und Erich Marcks (Hrsg.): Das Bismarck-Jahr. Eine Würdigung Bismarcks und seiner Politik in Einzelschilderungen. Hamburg 1915, S. 39-61.

28 Bismarck in der Zweiten Kammer des Preußischen Landtags, 22. März 1849, GW 10, S. 26.

29 Bismarck in der Zweiten Kammer des Preußischen Landtags, 6. September 1849, GW 10, S. 40. – Der Topos von der geschriebenen Verfassung als einem »Stück Papier« findet sich auch bei Friedrich Wilhelm IV., etwa in seinem Brief an den Grafen Dohna vom 24. Februar 1843; Geheimes Staatsarchiv der Stiftung Preußischer Kulturbesitz, Brandenburg-Preußisches Hausarchiv, Rep. 50 E 2, Nr. 2, Bl. 57.

30 Vgl. z. B. GW 7, S. 14; 10, S. 5 f., 26 f., 28.

31 *Friedrich Meinecke:* Gerlach und Bismarck (1894). Wiederabgedruckt in: Ders.: Brandenburg, Preußen, Deutschland. Kleine Schriften zur Geschichte und Politik. Hrsg. und eingeleitet von Eberhard Kessel (= Werke, Bd. 9). Stuttgart 1979, S. 411; *ders.:* Bismarcks Eintritt in den christlich-germanischen Kreis (1903). In: Ebd., S. 443; *ders.:* Weltbürgertum und Nationalstaat (1907) (= Werke, Bd. 5). München 1963, S. 265.

32 Dazu ausführlich und mit Angabe weiterer älterer Literatur *Erich Marcks:* Bismarck. Eine Biographie 1815-1851. Teil 1: Bismarcks Jugend 1815-1848. Stuttgart/Berlin 1939 (18. Aufl.), S. 257-270, 327-333, 367 f. – Bismarck hat die Patrimonialgerichtsbarkeit bis in die 1850er Jahre hinein lebhaft verteidigt; vgl. z. B. GW 10, S. 122 ff. (Bismarck in der Zweiten Kammer des Preußischen Landtags, 5. April 1851).

33 Friedrich Wilhelm IV. anläßlich einer Audienz für Deputierte des Ostpreußischen Provinziallandtages, 11. September 1840; Aus den Papieren des Ministers und Burggrafen von Marienburg *Theodor von Schön,* Bd. 3, Teil 2. Berlin 1876, S. 172.

34 Für den Zusammenhang vgl. *Horst Kohl*: Herr von Bismarck-Schönhausen als Mitarbeiter der Kreuzzeitung. In: Bismarck-Jahrbuch 1 (1894), S. 469-483, 3 (1896), S. 398-430; *Bernhard Studt*: Bismarck als Mitarbeiter der »Kreuzzeitung« in den Jahren 1848 und 1849. Phil. Diss. Bonn 1903 (unkritisch); *Herman von Petersdorff*: Ein Programm Bismarcks zur Gründung einer konservativen Zeitung. In: Forschungen zur Brandenburgischen und Preußischen Geschichte 17 (1904), S. 240-246; *Hans-Joachim Schoeps:* Der junge Bismarck als Journalist. In: Zeitschrift für Religions- und Geistesgeschichte 3 (1951), S. 1-12.

35 Bismarck in der Zweiten Kammer des Preußischen Landtags, 18. Februar 1850, GW 10, S. 82 ff.

36 Bismarck in der Zweiten Kammer des Preußischen Landtags, 24. November 1849 (GW 10, S. 64 ff.), 7. Dezember 1849 (GW 10, S. 70 ff.), 10. Dezember 1849 (GW 10, S. 73 ff.).

37 Bismarck in der Zweiten Kammer des Preußischen Landtags, 7. Dezember 1849, GW 10, S. 70 f.; vgl. auch GW 7, S. 15: »Ich bin ein Junker und will auch Vorteile davon haben« (Bismarck im Gespräch mit Hans Victor von Unruh, 1849).

38 Bismarck in der Zweiten Kammer des Preußischen Landtags, 19. Oktober 1849, GW 10, S. 51.

39 Friedrich Wilhelm IV. an Bunsen, 7. April 1849; *Leopold von Ranke*: Aus dem Briefwechsel Friedrich Wilhelms IV. mit Bunsen (1873). Wiederabgedruckt in: Ders.: Sämtliche Werke, Bd. 49/50. Leipzig 1887, S. 519.

40 Friedrich Wilhelm IV. im Gespräch mit Max von Gagern, 23. März 1848; *Erich Brandenburg:* Untersuchungen und Aktenstücke zur Geschichte der Reichsgründung. Leipzig 1916, S. 67.

41 GW 15, S. 42.

42 Vgl. GW 15, S. 36, 615, 644.

43 Dazu immer noch brauchbar die Monographie von *Günther Franz:* Bismarcks Nationalgefühl. Leipzig/Berlin 1926.

44 Bismarck im Gespräch mit Robert von Keudell, Juni 1849, GW 7, S. 18.

45 Bismarck in der Zweiten Kammer des Preußischen Landtags, 21. April 1849, GW 10, S. 27-33.

46 Bismarck in der Zweiten Kammer des Preußischen Landtags, 6. September 1849, GW 10, S. 35-40.

47 Bismarck im Volkshaus des Deutschen Parlaments in Erfurt, 15. April 1850, GW 10, S. 93-96. Für den Zusammenhang vgl. *Karl Binding*: Der deutsche Bundesstaat auf dem Erfurter Parlament und die Stellung der preußischen Camarilla, besonders Otto von Bismarcks zu ihm. In: Deutsche Rundschau 37 (1911), S. 322-345; ferner die instruktive Detailstudie von *Erich Marcks:* Bismarcks Verhältnis zur deutschen Frage (1849-1850). In: Europäische Revue 15 (1939), S. 218-228.

48 Bismarck in der Zweiten Kammer des Preußischen Landtags, 6. September 1849, GW 10, S. 39.

49 GW 15, S. 50; ähnlich ebd., S. 614, wo er des Königs »historisch rückblickenden Eindruck« und seine »mittelalterlich-rechtlichen Phantasien mit dem österreichischen Erbkaiser« tadelt, »dem er [Friedrich Wilhelm IV.] bereit war, als Kämmerer zu dienen«.

50 Vgl. GW 15, S. 188 f.

51 Bismarck an Gustav Scharlach, 4. Juli 1850, GW 14/1, S. 161.

52 Bismarck an Leopold von Gerlach, 30. Mai 1857, GW 14/1, S. 474.

53 Bismarck an Otto von Manteuffel, 25. April 1854, GW 1, S. 442.

54 Vgl. *Heinrich Friedjung:* Der Kampf um die Vorherrschaft in Deutschland 1859-1866. 2 Bde. Stuttgart 1897-1898; *Erich Brandenburg:* Die Reichsgründung. 2 Bde. Leipzig 1916-1922; *Arnold Oskar Meyer:* Bismarcks Kampf mit Österreich am Bundestag zu Frankfurt (1851-1859). Berlin/Leipzig 1927.

55 Bismarck an Leopold von Gerlach, 2. Mai 1857, GW 14/1, S. 465.

56 Vgl. z.B. GW 1, S. 427 (Bismarck an Otto von Manteuffel, 15. Februar 1854: Unterstützung des »untreuen« Österreichs nur gegen Zusage konkreter Vorteile für Preußen in Deutschland), S. 491 (an Otto von Manteuffel, 26. August 1854: einseitige Ausnutzung der bundesfreundlichen Gesinnung Friedrich Wilhelms IV. durch Österreich), S. 514 (an Otto von Manteuffel, 8./9. Dezember 1854: Warnung vor einem drohenden Krieg gegen Rußland im Dienste Österreichs).

57 Vgl. z.B. GW 7, S. 27 (Bismarck im Gespräch mit Robert von Keudell, 1853); 14/1, S. 334 (an Leopold von Gerlach, 19./20. Dezember 1853); 7, S. 37 f. (im Gespräch mit Hans Victor von Unruh, März 1858); 2, S. 317 (an Prinz Wilhelm, Ende März 1858).

58 *Rudolf Stadelmann:* Das Jahr 1865 und das Problem von Bismarcks deutscher Politik. München/Berlin 1933, bes. S. 17 ff., 41, 70 ff.; *Hans Mombauer:* Bismarcks Realpolitik als Ausdruck seiner Weltanschauung. Die Auseinandersetzung mit Leopold von Gerlach 1851-1859. Berlin 1936, S. 35, 59 ff., 63; *Otto Becker:* Der Sinn der dualistischen Verständigungsversuche Bismarcks vor dem Kriege 1866. In: Historische Zeitschrift 169 (1949), S. 264-298; *ders.:* Bismarcks Ringen um Deutschlands Gestaltung. Hrsg. und ergänzt von Alexander Scharff. Heidelberg 1958, bes. S. 108-157; *Walter Lipgens:* Bismarcks Österreich-Politik vor 1866. Die Urheberschaft des Schönbrunner Vertragsentwurfs vom August 1864. In: Die Welt als Geschichte 10 (1950), S. 240-262; *Andreas Hillgruber:* Bismarcks Außenpolitik. Freiburg 1972, S. 29 f.; *Andreas Kaernbach:* Bismarcks Konzepte zur Reform des Deutschen Bundes. Zur Kontinuität der Politik Bismarcks und Preußens in der deutschen Frage. Göttingen 1991; *Eberhard Kolb:* Großpreußen oder Kleindeutschland? Zu Bismarcks deutscher Politik im Reichsgründungsjahrzehnt. In: Johannes Kunisch (Hrsg.): Bismarck und seine Zeit. Berlin 1992, S. 11-36.

59 *R. Stadelmann:* Das Jahr 1865 und das Problem von Bismarcks deutscher Politik (wie Anm. 58), spricht in diesem Zusammenhang treffend von einer »Zweilinigkeit« (S. 74), einem »zweigliedrigen System« Bismarcks (S. 57).

60 Bismarck in der Zweiten Kammer des Preußischen Landtags, 3. Dezember 1850, GW 10, S. 101-110.

61 »Für beide [Österreich und Preußen] ist kein Platz nach den Ansprüchen, die Österreich macht, also können wir uns auf die Dauer nicht vertragen. Wir athmen einer dem andern die Luft von dem Munde fort, einer muß weichen oder vom andern ›gewichen werden‹, bis dahin müssen wir Gegner sein«; Bismarck an Leopold von Gerlach, 19./20. Dezember 1853, GW 14/1, S. 334.

62 Dazu eingehend *Franz Eckhart:* Die deutsche Frage und der Krimkrieg. Berlin/Königsberg 1931, S. 45-62.

63 Friedrich Wilhelm IV. an Graf Alvensleben, 6. Dezember 1854; Geheimes Staatsarchiv der Stiftung Preußischer Kulturbesitz, Brandenburg-Preußisches Hausarchiv, Rep. 50 E 1, Nr. 27, Vol. II, Bl. 265.

64 Zeitweise hat der König sogar die allgemeine Mobilmachung gegen Österreich erwogen – so jedenfalls Leopold von Gerlach am 6. Dezember 1854 in seinem Tagebuch; Denkwürdigkeiten aus dem Leben *Leopold von Gerlachs*, Generals der Infanterie und Generaladjutanten König Friedrich Wilhelms IV. Bd. 2. Berlin 1892, S. 254.

65 GW 15, S. 614.

66 Friedrich Wilhelm IV. an Kaiser Franz Joseph I., 21. März 1856; *Kurt Borries:* Preußen im Krimkrieg (1853-1856). Stuttgart 1930, S. 330.

67 *F. Meinecke:* Weltbürgertum und Nationalstaat (wie Anm. 31), S. 271.

68 Grundlegendes zur Problematik dieses Begriffs noch immer bei *Siegfried A. Kaehler:* Realpolitik zur Zeit des Krimkrieges. Eine Säkularbetrachtung (1952). Wiederabgedruckt in: Ders.: Studien zur deutschen Geschichte des 19. und 20. Jahrhunderts. Aufsätze und Vorträge. Hrsg. von Walter Bußmann. Göttingen 1961, S. 128-170. Die beiden Aufsätze von *Otto Pflanze*: Bismarcks Realpolitik. In: L. Gall: Das Bismarck-Problem in der Geschichtsschreibung nach 1945 (wie Anm. 2), S. 218-238, und *Hajo Holborn:* Bismarcks Realpolitik. In: Ebd., S. 239-254, bieten keine Analyse des Begriffs bei Bismarck; sie betreiben Etikettenschwindel! Aspektenreich dagegen die Studie von *Karl-Georg Faber:* Realpolitik als Ideologie. Die Bedeutung des Jahres 1866 für das politische Denken in Deutschland. In: Historische Zeitschrift 203 (1966), S. 1-45.

69 GW 10, S. 103. Daß Bismarcks Bekenntnis zum »Staatsegoismus« keineswegs auf dem Fundament einer rücksichtslos utilitaristischen Grundsatz- und Gewissenlosigkeit basierte, sondern in einem »Ethos der Verantwortung« gründete, welches ein situationsbezogenes Handeln als moralische Verpflichtung gegenüber den Anforderungen der Wirklichkeit empfand, hat *Otto Vossler:* Bismarcks Ethos. In: Historische Zeitschrift 171 (1951), S. 263-292, stringent herausgearbeitet. Seine differenzierte Wertung unterscheidet sich wohltuend von mancher unkritischen Bismarck-Apologetik, wie sie teilweise von Gerhard Ritter, Hans Rothfels und Wilhelm Schüssler vorgetragen worden ist; vgl. H. Hallmann (Hrsg.): Revision des Bismarck-Bildes (wie Anm. 2), S. 169-195 (*G. Ritter:* Das Bismarck-Problem), S. 45-72 (*H. Rothfels:* Probleme einer Bismarck-Biographie), S. 414-452 (*H. Rothfels:* Bismarcks Staatsanschauung), S. 364-413 (*W. Schüssler:* Der geschichtliche Standort Bismarcks).

70 So hat Friedrich Julius Stahl in einer Herrenhausrede am 12. März 1859 die Leitvorstellung des Königs umschrieben; zitiert nach *Carl Schweitzer:* Bismarcks Stellung zum christlichen Staate. Berlin 1923, S. 41 f.

71 Friedrich Wilhelm IV. bei der öffentlichen Huldigung an Stände und Volk in Berlin, 15. Oktober 1840; So sprach der König. Reden, Trinksprüche, Proclamationen, Botschaften, Kabinettsordres, Erlasse *Friedrich Wilhelms IV.* Neuausgabe Stuttgart 1861, S. 25.

72 Bismarck an Schleinitz, 10. Dezember 1860, GW 3, S. 148; ähnlich GW 14/1, S. 464 ff. (an Leopold von Gerlach, 2. Mai 1857), S. 549 (an Leopold von Gerlach, 2./4. Mai 1860).

73 Vgl. dazu ausführlich *K. Borries:* Preußen im Krimkrieg (wie Anm. 66), bes. S. 49-55, 204-249.

74 Friedrich Wilhelm IV. an König Johann von Sachsen, 18. Januar 1855; Briefwechsel zwischen König Johann von Sachsen und den Königen *Friedrich Wilhelm IV.* und Wilhelm I. von Preußen. Hrsg. von Hubert Ermisch und Johann Georg Herzog zu Sachsen. Leipzig 1911, S. 332.

75 Vgl. die grundlegenden Bemerkungen von *Gustav Adolf Rein:* Die Revolution in der Politik Bismarcks. Göttingen/Berlin/Frankfurt 1957, S. 156 ff., 312; für den Zusammenhang ferner *Fritz Hartung:* Bismarck und Graf Harry Arnim (1951). Wiederabgedruckt in: Ders.: Staatsbildende Kräfte der Neuzeit. Gesammelte Aufsätze. Berlin 1961, S. 345-375.

76 Vgl. *G.A. Rein*: Die Revolution (wie Anm. 75), S. 194-206.

77 Über diesen Aspekt von Bismarcks Royalismus vgl. *Gustav Adolf Rein:* Bismarcks Royalismus. In: Geschichte in Wissenschaft und Unterricht 5 (1954), S. 332, 334 f., 349.

78 Vgl. Bismarcks eigene Schilderung GW 15, S. 99-102; ferner GW 14/1, S. 261 f. (Bismarck an Leopold von Gerlach, 9. Mai 1852), S. 340 f. (an Leopold von Gerlach, 20. Januar 1854). Vgl. auch *Erich Jordan:* Friedrich Wilhelm IV. und der preußische Adel bei Umwandlung der ersten Kammer in das Herrenhaus 1850 bis 1854. Berlin 1909.

79 Bismarck an Schleinitz, 10. Dezember 1860, GW 3, S. 147 f.; ähnlich GW 14/1, S. 571 (an Roon, 2. Juli 1861).

80 Das galt auch für die von Bismarck nach 1871 betriebene Politik der »monarchischen Solidarität ... allen Gegnern der Ordnung in Europa gegenüber« (Bismarck im Deutschen Reichstag, 6. Februar 1888, GW 12, S. 347). Der auf dieser Grundlage beruhende »Dreikaiserbund« zwischen Deutschland, Rußland und Österreich-Ungarn (1872-1886) orientierte sich zwar an dem »universalen« Gedanken eines Zusammenschlusses aller konservativen Kräfte zur Abwehr revolutionärer Tendenzen und war insofern eine Art Fortsetzung des »Bundes der drei Ostmächte«, wie er vor 1853 bestanden hatte. Die Ausrichtung des Bismarckschen »Kaiserbündnisses« war jedoch eine gänzlich zweckrationale und mit den idealistisch-christlichen Motiven, die Friedrich Wilhelm IV. der Idee einer »Heiligen Allianz« zusprach, nicht zu vergleichen. Für den Zusammenhang *Tino Kaiser:* »Legitimität« und »Politik der Heiligen Allianz« in Bismarcks Schriften. In: Schweizer Monatshefte 20 (1940/41), S. 213-234.

81 Dazu *Franz Schnabel:* Bismarck und die klassische Diplomatie. In: Außenpolitik 3 (1952), S. 635-642; *ders.:* Das Problem Bismarck. In: H. Hallmann (Hrsg.): Revision des Bismarck-Bildes (wie Anm. 2), S. 148, 157; *Theodor Schieder:* Bismarck und Europa. Ein Beitrag zum Bismarck-Problem. In: Ebd., bes. S. 262 f., 269, 278 f. – Es ist in diesem Zusammenhang kein Zufall, daß Bismarck bei seinen persönlichen Begegnungen mit Metternich – er war am 6. August 1851 von diesem auf Schloß Johannisberg empfangen worden und hatte ihn danach bis 1857 noch mehrmals dort besucht (vgl. GW 1, S. 179, 427 f.; 2, S. 246; 7, S. 49, 437; 14/1, S. 236) – eine tiefe geistige Zuneigung zu diesem Meister europäischer Diplomatie der vorausgegangenen Epoche empfand. Die Harmonie zwischen den beiden entsprang einer gleichgerichteten Denkhaltung, die auch von Metternich so verspürt wurde.

82 Die Problematik dieses »Kontinuitätsbruchs« stand immer wieder im Mittelpunkt der Forschungen von *Andreas Hillgruber:* Kontinuität und Diskontinuität in der deutschen Außenpolitik von Bismarck bis Hitler. Düsseldorf 1969, S. 10 ff.; *ders.:* Zwischen Hegemonie und Weltpolitik – Das Problem der Kontinuität von Bismarck bis Bethmann Hollweg (1970). Wiederabgedruckt in: Ders.: Deutsche Großmacht- und Weltpolitik im 19. und 20. Jahrhundert. Düsseldorf 1977, S. 53-70; *ders.:* Bismarcks Außenpolitik (wie Anm. 58), S. 193-202; *ders.:* Deutschlands Rolle in der Vorgeschichte der beiden Weltkriege. 2. Aufl. Göttingen 1979, S. 9-23; *ders.:* Die gescheiterte Großmacht. Eine Skizze des Deutschen Reiches 1871-1945. Düsseldorf 1980, S. 31-44; vgl. Jost Dülffer, Bernd Martin und Günther Wollstein (Hrsg.): Deutschland in Europa. Kontinuität und Bruch. Gedenkschrift für Andreas Hillgruber. Berlin 1990.

Bismarck und Süddeutschland

Von Thomas Nicklas

Die folgenden Betrachtungen zum Thema »Bismarck und Süddeutschland« nehmen denjenigen Zeitraum in den Blick, in dem der Süden einen fest umrissenen Problemkreis in der politischen Konzeption Bismarcks bildete, nämlich die Jahre 1864/66-1870. Diese Entscheidungsjahre brachten auch genuin »süddeutsche« Gegenpositionen zur Politik des preußischen Ministerpräsidenten hervor, auf die besonders eingegangen werden soll.

Die geschichtliche Forschung hat sich zuletzt in den 1970er Jahren mit großer Intensität den Weichenstellungen vor der Reichsgründung gewidmet. Dabei sind unvereinbare Ansichten über die Bismarcksche Süddeutschlandpolitik zwischen dem Krieg von 1866 und der wiederum vor kriegerischem Hintergrund erfolgten Entstehung des Reiches geäußert worden. Eine einheitliche Sichtweise konnte sich bis heute nicht etablieren. So hat Josef Becker 1971 in einem auf gründlichster Quellenforschung beruhenden Aufsatz die These vertreten, daß die Bismarcksche Süddeutschlandpolitik nach 1866 vollkommen gescheitert sei. Folglich mußte sich aus Berliner Sicht in der letzten Konsequenz eine kriegerische Problemlösung aufdrängen, wie sie dann 1870/71 tatsächlich erfolgte.[1] Der Kanzler des Norddeutschen Bundes habe, so heißt es bei Becker, nach der militärischen Entscheidung des Jahres 1866 vergebens auf die Annäherung der süddeutschen Staaten an das neue großpreußische Machtgebilde nördlich des Maines gewartet. Unter dem steigenden Erwartungsdruck der Öffentlichkeit und im Konflikt mit den in der Einigungsfrage ungeduldig vorwärtsdrängenden norddeutschen Nationalliberalen habe der Kanzler dann 1870 in der außenpolitischen Krise um die Thronfolge in Spanien die Flucht nach vorne angetreten, hinein in den »provozierten Defensivkrieg«, herbeigeführt auf dem Wege »klassische[r] Kabinettspolitik und im Geiste bonapartistischer Krisenbewältigung«.[2] Wurde bei Sedan etwa um Süddeutschland gekämpft?

Die entgegengesetzte These vertrat 1978 in einer ebenfalls bestens dokumentierten Monographie Rolf Wilhelm.[3] Er war bei seinen Forschungen zu dem Schluß gelangt, daß Bismarcks Politik gegenüber den Süddeutschen nach 1866 in Anlage und Ausführung zu seinen erfolgreichsten Schachzügen überhaupt gehört habe. Gleich überreifen Früchten waren demnach die Staaten Bayern, Baden und Württemberg 1870 im Begriff, von ihren Bäumen herab in den Schoß des geduldig zuwartenden norddeutschen Bundeskanzlers zu fallen. Dies entsprach den Wünschen der wirtschaftlichen und politischen Eliten des Südens, mochten auch publizistische Meinungsführer und das Gros der Bevölkerung zwischen München und Stuttgart der wortreich angeprangerten *Verpreußung* widerstreben. Nur weil Napoleon III., dem herkömmlichen außenpolitischen Kalkül an der Seine verpflichtet, die Bildung eines nationalen Machtstaates am Rhein für unakzeptabel hielt, sei es zum Krieg gekommen.[4] Demnach wurde bei Sedan eher für und gegen die einstigen Grundsätze des Westfälischen Friedens und des europäischen Gleichgewichtes gestorben.

Lothar Gall hat in seinem Versuch einer Synthese über den konträren Positionen 1986 eine auf die Person Bismarcks zentrierte Lösung vorgenommen.[5] Er legte Wert auf die Feststellung, daß des Kanzlers Süddeutschlandpolitik bis 1870 »eindeutig unter dem Primat machtpolitischer Strukturentscheidungen im Inneren [stand], wie er sie nach 1866 im Bereich des Norddeutschen Bundes durchgesetzt hatte und wie er sie um keinen Preis wieder zurücknehmen oder auch nur zur Diskussion stellen wollte.«[6] Dies bedeutet, daß Bismarck die Lande südlich des Mains zwar auch in sein Einigungswerk einbeziehen wollte, jedoch nur zu seinen Bedingungen und allein auf der Grundlage jener politischen Spielregeln, die sich seit 1862 in Berlin um die Person des großen Staatsmannes ausgebildet hatten. Alternativkonzepte hat Bismarck jedenfalls nicht toleriert. Dies zeigt exemplarisch die scharfe Ablehnung, mit der er auf die Initiative der von Eduard Lasker geführten norddeutschen Nationalliberalen zur separaten Aufnahme Badens in den Bund im Februar 1870 reagierte. Die Einmischung des Parlaments in seine deutsche Politik fand der Kanzler unerträglich. Im Reichstag apostrophierte er den Abgeordneten Lasker: »Verstehen Sie die Sache besser, so müssen Sie Bundeskanzler werden; denn die öffentliche Politik Deutschlands kann von den [Abgeordneten-] Stühlen nicht geleitet werden, sie muß von hier geleitet werden; wissen Sie alles besser wie ich, so setzen Sie sich hierher, und ich werde mich auf jene Stühle setzen und will diejenige Kritik üben, die mir eine 20jährige Erfahrung in den Geschäften deutscher Politik an die Hand geben wird, aber ich versichere Sie, mein Patriotismus wird mich schweigen lassen, wenn ich fühle, daß Sprechen zur Unzeit ist.«[7]

Noch im Februar 1870 setzte Bismarck demnach in der Süddeutschlandpolitik auf Zeitgewinn. Er hielt sich trotz des Drängens der badischen und preußischen Liberalen vorsichtig zurück, nicht nur wegen des ständig in Prestigenöten steckenden Kaisers Napoleon III. in Paris, sondern auch der Süddeutschen selbst wegen. Kurzum: der Kanzler wollte sie noch gar nicht haben, die vorlauten badischen Freisinnigen, die kecken schwäbischen Demokraten und die grantigen bayerischen Patrioten. Primär blieb für ihn die Zielsetzung, in der Süddeutschlandpolitik das Heft in der Hand zu behalten. Mußten etwa gar, in einer kuriosen Umkehrung der Fronten, bei Sedan die süddeutschen Gegner einer Reichseinigung zu den Bedingungen Bismarcks zum Schweigen gebracht werden? Die folgenden Ausführungen sind denkbar weit davon entfernt, diese Frage beantworten zu können oder zu wollen. Sie beschränken sich auf eine eher impressionistische Schau, bei der vor allem auf kritische Positionen und Alternativentwürfe des Südens zum Bismarckschen Konzept der Reichseinigung von oben und vom Norden her geachtet werden soll. Es finden also Wahrnehmungen und Meinungen Berücksichtigung, die nach 1871 einer auch im Süden üblichen »siegesdeutschen« Einfärbung der Erinnerung widerstrebten. Es geht um Konzepte, die das historische Gedächtnis der Deutschen ebenso wenig prägen konnten wie sie die politische Ausgestaltung des nach 1871 um den Süden erweiterten Reiches bestimmten.

Dabei wird zunächst (I) das Verhältnis Bismarcks und Preußens zu den süddeutschen Regierungen und zur Öffentlichkeit knapp umrissen. Sodann soll (II) anhand von Beiträgen Joseph Edmund Jörgs in den »Historisch-Politischen Blättern« eine süddeutsche Gegenposition zur Person und zum Wirken Bismarcks näher vorgestellt werden, die im Münchner Satireblatt PUNSCH eine wirksame Popularisierung erfuhr. Da Karikaturen im 19. Jahrhundert Wahrnehmungen spiegelten und prägten, ist dieses politische Medium hier mit einigen besonders aussagekräftigen Beispielen vertreten, gilt doch für die Zeit Bismarcks in besonderem Maße die Feststellung, daß Karikaturen ein Thermometer seien, »das anzeigt, welches der Hitzegrad der öffentlichen Meinung ist«.[8] Abschließend stellt sich dann (III) die Frage nach den süddeutschen Alternativen zu Bismarcks Politik und zu seinem Konzept von deutscher Einheit. Gab es Ideen für eine Organisation Mitteleuropas, die mit dem preußischen Machtstaatsmodell konkurrieren konnten? Waren die Widersacher Bismarcks südlich des Mains Träumer, die sich dem übermächtigen Zug der Zeit in den Weg stellen wollten, weil sie starr am unhaltbar gewordenen Status quo hingen? Vielleicht machten nicht nur Träumerei und Starrsinn viele Süddeutsche zu Gegnern Preußens, sondern tiefe Einsichten in das Wesen Bismarckscher Politik, die auch heute Beachtung verdienen könnten.

I. Bismarck und die süddeutschen Regierungen

Während das Großherzogtum Hessen-Darmstadt mit seinem nördlichen Landesteil seit 1867 zum Norddeutschen Bund gehörte und daher nur noch sehr wenig außenpolitische Spielräume besaß,[9] nahm das Großherzogtum Baden als liberales Musterland am Oberrhein zum preußischen Machtzentrum eine zwiespältige Position ein, schwankend zwischen dynastischer Verbundenheit zum Hause Hohenzollern und tiefster Skepsis gegenüber der Person Bismarcks.[10] Der seit 1852/56 regierende Großherzog Friedrich I. (1826-1907) war mit einer Tochter Wilhelms I. von Preußen verheiratet. Seine verwandtschaftlichen Beziehungen zum Königshaus suchte er für eine Liberalisierung Preußens zu nutzen. Der reaktionäre Kurs, den Bismarck seit seinem Amtsantritt 1862 steuerte, mißfiel dem von englischen Verfassungsideen geprägten Zähringer zutiefst. Persönlich verletzt fühlte er sich wegen der Politik des preußischen Ministerpräsidenten in der Schleswig-Holstein-Frage. Unter Mißachtung dynastischen Legitimitätsdenkens strebte Bismarck nach dem Ende der dänischen Herrschaft 1864 die preußische Annexion der Elbherzogtümer an. Dagegen verfocht der Hof in Karlsruhe das Erbrecht des Herzogs Friedrich VIII. (1829-1880) aus der Augustenburger Linie. Dieser sollte nach verbreiteter Ansicht nicht nur der süddeutschen Regierungen, sondern auch der Öf-

Einzug der Preußen in Frankfurt a.M. 1866. Historisches Museum, Frankfurt a.M.

fentlichkeit, nach Vertreibung der Dänen auf den Herzogsthron in Kiel gesetzt werden. Bismarcks Rücksichtslosigkeit im Norden trug ihm im Süden eine schlechte Presse ein. Hier war auch sein rüder Umgang mit der preußischen Verfassung während des Heereskonfliktes keineswegs vergessen.

Karlsruhe und Berlin entfremdeten sich über der Person des preußischen Ministerpräsidenten. In der Krise des Jahres 1866 äußerte sich der Großherzog erschüttert über Bismarcks »Spielerpolitik«, die nichts Gutes für die Zukunft verhieß. ›Après nous le déluge‹, so lautete offensichtlich die Devise des Junkers aus der Altmark.[11] Als dann der Krieg von 1866 ausbrach, befand sich Baden wegen der Bismarck zum Trotz propreußischen Einstellung des großherzoglichen Hauses und der pro-österreichischen Haltung der katholischen Bevölkerungsmehrheit in einer schwierigen Lage. Großherzog Friedrich, der Schwiegersohn des Preußenkönigs, ließ zwar seine Soldaten gegen Preußen ins Feld ziehen, doch sollten die Offiziere geflissentlich darauf achten, daß es zu keinerlei Feindberührungen kam. So sprach man denn in Österreich nach Königgrätz auch vom »Verrat der Badenser«.[12]

Nach der Entscheidung auf dem Schlachtfeld zogen die dynastischen, wirtschaftlichen und außenpolitischen Gravitationskräfte das kleine Großherzogtum endgültig in Richtung Berlin. Unmittelbar nach dem Kriegsende 1866 äußerte Baden von sich aus den Wunsch nach einer formellen Militärkonvention mit Preußen, wobei die Furcht vor dem unheimlichen Nachbarn am Oberrhein, dem Frankreich Napoleons III., den Ausschlag gab. Von den eigenen Liberalen zum Handeln gedrängt, sah die badische Regierung sogar seit 1868 keine Alternative mehr zu einem möglichst raschen Eintritt des Landes in den Norddeutschen Bund. Wenn einer bremste, so war es Bismarck. Er lehnte die isolierte Aufnahme eines süddeutschen Landes in den Bund ab, nicht nur im Blick auf die möglichen Reaktionen in Paris. Die Hereinnahme der liberalen Hochburg des Südens hätte Bismarck auch das Regieren nördlich des Mains erschwert. Die innenpolitische Architektur des um die Person Bismarck konstruierten Bundes wäre erschüttert worden. Daher äußerte sich der Kanzler 1869 gereizt über das Drängen Badens: »Diese badische Unruhe tölpelt in jede politische Berechnung störend hinein.«[13] Den Vorstoß Laskers und der norddeutschen Nationalliberalen zur Aufnahme Badens in den Bund im Februar 1870, von dem schon die Rede war, hat Bismarck daher in der beschriebenen brüsken Art zurückgewiesen.

Anders als in Karlsruhe wurde am Stuttgarter Hof die Abneigung gegen Bismarck nicht durch dynastische Bande gemildert. Im Gegenteil sahen die Könige von Württemberg seit jeher auf die Hohenzollern herab. »Einem Hohenzollern unterwerfe ich mich nie«, pflegte Wilhelm I. von Württemberg (1781-1864) zu sagen. Für ihn waren, genealogisch und historisch völlig korrekt, die Herrscher Preußens nur die jüngere Linie der katholischen Zollernfürsten von der Schwäbischen Alb, die man in Stuttgart mit einer gewissen Verächtlichkeit betrachtete. Als Königshaus beanspruchten die Württemberger trotz der Kleinheit ihres Landes die formelle Gleichrangigkeit mit den Monarchen Preußens. König Karl (1823-1891), mit der russischen Zarentochter Olga (1822-1892) vermählt, fühlte sich als europäischer Souverän. Er war daher immer bereit, seine verwandtschaftlichen Beziehungen nach St. Petersburg ins Spiel zu bringen, um die befürchtete Mediatisierung Württembergs durch Preußen zu verhindern.[14] Als Außenminister und Regierungschef sollte Friedrich von Varnbüler (1809-1889) die Vorstellungen des Königs verwirklichen, die auf die Bewahrung der Eigenständigkeit Württembergs hinausliefen. Öffentlichkeit und Parlament standen hinter dem tief verwurzelten Partikularismus des kleinen Königreichs. Zumal die Person Bismarcks war zwischen Neckar und Bodensee seit der erfolglosen Kampagne für den Augustenburger und seit dem Krieg von 1866 denkbar unpopulär. »Württemberg will württembergisch bleiben, solange es dazu die Macht hat«, erklärte Varnbüler unter starkem Beifall im Dezember 1867 vor dem Stuttgarter Landtag.[15]

Die Schwaben standen hinter dieser politischen Willensbekundung. So gingen 1868 aus den Wahlen zum Zollparlament in Württemberg nur partikularistische, anti-preußisch eingestellte Abgeordnete hervor.[16] Mochte die Bevölkerung es auch anders sehen, so wurde dem Politiker Varnbüler doch bald klar, daß die partikularistische Beharrung für die württembergische Monarchie eben doch kein Zukunftsweg sein konnte. Die Eigenständigkeit des Südens wäre nur in einem von Paris und Wien außenpolitisch gestützten Südbund Baden-Württemberg-Bayern möglich gewesen. Wie würde dieser Südbund aber in seinem Inneren aussehen? Wie wäre seine Verfassung? Für Varnbüler lag es auf der Hand, daß dieser Zusammenschluß des Südens gegen das Preußen Bismarcks nur möglich wäre als »süddeutsche Republik in Verbindung mit der schweizerischen Eidgenossenschaft«.[17] In der Tat wären die kleinräumigen, mittelständischen, seit dem Alten Reich teils stadtrepublikanisch ausgerichteten Traditionen Württembergs mit der Schweiz gut kompatibel gewesen. Dem königlichen Minister Varnbüler konnte die Vision einer südwestdeutschen Republik nach Schweizer Muster aber nicht behagen. Dann lag, trotz aller Abneigung, die Allianz mit Bismarcks Preußen doch näher.

Es gab in Württemberg vor 1871 starke politische Kräfte, die das vom Minister skeptisch bewertete helvetische Modell als großen Zukunftsentwurf anpriesen. Der Südbund war billig zu haben, tönte es aus dem Lager der württembergischen Demokraten, er kostet nur drei Kronen! So lautete das Motto der schwäbischen Demokratie unter den redegewaltigen Parteiführern Carl Mayer (1819-1889), Julius Haußmann (1816-1889) und Ludwig Pfau (1821-1894). Aus der im Südwesten besonders lebendigen revolutionären Tradition von 1848/49 und einer gut organisierten Volksbewegung für den Augustenburger hervorgegangen, politisierte die demokratische Volkspartei die antipreußischen Stimmungen der Schwaben. Bei den Landtagswahlen im Juli 1868, bei denen erstmals alle (männlichen) Württemberger über 25 Jahren zur Urne gehen durften, erzielte sie einen über-ragenden Erfolg. Damit fand sich die Regierung Varnbüler in einem doppelten Dilemma wieder, eingezwängt zwischen monarchischen und demokratischen Ansprüchen, zwischen Partikularismus und Nationalismus.

Was Bayern betrifft, so glaubten die Preußen seit jeher darüber Bescheid zu wissen. Der preußische Gesandte Georg von Werthern kam im Februar 1867 nach München und sah dort die »Euthanasia« Bayerns als seine Aufgabe an. Sein Dienstherr Bismarck mahnte ihn ironisch zur Mäßigung. Der Sterbehelfer Werthern sah auf bayerischem Boden einen »ungeheuren Kampf zwischen Romanismus und modernen Staatsideen« toben.[18] Bayern war demnach das Schlachtfeld zwischen Tradition und Moderne, zwischen katholischer Kirche und liberalem Freisinn, zwischen ländlicher Beharrung und städtischer Dynamik, zwischen autonomer Gesellschaft und effizientem Anstaltsstaat. Solche Stereotypen prägten die Berliner Sicht auf die bayerischen Dinge. Allerdings machten sich immer wieder auch viele Bayern die Perspektive von der technischen und kulturellen Überlegenheit des protestantischen Nordens zu eigen.

Der politische Repräsentant bayerischer Eigenständigkeit und auch Eigentümlichkeit war der seit Ludwigs II. Thronbesteigung 1864 wieder amtierende Ministerpräsident Ludwig von der Pfordten (1811-1880), der lange Zeit die Trias-Idee mit einer Vorherrschaft Bayerns im Dritten Deutschland verfochten hatte.[19] Ihn betrachtete der preußische Regierungschef als persönlichen Widersacher und als den Besiegten des Jahres 1866. Bei den Waffenstillstandsverhandlungen im mährischen Nikolsburg im Juli 1866 herrschte Bismarck den von der langen Anreise erschöpften Bayern an: »Wissen Sie, daß ich Sie als Kriegsgefangenen behandeln lassen könnte?«[20] Tatsächlich wurde der bayerische Regierungschef dann für einige Stunden im militärischen Gewahrsam gehalten.

Dies war die Unterwerfung eines Feindes in den symbolischen Formen der Politik. Die Wirkungen strahlten von Nikolsburg nach München aus. Auf Von der Pfordten folgte Ende 1866 Fürst Chlodwig zu Hohenlohe-Schillingsfürst, ein hocharistokratischer Whig und liberaler Katholik, der eine fortschrittliche und nationale Richtung der bayerischen Politik verkörpern wollte, jedenfalls eine verstärkte Annäherung an Preußen.[21] Chlodwig Hohenlohe wünschte eine Modernisierung Bayerns im liberalen Sinne, die eben auch als eine Synchronisierung mit Preußen verstanden werden konnte. Deshalb galt er den Gegnern bald als der Münchner Prokonsul Bismarcks. Als die Regierung 1867 die geistliche Schulaufsicht einschränken wollte, entbrannte ein heftiger Streit mit der von streitbaren Oberhirten wie dem Regensburger Bischof Senestrey geführten katholischen Kirche. Der Konflikt berührte bald grundsätzliche Fragen des Verhältnisses zwischen Staat, Kirche und Gesellschaft. Er mobilisierte die Massen, denen die scharf konturierten Alternativen von »bayerischer Tradition« und »preußischer Moderne« vor Augen standen. Die Verteidiger bayerischer Werte sammelten sich seit 1868 in der »Bayerischen Patriotenpartei«, deren Zugkraft sich nicht zuletzt dem oft an die Wand gemalten preußischen Feindbild verdankte.[22] Neu war an ihr auch der politische Brückenschlag zwischen dem konservativen Adel beiderlei Konfession und der hohen katholischen Geistlichkeit, die gemeinsam mit Bildungsbürgern und Beamten das Führungspersonal der Patrioten stellten. Der Pfarrklerus vor Ort sorgte in Altbayern und im katholischen Franken für die Ausstrahlung der Partei und verschaffte ihr eine Massenbasis in Dörfern und Kleinstädten. Die Regierung Hohenlohe arbeitete den Patrioten mit ihrem Reformeifer noch zu. Gerade die geplante Militärreform nach preußischem Vorbild, mit allgemeiner Dienstpflicht und Anpassung der bayerischen Heeresstruktur an die preußische, sorgte für böses Blut im Königreich.

Der von der klerikalen Rechten vorbereitete Sturz des Ministeriums Hohenlohe Anfang 1870 schien eine Richtungsentscheidung zu beinhalten. Bayern schlug in der Innenpolitik einen Weg ein, der es weiter vom Norddeutschen Bund entfernen mußte. Auch in der Außenpolitik hatten die Patrioten ein Konzept, das den Vorstellungen Bismarcks entgegenstand. Sie favorisierten den Südbund in enger Anlehnung an Österreich und Frankreich, der dem Machtwillen Bismarcks an der Mainlinie eine Grenze setzen sollte. Die Chancen für eine Verwirklichung dieser Alternative zum Norddeutschen Bund schwanden jedoch in dem Maße, wie sich Baden zu Preußen neigte und wie sich Württemberg und Bayern innenpolitisch unterschiedlich entwickelten. Immerhin gab es jedoch mit den Demokraten in Württemberg und den Patrioten in Bayern zwei in ihren ideologischen Grundlagen allerdings sehr gegensätzliche Massenbewegungen, die jeweils auf die Abwehr Preußens und die Wahrung süddeutscher Eigenständigkeit fixiert blieben.

II. Bismarck in der Kritik Süddeutscher

1. Joseph Edmund Jörg – ein publizistischer Gegenspieler Bismarcks aus Bayern

Joseph Edmund Jörg (1819-1901) war der Vordenker der bayerischen Patrioten, die Preußen zumindest am Main eindämmen wollten.[23] Der Mann aus dem Allgäu hatte sich als Theologiestudent in München und als Mitarbeiter des Kirchenhistorikers Ignaz von Döllinger (1799-1890) eine weite Bildung erworben. Der aus sehr einfachen Verhältnissen stammende Jörg mußte dann freilich bald an einen Brotberuf denken, nachdem er sich gegen die geistliche Laufbahn entschieden hatte und zum Oberhaupt einer rasch anwachsenden Familie geworden war. Daher trat er 1847 in den bayerischen Archivdienst ein, in dem er bis zu seinem Lebensende verbleiben sollte, um jeweils auf kärglich besoldeten Beamtenstellen ein schmales Auskommen zu finden. 1852 übernahm er darüber hinaus die Herausgeberschaft der 1838 von Joseph Görres gegründeten »Historisch-Politischen Blätter für das katholische Deutschland«. Bis zu seinem Tod im Jahre 1901 sollte er die Geschicke der Blätter leiten, die »kraft Vielgestalt des Inhalts, Niveau der Argumentation und Entschiedenheit des Urteils Jahrzehnte hindurch die vielseitigste, meistgelesene und einflußreichste Zeitschrift des deutschen Katholizismus« bildeten.[24]

Selbst ein äußerst produktiver Autor, hat Jörg in seinen eigenen Beiträgen nicht mit polemischer Schärfe und deutlichen Stellungnahmen gespart. Seine Kritik an der bayerischen Bürokratie trug ihm 1858 die Strafversetzung in das staatliche Archiv von Neuburg an der Donau ein. 1866 konnte er dann immerhin zum Leiter des Staatsarchivs auf der Burg Trausnitz oberhalb der Stadt Landshut aufsteigen. Zugleich focht er seit 1865 in der bayerischen Abgeordnetenkammer für seine politischen Überzeugungen. Nachdem er 1874-78 zudem Mitglied der Zentrumsfraktion des Deutschen Reichstages gewesen war, zog er sich nach 1881 ganz aus der aktiven Politik zurück. Fortan galt sein Engagement nur noch dem Archiv und der Publizistik. Er wurde zum »Einsiedler auf der Trausnitz«, der unabhängig von vorherrschenden Moden und Meinungen seine Ansichten zu den Zeitläufen kundtat. Dreh- und Angelpunkt im Denken Jörgs blieb dabei immer die Gegnerschaft zum Liberalismus, dessen Gesellschaftskonzept er als zerstörerisch brandmarkte. Die Moderne im Gewand des bürgerlichen Kapitalismus mußte seiner Überzeugung nach alle sozialen Bezüge der Familien und der ländlichen Gemeinschaften auflösen. Die Ordnung stiftenden Korporationen wie die katholische Kirche wurden von einer Woge des Materialismus und des Profitdenkens überspült. Übrig blieb dann bloß noch eine atomisierte Gesellschaft, in der jedes Individuum dem egoistischen Eigeninteresse frönen muß, weil alle verbindenden Werte verspielt wurden. Die liberale Marktwirtschaft befreite den Einzelnen aus allen Bindungen, um ihn als willfähriges Objekt in Produktionsabläufe und Konsumzwänge einzufügen. Als Konservativer sah Joseph Edmund Jörg die von der Industrialisierung hervorgerufene soziale Frage allein als Folge des Verlusts christlicher Orientierung und der Vereinsamung des Menschen in einer von wirtschaftlichen Zwängen beherrschten Umwelt.

Von seiner fundamentalen Kritik am Liberalismus und an der Moderne war auch Jörgs Einstellung zu Person und Wirken Bismarcks bestimmt. Als dieser 1862 in Berlin Ministerpräsident wurde, um im Heereskonflikt dem widerstrebenden Parlament die Stirn zu bieten, konnte er sich den Junker aus der Altmark sogar als Verbündeten im Kampf gegen den Liberalismus und gegen die Auswüchse materiellen Denkens vorstellen. Nachdem Bismarck sich aber nach 1866 mit den preußischen Liberalen arrangiert hatte, glaubte der stets mißtrauische Jörg in ihm sogar den Agenten der bedrohlichen Moderne, den Steigbügelhalter des »liberalen Geldsackregimentes« zu erkennen. So setzte sich der Herausgeber der Historisch-Politischen Blätter zunehmend kritisch und skeptisch mit Bismarck auseinander. Er erkannte in ihm schließlich eine Verkörperung des modernen Individualismus, einen Menschen, der sich selbst in den Mittelpunkt der Welt stellt und der vom hybriden Glauben an die eigenen Fähigkeiten angetrieben wird. Jörgs Analysen in den Historisch-Politischen Blättern prägten die Stereotypen, die das Bismarckbild in Süddeutschland bestimmten. In vereinfachter Form fanden sich diese Wahrnehmungen auch auf den Seiten des PUNSCH wieder, um damit eine weite Verbreitung zu finden: Bismarck als Spielernatur, als Regelverletzer, als politischer Homo Faber und Galionsfigur einer narzißtischen Moderne.

Damit glich er in der Betrachtung Jörgs seinem Antipoden in Paris, dem Kaiser Napoleon III., wie ein feindlicher Bruder dem anderen. Beide hielten sich in ihrer Selbstüberhebung für politische Wettermacher und waren doch nur Zerstörer. Beide vernichteten in einer Art von Gemeinschaftsarbeit die vom Wiener Kongreß 1815 geschaffene europäische Ordnung. Damit beschworen sie politische Katastrophen bisher ungekannten Ausmaßes herauf. Hinter der Friedensordnung von 1815 stand nämlich die »politische Raison eines Jahrtausends«, die Praxis eines Gleichgewichts der Mächte. Die liberale Zersetzung griff damit von der innerstaatlichen Gesellschaft auf die Staatenwelt über.[25] Dagegen setzten der Napoleonide und der Preuße das »nackte Faustrecht der neuen Nationalitäts-Politik«[26], dessen Folgen alle Europäer in der Zukunft noch teuer zu stehen kommen würden. Wer war nun dieser Bismarck, dem Jörg bei allem entschiedenen Widerspruch gegen seine Politik doch eine gerechte Beurteilung widerfahren lassen wollte. Er war merkwürdig: »Er ist in der That ein merkwürdiger Mann, dieser intellektuelle Urheber des neuen preußischen Reiches«.[27] Ein Mensch – so ließe sich ergänzen – in der Fülle seines Widerspruches. Von den Konservativen Preußens auf den Schild erhoben, um die politischen und sozialen Verhältnisse in seinem Heimatland gegen Veränderungen zu immunisieren, ging er aus unermüdlichem Tatendrang daran, die Ordnungen Deutschlands und Europas über den Haufen zu werfen. Er schlug einen Weg ein, der ihn zum Helfer des Liberalismus und zum geheimen Verbündeten der revolutionären Kräfte machte. Der preußische Ministerpräsident sah sich wider Willen »in das unlösliche Interesse der europäischen Revolution« hineingezogen.[28] Er unterstützte den italienischen Nationalismus gegen das Papsttum, arbeitete gemeinsam mit ungarischen Verschwörern am Untergang der Habsburgermonarchie und zerriß mit einer leichtfertigen Handbewegung die Wiener Verträge von 1815. Zuletzt mußte der von Bismarck gewählte Weg zur deutschen Einheit auch die liberale Revolution in der Gesellschaft vollenden. Er führte zum Zerfall historisch gewachsener Länder, zur schleichenden Auflösung von außerstaatlichen Korporationen wie der katholischen Kirche und zum Triumph kapitalistischen Nützlichkeitsdenkens. Am Ende dieses Weges stand der Tod der Freiheit und der »Absolutismus des Geldsacks«.[29]

Jörg beklagte in Bismarck den verirrten und verblendeten Konservativen, der in eigenartiger Paradoxie liberale Weltveränderung betrieb. Zu den eigenartigen Paradoxa gehörte es in seiner Sicht auch, wenn Bismarck als lebendes Bollwerk preußischer Traditionen den deutschen Nationalismus anfachte und sich seiner bediente, um Preußen groß zu machen. Am Ende mußte aber auch Preußen wie alle geschichtlich gewordenen deutschen Länder in der Nation verschwinden. Zum Ärger Jörgs führte die Nationalbewegung das Wort Freiheit im Mund und auf den Fahnen, während sie doch bereit war, die Freiheit für die Macht zu opfern. Die Errichtung der Nation führte so geradenwegs in die Versklavung der Deutschen unter der Fuchtel von Militär und allgemeiner Dienstpflicht. Im Militärwesen und seiner dominierenden Rolle innerhalb des preußischen Staates erkannte Jörg jenes Hauptübel, das nach 1866 auch auf Bayern übergriff: »Als das einzig richtige Kriterium für die richtige Lösung haben wir von jeher die Befreiung des Volkes von der verderbenden Militär-Überlast betrachtet.«[30] Das von Bismarck und Napoleon III. nach 1866 forcierte Wettrüsten zwischen Deutschen und Franzosen zwang auch die anderen Staaten zum Mitziehen, auf Kosten der

Deutscher Fürstenkongreß 1863. Nach der Schlußsitzung vom 1. September in Frankfurt am Main. Institut für Stadtgeschichte, Frankfurt am Main

bürgerlichen Freiheit: »Ein Land nach dem andern verwandelt sich in eine ungeheure Kaserne und wenn es so fortgeht, so wird der Continent bald ausschließlich mit Militärstaaten und in folgerichtiger Entwicklung mit Militärdespotien bedeckt seyn.«[31] Alternativen sah der skeptische Denker Jörg nicht mehr. Die von Bismarck betriebene deutsche Revolution war nach 1866 nicht mehr rückgängig zu machen. Preußen hatte die süddeutschen Staaten dank der Schutz- und Trutzbündnisse unter militärischer Kontrolle. Dem wirtschaftlichen Anschluß und damit dem liberalen Interesse diente der Zollverein, der den Süden zum Anhängsel des Nordens machte und die Reste bayerischer Eigenständigkeit untergrub: »...was unsere Landesökonomie fördert oder sie benachteiligt, das wird ein erleuchtetes Handelsministerium in München nach wie vor zwar wissen; aber nichts wird im neuen Zollverein durchgesetzt und nichts verhindert werden können als was Preußen will oder nicht will.«[32]

Wirtschaftlich, militärisch und folglich auch politisch war Bayern dem Norden im Jahre 1867 bereits unterworfen. Da sich München ohnedies den Vorgaben aus Berlin zu fügen hatte, konnte der schlaue Bismarck auch gut mit der Mainlinie als der Südgrenze des Norddeutschen Bundes leben. So blieb Süddeutschland für ihn ein Gegenstand von Außenpolitik. Auf diese Weise vermied er die sonst drohenden Zusammenstöße mit den »turbulenten Elementen« des Südens, zu denen sich Joseph Edmund Jörg auch selbst zählte. Er sparte jedenfalls nicht mit einer gewissen Anerkennung für die Gerissenheit des norddeutschen Kanzlers: »...daß er sich die süddeutschen Staaten mit ihren turbulenten Elementen so klüglich vom Leibe zu halten wisse: das galt als der feinste Zug seiner [Bismarcks] Staatskunst.«[33] Die Verfassung des Norddeutschen Bundes konnte errichtet und gefestigt werden ohne die störende Mitsprache badischer Freisinniger, württembergischer Demokraten und bayerischer Patrioten.

Wozu dann der Krieg von 1870? In Jörgs Sicht ging es bei Sedan vor allem darum, die offenen Rechnungen zwischen den beiden geistesverwandten europäischen Antagonisten Bismarck und Louis Napoléon zu begleichen. Die Folgen mußten aber für Deutschland, Frankreich und für das übrige Europa fürchterlich sein. Während die deutschen Truppen Ende 1870 Paris belagerten und beschossen, beklagte der »Einsiedler auf der Trausnitz« mit der ihm eigenen Freiheit des Urteils in den Historisch-Politischen Blättern den Verfall der internationalen Sitten, der die dunkelsten Schatten auf die Zukunft werfe: »Von den civilisirten Staaten thut einer den andern ab; zuerst hat das vom Napoleonismus verführte Frankreich die österreichische Großmacht vernichtet; dann hat das vom National-Liberalismus hingerissene Preußen die andere deutsche Macht auch als politischen Faktor ausgestrichen; und nun ist es daran, daß Frankreich durch seinen intimen Bundesgenossen von 1866 degradirt wird zum – natürlichen Bundesgenossen Rußlands.« Bismarck und Napoleon III. hatten somit »jedes positive Gesetz in Europa zerstört« und »dem Barbarismus in die Hände gearbeitet«.[34]

Während sich andere, natürlich auch in Bayern, an den deutschen Siegen über Frankreich erfreuten, sah Joseph Edmund Jörg bereits weiter. Die neue preußisch-deutsche Großmacht mußte über kurz oder lang in die Zange zwischen einem gedemütigten Frankreich und einem übermütigen Rußland geraten. Da jedes Recht im Verhältnis zwischen den Staaten ausgestrichen worden war, konnten die kommenden Kriege nur im Zeichen einer Rückkehr der Barbarei nach Europa stehen. Dabei wäre es wohl übertrieben, von einer prophetischen Sehergabe Jörgs zu sprechen. Er führte einfach seinen von katholisch-konservativen Ideen eingegebenen Grundgedanken weiter, daß jede Preisgabe historischen Rechts zu einer Kette von Revolutionen und zum Verlust der europäischen Kultur führen mußte. Auch Nichtkatholiken teilten diese Überzeugung. Für einen Freigeist wie den württembergischen Demokraten Ludwig Pfau lag es gleichfalls auf der Hand, daß die Politik Bismarcks zu einer Rückkehr des Faustrechts in seiner brutalsten und inhumansten Form führen müsse. Es stellt sich daher die Frage, ob die Einsichten Joseph Edmund Jörgs auf den Leserkreis der Historisch-Politischen Blätter beschränkt blieben oder ob sie darüber hinaus ein süddeutsches Bismarckbild prägten oder spiegelten.

2. Die Bismarckbilder des PUNSCH

Das Münchner Satireblatt PUNSCH war erstmals in den Karnevalstagen 1848 erschienen. Da auf den Fasching von 1848 sogleich der politische Aschermittwoch der deutschen Revolution folgte, fand es eine unerwartet weite Verbreitung, die den jungen Herausgeber Michael Schleich (1827-1881) veranlaßte, das Blatt fortan regelmäßig herauszubringen. Es sollte bis 1872 und dann nochmals für kurze Zeit im Jahre 1875 erscheinen.[35] Dem aus der preußischen Stadt Erfurt stammenden Münchner Feuilletonisten Julius Grosse (1828-1902) erschien der PUNSCH als ein »höchst grimmig sich gebärdendes Blättchen von blauweißem Größenwahn, dessen Herausgeber, ehe er für das Theater zu schreiben begann, ausschließlich von verbissenstem Preußenhaß lebte.«[36] Tatsächlich war Schleich vor allem als volkstümlicher bayerischer Dramatiker erfolgreich.[37] Daneben pflegte er nach 1862 auch in dem ausschließlich von ihm selbst redigierten PUNSCH seiner Abneigung gegen das von Bismarck verkörperte Preußentum Ausdruck zu verleihen.

Die Texte Schleichs und die nach seinen Entwürfen anfertigten Karikaturen in dem Satireblatt popularisierten die von Joseph Edmund Jörg gewählte katholisch-konservative Wahrnehmung des norddeutschen Bundeskanzlers. Während die Argumente Jörgs infolge der mit 2000 gedruckten Exemplaren doch begrenzten Auflage der Historisch-Politischen Blätter zwar die katholische Bildungselite, aber nicht die Massen erreichten, wirkte die graphische Umsetzung dieses Bismarckbildes im PUNSCH weit in das bayerische Volk hinein, das wiederum in den Wahlen seine Positionen zur Geltung brachte. Die Zeichnungen im PUNSCH zeigen den Kanzler als politischen Gewalttäter, der zeitweilig mit dem Liberalismus paktiert und die deutschen Fürsten mit parlamentarischer Soße übergießt, der die 1815 geschaffene Wiener Ordnung rücksichtslos mit Füßen tritt. Nach der Niederlage von 1866 bemühte sich auch das von dem liberalen Hocharistokraten Chlodwig Hohenlohe geführte Bayern um Annäherung an den Norddeutschen Bund. Bismarck, der den Süden ohnedies schon in der Hand hat, gibt sich aber geringschätzig und will Bayern nur zu seinen Bedingungen im Bund sehen. Bismarcks Arroganz ist für die Bayern ebenso bitter wie die hohen finanziellen Lasten der militärischen Aufrüstung. Auch die bayerische Zitrone wird wie die badische und die württembergische in der preußischen Saftpresse landen und ausgequetscht werden. Dieses Schicksal ist nicht mehr abzuwenden, da die süddeutschen Liberalen mit Ungestüm der deutschen Einigung unter Preußens Führung zuarbeiten und so die Zerstörung süddeutscher Eigenstaatlichkeit für Bismarck betreiben. Bei alledem glimmt allenfalls die zynische Hoffnung auf, daß Bismarck sich seiner alten Abneigung gegen die Liberalen erinnern wird, um sie zu züchtigen, wenn er sie nicht mehr als Verbündete braucht.

Michael Schleich hat somit die Wahrnehmungen Bismarcks, wie sie sich in den Historisch-Politischen Blättern fanden, auf den Seiten des PUNSCH ins Bild gesetzt. Er sollte sich dann freilich im Unterschied zu Jörg eines anderen besinnen. Überwältigt von den Erfolgen der deutschen Truppen in Frankreich 1870 und geblendet vom Glanz der Reichsgründung sollte der Münchner Autor seinen Frieden mit Preußen und mit Bismarck schließen. Der PUNSCH wurde am Ende seines Lebens siegesdeutsch. Um so einsamer wurde es um Jörg, den Einsiedler auf der Trausnitz.

III. Alternativen zu Bismarck?

Die schon gelegentlich berührte Frage, was denn der Süden gegen Bismarck in die Waagschale zu werfen hatte, soll nun einer Antwort näher gebracht werden. Der mächtige Mann Preußens war die *bête noire* für konservative Bayern und demokratische Württemberger gleichermaßen. Beiden Gruppen galt er als Verkörperung einer unheimlichen und zutiefst ungeliebten Moderne. In der Weltsicht der bayerischen Patrioten, von Joseph Edmund Jörg theoretisch fundiert, von Michael Schleich popularisiert, kam dem norddeutschen Bundeskanzler die Aufgabe zu, ein motivierendes und mobilisierendes Feindbild zu liefern. Dabei hatte Jörg, wie gesagt, Bismarck bis 1866 sogar als möglichen Verbündeten gegen den Liberalismus wahrgenommen, erst dann wurde ihm klar, daß der Kanzler auf seine Weise zu denselben Zielen strebte wie das geschäftstüchtige liberale Bürgertum, das die Einheit aus wirtschaftlichen Gründen wünschte. Die Einschätzung Bismarcks war somit für Jörg wie für andere süddeutsche Meinungsführer abhängig von der eigenen innenpolitischen Positionsbestimmung. Ein gesamtdeutsches politisches Bewußtsein hatten sie gerade nicht.

Die süddeutschen Gegner Bismarcks fürchteten den allmächtigen Anstaltsstaat ebenso wie die Vorherrschaft des wirtschaftlichen Profitdenkens. Gegen die befürchtete Zentralisierung setzten sie die Forderung nach dem Föderalismus, gegen die Kälte Bismarckscher Realpolitik romantische Gesellschaftskonzepte, die genossenschaftliche Organisationsformen als Allheilmittel gegen die Allgewalt von Staat und Kapital empfahlen. Sie befürworteten das historische Recht der einzelnen deutschen Länder auf eine autonome Existenz, die nicht der nivellierenden Gewalt des Zentralstaates unterworfen werden sollte. Sie warnten vor der Umwälzung der europäischen Staatenordnung, die in eine Ära internationaler Rechtlosigkeit münden mußte. Die außenpolitische Alternative zur Bismarckschen Reichseinigung konnte zunächst nur die Fortdauer des Schwebezustandes sein, in dem sich Süddeutschland seit Königgrätz befand, wobei die Hoffnung blieb, daß bei veränderten Konstellationen doch einmal wieder die großdeutsche Lösung des Problems möglich würde.

Und die württembergischen Demokraten? Sie standen den bayerischen Konservativen doch näher als es auf den ersten Blick den Anschein haben mochte. Zwar lehnten sie die romantischen und korporativen Gesellschaftskonzepte ab, den Autoritätsanspruch der katholischen Kirche ließen sie nicht gelten. Sie setzten dagegen auf die Mündigkeit des aufgeklärten Bürgers. Die genossenschaftlichen Ordnungsvorstellungen der bayerischen Patrioten fanden aber auch bei ihnen offene Ohren. Die Ablehnung von Preußentum und liberalem Kapitalismus einte auch die Demokraten zwischen Neckar und Bodensee. Sie haßten »Kaserne und Fabrik«. Die Partei folgte Anführern wie Mayer, Haußmann oder Pfau, die humanistische Bildungsbürger mit mittelständischem, kleinbürgerlichem Hintergrund waren. Als Achtundvierziger, die vor der Reaktion fliehen mußten, kannten sie die Schweiz als ihr Asylland. Haußmann war bereits 1851 nach Stuttgart zurückgekehrt, Mayer und Pfau folgten erst nach einer Amnestie im Jahre 1863. Sie hofften nun, die schweizerischen Staatsideen von bürgerlicher Selbstbestimmung und umfassender gesellschaftlicher Kontrolle der Regierung, wehrhafter Demokratie und genossenschaftlichem Zusammenschluß der Einzelstaaten auf Deutschland übertragen zu können, wobei sie sich auf die mittelständischen Traditionen Württembergs stützen konnten.[38] Wenn es um die Errichtung einer deutschen Eidgenossenschaft freier und gleichberechtigter Staaten ging, so war Preußen für dieses Modell einfach zu groß und zu mächtig. Was tun? Man mußte es zerschlagen! Daher lautete das kühne Motto des Demokraten Ludwig Pfau: »Ceterum censeo Borussiam esse delendam...«[39] Mochte es auch wie provinzieller Größenwahn klingen, so steckte doch in der Sentenz die Hoffnung mancher Demokraten, daß es wegen der Überspanntheit der Bismarckschen Politik in Berlin wieder wie 1848 zur Revolution kommen würde. Dann ging vielleicht das alte Preußen unter, so daß die genossenschaftliche Idee auch in Deutschland eine Chance erhalten würde. Augrund der vielen gewagten Hypothesen konnte diese Vision aber kaum als Alternative zur Bismarckschen Reichseinigung gelten.

Manche Überspitzung erklärt sich nur aus dem blinden Hass auf die Person Bismarcks, der sich bei Pfau sehr deutlich aufzeigen lässt. Der Preuße war demnach ein Mann der Gewalt, eine Bedrohung der Zivilisation. Mit der Unrast des Machtmenschen warf der Kanzler die politische Kultur Deutschlands wieder auf das Niveau zur Zeit des Dreißigjährigen Krieges zurück. Seit 1866 stand Pfaus Urteil über den künftigen Reichsgründer fest: »Unsere Staatenbildung, die nach vielhundertjährigen Kämpfen endlich aus der Phase der Gewalt in die der Gerechtigkeit zu treten strebt, wird mit der Herrschaft seines {Bismarcks} großmächtlichen Säbelregiments auf den Boden des Faustrechts zurückgeworfen.«[40] Mit Bismarck führte der Weg der Deutschen wieder zurück in eine unglückliche Vergangenheit. Bei dieser vehementen Kritik blieb es auch nach der Reichsgründung. Die Trias der schwäbischen Demokratie Mayer – Haußmann – Pfau verharrte auch nach der Reichsgründung bei ihren Überzeugungen. So dichtete Julius Haussmann in einer Grußadresse an den Ausschuß der Deutschen Volkspartei 1873: »Im Geiste sind wir bei Euch,/ Doch leider auch im Reich./ Geht dieses aus dem Leim,/ Kehrt jeder fröhlich heim.«[41] Die Verachtung für den Gewaltpolitiker übertrug sich bei diesen Achtundvierzigern auf dessen Schöpfung, das Deutsche Reich. Den wütenden Parolen fehlte aber nach 1871 anders als in den Jahren zuvor die Resonanz. So waren die entscheidenden Schritte zu der als *Verpreußung* diffamierten Angleichung an den Norden schon vor 1870 gemacht worden und hatten zu einer Mobilisierung der Bevölkerung geführt. Drohende Gefahren erregen mehr Furcht und Verärgerung als herrschende Zustände. Richtete sich der Unmut vieler Bayern gegen den 1867 vorgelegten liberalen Schulgesetzentwurf der Regierung Hohenlohe, so bündelte die Volkspartei in Württemberg geschickt den Unmut gegen die Anpassung des württembergischen Militärs an das preußische Vorbild. Gegen das Kriegsdienstgesetz von 1868, das heftig bekämpfte »Fluchgesetz«, sammelte die Partei 150 000 Unterschriften und erreichte somit fast die Hälfte der Stimmbürger des kleinen Königreiches.[42] Dies gelang, weil die Partei für das von ihr als Knebelanstalt freier Männer verworfene Wehrpflichtheer eine dem Schwaben einleuchtende Alternative vorweisen konnte, nämlich eine Milizarmee nach dem Schweizer Muster. Während die politischen Alternativentwürfe im Süden zur Bismarckschen Reichseinigung vage und teils phantastisch blieben, hatten die Gegner Bismarcks doch klare Konzepte für die Neuordnung ihrer Länder, katholisch-korporativ in Bayern, genossenschaftlich-demokratisch auf helvetische Art in Württemberg. Beide Potentiale blieben denn auch nach 1871 so stark, daß sie die politischen Landschaften beider Länder weit über das Ende der Kanzlerzeit Bismarcks hinaus prägen konnten.

Anmerkungen

1 *Josef Becker*: Zum Problem der Bismarckschen Politik in der spanischen Thronfrage 1870, in: Historische Zeitschrift 212 (1971), S. 529-607.

2 Ebd., S. 606.

3 *Rolf Wilhelm:* Das Verhältnis der süddeutschen Staaten zum Norddeutschen Bund (1867-1870), Husum 1978.

4 Ebd., S. 172 ff.

5 *Lothar Gall:* Bismarcks Süddeutschlandpolitik 1866-1870, in: Eberhard Kolb (Hrsg.): Europa vor dem Krieg von 1870. Mächtekonstellationen – Konfliktfelder – Kriegsausbruch, München 1987, S. 23-32.

6 Ebd., S. 27.

7 *Richard W. Dill*: Der Parlamentarier Eduard Lasker und die parlamentarische Stilentwicklung der Jahre 1867-1884, Diss. Erlangen 1956, S. 54.

8 So *Boyer de Nîmes* im Verlauf der Französischen Revolution 1792: *Raimund Rütten* u.a.: Die Karikatur zwischen Republik und Zensur. Bildsatire in Frankreich 1830 bis 1880 – eine Sprache des Widerstands?, Marburg 1991, S. 11.

9 Dazu nun eine neue Quellenedition: *Frank Zimmer* (Hrsg.): Vom Norddeutschen Bund ins Deutsche Reich. Gesandtschaftsbericht und Briefe des großherzoglich hessischen Gesandten Karl Hofmann aus Berlin 1866-1872, Darmstadt 2001.

10 *Lothar Gall*: Der Liberalismus als regierende Partei. Das Großherzogtum Baden zwischen Restauration und Reichsgründung, Wiesbaden 1968.

11 *Hermann Oncken*: Großherzog Friedrich I. von Baden und die deutsche Politik von 1854-1871. Briefwechsel – Denkschriften – Tagebücher, Bd. 1, Stuttgart 1927 [ND Osnabrück 1966], S. 498-502.

12 Vgl. die von der österreichischen Regierung lancierte Quellenedition: Aktenmäßige interessante Enthüllungen über den badischen Verrat an den deutschen Bundestruppen in dem soeben beendeten preußisch-deutschen Kriege, o.O. [Wien] 1866.

13 *Walther Peter Fuchs*: Studien zu Großherzog Friedrich I. von Baden, Stuttgart 1995, S. 131.

14 *Sten Martenson:* Württemberg und Rußland im Zeitalter der deutschen Einigung 1856-1870, Göppingen 1970; *Friedrich Nanninga*: Zur »deutschen« Politik des württembergischen Außenministers von Varnbüler in den Jahren 1864 bis 1870, in: Zeitschrift für Württembergische Landesgeschichte 32 (1973), S. 113-149.

15 *Adolf Rapp:* Die Württemberger und die nationale Frage 1863-1871, Stuttgart 1910, S. 261.

16 Das Wahlergebnis nach: *Otto Becker:* Bismarcks Ringen um Deutschlands Gestaltung, Heidelberg 1958, S. 587 f.

17 Handbuch der Baden-Württembergischen Geschichte 3, Stuttgart 1992, S. 346; vgl. auch: *Eberhard Naujoks*: Württemberg im diplomatischen Kräftespiel der Reichsgründungszeit (1866/70). Zur Problematik der deutschen Politik des Freiherrn von Varnbühler, in: Zeitschrift für Württembergische Landesgeschichte 30 (1971), S. 201-240.

18 *Hans Rall*: König Ludwig II. und Bismarcks Ringen um Bayern 1870/71, München 1973, S. 7.

19 Zuletzt: NDB 20 (2001), S. 359 f. (Wilhelm Volkert).

20 *Ludwig Reiners:* Bismarck 2: Bismarck gründet das Reich 1864-1871, München 1957, S. 240.

21 *Sönke Neitzel:* Chlodwig Fürst zu Hohenlohe-Schillingsfürst (1819-1901), in: Michael Fröhlich (Hrsg.): Das Kaiserreich. Portrait einer Epoche in Biographien, Darmstadt 2001, S. 77-86.

22 *Friedrich Hartmannsgruber:* Die Bayerische Patriotenpartei 1868-1887, München 1986.

23 Würdigungen zuletzt bei: *Dieter Albrecht*: Joseph Edmund Jörg, in: Rudolf Vogel (Hrsg.): Immenstadt im Allgäu, Immenstadt 1996, S. 575-578; *ders.*: Joseph Edmund Jörg: Briefwechsel 1846-1901, Mainz 1988, S. XXIV-XXXVIII; *Karl-Hermann Lucas*: Joseph Edmund Jörg: Konservative Publizistik zwischen Revolution und Reichsgründung (1852-1871), Diss. Köln 1969, S. 1-10.

24 *Dieter Albrecht, Bernhard Weber*: Die Mitarbeiter der Historisch-Politischen Blätter für das katholische Deutschland 1838-1923. Ein Verzeichnis, Mainz 1990, S. 9; *Dieter J. Weiß*: Katholischer Konservatismus am Scheideweg – Die »Historisch-politischen Blätter« und die »Gelben Hefte«, in: Hans-Christof Kraus (Hrsg.): Konservative Zeitschriften zwischen Kaiserreich und Diktatur. Fünf Fallstudien, Berlin 2003, S. 97-114.

25 Historisch-Politische Blätter (HPB) 60 (1867/ II), S. 638.

26 Ebd., S. 641.

27 HPB 61 (1868/ I), S. 637.

28 HPB 60, S. 648 f.

29 HPB 64 (1869/ II), S. 916.

30 HPB 60 (1867/ II), S. 81.

31 Ebd.

32 HPB 60 (1867/ II), S. 74.

33 Ebd., S. 640.

34 HPB 66 (1870/ II), S. 554 f.

35 *Elisabeth Hirtz*: Martin Schleich: Sein Leben und sein dramatisches Schaffen, in: Oberbayerisches Archiv 68 (1931), S. 77-192; *Ludwig Schrott*: Martin Schleich: Ein Münchner in mancherlei Gestalt, in: Ders.: Altmünchner Trio, München 1973, S. 5-17.

36 *Julius Grosse:* Ursachen und Wirkungen: Lebenserinnerungen, Braunschweig 1896, S. 198.

37 Gesammelte Lustspiele und Volksstücke, 2 Bände, München 1863.

38 *Gerlinde Runge:* Die Volkspartei in Württemberg von 1864 bis 1871. Die Erben der 48er Revolution im Kampf gegen die preußisch-kleindeutsche Lösung der nationalen Frage, Stuttgart 1970, S. 115-122; *Rolf Weber*, Kleinbürgerliche Demokraten in der Deutschen Einheitsbewegung 1863-1866, Berlin 1962, S. 237-274.

39 *Erich Weinstock*: Ludwig Pfau – Leben und Werk eines Achtundvierzigers, Heilbronn 1975, S. 24.

40 *Ludwig Pfau*: Ein Beitrag zur Lösung der deutschen Frage, o.O. [Stuttgart] 1866, S. 13.

41 *Klaus Simon*: Die württembergischen Demokraten. Ihre Stellung und Arbeit im Parteien- und Verfassungssystem in Württemberg und im Deutschen Reich 1890-1920, Stuttgart 1969, S. 12.

42 *Runge*: Volkspartei (wie Anm. 38), S. 139.

Bismarck und Frankfurt am Main

Von Rainer Koch

In der öffentlichen Meinung der Stadt Frankfurt am Main dürfte es zwischen dem Herbst 1861 und dem Mai 1871 kaum eine tiefer verachtete, ja gehaßtere Persönlichkeit des öffentlichen Lebens gegeben haben als Otto von Bismarck. In diesem Jahrzehnt zwischen seiner Ernennung zum preußischen Ministerpräsidenten, genauer gesagt seit seinem »Staatsstreich« gegen die überwältigende Mehrheit des preußischen Abgeordnetenhauses und dem Beginn des budgetlosen Regiments im Heeres- und Verfassungskonflikt bis zum Frankfurter Frieden mit Frankreich hat er jegliche preußenfreundliche, ja ihm selbst einst wohlgesonnene Grundstimmung in der Stadt zunichte gemacht.

Wenn er auch nach dem deutsch-französischen Krieg 1870/71 und der Reichsgründung – alle Trümpfe in der Hand haltend – die Verhandlungen mit Jules Favre, dem französischen Außenminister, im Mummschen Haus mit der Erklärung beschloß, daß der Friede von Frankreich auch ein. Friede »für Frankfurt und mit Frankfurt« sei, die preußen- und Bismarckfeindliche Haltung der Stadt und ihrer Bürger sollte sich auch in den kommenden Jahrzehnten nicht mehr grundlegend ändern.

Der Liberale Leopold Sonnemann, der Sozialdemokrat Adolf Sabor – wer immer für Frankfurt im Reichstag oder wie Freiherr Mayer Karl von Rothschild – der Schüler Dahlmanns – auch im preußischen Herrenhaus saß, weder mit den Zielen noch den Methoden des Reichskanzlers konnte man sich aus Frankfurter Sicht verbinden.

Die Begrüßungsrede, die damals, am 10. Mai 1871, der Hausherr Heinrich Mumm, der später nobilitierte Oberbürgermeister, hielt und in der er von »allgemeiner Freude« der Bevölkerung der Stadt über die Anwesenheit Bismarcks sprach, ihn als »Friedensengel« willkommen hieß und in der er der Hoffnung Ausdruck gab, daß sich Bismarck trotz langer Abwesenheit in der Stadt am Main nicht fremd fühlen werde, konnte von den teilnehmenden Frankfurter Persönlichkeiten gewiß nur mit gebrochenem Herzen vernommen werden.[1] Friedrich Moritz Gontard, der Bankier, Dr. Nicolaus Berg, 1865 der letzte in der freien Stadt gewählte Senator, Justinian Maximilian von Günderrode, der Königlich Bayerische Kammerherr oder der katholische Großkaufmann und Niederländische Generalkonsul Georg Leberecht von Guaita werden schon die Tischverzierung mit gemischten Gefühlen betrachtet haben, war doch auf dem silbernen Tafelaufsatz ein Tempel aus Zukkerguß errichtet mit den Inschriften »Paris, Wörth, Sedan, Metz« – umgeben von einem Kranz kleiner Kanonenkugeln.

Weder die Einigung des kleindeutsch-preußischen Reiches mit »Eisen und Blut«, noch die harte Behandlung des besiegten Frankreich konnten in dem großdeutsch gesonnenen, liberalen und durch zahlreiche familiäre und geschäftliche Bande eng mit Frankreich verbundenen Frankfurter Bürgertum auf Sympathie rechnen.

Die eigentliche Zäsur der Beziehungen zwischen Bismarck, Preußen und Frankfurt lag natürlich in den Julitagen 1866, als die von Frankfurt unterstützte und von Österreich angeführte Bundesexekution des Deutschen Bundes gegen Preußen auf dem Schlachtfeld von Königgrätz gescheitert und die Preußen nach dem für sie erfolgreichen Gefecht bei Aschaffenburg unter General Vogel von Falckenstein in das von Bundestruppen geräumte Frankfurt kampflos einmarschiert waren.[2]

Sechs Millionen Gulden Kriegskontribution, Auflösung des Senats, der Ständigen Bürgerrepräsentation und der Gesetzgebenden Versammlung, Verbot der liberalen Neuen Frankfurter Zeitung Sonnemanns und Verhaftung der Redakteure, Inhaftierung der katholischen Senatoren Bemus und Speltz, drückende Einquartierungen, Requirierung von Pferden und Equipagen – bis hin zu den Handpferdchen der Rothschildschen Kinder – dies waren die ersten Maßnahmen.

Am 20. Juli 1866, General Edwin von Manteuffel, der frühere Chef des preußischen Militärkabinetts und Mitglied der König Friedrich Wilhelm IV. beratenden reaktionären »Kamarilla«, hatte inzwischen von Falckenstein im Oberbefehl über die Mainarmee abgelöst, präsentierte der Militärbefehlshaber mit ausdrücklicher Rückendeckung Bismarcks die neue, offenbar auf die Vernichtung der Stadt zielende Forderung: Zahlung von 25 Millionen Gulden binnen 24 Stunden, zuzüglich die kostenfreie Bereitstellung von Naturalien im Wert von 3 Millionen Gulden – anderenfalls werde die Beschießung der Stadt angeordnet und sie sodann zur Plünderung freigegeben. Um der Drohung Nachdruck zu verleihen, zog preußische Artillerie am Mainberg auf.

Bürgermeister Carl Constanz Victor Fellner, von bürgerlichem Beruf Handelsmann und seit 1852 Senator der Freien Stadt, und Dr. Samuel Gottlieb Müller, seit 1833 Senator und seit 1862 Syndicus, waren als Bevollmächtigte der Besatzungsmacht eingesetzt und sollten die Forderung eintreiben. Als von Fellner verlangt wurde, unverzüglich ein Verzeichnis der in den politischen Körperschaften der Freien Stadt tätigen Bürger mit Kennzeichnung ihrer Vermögenssituation vorzulegen, zog er den Freitod durch Erhängen vor.

Von dem inzwischen nach Heidelberg geflohenen Franz Bernus, aber auch von James Rothschild in Paris wurde an die Außenminister Frankreichs, Englands und Russlands appelliert, im Namen der Menschlichkeit dem preußischen Vorgehen in Frankfurt Einhalt zu gebieten. Als die Frankfurter Angelegenheiten weltweite Publizität fanden, gab Bismarck als geschmeidiger Sieger sein Plazet für eine langsamere Gangart, sistierte durch ein Telegramm an Manteuffel die maßlosen Forderungen.

Am 8. Oktober 1866 wurde in einem anbefohlenen »Festakt« im Römer die Annexion Frankfurts durch Preußen vollzogen. Der Versuch von Bürgermeister Dr. Müller, Nachfolger Fellners im Amt, in einer Unterredung mit Bismarck in Brünn günstigere Bedingungen für Frankfurt zu erhalten, war gescheitert. Die alte Wahl- und Krönungsstadt des Heiligen Römischen Reiches Deutscher Nation, die Freie Stadt im Deutschen Bund wurde zur Provinzstadt im Regierungsbezirk Wiesbaden degradiert. Als ein sichtbares Zeichen ihres Triumphes führten die Preußen die Bestände des Zeughauses nach Berlin. »Ich werde mich nie freiwillig Untertanin eines Staates nennen, der jedes Recht der Gewalt hintansetzt. Mag Preußen seine Intelligenz rühmen; Heere organisieren und Schlachten gewinnen, die Herzen der Überwältigten zu gewinnen, versteht es nicht«, notierte im Dezember 1866 Marianne Lutteroth; geb. Gontard.[3] Max Wirth, Redakteur der Neuen Frankfurter Zeitung, hatte schon lange zuvor, nämlich im Juni 1866, die Frankfurter Stimmungslage zutreffend charakterisiert: »Das bisher am meisten beliebte Schimpfwort Bismarck geht allmählich in Preußen über«.

Bismarcks Wohnung in der Bockenheimer Landstraße 104 (Villa Adlerflycht).
Institut für Stadtgeschichte, Frankfurt am Main

Die schmachvolle Behandlung Frankfurts durch Bismarck war nicht nur die Abrechnung mit einer Stadt, die im Vormärz lange Jahre hindurch Widerstand gegen die Expansion des preußischen Zollvereins geleistet hatte, war nicht nur späte Rache am Tagungsort der Deutschen Nationalversammlung 1848/49 oder Quittung für die pro-österreichische, großdeutsch-föderalistische Haltung ihres Bürgertums, sondern hinter allem macht-

Bismarcks Wohnung von 1852 bis 1858 in der Großen Gallusstraße 19, Frankfurt am Main. Foto: Reeck, 1933. Institut für Stadtgeschichte, Frankfurt am Main

politischen Kalkül, welches mit dem Zugriff auf die Handels-, Banken- und Börsenstadt verbunden war, waren ganz grundsätzliche ideologische, ja sogar kleinkariert-persönliche Komponenten erkennbar.

Schon die Ernennung des Freiherrn Robert von Patow als Zivilgouverneur für Frankfurt macht dies deutlich. Bismarck selbst hatte 1853 an der Hochzeit von Patows mit Ida von Günderrode teilgenommen, wußte, daß dieser dem Papier nach Frankfurter Bürger geworden war und seit 1855 der Ganerbschaft Alten-Limpurg, der ältesten und bedeutendsten Frankfurter Patriziergesellschaft, zugehörte. Von 1858 bis 1862 war von Patow preußischer Finanzminister gewesen und gehörte im September 1862 zu jenen 10 Abgeordneten der äußersten Rechten, die sich in kompromißloser Loyalität zur Krone zu Bismarcks Verfassungsbruch bekannt und im Heereskonflikt exponiert hatten.

Er kannte die Frankfurter Gesellschaft zu gut, um neutral zu sein, er stand politisch zu extrem, um nach Frankfurt zu passen – ein Mann des Ausgleichs und des Kompromisses war er gewiß nicht.

Das liberale und demokratische Frankfurt im Mark zu treffen, die in ihm lebendige deutsche Tradition kommunaler Autonomie einer obrigkeits- und anstaltsstaatlichen Rationalität und ihrem ökonomisch-sozialen Modernisierungsdruck zu unterwerfen, war gewiß eine der Haupttriebfedern der preußischen Politik. Nicht von ungefähr begann erst jetzt der Siegeszug des industriellen Kapitalismus in Frankfurt. Keineswegs hatte die für Frankfurt so typische, jahrhundertealte Verbindung von protestantischer Ethik und Kapitalakkumulation zur Entfesselung des modernen Prometheus geführt, sondern es war fremder staatlicher Machtwille, der, der Logik seines Handelns folgend, die Instrumente der Moderne zu nutzen und zu forcieren verstand.[4] Nicht nur der Verlust der Selbständigkeit, sondern die totale Umgestaltung der wirtschaftlichen und gesellschaftlichen Verhältnisse und der sozialen Bindungsmuster waren jetzt für Frankfurt angesagt.

Das überaus negative Verhältnis Bismarcks zu Frankfurt hatte sich mit innerer Notwendigkeit entwickeln müssen, war aber zwei Jahrzehnte zuvor noch keineswegs vorgeprägt. Damals, im Mai 1851, fiel die Entscheidung Bismarcks, im Dienst seines Königs an den neu eröffneten Bundestag in Frankfurt zu gehen. Von Leopold von Gerlach, dem Kopf der »Kamarilla«, seit 1848/49 als ausgewiesener royalistischer Konterrevolutionär gefördert, galt Bismarck überall als hochkonservativer, aggressiver Gegner von Liberalismus und Demokratie. Ministerpräsident Otto Theodor von Manteuffel bot ihm am 6. Mai 1851 an, in der Stellung eines Geheimen Legationsrates General von Rochow, den preußischen Gesandten am Bundestag nach Frankfurt zu begleiten, mit der Option, alsbald dessen Amt zu übernehmen. Zwei Tage später erfolgte die Zustimmung des Königs.[5]

Am 11. Mai 1851, spät abends, traf Bismarck nach 24stündiger Bahnfahrt in Frankfurt ein und stieg im »Englischen Hof« am Roßmarkt ab, einem der prächtigsten Frankfurter Gasthöfe, und bewohnte dort zwei Zimmer im Parterre. »Das Wetter ist kalt und trübe, die Stadt aber hübsch, und von Demokratie brauchst Du hier für mich nichts zu fürchten«, schrieb er seiner Frau Johanna unter dem 12. Mai 1851.[6]

Auch sein Besuch in der Paulskirche am 21. Mai 1851 bestärkte ihn in der Einschätzung. daß die liberale und nationale Demokratie in Deutschland, daß Schwarz-Rot-Gold, das »Feldzeichen« der Gegner Preußens, sich historisch überholt habe. In der Grabesstille des sandsteinroten Kirchenrundes könne man sich heute »Parlamentsgeschrei« nur schwer vorstellen. Mit sichtlichem Vergnügen berichtete er seiner Frau von der Ratlosigkeit der »zeigenden Donna... weß Geistes Kind sie aus mir machen sollte«.[7] Während der Besucher des Tagungsortes der Deutschen Nationalversammlung für gewöhnlich, je nach politischer Gesinnung verschieden, von den Schreibpulten Auerswalds und Fürst Lichnowskys, den beiden im Frankfurter Septemberaufstand 1848 ermordeten Abgeordneten der äußersten Rechten, oder Blums und von Trützschlers, den von der Gegenrevolution liquidierten Demokraten, Holzspäne schnitten, war für Bismarck sowohl die rechte als auch die linke Tradition von 1848 her mit der Staatsräson und den Machtinteressen Preußens unvereinbar, er lehnte das ihm angebotene Werkzeug ab.

Ein Ball beim englischen Gesandten Graf Cowley verschaffte ihm ersten Zugang zur Frankfurter Gesellschaft, die ja über zahlreiche Heiratsverbindungen mit der Diplomatie am Bundestag verwoben war. »Das tanzlustige Frankfurt« – so sollte er später in seinen »Gedanken und Erinnerungen« jene ersten Eindrücke von den großen Bällen etwa beim österreichischen Bundespräsidialgesandten von Thun-Hohenstein überschreiben, dahinter stand zugleich die Konfrontation des vergleichsweise armen Landjunkers aus dem preußischen Regierungsbezirk Magdeburg mit dem ungeheuren Reichtum der patrizischen und großbürgerlichen Führungsschichten des alten Reichs.[8]

Vor allem war er von nun an häufiger Gast im Salon der Freifrau von Vrints zu Treuenfeld, der Tochter des ersten österreichischen Bundespräsidialgesandten (1816- 1823) und Schwester des österreichischen Ministerpräsidenten. Ihr Mann, Freiherr von Vrints, hatte eine bedeutende Stelle bei der Thurn- und Taxisschen Post inne, und im Auftrag des Fürsten prägte er die Richtung der Frankfurter Oberpostamtszeitung und des Journal de Francfort, deren Eigentümer Thurn und Taxis war.

Bismarck war also direkt in ein gesellschaftliches Kraftzentrum der österreichischen Position in Frankfurt eingedrungen und empfand bei aller Wichtigkeit der ihm zugeflüsterten Informationen – etwa über die Hintergründe der Ablösung von Thuns durch den Freiherrn Prokesch von Osten – sehr deutlich, daß man ihn im gesellschaftlichen Umfeld des Bundestages, nicht anders als bei den von ihm wahr-genommenen Vertretungen Preußens am hessen-darmstädtischen Hof und beim Senat der Freien Stadt Frankfurt, als Parvenue betrachtete, als einen Mann ohne befriedigenden beruflichen Werdegang und ohne zureichende private Finanzlage, ohne standesgemäße dienstliche Alimentation. Er sei eigentlich nie mehr als »Auskulator und Rittergutsbesitzer« gewesen, versetzte ihm die Oberpostamtszeitung als Seitenhieb, und auch Adolf Freiherr von Holzhausen, der Bundestagsgesandte bei der 16. Kurie, ließ ihn seine geringe gesellschaftliche Stellung spüren.[9]

»Mit 3.000 Rthlr. Gehalt und unserem eigenen Bißchen werden wir hier zwar leben können, aber geniert«, schrieb er seiner Frau. Schulden wolle er nicht machen, aber »äußerlich elegant müssen wir hier sein«. Und zugleich bat er sie »irgendein beliebiges Möbel« zu mieten, welches ihr »Französischplappern« beibringen könne. »Du kommst hier doch in französisches Wesen und reden hinein, es ist nicht zu vermeiden, daß Du Dich damit vertraut machst, so gut Du kannst.«[10] Oder, an anderer Stelle: »Die Damen, insbesondere die Frankfurter Löwinnen sind äußerst elegant, sie sprechen zum Teil gut und mit Ostentation Französisch, waren in Paris und lassen ihre Männer zu Haus«.[11]

Tout le monde s'appelle Gontard – diese Erfahrung der engen, seit der Aufnahme der französischen Glaubensflüchtlinge nie gebrochene Verbindung Frankfurt – Frankreich hatte Bismarck ebenso zu verkraften, wie seine gesellschaftliche Unterlegenheit – und ein Drittes trat hinzu: die Konfrontation mit einem im geistigen wie im gesellschaftlichen Leben äußerst einflußreichen Katholizismus.

Intellektuell geprägt wurde die katholische Partei in Frankfurt vom Domdekan Beda Weber. Aus Südtirol stammend, war er der große Wortführer des politischen Katholizismus in der Frankfurter Nationalversammlung gewesen.. Seit 1855 gab er die ultramontan und großdeutsch orientierte Zeitung »Deutschland« heraus und redigierte ohnehin die katholische Kirchenzeitung.[12]

Das Turn und Taxis'sche Palais in Frankfurt am Main, Sitz des Bundestages. Nach einer Aufnahme von Bakker, Frankfurt

zu fahren, bei Bingen im Rhein zu schwimmen – mit Blick auf den »Mäuseturm«, wo der »böse Bischof« gesessen –, im nahen Soden das Heilwasser zu trinken oder bei der »Mutter Kraus« in Schwalbach den Äpfelwein zu verkosten.

»Die Stadt ist nicht so übel, wie Du meinst«, teilte er seiner Frau mit, »vor den Thoren sind reizende Gartenwohnungen in großer Menge, ähnlich wie im Thiergarten, nur sonniger. Als Legationsrath wird er schwer sein, da zu wohnen, wegen Entfernung und Theurung«.[13]

Auch der »Englische Hof« wurde Bismarck zu teuer, er zog in die Hochstraße 45. Erst als am 15. Juli 1851 der König seine Ernennung zum Bundestagsgesandten genehmigte – die feierliche Amtseinführung sollte aber erst am 27. August, nach der Abreise von Rochows nach St. Petersburg erfolgen – besserte sich Bismarcks Frankfurter Situation nachhaltig. Vor allem konnten jetzt seine Frau und seine Kinder Herbert und Marie nachkommen.

Das Anmieten eines geeigneten Hauses allerdings gestaltete sich schwierig. »Dein Herkommen hängt nun, nebst Deinen eigenen Wünschen und Bedürfnissen, davon ab, daß ich eine Wohnung finde, in denen die Auswahl nicht sehr groß ist, da ich durchaus Garten haben will, und große Quartiere nicht viele disponibel stehen«, schrieb er am 16. August 1851 an Johanna.[14] Doch zum 1. Oktober konnte er das von dem Rentier Johann Philipp Bilger gemietete Haus in der Bockenheimer Chaussee Nr. 40 (später 104) beziehen, ein Landhaus mit 2½ Morgen Garten und Blick auf die Taunushöhen. Hier wurde Anfang August 1851 sein drittes Kind, Wilhelm, geboren. Doch bereits im Herbst des gleichen Jahres verkaufte man das Anwesen, die Bismarcks samt Diener Hildebrand und elf weiteren Dienstboten, mußten weichen und mieteten das den Marquard Georg Seufferheldschen Erben gehörende Haus Große Gallusstraße 19 an, wo dann

Im gesellschaftlichen Kreis um Antonie Brentano-Birkenstock und im Salon der Frau Rat Schlosser fanden sich katholisch und großdeutsch gesonnene Frankfurter Persönlichkeiten wie Wilhelm Jordan, die Guaitas, die hochbetagte Marianne von Willemer oder der lutheranische, gleichwohl entschieden habsburgisch-großdeutsch gesonnene Historiker Johann Friedrich Böhmer. Auf Stift Neuburg am Necker, dem von Johann Heinrich Schlosser zum Landsitz und Musentempel mit reicher Bibliothek und erlesenem Kupferstichkabinett gestalteten Refugium, wo sich schon Clemens Brentano und der Kreis der deutschen Romantiker getroffen hatten, versammelte sich in den Sommer- und Herbstmonaten auf Einladung von Frau Rat Schlosser regelmäßig die großdeutsch-katholische Gelehrtenwelt und die bedeutendsten großbürgerlichen und patrizischen Frankfurter Familien, vor allem aus der Ganerbschaft Alten-Limpurg.

Zu diesem Kreis war Bismarck der Zutritt verwehrt, obgleich er selbst gerne nach Heidelberg fuhr und in Richtung Odenwald wanderte. Überhaupt schätzte er die Umgebung Frankfurts, vor allem den Taunus, genoß es, in den Rheingau auch die preußische Gesandtschaftskanzlei eingerichtet wurde. Frau von Puttkammer, die aus Reinfeld eilends herbeigerufene Schwiegermutter Bismarcks, organisierte den Umzug. Er vergnügte sich derweil in der »Mausefalle« in Berlin. Am 1. Juli 1858 stand der nächste Umzug an, jetzt ging es in die Hochstraße 30, ein dem Bankier Johann Wilhelm de Neufville Humser gehörendes Haus.

Johanna, geb. von Puttkammer, war erst 27 Jahre alt, als sie nach Frankfurt kam und erst seit vier Jahren mit Otto von Bismarck verheiratet. Gleichwohl verstand sie es von Anfang an meisterhaft und mit großem Einfühlungsvermögen, Brücken zwischen dem aufbrausenden, oft Äußerlichkeiten ungeschickt hochspielenden Bundestagsgesandten und dem etablierten, feinnervigen Frankfurt zu schlagen.

Ihre Soireen gehörten alsbald zu den festlichen Höhepunkten im Frankfurter gesellschaftlichen Leben, zumal sie viele Sympathien dadurch gewann, daß sie völlig unbefangen bei ihren Einladungen weniger auf Rang und Namen, als auf gemeinsame Interessen insbesondere in musikalischer oder überhaupt in künstlerischer Hinsicht Wert legte. Der Andrésche Flügel, den ihr Mann ihr 1852 zu Weihnachten schenkte, zog nicht nur Robert von Keudell bei seiner Frankfurter Durchreise an. Die Bethmanns. Metzler-Lutteroths, du Fays, die Mumms begannen die Bismarcks zu akzeptieren und vice versa begann auch der preußische Bundestagsgesandte im Salon der Emma Metzler-Lutteroth gelegentlich zu »metzlern«. Die Verbindung Johannas zu Lina von Eisendecher, der Frau des oldenburgischen Bundestagsgesandten, zu Clotilde Koch, geb. Gontard oder zu Emma Metzler-Lutteroth sollte die Frankfurter Jahre der Bismarcks noch weit überdauern, obgleich gerade Clotilde Koch, die Freundin Gagerns und kritische Beobachterin ihrer Zeit, aus ihrer Ablehnung Bismarcks und seiner Politik nie einen Hehl gemacht hat.[15]

Besonders freundschaftlich verbunden war Johanna mit Wally Becker, der Frau des 1841 an das Städel als Professor berufenen Jakob Becker.[16] Mit Becker hatte seinerzeit der Düsseldorfer Realismus die bis dahin vorherrschenden Nazarener verdrängt, das ikonographische Programm einer an die christlichen Fundamente des heiligen Römischen Reichs Deutscher Nation erinnernden Kunstauffassung gebrochen – was ohne die vorausgehende, durch wirtschaftliche Strangulation erzwungene Inkorporation Frankfurts in den preußisch-deutschen Zollverein undenkbar gewesen wäre.

Der enge Kontakt, den auch Otto von Bismarck mit den Bekkers pflegte, mag manchem Frankfurter Beobachter Rätsel aufgegeben haben, galt Becker doch als heimlicher Demokrat, dem »Volksverein des Montagskränzchens« des Dr. Reinganum zugetan. Der Tochter, Marie Becker (»Merlchen«), der späteren Frau des Mitbegründers der Farbwerke Hoechst, Wilhelm (von) Meister, blieb Johanna Zeit ihres Lebens als Freundin verbunden. Und noch weitere Schritte Bismarcks überraschten: sein Lob über den Literaten Nikolaus Hadermann, den Theodor Körner-Biographen und Mitglied des »Montagskränzchens«, oder sein Beitritt zum Verein für Geschichte und Altertumskunde, verbunden mit dem Plädoyer für die Gründung von Geschichtsmuseen. Selbst der Frankfurter Mundart schien er mehr und mehr zugeneigt. Schon im Juni 1851 zitierte er in einem Brief an Johanna den alten Amschel Rothschild in Frankfurter Idiom: »Einliegende Blättchen habe ich im Garten des alten Amschel Rothschild für Dich gepflückt, der mir gefällt, weil er eben ganz Schacherjude ist und nichts anderes vorstellen will, dabei ein streng orthodoxer Jude, der bei seinen diners nichts anrührt und nur gekauschertes ißt. ›Johann, nimm mit Dir epps Brot, vor die Rehcher‹, sagte er zu seinem Diener als er ging mir seinen Garten zu zeigen, in dem zahmes Damwild ist. ›Herr Beraun, die Pflanze koscht mich 2000 Gülden, uf Ehre 2000 bare Gülden, laß se Ihne for 1000, oder wolle se habe geschenkt, so soll er se Ihne bringe in Ihr Haus, waiß Kott, ich schätze Se aufrichtig, Herr Beraun, Se sind a scheener Mann, e braver Mann‹, dabei ist er ein kleines mageres eisgraues Männchen, der Aelteste seines Stammes, aber ein armer Mann in seinem Palast, kinderlos, Witwer, betrogen von seinen Leuten und schlecht behandelt von vornehm französirten und englisirten Neffen und Nichten die seine Schätze erben, ohne Dank und ohne Liebe«.[17]

Ein dem Menschen zugetaner, warmherziger Blick spricht auch aus einem Brief an seine Mutter vom 23. Dezember 1853: »Leider läßt uns das Bedürfniß der Frankfurterinnen, ihre neuen Kleider zu produciren, nicht recht oft zu einem ruhigen Abend kommen ... Es hat etwas beängstigendes zu sehen, wie die Leute ihren armseligen Leib als Aushängeschild benutzen um zu zeigen was sie bezahlen können, wen man damit das Elend derer vergleicht die bei diesem Frost von 12 und 15 Grad und der theuern Zeit nicht Wärme und nothdürftige Nahrung haben, und wenn man bedenkt, wie drohend nahe die Wolken eines allgemeinen Krieges über uns hängen«[18] – ein halbes Jahr später sollte es in entscheidendem Maße Bismarck zu verdanken sein, daß Preußen im Krimkrieg bewaffnete Neutralität wahrte.

Das unprätentiöse, das eigentliche alte Frankfurt scheint Bismarck immer näher gekommen zu sein. »Ich sehne mich nach Frankfurt als ob es Kniephof wäre«[19] – ein Jahr nach seiner Geburt in Schönhausen war Bismarck mit seiner Familie nach Kniephof bei Naugard in Pommern gezogen; Kniephof stand für ihn gleichsam symbolisch für jene Sehnsucht nach heimatlicher familiärer Geborgenheit, welche ihm durch die standesgemäße, letztlich barbarische Methodenwahl seiner Erziehung versagt blieb. Immer wieder sollte er sich bei Badeaufenthalten in Ostende über angetroffenes »Frankfurter Deutsch« freuen oder in einem Brief vom September 1855 voll Sympathie Paris mit Frankfurt vergleichen: »Denke Frankfurt 10mal aneinandergesetzt, lauter Straßen voll Läden wie die Zeil, und in jeder derselbe Lärm und wie in der Gallengasse nach Ankunft von 3 besetzten Zügen, und dann noch 10 stillere Frankfurter rund herum gesetzt«, die Seine sei kleiner als der Main,[20] und – an anderer Stelle – »Von uns bis zu Moritz Bethmann heißt hier c'est tout près d'ici«.[21]

Sollte Bismarck auf Dauer dem Frankfurter Geist und Charme erliegen, womöglich weniger einem prahlerisch weltläufig arroganten als einem traditionell-bürgerlichen, einem literarisch-künstlerischen?

Es ist müßig darüber zu spekulieren, ob ein längerer Frankfurter Aufenthalt auch Bismarcks politische Voreingenommenheit gegenüber Liberalismus und Demokratie hätte mildern

Friedensschluß im Hotel »Schwan« in Frankfurt am Main, 10. Mai 1871. Institut für Stadtgeschichte, Frankfurt am Main.

können. Mit der Neuen Ära in Preußen, dem Reformkurs seit dem Beginn der Regentschaft des Prinzen Wilhelm im Oktober 1858, wurde Bismarcks Stellung in Frankfurt – er galt nach wie vor als Exponent, wenn nicht schon als Kopf der Reaktion – unhaltbar. Graf Usedom folgte ihm als preußischer Bundestagsgesandter, Bismarck reiste Ende März 1859 als Gesandter nach St. Petersburg. Von Berlin aus ließ er unter dem 22. März 1859 nochmals herzlich die Frankfurter Freunde grüßen, namentlich die Beckers und Eisendechers. Wie eine späte Korrektur Frankfurter Verführungen liest es sich jedenfalls in den »Gedanken und Erinnerungen«: »Niemals, auch in Frankfurt nicht, bin ich darüber in Zweifel gewesen, daß der Schlüssel zur deutschen Politik bei den Fürsten und Dynastien lag und nicht bei der Publizistik in Parlament und Presse oder bei der Barrikade.«[22]

Für Johanna aber gehörten die Frankfurter Jahre zu den glücklichsten ihres Lebens, nicht von ungefähr trug sie den brillantengefaßten Opal, den ihr Otto zum ersten Ball in der Preußischen Gesandtschaft geschenkt hatte, bis an ihr Lebensende. Jahre später, als sie noch immer bei den Kaufleuten am Main die »Frankfurter Herrlichkeiten« bestellte, sollte sie erklären: »Jedes Stück Schnur, jeden Knopf, die welken, Blumen, selbst die Intelligenzblätter hätte ich streicheln mögen, weil sie aus Frankfurt kommen. Ich werde niemals wieder eine Scholle so lieb ins Herz nehmen wie dieses Frankfurt, auch wenn ich noch hundert viel schönere Städte sehen, bereisen, bewohnen sollte. Ich habe dort ein zu reiches, wundersüßes Leben in den acht Jahren geführt, daß ich es nimmer vergessen kann, und danke Gott jeden Tag von Herzen dafür, wenn auch jetzt mit viel Wehmut.«[23]

Mit Blick zurück von der Newa aus, nun ganz im Einzug der reaktionären Geisteshaltung der Gesellschaft am Zarenhof, die ihn mit offenen Armen empfangen hatte, muß sich Bismarcks Frankfurt-Bild dramatisch verengt haben: Auf die Erinnerung an gesellschaftliche Ablehnung, den ungeheuren Reichtum der großen Kaufmannschaft und der Bankiers, die starke ultramontane Position, die räumliche Enge der alten Stadt und ihre in jeder Hinsicht anders bemessenen Distanzen – wenn er auch Jakob Becker von den »Wolken über Finnland« schrieb, die ihm »mitunter ein Taunusprofil zeichnen« und ihm das Bild der Stadt mit ihren Türmen erscheinen ließen.

Entscheidend für die radikale Veränderung seiner Haltung aber wurde, daß in Frankfurt jene politischen Kräfte sich nun immer stärker zu regen begannen, die er eigentlich für erledigt geglaubt hatte: die liberale und die soziale Demokratie.

Die Schillerfeier am 10. November 1859, die zu einer machtvollen Demonstration für nationale Wiedergeburt in Freiheit wurde und auf der Dr. Reinganum die Festrede hielt, die Herausgabe der »Frankfurter Latern« seit 1860, deren antipreußische Texte und Karikaturen Friedrich Stoltze alsbald eine Verurteilung vor dem Wetzlarer Kreisgericht einbrachten, und das Erste allgemeine deutsche Schützenfest von 1862.[24]

An die 12.000 Personen nahmen an diesem Fest der großdeutschen Demokratie teil, gemeinsam mit »bewaffneten Männern aus allen Gauen des großen deutschen Vaterlandes«. In der Festhalle auf der Bornheimer Heide erhob Johann Baptist Schweitzer, der wortgewaltige Führer der Frankfurter Arbeitervereine, den Vorwurf, die preußische Bourgeoisie wolle die Einigung Deutschlands nur, um Kaffee und Butter besser berechnen zu können und hätte mit ihrer kleindeutschen Ausgrenzungspolitik kein Herz für die Ehre der Nation. Und gleichfalls 1862 betrieb Hermann Schultze- Delitzsch in Frankfurt gemeinsam mit der Polytechnischen Gesellschaft unter Passavant die Begründung einer genossenschaftlichen Volksbank.[25] Hermann Schultze-Delitzsch aber war einer der entschiedensten Wortführer der liberalen Mehrheit des preußischen Abgeordnetenhauses gegen jenen Otto von Bismarck, der soeben als Notnagel der Monarchie zum Ministerpräsidenten berufen worden war.

Gewiß, Schultze-Delitzsch war kleindeutsch gesonnen, war Mitbegründer des Deutschen Nationalvereins, der sich, gestützt von den Frankfurter »Gothaern«, im September 1859 in der Stadt am Main konstituiert hatte. Gerade aber deshalb sah er mit Bismarck jegliche Chance für »moralische Eroberungen« Preußens in Deutschland – Zauberformel der gescheiterten »Neuen Ära« – schwinden.

Auch für die Großdeutschen blieb Frankfurt am Main Kristallisationspunkt. Julius Fröbel, der Demokratenführer der Paulskirche, war Mitinitiator bei der Gründung des Deutschen Reformvereins im Oktober 1862 in Frankfurt, dem Gegengewicht zum Deutschen Nationalverein.[26]

Als ein Jahr später Kaiser Franz Joseph zum Frankfurter Fürstentag als glanzvoller Manifestation großdeutscher Bundesreformpolitik einlud, blieb Bismarck nichts übrig, als seinem zaudernden Monarchen dringend von der Teilnahme abzuraten.

Aus Bismarcks Sicht war Frankfurt am Main zum zentralen Ort all jener Kräfte geworden, die sich gegen seine Politik verschworen: die liberalen Kleindeutschen, die teils demokratischen, teils konservativen Großdeutschen, die Arbeitervereine und das Genossenschaftswesen, die radikale Demokratie mit ihrer Forderung nach allgemeiner Volksbewaffnung – von den Ultramontanen ganz abgesehen. Nach dem Bruch mit der Außenpolitik Napoleons III. im Vorfeld des Krieges von 1866 trat noch das frankophile Bekenntnis der Stadt hinzu. Im Oktober 1865 war für ihn das Maß voll: Die Abgeordneten des dritten Deutschen Abgeordnetentages in Frankfurt am Main hatten mit scharfen Resolutionen die preußische Politik in Deutschland, vor allem in Schleswig-Holstein, gegeißelt und zwei Tage bevor er selbst in Nachfolge von Bernstorffs das Außenministerium an sich zog, erließ auf Weisung Bismarcks das Ministerium in Berlin eine Drohnote an den Frankfurter Senat, die der preußische Resident am 11. Oktober 1865 dem älteren Bürgermeister Dr. Philipp Friedrich Gwinner mitteilte.

»Wir haben uns von Neuem überzeugen müssen, daß der Senat nichts dagegen hat, wenn das Territorium der Stadt Frankfurt zum Ausgangspunkt für unverständige, ja gemeinschädliche Projecte benutzt wird. Solche Nachsicht können wir nicht ferner gestatten. Wir können es nicht dulden, daß vorzugsweise am Sitz des Bundestages auf die Untergrabung bestehender Autoritäten hingearbeitet wird, daß von dort aus Preßerzeugnisse in die Welt geschickt werden, welche sich durch Rohheit vor allen übrigen hervortun«.[27] Frankfurt aber ließ sich auch durch die Androhung von Gewalt nicht von seiner politischen Linie des Rechts, des Friedens und der Toleranz abbringen, und mehr und mehr gelang es, auch die Präsidialmacht des Bundes, Österreich, von der Gefährlichkeit des preußischen Weges und der macchiavellistischen Diabolik der Bismarckschen Außenpolitik zu überzeugen. Daß dadurch das Frankfurter Schuldkonto in Bismarcks Augen sich tagtäglich erhöhte, steht außer Frage. Am 9. April 1866 legte der preußische Generalkonsul Moritz von Bethmann unter Protest sein Amt nieder, weil er es nicht mehr mit seinen Überzeugungen vereinbaren konnte, mit dem Ministerium Bismarck in amtlichen oder persönlichen Beziehungen zu stehen.

Und am 15. April 1866 beschloß eine mehr als 3000 Menschen zählende Volksversammlung im Saalbau einstimmig eine von Dr. Eduard Franz Souchay vorgetragene und von Reinganum unterstützte Resolution, in der es unter anderem hieß: »Das deutsche Volk verdammt die offenkundigen Pläne einer erzwungenen Annexion dieser Lande seitens der preußischen Regierung und die Maßregeln der Gewalt, wie sie in der Zuchthausverordnung für Schleswig-Holstein ihren Gipfelpunkt erreicht haben«.[28]

Drei Monate später ließ Bismarck die Sterbeglocke des alten Frankfurt läuten.

Anmerkungen

1 *Clara Mumm von Schwarzenstein:* Der Friede von Frankfurt 1871. Tagebuchblätter, hrsg. von Georg Mumm von Schwarzenstein, Frankfurt am Main, S. 38 ff.; Fürst *Bismarck*: Neue Tischgespräche und Interviews, hrsg. von Heinrich von Poschinger, Stuttgart, Leipzig, Berlin, Wien 1885, S. 70f.

2 Frankfurt 1866. Eine Dokumentation aus deutschen Zeitungen. Ausgewählt und eingeleitet von Wolfgang Klötzer, Frankfurt am Main 1966, Archiv für Frankfurts Geschichte und Kunst, Heft 50; *Otto Kanngießer*: Geschichte der Eroberung der freien Stadt Frankfurt durch Preußen im Jahr 1866, Frankfurt am Main 1877; *Wolf Arno Kropat*: Frankfurt zwischen Provinzialismus und Nationalismus. Die Eingliederung der »Freien Stadt« in den preußischen Staat (1866-1871), Frankfurt am Main 1971; *Richard Schwemer*: Geschichte der Freien Stadt Frankfurt am Main 1814-1866, Bd. 3, Teil 2, Frankfurt am Main 1918; *Rudolf M. Heilbrunn*: Das Ende der Freien Stadt Frankfurt, Frankfurt am Main 1963; *Paul Kluke*: Frankfurt in Bismarcks Entscheidung 1866, in: Archiv für Frankfurts Geschichte und Kunst, Heft 51, S. 85-100.

3 Aus dem Jahre 1866. Aufzeichnungen von Frau Marianne *Lutteroth* geborene Gontard 1798-1871 in Frankfurt, in: Alt-Frankfurt, Jahrgang I/II, 1928/29, S. 21-23.

4 *Rainer Koch*: Grundlagen bürgerlicher Herrschaft. Verfassungs- und sozialgeschichtliche Studien zur bürgerlichen Gesellschaft in Frankfurt am Main (1612 -1866), Wiesbaden 1983.

5 *Heinrich Voelcker*: Das gesellschaftliche und geistige Leben in Frankfurt am Main zur Zeit der Bundestagsgesandtschaft Otto von Bismarcks 1851-1859, in: Archiv für Frankfurts Geschichte und Kunst, 4. Folge, 2. Bd. 1929, S. 182-203; *Hermann Robolsky*: Bismarck in Frankfurt, Jubelschrift zum 50jährigen Amtsjubiläum des Fürsten, Leipzig 1885; *Ferdinand Bilger:* Aus Bismarcks Frankfurter Zeit, in: Archiv für Österreichische Geschichte 117, 1. Hälfte, 1944, S. 183-199; *Hermann Heimpel*: Vom Landjunker zum Staatsmann. Bismarck auf dem Frankfurter Bundestag, in: Frankfurter Wochenschau Heft 15, 11. April 1937, S. 169-171; *Heinrich von Poschinger,* Preußen im Bundestag 1851-1859, 4 Bde., Berlin 1882-1884; *Arnold Oskar Meyer*: Bismarcks Kampf mit Österreich am Bundestag zu Frankfurt (1851-1859), Berlin, Leipzig 1927; *Karl Demeter*: Aus dem Kreis um Bismarck in Frankfurt am Main, in: Forschungen zur brandenburgischen und preußischen Geschichte 48, 1936, S. 194-326; *Lothar Gall*: Bismarck. Der weiße Revolutionär, Frankfurt am Main, Berlin, Wien 1980, S. 127 ff.

6 Fürst *Bismarcks* Briefe an seine Braut und Gemahlin. Hrsg. von Fürst Herbert Bismarck, Stuttgart 1900, 4. Aufl. 1914, Brief Nr. 176 vom 12.5.51, S. 274.

7 Ebd., Brief Nr. 180 vom 21.5.51, S. 282ff.

8 *Otto von Bismarck*: Gedanken und Erinnerungen. Hrsg. von Horst Kohl, 2 Bde. Stuttgart 1898, Bd. 1, S. 82. Vgl. auch Bismarcks Brief an seine Schwester Malwine (»Malle«) von Arnim vom 22.12.53, in dem er sich über die Knausrigkeit seines Ministerpräsidenten (»Fra Diavolo«) ausläßt: Briefe *Ottos von Bismarck* an Schwester und Schwager 1843-1897, hrsg. von Horst Kohl, Leipzig 1915, S. 65 ff.

9 *Robolsky*: Bismarck, S. 36.

10 Brief Nr. 177 vom 14.5.51, S. 275 ff. (vgl. Anm. 6).

11 Zit. nach *Voelcker*: Das gesellschaftliche und geistige Leben (Anm. 5), S. 186.

12 *Beda Weber*: Charakterbilder, Frankfurt am Main 1853.

13 Brief Nr. 177 (vgl. Anm. 10).

14 Brief Nr. 199 vom 16.8.51, S. 310 ff. (vgl. Anm. 6).

15 *Clotilde Koch-Gontard*: Briefe und Erinnerungen 1843-1869. Bearb. von Wolfgang Klötzer, Frankfurt am Main 1969, S. 258 f., Anm. 4, S. 281, Anm. 6.

16 *Wally Becker*: Erinnerungen aus meinem Leben. Für meine Kinder und Enkel, Frankfurt am Main 1891.

17 Brief Nr. 188 vom 26.6.51, S. 293 ff. (vgl. Anm. 6).

18 Brief Nr. 238 vom 29.12.53, S. 362 ff. (vgl. Anm. 6).

19 Brief Nr. 223 vom 14.6.52, S. 337 ff. (vgl. Anm. 6).

20 Brief Nr. 241 vom 2.9.55, S. 368 f. (vgl. Anm. 6).

21 Brief Nr. 240 vom 27.8.55, S. 366 ff. (vgl. Anm. 6).

22 Bismarck, Gedanken und Erinnerungen, S. 288.

23 Zit. nach *Joachim von Kürenberg*: Johanna von Bismarck, Bonn 1952, S. 119. Siehe auch Briefe gleichen Tenors in: *Eduard Heyck* (Hrsg.): Johanna von Bismarck. Ein Lebensbild in Briefen (1844-1894), 2. Aufl. Stuttgart, Berlin 1915, S. 79, 98, 150 u.ö.

24 *Jürgen Steen*: Nationalfeste – Geschichte als reale Utopie, in: Trophäe oder Leichenstein? Kulturgeschichtliche Aspekte des Geschichtsbewußtseins in Frankfurt im 19. Jahrhundert, Frankfurt am Main 1978, S. 135-176.

25 *Rainer Koch*: 125 Jahre Frankfurter Volksbank, Frankfurt am Main 1988.

26 *Rainer Koch*: Demokratie und Staat bei Julius Fröbel 1805-1893. Liberales Denken zwischen Naturrecht und Sozialdarwinismus, Wiesbaden 1978, S. 259; *Willy Real*: Zur Geschichte der Bundesreformbestrebungen in den Jahren 1859-1862, in: Darstellungen und Quellen zur Geschichte der deutschen Einheitsbewegung im neunzehnten und zwanzigsten Jahrhundert. Hrsg. von K. Stephenson, A. Scharff, W. Klötzer, Bd. IV, Heidelberg 1963, S. 152-254, hier: S. 178 ff.

27 Zit. nach *Otto Kanngießer*: Vor zehn Jahren. Zeitgeschichtliche Skizze mit besonderer Rücksicht auf Frankfurt am Main, aus: Frankfurter Kommunalblatt 1876/1877, hier: Frankfurter Communalblatt Nr. 21 vom 21. Mai 1876.

28 Frankfurter Communalblatt Nr. 22 vom 28. Mai 1976 (Anm. 27).

IV.
Bismarcks Nachleben, Bismarcklegende

Bismarck im Spiegel seiner Biographien

Von Hans-Christof Kraus

I.

Bismarck im Spiegel seiner Biographien – das ist gewissermaßen nur ein kleiner Teilaspekt des Generalthemas Bismarck und die Deutschen. Doch auf den ersten Blick ist es gar nicht so leicht, sich diesem Gegenstand angemessen zu nähern, denn das Problem liegt zuerst einmal in der außerordentlichen Fülle des Materials, das der Erarbeitung eines solchen Themas zugrunde liegen müßte. Dabei ist es von vornherein klar, daß von Vollständigkeit, und sei es auch nur in einem annähernden Sinne, nicht die Rede sein kann[1]. Die vor mehr als einer Generation, im Jahre 1966 von dem Historiker Karl Erich Born veröffentlichte Bismarck-Bibliographie umfaßt insgesamt genau 6138 Titel, von denen zwar nicht alle der Biographie Bismarcks gewidmet sind, sich aber doch in der einen oder anderen Weise auf den Reichsgründer beziehen, damit also zur Bismarck-Literatur gehören[2].

Und das bedeutet: Wer einen historischen Überblick über die Bismarck-Literatur im allgemeinen und die Bismarck-Biographien im besonderen geben möchte, ist zu striktester Auswahl, zur Beschränkung auf das Wesentliche gezwungen. Nicht *jede* Lebensdarstellung des ersten Reichskanzlers ist bereits als solche interessant, eher trifft nicht selten das Gegenteil zu. Doch *ein* Aspekt, nämlich der politische, läßt auch die scheinbar abgelegenste Biographie zur aufschlußreichen historischen Quelle werden. Denn Bismarck – und das gehört untrennbar zu seiner Wirkungsgeschichte – ist immer in irgendeinem Sinne politisch rezipiert und gedeutet worden.

Es wäre sogar möglich, anhand einer Reihe sorgfältig ausgewählter und analysierter Bismarckbiographien so etwas wie eine deutsche Ideologiegeschichte zu rekonstruieren, die alle politischen Richtungen und Lager seit der Bismarckzeit umfassen könnte: vom älteren Konservatismus und den bürgerlichen Liberalismus in allen seinen Schattierungen über die Arbeiterbewegung und den politischen Katholizismus, über die totalitären Ideologien des Nationalsozialismus und des DDR-Sozialismus bis hin zum bundesrepublikanischen Selbstverständnis der Nachkriegszeit und schließlich dem des wiedervereinigten Deutschlands. Das wäre ein zwar überaus reizvoller und sicherlich auch ungemein ertragreicher Versuch – doch auch er kann in einem vergleichsweise begrenzten Rahmen und auf kleinem Raum nicht unternommen werden.

Ich möchte daher im folgenden versuchen, einige Teilaspekte aus der Geschichte der Bismarckbiographik darzustellen, um auf diesem Wege zu zeigen, in welcher Weise sich das Verhältnis des ersten Reichskanzlers zu den Deutschen, vor allem zu den Nachgeborenen, sich in der Geschichte seiner Lebensdarstellungen spiegelt, welche zeithistorisch-politischen Einflüsse hierbei wirksam gewesen sind, und nicht zuletzt auch, welche positiven und auch negativen Konjunkturen das Thema Bismarck in den verschiedenen geschichtlichen Epochen seit seinem Eintritt in die deutsche und europäische Politik gehabt hat.

II.

Schon vor der Reichsgründung entstanden die ersten Lebensdarstellungen Otto von Bismarcks, die allererste erschien im Jahre 1867, also nach dem Ende des deutschen Bundes und dem politischen Neuanfang in Deutschland, der 1871 schließlich in der Reichsgründung gipfeln sollte. Es ist bezeichnend für Bismarck, daß er es frühzeitig unternahm, Einfluß auf das von ihm für die Öffentlichkeit gezeichnete Bild zu nehmen. Die erste ernstzunehmende Biographie erschien 1869 unter dem Titel »Das Buch vom Grafen Bismarck«; verfaßt hatte es ein alter Bekannter Bismarcks, George Hesekiel, der mit Fontane befreundete Schriftsteller und Redakteur der konservativen »Kreuzzeitung«, an der Bismarck nach 1848 einst selbst mitgearbeitet hatte[3]. Dieses Lebensbild verdient auch deshalb Interesse, weil sein Verfasser als erster auf authentisches Material zurückgreifen konnte, das ihm von Bismarck selbst zur Verfügung gestellt worden war, darunter Privatbriefe an seine Frau und seine Schwester. Dem damaligen preußischen Ministerpräsidenten und Kanzler des Norddeutschen Bundes war also bereits sehr früh daran gelegen, von sich selbst ein sorgfältig stilisiertes Bild in die Öffentlichkeit gelangen zu lassen, das jenes vor allem im Ausland, aber auch in Süddeutschland verbreitete Zerrbild vom brutalen »Blut und Eisen«-Politiker durch wenigstens einige Einblicke in das Privatleben des Familienvaters und Bruders korrigieren sollte.

Bis zu Bismarcks Tod im Jahre 1898 erschien keine wirklich bemerkenswerte Biographie, wohl aber eine Reihe hagiographisch stilisierender Lebensdarstellungen des Reichsgründers, von denen hier – pars pro toto – nur das von pietätvoller Verehrung gekennzeichnete Werk »Fürst Bismarck und seine Zeit« von Hans Blum (dem Sohn des Achtundvierzigers Robert Blum) genannt werden soll, das in den Jahren 1894-1899 erschien[4]. Für eine auch nur halbwegs den wissenschaftlichen Ansprüchen selbst der damaligen Zeit genügende Biographie war es auch deshalb noch zu früh, weil wichtige Quellenbestände noch unzugänglich und auch größtenteils unerschlossen waren[5]. Insofern kommt den großen Quellensammlungen, die seit den 1890er Jahren von Heinrich von Poschinger[6] und Horst Kohl[7] veröffentlicht wurden, große Bedeutung zu, – ebenfalls den überaus informativen und als Quelle besonders wichtigen Tagebüchern des mit Bismarck eng verbundenen Journalisten Moritz Busch[8].

III.

Wer das Bismarckbild der Zeit um und nach 1900 verstehen möchte, muß berücksichtigen, daß inzwischen eine neue Generation herangewachsen war, die mit dem 1871 Erreichten längst nicht mehr zufrieden war, sondern eine neue politische Rolle Deutschlands als Weltmacht einforderte. Ein typischer Vertreter dieser jüngeren Gruppe deutscher politischer Intellektueller war Max Weber, der bekanntlich in seiner berühmten Freiburger Antrittsvorlesung von 1895 die Formulierung prägte, die Einigung Deutschlands sei nur ein »Jugendstreich« gewesen, »den die Nation auf ihre alten Tage beging und seiner Kostspieligkeit lieber unterlassen hätte, wenn sie der Abschluß und nicht der Ausgangspunkt einer deutschen Weltpolitik sein sollte«[9]. Die leitenden Schlagworte der Gegenwart waren nun »Weltpolitik« und der vom dritten Nachfolger Bismarcks, dem Reichskanzler Bernhard von Bülow, eingeforderte »Platz an der Sonne« für das Deutsche Reich; der Reichsgründer und seine Epoche schienen angesichts dessen – bei aller immer noch vorhandenen öffentlichen Verehrung – dagegen eher ins Museum zu gehören. Der junge, sich »modern« und zukunftsorientiert gebende Kaiser Wilhelm II., der Bismarck bekanntlich recht unsanft auf sein Altenteil im Sachsenwald abgeschoben hatte[10], führte nun das große Wort. Der Monarch, der das Reich jetzt regierte, setzte alles daran, das Wirken Bismarcks als das Ende einer nunmehr, mit dem Jahre 1890, endgültig abgeschlossenen Epoche erscheinen zu lassen, während er für sich selbst in Anspruch nahm, den Beginn einer ganz neuen Epoche der deutschen Geschichte zu repräsentieren[11].

Die »Gedanken und Erinnerungen«, die unmittelbar nach Bismarcks Tod erschienen, wurden zwar zu einem der größten buchhändlerischen Erfolge dieser Zeit, doch zu einer erneuten Popularität des eben verstorbenen Altkanzlers trugen sie nicht mehr bei[12]. Sie führten aber, und hierin liegt ihre besondere Bedeutung, zu einer Intensivierung der wissenschaftlichen Erforschung der Bismarckzeit, die sich gerade an bestimmten Aussagen, Interpretationen und Thesen der Bismarckmemoiren entzündete[13]. Es ist kein Zufall, daß gerade zwischen 1900 und 1910 die ersten Lebensdarstellungen aus der Feder so angesehener Historiker wie Max Lenz[14] und Erich Marcks erschienen, die wissenschaftlich exakt gearbeitet waren und erstmals auch Teile des Nachlasses heranziehen konnten. Das gilt vor allem für die Darstellung von Marcks, die als umfassendes, mehrbändiges Werk angelegt war; der erste Band, der bis 1847 reichte, erschien 1909[15]. Das Werk wurde vom Autor, der auch eine Biographie Wilhelms I. geschrieben hatte, leider nicht fortgesetzt; erst nach seinem Tode gab 1939 sein Schwiegersohn Willy Andreas einen knappen Nachlaßband heraus, der noch die Jahre 1848 bis 1851 umfaßte[16]. Doch der Anfang einer ernsthaften Bismarckforschung – jenseits von hagiographischer Verklärung einerseits und politisch grundierter Polemik andererseits – war damit jedenfalls gemacht.

IV.

Als sich Deutschland im Jahre 1915 anschickte, den einhundertsten Geburtstag des Reichsgründers zu feiern, hatte sich die Lage grundlegend geändert. Statt einen »Platz an der Sonne« zu finden und in Übersee Weltmachtpolitik zu treiben, befand sich

Das Alte Schloß in Schönhausen, Stammsitz der Familie Bismarck. bpk, Berlin

Deutschland im Krieg gegen genau diejenige Mächtekoalition aus Rußland, Großbritannien und Frankreich, die Bismarck immer gefürchtet hatte und gegen deren Entstehung seine Außenpolitik der Jahre nach 1871 letztendlich immer gerichtet gewesen war. Die scheinbar so klugen und selbstbewußten Nachfolger hatten nun gegen die mächtigsten Staaten der Welt einen Mehrfrontenkrieg zu führen, der letztlich, wie sich im Herbst 1918 zeigen sollte, nicht zu gewinnen war. Schon aus diesem Grund bestand durchaus Anlaß, sich auch und gerade während jenes Krieges an Bismarck zu erinnern.

Das Jubiläumsjahr und die folgende Zeit brachte eine Reihe neuer Biographien, doch es war keine darunter, deren wissenschaftlicher Ertrag in irgendeiner Weise bemerkenswert gewesen wäre. Im Gegenteil: Die Historiker, die sich nun im Zeichen des großen Krieges daran machten, Bismarcks Leben und sein Werk zu rekonstruieren, verstanden ihre Arbeit eher als Beitrag zur nationalpropagandistischen Ertüchtigung, zur inneren moralischen Aufrüstung und zum Ansporn für die eigenen Landsleute. Die Botschaft, die hierbei unterschwellig vermittelt werden sollte, lautete: Was Bismarck einst schaffte, nämlich sich erfolgreich gegenüber einer Welt von Feinden zu behaupten, das wird uns am Ende auch gelingen; sein Beispiel spornt uns an.

Diese Tendenz prägte etwa das kleine einbändige Lebensbild, das wiederum Erick Marcks im Vorgriff auf sein großes Werk nun vorlegte[17], oder auch die zweibändige Gesamtdarstellung seines bekannten Berliner Kollegen Dietrich Schäfer[18], eines entschieden national orientierten späteren Mitgründers der »Deutschen Vaterlandspartei«. Ein prominenter Vertreter der Zentrumspartei, der Straßburger Historiker Martin Spahn, legte die erste Darstellung aus katholischer Perspektive vor, in der er bestrebt war, keinerlei Zweifel am Patriotismus und an der nationalen Zuverlässigkeit auch des katholischen Volksteils aufkommen zu lassen[19]. Und markige Worte fand nicht zuletzt der entschieden linksliberal orientierte junge Historiker Veit Valentin (der nach 1933 nach Amerika emigrieren mußte). In seinem ebenfalls 1915 veröffentlichten kleinen Bismarck-Lebensbild heißt es: »Er [Bismarck; H.-C.K.] wagt alles und kann alles; er ist so ein leuchtendes Wahrzeichen für seine Zeit und sein Jahrhundert geworden, aber wahrhaftig nicht gefahrlos für die Kleinheit seiner Anwohner … er hat für uns alle gestritten und gewagt. Deutsch sein und Bismarckisch sein ist dasselbe geworden«[20].

Karl Wilhelm Ferdinand von Bismarck, (1771 -1845), Bismarcks Vater. AKG, Berlin

V.

Doch es kann ebenfalls nicht übersehen werden, daß schon während des Ersten Weltkrieges sich die Stimmen derer zu mehren begannen, die das Erbe des Reichsgründers zunehmend als Last empfanden und teilweise auch als Ursache für die immer bedrückender werdende innere Lage des nun an allen Fronten kämpfenden Reiches. Vor und besonders dann auch nach 1918 kritisierten u. a. Max Weber[21] und der Jurist Hermann Kantorowicz[22] aus der liberalen Perspektive, der Pädagoge Friedrich Wilhelm Foerster[23] aus großdeutscher Sicht die Politik Bismarcks.

Wilhelmine Luise von Bismarck, geborene Mencken.
Gemälde von Frederic Fregeuize, 1832. Schloß Friedrichsruh, Privatbesitz

Während der nur scheinbar, aber eben nicht wirklich »goldenen« zwanziger Jahre blieb die Gestalt des Reichsgründers weiterhin umstritten. Während die eine Seite ihn als den in letzter Konsequenz Hauptverantwortlichen für die Niederlage von 1918 hinzustellen versuchte, war es das Anliegen der Gegenseite, diese Interpretation umzukehren: Die Generation Wilhelms II. wurde nun hauptsächlich dafür verantwortlich gemacht, daß sie vom vermeintlichen Königsweg der klugen und maßvollen Bismarckschen Außenpolitik abgewichen sei und das Reich in eine Lage manövriert habe, die dann schließlich in der Krise des Sommers 1914 zum verheerenden Mehrfrontenkrieg führen mußte. Die Publikation des bis 1918 geheimgehaltenen dritten Bandes der »Gedanken und Erinnerungen«, in dem Bismarck mit Wilhelm II. abrechnete, trug das Ihre hierzu ebenso bei[24], wie die schon 1922 publizierte Gegendarstellung des Ex-Kaisers[25].

Vielleicht lag es gerade an der Brisanz dieser Frontstellungen und dieser gegensätzlichen, politisch hoch aufgeladenen Interpretationen, daß während jener Zeit keine bedeutende Bismarckbiographie erschienen ist. Die erfolgreichste Darstellung war indes das 1926 publizierte Bismarckbuch des Schriftstellers Emil Ludwig, der in jener Zeit mit einer Fülle von schnell geschriebenen, flüchtig verfaßten Biographien viel Geld verdiente. Ludwigs Bismarckdarstellung[26] ist denn auch wegen ihrer mangelnden Detailkenntnis und wegen der recht oberflächlichen Psychologisierung ihres Gegenstandes von der historischen Wissenschaft scharf kritisiert worden[27]; das änderte freilich nicht an dem großen Verkaufserfolg, den Ludwig einheimsen konnte.

Dabei erhielt gerade in dieser Zeit die Forschung einen bedeutenden Auftrieb durch zwei neue große Quelleneditionen: Zum einen durch die umfangreiche, vielbändige Sammlung der bis in die Bismarckzeit zurückgehenden diplomatischen Akten des Kaiserreichs, die ab 1922 unter dem Titel »Die große Politik der europäischen Kabinette« erschien[28], und zum anderen ebenfalls durch die »Friedrichsruher Ausgabe« der Gesammelten Werke Bismarcks, die 1924 in Angriff genommen wurde und an der im Laufe der nächsten Jahre alle führenden Bismarckspezialisten der damaligen deutschen Geschichtswissenschaft mitgewirkt haben[29]. Wenigstens zwei wichtige, sorgfältig aus den Quellen gearbeitete Spezialstudien entstanden in dieser Zeit: die 1927 erschienene Monographie Arnold Oskar Meyers über Bismarcks frühe diplomatische Tätigkeit am Frankfurter Bundestag während der 1850er Jahre[30] und Egmont Zechlins wichtige Monographie »Bismarck und die Grundlegung der deutschen Großmacht« von 1930, in der die Bismarcksche Politik der frühen 1860er Jahre eingehend untersucht und analysiert wurde[31].

VI.

Ein Kapitel ganz eigener Art stellt die Frage nach der Bismarck-Rezeption unter dem Nationalsozialismus dar. Schon 1931 erschien ein merkwürdiges Buch mit dem Titel »Bismarck und die Juden«, in dem die Nachkommen eines antisemitischen

Publizisten aus dem Kaiserreich den früheren Kanzler scharf angriffen[32]. Franz Perrot hatte 1876 in einer Artikelserie den damaligen Reichskanzler Bismarck als vermeintlichen Judenfreund attackiert und behauptet, er habe sich mit Hilfe einflußreicher jüdischer Bankiers und Spekulanten am Börsenschwindel der Gründerjahre persönlich bereichert; Bismarck war damals mit juristischen Mitteln gegen Perrot vorgegangen. Zu seinen Nachkommen zählte Lina Feldmüller-Perrot, die jenes Buch, in dem auch die Artikel von 1876 neu abgedruckt waren, 1931 herausgab; sie gab sich darin zudem als Nationalsozialistin und überzeugte Anhängerin Adolf Hitlers aus.

Wenn sie aber nach 1933 gehofft hatte, ihre Partei werde nun ihren Vorfahren rehabilitieren und Bismarck als »Judenknecht« entlarven, dann hatte sie sich getäuscht. Denn Hitler persönlich unternahm alles, um sich selbst als eigentlicher und wirklicher Nachfolger Bismarcks zu präsentieren, und der von seiner Partei inszenierte Bismarckkult[33] stand demjenigen des späten 19. Jahrhunderts in nichts nach. Es entsprach durchaus der politischen Strategie und der spezifischen Taktik der neuen nationalsozialistischen Machthaber, den in weiten Kreisen der deutschen Bevölkerung immer noch verehrten und hoch angesehenen Reichsgründer in ihre eigene Propagandamaschinerie zu integrieren – bis hin zu den bekannten Bismarckfilmen, die 1940 und 1942 gedreht worden sind[34]. Einzelne dem Nationalsozialismus nahestehende wissenschaftliche Autoren – so etwa der Historiker Karl Alexander von Müller oder der Jurist Ernst Rudolf Huber – bemühten sich um den Nachweis, daß einige der politischen und sozialen Grundprobleme des »Zweiten Reichs« erst »im Lichte des Dritten« ihre Lösung gefunden hätten[35]. Eine eher Bismarckkritische Grundeinstellung vertrat auch Walter Frank, der sich selbst als führender nationalsozialistischer Historiker empfand und zeitweise das »Reichsinstitut für Geschichte des neuen Deutschlands« leitete[36]. Er war mit einer Biographie über einen der späten ärgsten Widersacher Bismarcks, den Hofprediger Adolf Stoecker, promoviert worden, die er 1935 in einer »aktualisierten« Ausgabe neu veröffentlichte[37].

Zwar entstanden in dieser Zeit einige populäre Bismarckromane[38], die offenbar ein breites Publikum fanden, doch eine neue Bismarckbiographie – dazu noch eine aus spezifisch nationalsozialistischer Perspektive – wurde bis 1945 nicht vorgelegt. Der einzige bedeutende Historiker, der in diesen Jahren an einer neuen, umfassenden Lebensdarstellung des Reichsgründers arbeitete, war ausgewiesenermaßen kein Nationalsozialist, sondern ist eher dem nationalkonservativen Lager zuzuordnen: es handelt sich um den bereits erwähnten, an den Universitäten von München und Berlin lehrenden Arnold Oskar Meyer. Er selbst hatte mit seiner Biographie jedoch kein Glück: Das fast achthundert Seiten umfassende Werk, an dem er viele Jahre lang intensiv gearbeitet hatte, konnte während des Krieges nicht mehr ausgeliefert werden, da sein Leipziger Verlag – und damit auch das bereits fertig gesetzte Werk – im Bombenhagel des vorletzten Kriegsjahres unterging; Meyer selbst starb im Sommer 1944 an den Folgen eines Unfalls.

Johanna von Bismarck, geborene von Puttkamer.
Nach einem Pastellgemälde aus dem Jahr 1857. bpk, Berlin

VII.

Die tiefe Zäsur von 1945 löste, als man sich 1948 an den fünfzigsten Todestag Bismarcks erinnerte, eine erneute Diskussion um den Reichsgründer und die von seiner Politik ausgehenden Wirkungen aus – und dies war auch nicht anders zu erwarten. Zwei neue, äußerst konträr wertende und auch dementsprechend beurteilte Biographien lagen jetzt vor: Zum einen erschien 1949 endlich Meyers Biographie in unveränderter Gestalt, nun aber versehen mit einem erläuternden Geleitwort des emigrierten Bismarckspezialisten Hans Rothfels[39], und zum anderen wurde in Deutschland jetzt erst eine andere, noch umfangreichere neue Bismarckbiographie zur Kenntnis genommen, die in den Jahren zwischen 1941 und 1944 in drei Bänden in Zürich erschienen war; verfaßt hatte sie ebenfalls ein Emigrant, der in London ansässige liberale Jurist und Schriftsteller Erich Eyck[40].

Vor allem an diesen beiden Darstellungen[41] entzündete sich nun – auch im Anschluß an das Jubiläum von 1948 – eine heftige, mehrjährige Kontroverse über Bismarck und seine Rolle in der jüngeren und jüngsten deutschen Geschichte[42], an der sich die meisten führenden Historiker in Deutschland beteiligten[43]. Meyer beurteilte Bismarck in seinem (vor 1944 entstandenen) Werk im ganzen immer noch sehr positiv, aber er interpretierte ihn und sein Werk gerade *nicht* in dem Sinne, der den nationalsozialistischen Machthabern seinerzeit erwünscht gewesen wäre, sondern sein Anliegen bestand darin, den Reichsgründer als verantwortungsbewußten, letztlich in der Pflichtethik des deutschen Luthertums wurzelnden christlichen Staatsmann zu charakterisieren[44], als den Vertreter einer Politik des Augenmaßes und des genauen Blicks für die Chancen und die Risiken einer gegebenen Lage.

Erich Eyck dagegen, geboren 1878, entstammte der Ideenwelt des deutlich Bismarckkritisch orientierten deutschen Linksliberalismus im späten deutschen Kaiserreich[45], und er entnahm von dorther seine Maßstäbe zur Beurteilung des ersten Kanzlers. Der Wert seiner umfangreichen Biographie bestand vor allem darin, eine entschiedene (wenn auch im Detail nicht immer ausreichend belegte) Gegenperspektive zur traditionellen Bismarckorthodoxie unter den deutschen Historikern entwikkelt und aufgezeigt und auch auf bestimmte persönlich-charakterliche Defizite Bismarcks hingewiesen zu haben, die von den früheren Biographen gerne übergangen oder bewußt verschwiegen worden waren. Jedenfalls brachte dieses Werk ohne Frage frischen Wind in eine etwas angestaubte wissenschaftliche Debatte – auch wenn Eycks Tendenz, alles nur ins Negative zu wenden, was früher positiv gesehen worden war, aus heutiger Sicht als ebenso unergiebig erscheint und letztlich auch ebenso langweilig wirkt wie zuvor das national-patriotische Pathos der einstigen Bismarck-Hagiographie.

Aber natürlich ging es in der Nachkriegsdebatte nicht nur um den Gegensatz einer konservativen und einer linksliberalen Perspektive. Die Historiker, die sich daran beteiligten, wie etwa auf der Bismarckkritischen Seite Ulrich Noack[46], Franz Schnabel[47], Alfred von Martin[48] und Robert Saitschick[49], im eher Bismarckfreundlichen Lager dagegen etwa Gerhard Ritter[50], Hans Rothfels[51] und Theodor Schieder[52], während Heinrich von Srbik[53] wiederum einen mittleren Standpunkt einnahm, – sie alle waren geprägt von den Ereignissen der jüngsten Vergangenheit, dem verlorenen Zweiten Weltkrieg und den Verbrechen des NS-Regimes, und sie alle erörterten mehr oder weniger die Frage, ob die historische Weggabelung von 1866, also die Sprengung des Deutschen Bundes, die Herauslösung Österreichs aus Deutschland und die Begründung des schließlich in das Deutsche Kaiserreich mündenden Norddeutschen Bundes, als eine eher verhängnisvolle oder doch als letztlich *immer noch* positiv anzusehende Zäsur der jüngeren deutschen Geschichte zu bewerten sei. Die zentrale Frage war (auch wenn dies nicht immer offen ausgesprochen wurde): Führt ein gerader Weg von Bismarck zu Hitler – oder hat Hitler nicht vielmehr den von Bismarck gewiesenen Weg der deutschen Politik verlassen?

VIII.

Diese Frage hat die Debatte um Bismarck und sein Werk auch in den folgenden Jahrzehnten noch weiterhin bestimmt. Doch die Forschung blieb dabei weit zurück: Das einzige zwischen 1950 und 1980 erschienene Werk von wirklich grundlegender wissenschaftlicher Bedeutung, das auf intensiven Forschungsarbeiten beruhte und wichtige neue Aspekte der Bismarckschen Deutschlandpolitik der 1860er Jahre vermittelte, war ebenfalls bereits vor 1945 erarbeitet worden: Es handelt sich um die 1958 aus dem Nachlaß des inzwischen verstorbenen Kieler Historikers Otto Becker herausgegebene, umfangreiche Monographie »Bismarcks Ringen um Deutschlands Gestaltung«. Trotz des etwas altertümlich-verstaubt anmutenden Titels handelte es

Erich Marcks (1861-1938), Historiker. Portrait von 1934.
ullstein bild

sich um eine bedeutende wissenschaftliche Arbeit, die erstmals die Verfassungspolitik von 1866/67 genauestens erforschte und unsere Kenntnis hierüber um viele wichtige Details bereicherte[54].

Die neuen Biographien, die in diesen drei Jahrzehnten erschienen, hatten dagegen im Grunde außer der einen oder anderen Neubewertung der seit langem bekannten Tatsachen im Grunde nicht besonders viel zu bieten. Hier ist etwa an Wilhelm Mommsens sehr zuverlässiges, aber nicht weiter anspruchsvolles Lebensbild von 1959 zu denken[55], ebenfalls an die ambitionierte Arbeit eines Nichthistorikers, aber glänzenden Schriftstellers und Stilisten: gemeint ist der in jenen Jahrzehnten viel gelesene, heute weitgehend vergessene Ludwig Reiners, der in den Jahren 1956 und 1957 eine zweibändige Biographie des Reichsgründers vorlegte, die bis 1871 reichte[56]; ihm folgte Ludwig Richters 1962 vorgelegte Biographie, die in ihren sehr kritischen Wertungen weitgehend Erich Eyck verpflichtet war[57]. 1969 erschien schließlich ein knappes, aber als kurze Überblicksdarstellung gelungenes Lebensbild des Mainzer Historikers Ekkhard Verchau[58], 1978 folgte, ebenfalls als Taschenbuch, die gediegene Überblicksdarstellung von Andreas Hillgruber, die bis heute beste der knappen Biographien[59].

Der Zeitgeist der 1960er Jahre ging auch an Bismarck nicht vorüber, und so fielen die knappen Jubiläumswürdigungen den Jahres 1965[60], wie sie etwa in den Gedenkreden von Theodor Schieder[61], Walter Bußmann[62] und Rudolf Vierhaus[63] zum Ausdruck kamen, eher nüchtern und kritisch aus. Gerade die (nach der berühmten Bezeichnung Helmut Schelskys) »skeptische« Kriegs- und Nachkriegsgeneration konnte – verständlicherweise, wie man sagen muß – mit dem Bismarckbild der älteren Generation nicht mehr viel anfangen; sachliche Analyse und Kritik hielten sich nun die Waage. Schließlich ist auch daran zu erinnern, daß die anspruchsvolle Biographie als Gattung der Geschichtsschreibung in diesen Jahren in Verruf geriet; eine vorgeblich theoriegeleitete Struktur- und Sozialgeschichte in »kritisch-emanzipatorischer Absicht« schien nun das entscheidende Stichwort der Zeit zu sein.

IX.

Das aber änderte sich 1980, als die lange erwartete neue und grundlegende Bismarckbiographie des Frankfurter Historikers Lothar Gall erschien, eine außerordentlich anspruchsvolle, gründlich reflektierende und scharfsinnig analysierende Studie, die ein neues, nunmehr sachliches Bismarckbild etablierte[64]. Obwohl Schüler des einst sehr Bismarckkritisch eingestellten Münchner Historikers Franz Schnabel, deutet Gall den von ihm in den Blick genommenen Bismarck weniger von den *Inhalten* und den *Zielen* seiner Politik, sondern in erster Linie von den von ihm verwendeten politischen *Mitteln* her. Hierin liegen nach Gall die entscheidenden Momente zum Verständnis der Wirkung und damit der Bedeutung Bismarcks: »Was er [Bismarck; H.-C.K.] wollte, gehört ganz der Vergangenheit an. Die

Mittel aber, die er anwandte, haben auf dem Höhepunkt seines Wirkens den historischen Prozeß zeitweise enorm beschleunigt und in stürmischem Tempo das heraufgeführt, was wir abkürzend die moderne Welt nennen. Weitgehend wider Willen ist er an entscheidender Stelle zum Mitschöpfer dieser Welt geworden – hierin liegen seine historische Größe und die Grenze, die ihm gesetzt war«[65].

Galls Deutung Bismarcks als eines »weißen« (also konservativen) Revolutionärs, die vor ihm bereits in den sechziger Jahren von Henry Kissinger formuliert worden war[66], hat sich inzwischen, wenn auch mit gewissen Modifikationen, weitgehend durchgesetzt. Die eigentümliche politische Dialektik des Reichsgründers, der mit modernen (manchmal sogar den modernsten) Mitteln letztlich doch zumeist traditionelle, zuweilen auch rückwärtsgewandte, Ziele verfolgte, ist heute als zentrales Interpretament seines politischen Handelns anerkannt. – Nicht unbeeinflußt hiervon blieb übrigens auch Ernst Engelberg, führender Historiker der ehemaligen DDR, der in den Jahren 1985 den ersten Band einer neuen umfangreichen Lebensdarstellung des Reichsgründers vorlegte[67]; er erschien gleichzeitig im Osten wie im Westen, was damals als Sensation zur Kenntnis genommen wurde.

Schon im Vorwort zum ersten Band bekennt Engelberg, »von der Gegenposition« her zu kommen, also Bismarck auf marxistischer Grundlage interpretieren zu wollen. Gleichzeitig aber möchte er auch der Persönlichkeit Bismarcks gerecht werden; er habe erkannt, heißt es dort, »wie stark, vielschichtig-widerspruchsvoll und reich er [Bismarck; H.-C.K.] als Persönlichkeit war und wie er sich dadurch als fähig erwies, die nach der gescheiterten Revolution von 1848 offenen Probleme auf seine Art von oben zu lösen«[68]. Doch nicht nur diese Formulierung wirkte erstaunlich, unterschied sie sich doch recht deutlich von demjenigen, was die frühere DDR-Geschichtswissenschaft über den »reaktionären Junker« und »brutalen Sozialistenverfolger« gesagt und geschrieben hatte[69].

Als durchaus beachtlich und als wissenschaftliche Leistung von unstreitig großer Bedeutung stellten sich nämlich ebenfalls die ersten zweihundert Seiten dieses ersten Bandes heraus, in denen die Familiengeschichte der Bismarcks, die Herkunft und die frühen Jahre des späteren Reichskanzlers so eingehend und so gründlich dargestellt wurden, wie es seit Erich Marcks' Biographie von 1909 nicht mehr geschehen war, – und dies auf der Grundlage intensiver Auswertung bisher unbeachteter ungedruckter Quellen[70]. Obwohl die marxistische Grundhaltung Engelbergs im Text eigentlich fast immer zu spüren ist, wurde der erste Band seines Werkes deshalb auch von der bundesdeutschen Historiographie unstreitig als eigenständige, bedeutende Forschungsleistung anerkannt. – Nach Form und Inhalt wesentlich konventioneller und auch in der Wertung inzwischen nicht mehr unbedingt aktuell erschien dagegen der zweite Band, der 1990 im Jahr der deutschen Wiedervereinigung herauskam.

Erich Eyck (1878-1964), Jurist und Historiker, um 1955.
ullstein bild

Eigentlich hätte man erwarten können, daß nach den beiden Standardwerken von Gall und Engelberg so bald keine neue Darstellung erscheinen würde, doch es gab noch einen weiteren Biographen, den Amerikaner (deutscher Herkunft) Otto Pflanze, der sein Werk bereits lange vor den beiden deutschen Historikern aus Ost und West konzipiert und begonnen hatte. Schon 1963 war in den USA der erste Band seiner Bismarck-Biographie erschienen, doch lange Jahre hatte es so ausgesehen, als sollte sein Werk ein Torso bleiben. Tatsächlich erschien aber 1990 (übrigens zeitgleich mit dem zweiten Band Engelbergs) das dreibändige, nunmehr über 1500 Druckseiten umfassende Bismarckwerk von Otto Pflanze[71]. Den ersten Band hatte er komplett überarbeitet und ergänzt, während die beiden neuen Bände, also der zweite und der dritte, eine neue, ebenfalls wiederum auf intensiver Archivforschung beruhende Darstellung der Jahre von 1871 bis 1898 gaben.

Obwohl Pflanzes Biographie etwas später auch in einer zweibändigen, aber weitgehend vollständigen deutschen Übersetzung erschienen ist (1997-98)[72], hat sie doch eigentlich nicht die Beachtung gefunden, die ihr eigentlich gebührt hätte. Denn seine Darstellung ist – stärker noch als die beiden inhaltlich nicht minder gewichtigen Arbeiten von Gall und Engelberg – »ein Stück konsequenter Historisierung Bismarcks«, wie es einer der Rezensenten, der Kölner Historiker Eberhard Kolb 1991 sehr treffend formuliert hat[73].

Was hiermit gemeint ist, läßt sich vielleicht besonders anschaulich an einem besonderen Beispiel, nämlich an Pflanzes historisierender Einordnung der drei deutschen Einigungskriege von 1864, 1866 und 1870 in den Gesamtzusammenhang der europäisch-nordamerikanischen Geschichte zeigen: Der amerikanische Bismarckbiograph weist darauf hin, daß *keine* der großen Nationen in der neueren Geschichte ihre innere Einigung *ohne* Kriege habe erreichen können: »Großbritannien im 17. Jahrhundert, die Niederlande 1568-1648, die Vereinigten Staaten von Amerika 1775-1783 und 1861-1865, Frankreich 1789-1815, Italien 1859-1866 führten Bürgerkriege und auswärtige Kriege, die der nationalen Einigung dienten. Aus dem Ersten und dem Zweiten Weltkrieg gingen überall auf der Erde Dutzende von neuen Nationalstaaten hervor. Im Vergleich zu den meisten dieser Konflikte wurden die deutschen Kriege der Jahre 1864-1871 mit einem relativ geringen Aufwand an Gewalt und Zerstörung geführt«[74].

Dabei liefert Pflanze in seinem Buch keineswegs eine Bismarck-Apologie, sondern die Tendenz seiner Analyse ist durchgehend ebenso sachlich wie kritisch. Dennoch hat er es fertig gebracht – und dies konnte wohl nur einem Außenstehenden, also einem *nichtdeutschen* Historiker gelingen –, die bisher im ganzen gesehen wohl beste, d. h. ausführlichste, gründlichste und sachlichste Darstellung von Bismarcks Leben und Werk zu liefern, eine Gesamtdarstellung, die zudem auch in wissenschaftlicher Hinsicht den neuesten Standard verkörpert und vermutlich wohl lange Zeit nicht übertroffen werden wird.

Hans Rothfels (1891-1976), Historiker. ullstein bild

X.

Die Geschichte der Bismarck-Biographien ist zugleich, wie ich zu zeigen versucht habe, eine Geschichte der Bismarck-Mythen, der politischen Urteile und Fehlurteile, der nationalistischen Verklärungen wie auch der gegensätzlichsten Ideologien, der Verfälschungen und falschen Adaptionen ebenso wie schließlich auch der strengen, kritischen und sachlichen Maßstäben verpflichteten historischen Forschung.

Das Jubiläumsjahr 1998 hat gezeigt, daß von einer *vollständigen* Historisierung der Persönlichkeit und des Werkes von Bismarck allerdings noch lange nicht die Rede sein kann. Die Wirkungen seiner Politik lassen sich sowohl in ihren negativen wie auch in ihren positiven Aspekten und Folgewirkungen bis in die Gegenwart hinein verfolgen, und schon aus diesem Grunde dürfte es wohl auch künftig Versuche geben, den vermeintlichen »Dämon« Bismarck aus der deutschen Seele zu exorzieren, wie es andererseits in Zukunft sicher ebenfalls Zeugnisse der Verehrung für den »Alten aus dem Sachsenwald« geben wird. Beides ist wohl unvermeidlich; wie an allen großen Persönlichkeiten der Geschichte werden sich auch immer an Bismarck die Geister scheiden.

Dies sollte man eher positiv als negativ sehen. Wünschte man sich als Historiker auch eher einen Fortgang der sachlich-unvoreingenommenen Betrachtung und der sorgfältigen Historisierung Bismarcks und seiner Zeit, so ist es doch andererseits nur zu begrüßen, wenn über Bismarck kontrovers diskutiert wird. Denn diese Pluralität des Bismarckbildes kann als Zeichen einer freien und offenen Diskussion angesehen werden – und eben die ist für die Gewinnung neuer Erkenntnisse allemal wichtiger und entscheidender als ein von oben verordnetes, einheitliches Geschichtsbild. Wissenschaftliche Historisierung und öffentliche Diskussion müssen einander gewissermaßen ergänzen. Dies ist heute so und dies wird wohl auch in den kommenden Jahren so bleiben. Die letztlich in die Tiefen und Untiefen unseres eigenen Selbstverständnisses hinabreichende Debatte über »Bismarck und die Deutschen« wird uns also vermutlich noch lange erhalten bleiben – und das ist, wie mir scheinen will, auch gut so.

Anmerkungen

1 Das gilt auch für neuere zusammenfassende Darstellungen der Entwicklung des Bismarckbildes und der Bismarckbiographik, siehe z. B. das reichhaltig ausgebreitete Material bei *Hans-Joachim Schoeps*: Bismarck über Zeitgenossen – Zeitgenossen über Bismarck, Frankfurt a. M. – Berlin – Wien 1972; sodann auch *Walter Bußmann*: Wandel und Kontinuität der Bismarckwertung, in: Die Welt als Geschichte 15 (1955), S. 126-136; *Hans-Günter Zmarzlik*: Das Bismarckbild der Deutschen – gestern und heute, in: Ders.: Wieviel Zukunft hat unsere Vergangenheit? Aufsätze und Überlegungen eines Historikers vom Jahrgang 1922, München 1970, S. 120-143, 267-270; *Lothar Gall*: Die Deutschen und Bismarck, in: Deutschland und Europa in der Neuzeit. Festschrift für Karl-Otmar von Aretin, hrsg. v. Ralph Melville / Claus Scharf / Martin Vogt / Ulrich Wengenroth, Stuttgart 1988, S. 525-536; *Hellmut Seier*: Bismarck und der »Strom der Zeit«. Drei neue Biographien und ein Tagungsband, in: Historische Zeitschrift 256 (1993), S. 689-709; *Hans-Christof Kraus*: Mythos und Wirklichkeit des »Eisernen Kanzlers«. Bemerkungen zu einer neuen Bismarck-Biographie, in: Der Staat 33 (1994), S. 439-468; *Karina Urbach*: Between Saviour and Villain. 100 Years of Bismarck Biography, in: The Historical Journal 41 (1998), S. 1141-1160; *Christoph Studt*: Das Bismarckbild der deutschen Öffentlichkeit (1898-1998), Friedrichsruh 1999; *Hans Fenske*: Das Bismarckbild der Deutschen, in: Historische Mitteilungen 13 (2000), S. 94-141.

2 *Karl Erich Born* (Hrsg.): Bismarck-Bibliographie. Quellen und Literatur zur Geschichte Bismarcks und seiner Zeit, Köln – Berlin 1966.

3 *George Hesekiel*: Das Buch vom Grafen Bismarck, Bielefeld 1869. Über den Autor vgl. die Studie von *Otto Neuendorff*: George Hesekiel, Berlin 1932.

4 *Hans Blum*: Fürst Bismarck und seine Zeit, Bde. I-VII, München 1894-1899. Aufschlußreich auch: *Ders.*: Persönliche Erinnerungen an den Fürsten Bismarck, München 1900.

5 Zum Zusammenhang siehe den gründlichen Aufsatz von *Hellmut Seier*: Bismarck und die Anfänge des Kaiserreichs im Urteil der deutschen Historiographie vor 1914, in: Bismarck und seine Zeit, hrsg. v. Johannes Kunisch, Berlin 1992, S. 359-395.

6 *Heinrich Ritter von Poschinger*: Fürst Bismarck als Volkswirt, Bde. I-IV, Berlin 1889-1891; *ders.*: Fürst Bismarck und die Parlamentarier, Bde. I-III, Breslau 1894-1896; *ders.*: Otto Fürst von Bismarck – Neue Tischgespräche und Interviews, Bde. I-II, Stuttgart 1895-1899; *ders.* (Hrsg.): Otto von Bismarck – Ansprachen 1848-1897, Bde. I-II, Stuttgart 1895-1900.

7 *Horst Kohl* (Hrsg.): Bismarck-Jahrbuch 1894-1899, 6 Bde., Berlin – Leipzig 1894-1899; Die politischen Reden des Fürsten Bismarck. Historisch-kritische Gesamtausgabe, hrsg. von Horst Kohl, Bde. I-XIV, Stuttgart – Berlin 1892-1905.

8 *Moritz Busch*: Tagebuchblätter, Bde. I-III, Leipzig 1899.

9 *Max Weber*: Gesammelte politische Schriften, hrsg. v. Johannes Winckelmann, 4. Aufl., Tübingen 1980, S. 1-25, hier S. 23.

10 Siehe hierzu nur, statt vieler, die Darstellung bei *Otto Pflanze*: Bismarck, Bd. II: Der Reichskanzler, München 1998, S. 593 ff.

11 Das geht übrigens noch aus seinen nach dem Ersten Weltkrieg erschienenen – und in mehr als einer Hinsicht aufschlußreichen – Memoiren hervor: *Kaiser Wilhelm II.*: Ereignisse und Gestalten aus den Jahren 1878-1918, Leipzig – Berlin 1922.

12 *Otto Fürst von Bismarck*: Gedanken und Erinnerungen, hrsg. v. Horst Kohl, Bde. I-II, Stuttgart 1898.

13 Siehe hierzu nur die Hinweise bei *Born* (Hrsg.): Bismarck-Bibliographie (wie Anm. 2), S. 160 ff.

14 *Max Lenz*: Geschichte Bismarcks, Leipzig 1902 (zuerst geschrieben für die Allgemeine Deutsche Biographie).

15 *Erich Marcks*: Bismarck – Eine Biographie, Bd. I: Bismarcks Jugend 1815-1848, Stuttgart – Berlin 1909; zu Person und Werk des Historikers siehe neuestens die Studie von *Jens Nordalm*: Historismus und moderne Welt. Erich Marcks (1861-1938) und die moderne Geschichtswissenschaft, Berlin 2003.

16 *Erich Marcks*: Bismarck und die deutsche Revolution 1848-1851. Aus dem Nachlaß herausgegeben und eingeleitet von Willy Andreas, Stuttgart – Berlin 1939.

17 *Erich Marcks*: Otto von Bismarck. Ein Lebensbild, Stuttgart 1915.

18 *Dietrich Schäfer*: Bismarck. Ein Bild seines Lebens und Wirkens, Bde. I-II, Berlin 1917.

19 *Martin Spahn*: Bismarck, München-Gladbach 1915.

20 *Veit Valentin*: Bismarck und seine Zeit, Leipzig 1915, S. 133.

21 *Max Weber*: Bismarcks Erbe in der Reichsverfassung (1917), in: *ders.*: Gesammelte politische Schriften (wie Anm. 9), S. 241 ff.; Weber setzt sich hier auseinander mit einer Broschüre des Berliner Staatsrechtlers *Erich Kaufmann*: Bismarcks Erbe in der Reichsverfassung, Berlin 1917.

22 *Hermann U. Kantorowicz*: Bismarcks Schatten, Freiburg i. Br. 1921.

23 *Friedrich Wilhelm Foerster*: Bismarcks Werk im Lichte der großdeutschen Kritik, Zürich 1918.

24 *Otto Fürst von Bismarck*: Gedanken und Erinnerungen, Bd. III, Stuttgart – Berlin 1919.

25 Siehe oben, Anm. 11.

26 *Emil Ludwig*: Bismarck: Geschichte eines Kämpfers, Berlin 1926.

27 Dazu siehe u. a. *Eberhard Kolb*: »Die Historiker sind ernstlich böse« – Der Streit um die »Historische Belletristik« in Weimar-Deutschland, in: *ders.*: Umbrüche deutscher Geschichte 1866/71 – 1918/19 – 1929/33. Ausgewählte Aufsätze, hrsg. v. Dieter Langewiesche / Klaus Schönhoven, München 1993, S. 311-329, bes. S. 313 ff.

28 Die Große Politik der Europäischen Kabinette 1871-1914. Sammlung der diplomatischen Akten des Auswärtigen Amtes, hrsg. v. Johannes Lepsius / Albrecht Mendelssohn Bartholdy / Friedrich Thimme, Bde. I-VI (1871-1890), Berlin 1922.

29 *Otto Fürst von Bismarck*: Die gesammelten Werke (Friedrichsruher Ausgabe), Bde. I-XV, Berlin 1924-1932.

30 *Arnold Oskar Meyer*: Bismarcks Kampf mit Österreich am Bundestag zu Frankfurt (1851 bis 1859), Berlin – Leipzig 1927.

31 *Egmont Zechlin*: Bismarck und die Grundlegung der deutschen Großmacht, Stuttgart 1930; 2. Aufl., Stuttgart 1960.

32 *Franz Perrot*: Bismarck und die Juden. »Papierpest« und »Aera-Artikel von 1875«. Ergänzt durch Karl Perrot, neu hrsg. von L. Feldmüller-Perrot, Berlin 1931.

33 Dazu einige Hinweise bei *Fenske*: Das Bismarckbild (wie Anm. 1), S. 106 ff.

34 Vgl. dazu *Fenske*: Das Bismarckbild (wie Anm. 1), S. 110, sowie *Lothar Machtan*: Der inszenierte Mythos: Bismarck im Film, in: Otto von Bismarck. Person – Politik – Mythos, hrsg. v. Jost Dülffer / Hans Hübner, Berlin 1993, S. 247-258, bes. S. 255 ff.

35 *Karl Alexander von Müller*: Probleme des Zweiten Reiches im Lichte des Dritten (1935), in: *ders.*: Vom alten zum neuen Deutschland. Aufsätze und Reden 1914-1938, Stuttgart – Berlin 1938, S. 279-299; *Ernst Rudolf Huber*: Verfassungskrisen des Zweiten Reiches, Leipzig 1940.

36 Vgl. *Helmut Heiber*: Walter Frank und sein Reichsinstitut für Geschichte des neuen Deutschlands, Stuttgart 1966.

37 *Walter Frank*: Hofprediger Adolf Stoecker und die christlichsoziale Bewegung, 2. Aufl., Hamburg 1935.

38 Erwähnt sei hier nur *Werner Beumelburg*: Bismarck gründet das Reich, Oldenburg 1932.

39 *Arnold Oskar Meyer*: Bismarck – Der Mensch und der Staatsmann, Stuttgart 1949; in dem (deutlich erkennbar vorgehefteten) »Geleitwort« heißt es u. a. (ebenda, S. 5): »Das Buch ist völlig frei von Verbeugungen gegenüber dem Hitler-Regime, es ist männlich-kompromißlos, und es zeigt auch in Wortwahl und Diktion wenig von jener indirekten Wirkung einer alldurchdringenden Atmosphäre, der selbst Gegner des Nationalsozialismus sich oft nicht haben entziehen können«. Eine sehr positive Bewertung der Meyerschen Biographie findet sich auch bei *Fenske*: Das Bismarckbild (wie Anm.1), S. 111 f.

40 *Erich Eyck*: Bismarck. Leben und Werk, Bde. I-III, Erlenbach/Zürich 1941-1944.

41 Hingewiesen sei noch auf die ebenfalls kurz nach dem Zweiten Weltkrieg edierte Bismarck-Vorlesung des schon 1929 verstorbenen liberalen Historikers Max Lehmann mit kritischer Tendenz: *Max Lehmann*: Bismarck – Eine Charakteristik, hrsg. v. Gertrud Lehmann, Berlin 1948 (wichtig zum Verständnis die Einleitung der Herausgeberin, ebenda, S. 5-25).

42 Vgl. die Übersicht bei: *Born* (Hrsg.): Bismarck-Bibliographie (wie Anm. 2), S. 212 ff. (Nr. 5747 ff.).

43 Die wichtigsten Beiträge zu dieser Kontroverse sind dokumentiert in den beiden Sammlungen von *Lothar Gall* (Hrsg.): Das Bismarck-Problem in der Geschichtsschreibung nach 1945, Köln – Berlin 1971 und *Hans Hallmann* (Hrsg.): Revision des Bismarckbildes. Die Diskussion der deutschen Fachhistoriker 1945-1955, Darmstadt 1972.

44 Dazu siehe auch die bereits früher erschienene kleine Schrift von *Arnold Oskar Meyer*: Bismarcks Glaube – Nach neuen Quellen aus dem Familienarchiv, 4. Aufl., München 1933.

45 Vgl. *Klaus Hildebrand*: Erich Eyck, in: Deutsche Historiker, Bd. II, hrsg. v. Hans-Ulrich Wehler, Göttingen 1971, S. 98-119.

46 *Ulrich Noack*: Das Werk Friedrichs des großen und Bismarcks als Problem der deutschen Geschichte (1948), in: Gall (Hrsg.): Das Bismarck-Problem (wie Anm. 43), S. 51-64.

47 *Franz Schnabel*: Das Problem Bismarck (1949), in: ebenda, S. 97-118

48 *Alfred von Martin*: Bismarck und wir (1950). Zur Zerstörung einer politischen Legende, in: ebenda, S. 157-163.

49 *Robert Saitschick*: Bismarck und das Schicksal des deutschen Volkes. Zur Psychologie und Geschichte der deutschen Frage, München 1949.

50 *Gerhard Ritter*: Geschichte als Bildungsmacht. Ein Beitrag zur historisch-politischen Neubesinnung, Stuttgart 1946, S. 46 ff.; *ders.*: Europa und die deutsche Frage, München 1948, S. 77 ff.; *ders.*: Das Bismarck-Problem (1950), in: Hallmann (Hrsg.): Revision des Bismarckbildes (wie Anm. 43), S. 169-195.

51 *Hans Rothfels*: Probleme einer Bismarck-Biographie (1948), in: Hallmann (Hrsg.): Revision des Bismarckbildes (wie Anm. 43), S. 45-72; *ders.*: Bismarcks Staatsanschauung (1953), in: ebenda, S. 414-452; siehe auch die weiteren Bismarckstudien des Verfassers, gesammelt in: *Hans Rothfels*: Bismarck. Vorträge und Abhandlungen, Stuttgart – Berlin – Köln – Mainz 1970.

52 *Theodor Schieder*: Bismarck und Europa. Ein Beitrag zum Bismarck-Problem (1951), in: *ders.*: Begegnungen mit der Geschichte, Göttingen 1962, S. 236-262, 297-301.

53 *Heinrich Ritter von Srbik*: Die Bismarck-Kontroverse. Zur Revision des deutschen Geschichtsbildes (1959), in: Hallmann (Hrsg.): Revision des Bismarckbildes (wie Anm. 43), S. 196-218.
54 *Otto Becker*: Bismarcks Ringen um Deutschlands Gestaltung, hrsg. u. ergänzt v. Alexander Scharff, Heidelberg 1958 (über die komplizierte, langjährige Entstehungsgeschichte dieses Werkes informiert das Vorwort des Herausgebers ebenda, S. 5-14).
55 *Wilhelm Mommsen*: Bismarck. Ein politisches Lebensbild, München 1959.
56 *Ludwig Reiners*: Bismarck, Bde. I-II, München 1956-1957.
57 *Werner Richter*: Bismarck, Frankfurt a. M. 1962.
58 *Ekkhard Verchau*: Otto von Bismarck. Eine Kurzbiographie, Berlin 1969.
59 *Andreas Hillgruber*: Otto von Bismarck. Gründer der europäischen Großmacht Deutsches Reich, Göttingen – Zürich – Frankfurt a. M. 1978.
60 Dazu siehe auch *Zmarzlik*: Das Bismarckbild der Deutschen (wie Anm. 1), S. 135 ff.
61 *Theodor Schieder*: Bismarck – gestern und heute (1965), in: Gall (Hrsg.): Das Bismarck-Problem (wie Anm. 43), S. 342-374.
62 *Walter Bußmann*: Otto von Bismarck. Geschichte – Staat – Politik, Wiesbaden 1966.
63 *Rudolf Vierhaus*: Otto von Bismarck – Eine kritische Würdigung (1965), in: Gall (Hrsg.): Das Bismarck-Problem (wie Anm. 43), S. 375-391.
64 *Lothar Gall*: Bismarck. Der weiße Revolutionär, Frankfurt a. M. – Berlin – Wien 1980; dazu auch die Bemerkungen bei *Fenske*: Das Bismarckbild der Deutschen (wie Anm. 1), S. 129 ff.
65 *Gall:* Bismarck (wie Anm. 64), S. 729.
66 *Henry Kissinger*: Der weiße Revolutionär: Reflexionen über Bismarck (1968), in: Gall (Hrsg.): Das Bismarck-Problem (wie Anm. 43), S. 392-428.
67 *Ernst Engelberg*: Bismarck, Bde. I-II, Berlin 1985-1990; seine Interpretation zusammenfassend: *ders.*: Bismarck und die Revolution von oben, Braunschweig 1987; Zur Kritik an Engelberg vgl. bes. die Ausführungen von *Seier*: Bismarck und der »Strom der Zeit« (wie Anm. 1), S. 691 ff., und *Fenske*: Das Bismarckbild der Deutschen (wie Anm. 1), S. 134 ff.
68 *Engelberg*: Bismarck (wie Anm. 67), Bd. I, S. XIII.
69 Das gilt noch für Engelberg selbst; siehe dessen früher erschienenes Werk: *Ernst Engelberg*: Revolutionäre Politik und Rote Feldpost 1878-1890, Berlin(-Ost) 1959.
70 Vgl. *Engelberg*: Bismarck (wie Anm. 67), Bd. I, S. 1-206.
71 *Otto Pflanze*: Bismarck and the Development of Germany, Bde. I-III, Princeton 1990. – Zur Beurteilung siehe u. a. *Seier*: Bismarck und der »Strom der Zeit« (wie Anm. 1), S. 700 ff.; *Kraus*: Mythos und Wirklichkeit des »Eisernen Kanzlers« (wie Anm. 1), S. 444 ff.
72 *Otto Pflanze*: Bismarck, Bde. I-II, München 1997-1998; zu dieser (nicht vollständigen) Übersetzung siehe auch die Bemerkungen von *Hans-Christof Kraus*, in: Forschungen zur brandenburgischen und preußischen Geschichte N. F. 10 (2000), S. 256-258.
73 *Eberhard Kolb* in seiner Besprechung von: Pflanze: Bismarck and the Development of Germany I-III, in: Frankfurter Allgemeine Zeitung, 16. August 1991, S. 29.
74 *Pflanze*: Bismarck (wie Anm. 72), Bd. II, S. 679.

Der intellektuelle Bismarck

Von Frank-Lothar Kroll

Wenn im Rahmen einer Besinnung auf die Grundlagen des politischen Denkens und Handelns Otto von Bismarcks nach der geistigen Physiognomie des Reichsgründers von 1871 gefragt wird, so kann dies nur sehr bedingt in Form einer rein ideengeschichtlichen Rekonstruktion Bismarckscher Intellektualität geschehen. Kein soziologischer Typus dürfte dem ersten deutschen Reichskanzler zeitlebens ferner gestanden haben als derjenige einer gesellschaftlich freischwebenden, ideell ungebundenen, die Macht des geschriebenen Wortes souverän handhabenden Geistigkeit[1] – obgleich die Beziehungen des Kanzlers zu den führenden Intellektuellen seiner Zeit – Repräsentanten des kulturellen, geistigen und wissenschaftlichen Lebens gleichermaßen – außerordentlich rege und vielfältig gewesen sind.[2] Doch nicht diese Beziehungen, und eben auch nicht Bismarcks Intellektualität an sich stehen im Mittelpunkt der nachfolgenden Ausführungen. Vielmehr sind anhand des problemanzeigenden Adjektivs »intellektuell« die Konturen einer staatsmännischen Existenz zu zeichnen, für die Geistigkeit und Bildung zum integralen Bestandteil ihres Wesens gehörten – freilich niemals nur im Sinne ästhetischen Konsums oder festlicher Alltagserhöhung zelebriert, sondern stets bezogen auf die politischen Formkräfte und Entwicklungsperspektiven der sie umgebenden und von ihr mitgestalteten staatlichen Wirklichkeit. Infolgedessen stehen Anteil und Ausmaß zur Diskussion, die man dieser Bismarckschen Intellektualität mit Blick auf die Herausbildung seines politischen Koordinatensystems im Allgemeinen und, soweit nachvollziehbar, auf bestimmte Aspekte seiner konkreten politischen Entscheidungsfindung im Besonderen zusprechen kann. Der Gang der Argumentation wird dabei nacheinander jene drei Bereiche berühren, die – zusammengenommen – den »intellektuellen Bismarck« ausmachen: (I.) die Bildungswelt und das damit eng zusammenhängende Phänomen Bismarckscher Sprachkunst; (II.) die Glaubenswelt und die daraus resultierende Frage nach dem Bestimmungsverhältnis von Religion und Politik; (III.) philosophisch-historische Sinnhorizonte und ihr Stellenwert im politischen Handeln des Reichskanzlers.

I.

Bismarcks *Bildung* wies über den für einen pommerschen Landadligen des 19. Jahrhunderts geläufigen Rahmen erheblich hinaus.[3] Zwar kann man nicht sagen, daß er seiner humanistischen Gymnasialerziehung prägende geistige Impulse verdankte. Er lernte Latein und Griechisch und beherrschte schon in frühen Jahren fließend die französische Sprache – ohne allerdings zur Kultur oder zur Literatur dieses Landes eine nähere Beziehung zu erlangen. Weitaus engere Bindungen knüpften ihn hingegen an die englische Dichtung – zeitlebens beschäftigten ihn die Dramengestalten Shakespeares und die düsteren Helden der Dichtungen Byrons. Doch die schulische Ausbildung formte ihn ebensowenig in der Tiefe wie der Ertrag seiner Studienjahre an den Universitäten in Göttingen (1832/33) und in Berlin (1834/35); immerhin war das Fach Geschichte, dem sich Bismarck – neben der Rechtswissenschaft – damals zuwandte, in Göttingen seinerzeit durch Friedrich Christoph Dahlmann, in Berlin sogar durch den jungen Leopold Ranke repräsentiert. Eindrucksvoll erschien Bismarck, eigenem Eingeständnis gemäß,[4] jedoch allein der Göttinger Universalhistoriker Arnold Hermann Ludwig Heeren, in dessen Kollegs ein nüchterner historisch-politischer Realismus unter Hervorkehrung primär machtstaatlicher Notwendigkeiten gelehrt wurde. Dies war eine den späteren Reichskanzler offensichtlich bereits damals anziehende Perspektive.

Solche frühen Bildungseinflüsse blieben aber aufs Ganze gesehen ohne entscheidende Resonanz; Bismarcks Bildungswelt war eine vor allem in autodidaktischem Studium erlesene und erworbene. Gelegenheit dazu fand er während seiner als Gutsherr in Kniephof und Schönhausen verbrachten »landwirtschaftlichen« Jahre zwischen 1839 und 1847. In dieser Zeit beschäftigte er sich mit Goethe, Schiller und Jean Paul, las zeitgenössische deutsche Lyrik von Chamisso und Rückert über Uhland und Lenau bis zu Freiligrath, Herwegh und Heine, studierte Hegel – ohne ihn zu verstehen[5] – sowie die Werke der Junghegelianer, diese allerdings mit Eifer und unter lebhafter Anteilnahme an der vor allem von Bruno Bauer, Ludwig Feuerbach und David Friedrich Strauß bekundeten bibel- und religionskritischen, intellektualistisch-skeptizistischen Position. Verstärkt wurden derartige Eindrücke durch die Beschäftigung mit Spinoza, dessen Schriften er ein aus pantheistischen, deistischen und rationalistischen Bestandteilen zusammengesetztes Weltbild entnahm.[6] Keiner dieser Autoren vermochte ihn indes dauerhaft zu prägen. Aus allen ihm näher zur Kenntnis gekommenen philosophischen Systemen wählte er vielmehr jene Gedanken aus, die er für sich persönlich verwenden konnte und inkorporierte sie seinem eigenen Denkhorizont. In dieser Hinsicht erwies er sich bereits in seiner Frühzeit, noch weit vor der realpolitischen Wende der 1850er Jahre, als eminent wirklichkeitsorientierter und praxisbezogener, allem rein theoretischen Erwägen oder spekulativen Sich-Verlieren abgeneigter Geist.[7] Bildung war für ihn weder Selbstzweck noch unterhaltsamer Kunstgenuß, und sie diente auch nicht nur der Befriedigung jeweils vorherrschender Gemütsbedürfnisse, wie dies noch ältere Forschungen dem späteren Reichskanzler unterstellt haben.[8]

Auch in reiferen Jahren erfolgte die Rezeption zeitgenössischer Geistes- und Kulturschöpfungen stets unter einer wie auch immer gearteten *politischen* Bezüglichkeit: An den von Bismarck gern gelesenen Werken Fritz Reuters und Julius Stindes zog ihn vor allem die realistische Schilderung des Alltagslebens an, der sich lehrreiche Beispiele für eine adäquatere Handhabung zeitgenössischer Sozialverhältnisse entnehmen ließen;[9] die Dichtungen des patriotischen Schriftstellers Oskar von Redwitz schätzte er, weil sie der Förderung des Zusammengehörigkeitsgefühls der 1871 politisch geeinten deutschen Nation dienlich schienen;[10] mit Heinrich von Treitschke setzte er sich unmittelbar vor Ausbruch des preußisch-österreichischen Krieges in Verbindung, um den Historiker zur Ausarbeitung eines Manifestes über die nationalen Ziele der preußischen Politik zu veranlassen;[11] und Rudolf von Gneists Sachwissen nutzte der Kanzler wiederholt zur Vorbereitung der Kreisordnung sowie anderer verwaltungsbezogener Reformvorhaben der 1870er Jahre.[12]

Mit alledem werden die Dimensionen, aber zugleich auch die Grenzen einer autonomen Rezeption fremden Bildungsgutes – philosophischer und literarischer, wissenschaftlicher und künstlerischer Provenienz gleichermaßen[13] – durch Bismarck markiert. Auf *einem* Gebiet allerdings gewann die ansonsten so zweckbezogene und sektoral eingehegte Begegnung des pommerschen Landadligen mit der Welt des Geistes und der Bildung elementare Bedeutung für die Prägung und Eigenart seines komplexen Persönlichkeitsbildes: auf dem Gebiet der *Sprache.*

Es ist bekannt und von keinem Geringeren als Friedrich Gundolf bereits 1931 erstmals eindringlich dargelegt worden,[14] daß der spätere Reichskanzler in seiner Schrift- und Redeform literarische Qualitäten von eigener, sprachschöpferischer Kraft entfaltet hat. Ob in Briefen, Zeitungsartikeln oder politischen Memoranden, ob im diplomatischen Schriftverkehr, in seinen Reden, Gesprächen oder Erinnerungen – stets offenbarte Bismarck eine starke schriftstellerische Begabung von spezifischer Qualität, die sein intellektuelles Gesamtprofil entscheidend mitkonstituierte und seinem geistigen Erscheinungsbild unverwechselbare Konturen verlieh.

Dabei war Bismarcks Schreib- und Redestil an sich von relativer Kargheit. Er bevorzugte eine sachlich-abgewogene, unpathetische Ausdrucksweise von oftmals lapidarer Kürze: präzise und verhalten, zugleich voller Plastizität, Unmittelbarkeit und Dramatik der Anschauungskraft.[15]

Lebendig wird diese Sprache nicht unbedingt durch die zahlreich in sie eingestreuten, Bismarcks Belesenheit eindrucksvoll bezeugenden Bildungs- und Literaturzitate, sondern vor allem durch die Fülle geschliffener Pointen und meisterhaft geformter Sentenzen, von denen jene über die »Catilinarischen Existenzen«,[16] die »Imponderabilien« in der Politik[17] oder den »ehrlichen Makler«[18] nur die bekanntesten sind. Zudem zeichnet sich Bismarcks Sprache durch eine starke Bildhaftigkeit und einen hohen Anschauungsreichtum aus, die im Bereich der Personendarstellung einerseits, auf dem Feld der Landschaftsschilderung andererseits kulminieren. Charakterisierungen wie die des alten Adolphe Thiers – »... der Gedankenschaum quillt aus ihm unaufhaltsam wie aus einer geöffneten Flasche, und ermüdet die Geduld weil er hindert zu dem trinkbaren Stoffe zu gelangen auf den es ankommt«[19] – oder die des Grafen Friedrich Ferdinand von Beust – »... eine jener Gestalten, die uns im Traume erscheinen, wenn wir schlafend übel werden; ein dicker Frosch ohne Beine, der vor jedem Bissen den Mund wie ein Nachtsack bis an die Schultern aufreißt, so daß ich mich schwindelnd am Rande des Tisches halte«[20] – belegen dies nicht weniger eindrucksvoll als prägnante Naturskizzen wie jene vom Kampf gegen die

Otto von Bismarck. Portrait von Franz von Lenbach, um 1880. Original: Hamburg, Museum für Hamburgische Geschichte. bpk, Berlin

vereiste Elbe, bei welchem »die großen Eisfelder sich erst mit Kanonenschuß-artigem Krachen schwerfällig in Bewegung setzen, sich an einander zersplittern, bäumen, unter und übereinander schieben, sich haushoch aufthürmen und mitunter Wälle quer durch die Elbe bilden, vor denen der Strom sich aufstaut, bis er sie mit Toben durchbricht. Jetzt sind sie alle im Kampf zerbrochen, die Riesen, und das Wasser ganz dicht bedeckt mit Schollen, deren größte einige Quadrathuren halten und die es eilig mit mürrischem Klirren wie gebrochne Ketten der freien See zuträgt.«[21] Und auch dort, wo sich Bismarck der für ihn so typischen satirisch-humoristischen Wendungen bedient, erreicht seine Sprache stilbildende Qualität – so etwa in der bekannten Persiflage auf seine eigene landjunkerliche Existenz, die er in Briefen an seinen Göttinger Corpsbruder Gustav Scharlach selbstironisch karikiert hat: »Du wirst hier einen fettgemästeten Landwehroffizier finden, einen Schnurrbart, der schwört und flucht, daß die Erde zittert und ... Bediente auf das Brutalste prügelt, wenn er von seiner Frau tyrannisiert worden. Ich werde lederne Hosen tragen, ... zu Königs Geburtstag ... mich besaufen, und vivat Schreien, ... und mein drittes Wort wird sein: auf Aehre! superbes Pferd!«[22] »Mein Umgang besteht in Hunden, Pferden, und Landjunkern, und bei Letzteren erfreue ich mich einigen Ansehens, weil ich Geschriebenes mit Leichtigkeit lesen kann, mich zu jeder Zeit wie ein Mensch kleide, und dabei ein Stück Wild mit der Accuratesse eines Metzgers zerwirke, ruhig und dreist reite, ganz schwere Zigarren rauche und meine Gäste mit freundlicher Kaltblütigkeit unter den Tisch trinke.«[23]

Bismarcks Sprache – dies kann als vorläufiges Zwischenergebnis der bisherigen Darlegungen bilanziert werden – bildet einen unverzichtbaren und zugleich höchst eigentümlichen Bestandteil der dem Reichsgründer eignenden Intellektualität. Charakteristisch für die von Bismarck souverän gehandhabte Bildungsmacht »Sprache« ist dabei vor allem die Unabsichtlichkeit seiner literarischen Diktion. Stil und Duktus wirken mühelos und ungesucht, Bismarck selbst hat sich, obwohl er Fragen des Ausdrucks überaus ernst nahm, niemals viel auf seine eigenen Formulierungen zugute gehalten – im Unterschied etwa zur bewußten literarischen Selbststilisierung Friedrichs des Großen, der es schätzte, sich in seinem schriftstellerischen Glanz zu sonnen, wie wiederum Friedrich Gundolf ausgeführt hat.[24] »Absichtslos« ist Bismarcks Bildungssprache gleichwohl nicht gewesen: Fast immer diente sie, zumindest in den offiziellen Dokumenten, nach einer treffenden Beobachtung Gerhard Masurs als »sinnliche Verdeutlichung politischer Situationen«,[25] oder, anders formuliert, als Aufbaumaterial zur pointierenden Vorbereitung und Begleitung staatlicher Zwecke und Zielvorgaben. Der Politiker Bismarck nahm auch den Staatsschöpfer Bismarck in die Pflicht, das mit Blick auf Bismarcks Bildungswelt Bilanzierte gilt gleichermaßen für die ihr zugeordnete Sprachsphäre.

»Fürst Bismarck in Uniform und Helm«. Gemälde von Franz von Lenbach.
Original: Privatbesitz, Foto: Jürgen Liepe. bpk, Berlin

II.

Der »intellektuelle Bismarck« konstituierte sich freilich nicht nur im Umgang mit den Erzeugnissen säkularisierter Bildung, Gelehrsamkeit und Kunstproduktion. Wie für alle noch im alteuropäischen Ordnungsgefüge wurzelnden Staatsmänner seiner Epoche[26] waren auch bei ihm Religion, Glaube und Christentum unverzichtbare Determinanten seines intellektuellen Erscheinungsbildes.

Das Problem der Bismarckschen *Religiosität* zählt zu den umstrittensten und am schwierigsten zu entschlüsselnden Fragenkomplexen aus der Biographie des Reichsgründers; es hat die historische Forschung seit über einem Jahrhundert phasenweise immer aufs Neue beschäftigt.[27] Als sicher gilt, daß dem jungen Bismarck, dem bis zu seiner Konfirmation immerhin durch Schleiermacher, den Seelsorger der Familie, Religionsunterricht erteil wurde, Glaubensfragen weitgehend gleichgültig gewesen sind. Gebet und Andacht hat er nach erfolgter Konfirmation über ein Jahrzehnt hinweg eingestellt, sich statt dessen den skeptischen Positionen zeitgenössischer Bibel- und Überlieferungskritik angenähert, wie sie von Strauß und Feuerbach geübt wurde, deren verdiesseitigtes Verstandes- und Vernunftchristentum ihn allerdings nicht dauerhaft zu befriedigen vermochte.[28] Bekannt und vielfach erforscht ist ferner Bismarcks 1846 erfolgte »Bekehrung«, die ihn in die Reihen der neupietistischen pommerschen Erweckungsbewegung führte und in ihm eine Art Gegengewicht zum bisher bevorzugten dogmenfreien Protestantismus zum Schwingen brachte. Dort, in den Kreisen einer mystisch-schwärmerischen, teilweise konventikelhaft inspirierten und sektiererisch betriebenen Frömmigkeit, rekurrierte man auf subjektive, gefühlsmäßig verinnerlichte Glaubenserlebnisse und propagierte damit ein gleichfalls undogmatisches, aber entschieden verstandes- und vernunftabgewandtes, buchstabengläubiges Bibelchristentum.[29] Und hier fand Bismarck in Adolf von Thadden-Trieglaff und Moritz von Blanckenburg Vorbilder einer sittlich verantworteten Lebensführung, deren Ernsthaftigkeit ihn anzog, und die er sich partiell insofern zu eigen machte, als er ihre Maßstäbe in den Dienst der Bewältigung seiner ungelösten privaten Lebensfragen und der Festigung seiner Persönlichkeit stellte.[30] Er entnahm – so jedenfalls hat es Friedrich Meinecke gedeutet[31] – dem pietistischen Umfeld genau jenes Maß an Daseinsorientierung, dessen er zur Sicherung und Harmonisierung seiner noch ungefestigten Individualität bedurfte: genau so viel, wie ihm zur Sinngebung des Lebens angesichts existentiell erfahrener Seelennöte und Weltängste erforderlich schien.

Ausmaß und Dauerhaftigkeit dieser inneren Wendung Bismarcks sind in der Forschung indes bis heute umstritten. Unverkennbar ist, daß Bismarck seit seiner Bekehrung Gebet, Andacht und Bibellektüre zu den Grundbedürfnissen seiner Existenz rechnete. Ein Andachtsbuch pietistischer Provenienz begleitete ihn in den Krieg von 1870/71,[32] die täglichen Kalenderlosungen und Lehrtexte der Brüdergemeinde, mit Bibelstellen und Gesangbuchversen, gehörten von 1864 bis ans Lebensende zur täglichen geistig-geistlichen Kost.[33] Sie sind Teil des »intellektuellen Bismarck«, von dem hier die Rede ist. Unstrittig ist ferner, daß sich Bismarck zeitlebens zu einer positiven christlichen Gläubigkeit bekannt hat: Zahlreiche Redenund Briefstellen bieten überaus sprechende Belege für seinen Glauben an die das geschichtliche Geschehen bestimmende göttliche Vorsehung und für seine Überzeugung von der Verantwortlichkeit allen menschlichen Tuns – und damit auch des eigenen politischen Handelns – vor Gott. Beispielhaft kommen dieser Glaube und diese Überzeugung in jenem Brief an seine Frau zum Ausdruck, der unter dem Datum des 2. Juli 1859, also im politischen Kontext der auch für Preußen kritischen Tage des österreichisch-italienischen Krieges, die Vergänglichkeit aller irdischen Planungen drastisch herausstellt: »Ich schlug mir gestern abend beliebig die Schrift auf, um die Politik aus dem sorgenvollen Herzen los zu werden, und stieß mit dem Auge zunächst auf den 5. Vers des 110. Ps[alms] ‚Der Herr zu Deiner Rechten wird zerschmettern die Könige am Tage seines Zornes.' Wie Gott will, es ist ja alles nur eine Zeitfrage. Völker und Menschen, Thorheit und Weisheit, Krieg und Frieden, sie kommen und gehen wie Wasserwogen, und das Meer bleibt. Was sind unsere Staaten und ihre Macht und Ehre vor Gott anders als Ameisenhaufen und Bienenstöcke, die der Huf eines Ochsen zertritt oder das Geschick in Gestalt eines Honigbauers ereilt.«[34]

Trotz derart starker und im übrigen nahezu beliebig vermehrbarer Selbstzeugnisse für Bismarcks persönliche Religiosität[35] wird man nicht übersehen können, daß in den späteren Jahren die Bekundung dezidierter Christlichkeit im öffentlichen und privaten Raum gleichermaßen zurücktrat. Ein Kirchenchrist ist Bismarck ohnehin nie gewesen, was mit der bereits beschriebenen Art seiner Bekehrung zusammenhängen mochte, die ihn das Christentum im Kreis der pommerschen Pietisten kennen lehrte. Die dort allem institutionalisierten kirchlichen Formelwesen gegenüber bekundete Indifferenz hat Bismarck zeitlebens ebenso beibehalten wie die relative Geringschätzung seelsorgerischer oder gottesdienstlicher Glaubensvermittlung. Sein Christentum blieb in hohem Maße persönlich-individualistisch geprägt. Es war Ausfluß und Ausdruck des protestantischen, allein vom Gewissen des Einzelnen geleiteten Ich-Du-Verhältnisses zwischen Mensch und Gott.

Zahlreiche Bismarck-Forscher – allen voran Erich Eyck[36] und Veit Valentin[37] – sind durch diese spezifische Form Bismarckscher Religiosität zu ernsten Zweifeln an der Echtheit seines christlichen Bekenntnisses überhaupt veranlaßt worden. Ausgehend von ihren eigenen, liberal-laizistischen Prädispositionen, denen das genuin lutherische, verinnerlichte Gottesverständnis Bismarcks fremd war, bewerteten sie des Kanzlers religiöse Existenz als eine Art vorgeschobene Kulisse zur besseren Handhabung seiner Umwelt, als Mittel zum Zweck einer lediglich taktisch motivierten Drapierung politischer Ziele. Solche Absichtlichkeiten mögen in einzelnen Fällen bei Bismarck durchaus eine Rolle gespielt haben und von ihm forciert worden sein. Es entspräche dies der schon seitens der älteren Bismarck-Forschung bemerkten »Verkapselung«[38] seines religiösen Lebens während der 1870er und 1880er Jahre.[39] Gleichwohl fühlte er sich und sein staatlich zu verantwortendes Handeln bis zuletzt an bestimmte, unverrückbar feststehende Pflichtgebote gebunden, die sein politisches Wirken einer letzten, absolut verbindlichen Gewissensmacht zuordneten: dem Willen und Richterspruch Gottes, von dem er sich abhängig wußte, und dem er sich vertrauend unterwarf.[40] Diese Leitkoordinate beschränkte zwar nicht die Selbständigkeit und Selbstverantwortlichkeit seines Handelns, und sie evozierte – selbstredend – alles andere als planlose Passivität. Aber sie setzte allem Tun, wenngleich weitgesteckte, so doch unüberschreitbare ethisch-moralische Grenzen. Diese Grenzen galten auch und gerade für das sittliche Problem der Macht, die nur dann als gerechtfertigt erscheinen konnte, wenn sie in Verantwortung gegenüber Gott getragen und ausgeübt wurde.

Im Blick auf diese Zusammenhänge beantwortet sich die für den vorgegebenen Themenrahmen letztlich entscheidende Frage nach den *politischen* Dimensionen des Bismarckschen Glaubenslebens über die Jahrzehnte hinweg mit dem Verweis auf die gleichsam sachlogisch gegebene Trennung zwischen dem Aufgabenbereich des den realen Landesinteressen verpflichteten Staatsmannes einerseits und des allein der Sphäre persönlicher Gewissensprüfung unterliegenden evangelisch-lutherischen Gläubigen andererseits. Bismarcks oftmals zitierter Brief an den streng pietistisch gesinnten mecklenburgischen Gutsbesitzer Alexander Andrae-Roman gibt dieser eigens empfundenen Getrenntheit zweier unterschiedlicher Handlungssphären plastischen Ausdruck: »Es ist mir herzlich leid« – so erwiderte Bismarck auf die etwas selbstgerecht vorgetragene Frage seines Gegenübers, wie es denn um die »Christlichkeit« seines Handelns bestellt sei –, »wenn ich gläubigen Christen Aergerniß gebe, aber gewiß bin ich, daß das in meinem Berufe nicht ausbleiben kann ... Als Staatsmann bin ich nicht einmal hinreichend rücksichtslos ... Wer mich einen gewissenlosen Politiker schilt, thut mir Unrecht und soll sich sein Gewissen auf diesem Kampfplatze erst selbst einmal versuchen.«[41] Im übrigen hatte Bismarck den Konflikt zwischen »staatlicher« und »privater« Existenz für sich selbst bereits während der 1850er Jahre, im brieflichen Gedankenaustausch mit seinem damaligen politischen Mentor Ernst Ludwig von Gerlach, gelöst – unter ausdrücklicher Ablehnung der Konzeption eines Religion und Politik miteinander vermengenden »christlichen Staates« und gleichfalls ausdrücklicher Verwerfung einer Übertragung der Prinzipien christlicher Moral auf den Bereich der Außenpolitik. Eine mögliche Präponderanz der Kirche gegenüber dem Staat, wie sie im Umfeld des Gerlach-Kreises[42] und im politischen Denken und Handeln Friedrich Wilhelms IV.[43] erwogen wurde, war damit grundsätzlich ausgeschlossen. Dies hinderte den späteren Reichskanzler indes nicht daran, auch nach seiner Abkehr vom Ideengut dieser ihn einst selbst formenden Kreise den prinzipiell christlichen Charakter des Staates und seiner Gesetzgebung weiterhin einzufordern – so vor allem mit Blick auf die interventionistisch zu lösende Problematik der sozialen Frage nach 1871. Die Idee staatlicher Fürsorgepflicht zum Schutz der wirtschaftlich Schwachen und zur Hebung der Existenzumstände sozial deklassierter Bevölkerungsschichten galt ihm geradezu als Gebot einer religiös verantworteten sittlichen Lebensführung, als Funktion und Folge »angewandten Christentums«. Sie ist in diesem Sinn als motivierender Impuls in die Sozialgesetzgebung der 1880er Jahre eingeflossen.[44]

III.

Mit Blick auf Bismarcks Glaubenswelt lassen sich also erst bei genauerem Zusehen Bezüge zwischen dem »intellektuellen« und dem politischen Profil des Reichsgründers herstellen. Anders verhält es sich hingegen bei dem nun noch zu unternehmenden Versuch einer Verortung *historischer Sinnhorizonte* in Bismarcks Handeln. Ein solcher Versuch wird sinnvollerweise vor allem das Wechselverhältnis von *Geschichtsauffassung und Politik* zu analysieren haben – so, wie sich dieses Bestimmungsverhältnis dem preußischen Ministerpräsidenten und späteren Reichskanzler darstellte, und wie es seine geistige Physiognomie als Staatsmann mitkonstituierte.

Bismarcks Interesse an der Geschichte war stark und überdurchschnittlich ausgeprägt. Im Gesamtspektrum seiner bereits skizzierten Bildungswelt nahm historisches Wissen unbestritten den ersten Rang ein. Dies entsprach dem hohen Stellenwert der Historie im geschichtsfreudigen 19. Jahrhundert allgemein. In Bismarcks alter Bibliothek zu Schönhausen, die er vor allem in den Jahren seiner pommerschen Gutsherren-Existenz zwischen 1839 und 1846 nutzte, fanden sich neben den Werken der Weltliteratur besonders Arbeiten historischen Inhalts.[45] Zahlreich waren zudem seine von eingehender Geschichtskenntnis zeugenden Bezugnahmen auf historische Ereignisse, Personen und Sachzusammenhänge in seinen Reden und Briefen, seinen Berichten, Gesprächen und Erinnerungen. Während seiner ge-

Die feierliche Eröffnung des Deutschen Reichstags durch Kaiser Wilhelm II. am 25. Juni 1888. Gemälde von Anton von Werner, 1893. AKG, Berlin

samten Tätigkeit am Bundestag in Frankfurt am Main bediente er sich geradezu einer historischen Zeichensprache, redete von »Haugwitzeleien«,[46] »Rheinbündischem Ehrgeiz«[47] oder von »Baseler Politik«.[48]

Ob er im bereits erwähnten Briefwechsel mit Ernst Ludwig von Gerlach die zwischen beiden höchst kontrovers geführte Diskussion über das Problem der Legitimität politischer Herrschaft und die Frage der Notwendigkeit des Kampfes gegen die Revolution mit einem souverän dargebotenen Überblick zur westeuropäischen Geschichtsentwicklung der vergangenen drei Jahrhunderte anreicherte;[49] ob er in seinen den deutsch-französischen Waffengang von 1870/71 vorbereitenden Rundschreiben und Depeschen an die Vertreter der süddeutschen Staaten auf die Kontinuität französischen Eroberungs- und Expansionsstrebens seit den Tagen Ludwigs XIV. Bezug nahm;[50] oder ob es ihm, wie in den »Gedanken und Erinnerungen« eingängig dargelegt,[51] auf der Fahrt von Jüterbog nach Berlin unter Hinweis auf die Schicksale Karls I. von England 1649 und Ludwigs XVI. von Frankreich 1792 gelang, Wilhelms I. defätistische Stimmung auf dem Zenit des preußischen Heeres- und Verfassungskonfliktes 1862 in Kampfbereitschaft und Siegeszuversicht umzuwandeln – solche und ähnliche Beispiele[52] dokumentieren die stete Präsenz historischer Argumente im Denken und Handeln Bismarcks.

Unschwer ist auch hier der Zweck derartiger Inanspruchnahmen ersichtlich: Fast immer dienten sie der Rechtfertigung aktueller politischer Gegenwartsinteressen. »Geschichte« wurde für Bismarck in *dem* Sinne zu einer handlungsbestimmenden Kategorie, als sie sein staatsmännisches Wirken flankierend abzusichern vermochte. Die Berufung auf historische Präzedenzfälle bestärkte die eigenen Zielvorgaben, vermittelte Denkimpulse und setzte zugleich Warnzeichen, indem sie »die glänzendsten und großartigsten, aber nicht immer wohltuendsten Erscheinungen«[53] vor Augen führte. Darin lag für Bismarck ihre intellektuelle Anziehungskraft begründet.

Schwerer als der Stellenwert konkreter Geschichtsbezüge bei Bismarck sind die generellen Konturen seines historischen Denkens zu bestimmen: seine allgemeinen Anschauungen über das Wesen der Geschichte, ihre Verlaufsgesetzlichkeiten, über Sinn und Ziel ihres Entwicklungsgangs überhaupt. Ein allzu hohes Maß an theoretisch-philosophischem Rückversicherungsstreben darf man dem Reichsgründer hier wohl nicht unterstellen – obgleich Ansätze zu geschichtsphilosophischer Reflexion bei ihm

Franz von Lenbach: Bismarck in Zivil, 1879. Foto: Elke Walford. Hamburger Kunsthalle. bpk, Berlin

nachgewiesen worden sind.[54] Sein Geschichtsinteresse war empirisch und tatsachenorientiert, wirklichkeitsbezogen und sehr konkret. Abstrakte Spekulationen, ideologische Konstruktionen oder gar metaphysische Sinngebungsversuche standen ihm auch hier fern. Doktrinäres und Dogmatisches war und blieb ihm zutiefst verhaßt. Sein realitätsnaher Blick galt einmal mehr den von »materiellen« Interessen dominierten Gegebenheiten der jeweiligen historisch-politischen Situation.

Dieser Realitätsbezug hat sich am Ende der – notwendigerweise – fragmentarischen Betrachtung einiger Hauptmerkmale des »intellektuellen Bismarck« als die stets erneut wiederkehrende Grundfärbung seines geistigen Erscheinungsbildes erwiesen. Mit Blick auf den »politischen Bismarck« zählt die Existenz dieser realitätsorientierten »Freiheit von jeder Systematik«,[55] zählt der Wille zur Beschränkung auf das im Augenblick Machbare und Mögliche schon seit langem zu den gesicherten Erkenntnissen der Forschung – verbunden freilich mit der weiterweisenden Einsicht, daß für Bismarck, bei aller Abneigung gegenüber einer abstrakt gehandhabten normativen politischen Ethik, die Sittlichkeit und moralische Grundsatzgebundenheit staatsmännischen Handelns gerade *in* ihrer Realitätsbezogenheit gründete. Denn nur ein sich den Anforderungen der Wirklichkeit sachgerecht stellendes und sich in ihr bewährendes politisches Handeln galt, dieser Sichtweise zufolge, als konkret verantwortbar; und nur konkret verantwortbare politische Entscheidungen waren – und sind – sittlich zu rechtfertigen. Von einer standpunktlosen relativistischen Indifferenz war der staatsmännische wie der intellektuelle Bismarck gleichermaßen weit entfernt.

Mit dieser spezifischen, im Vorstehenden aufgewiesenen Verknüpfung von Realitätsnähe und Verantwortungsethik, religiöser Gewissensbindung und politischer Zweckorientiertheit, angewandtem Bildungsinteresse und praxisbezogener Sprachformung repräsentierte Bismarck einen bestimmten Politiker-Typus, für den sich im Englischen der Begriff des »Scholar politician«, im Französischen der des »Homme des lettres« eingebürgert hat, im Deutschen freilich – infolge akuten Mangels dieser Art von Staatsmann, zumindest im Zeitalter Bismarcks – eine adäquate Bezeichnung nicht finden läßt. Weitaus seltener als in den beiden großen Nationalstaaten des Westens agierten hier Politiker, die zugleich Schriftsteller waren. Statt dessen dominierte seit dem Ausklang der preußischen Reformära – nach der treffenden Beobachtung Gerhard Masurs[56] – in Deutschland die Gattung des politisierenden Schriftstellers und Gelehrten – wohl nicht zuletzt auch deshalb, weil die Praxis eines Nationalstaates, an der sich die Theorie hätte ausrichten können, allzu lange fehlte. Otto von Bismarck, der diesen deutschen Nationalstaat 1871 zu Wege brachte, war hier, mit Blick auf seine Zeit und seine Umwelt, eine Ausnahmeerscheinung. Und er ist dies bis in unsere Gegenwart hinein auch geblieben.

Anmerkungen

1 Bismarck selbst hat diesen Typus nicht sehr geschätzt und »die studierten und hochgebildeten Herren ohne Besitz, ohne Industrie, ohne Erwerb« zum gelehrten »Abiturientenproletariat« gerechnet (*Otto von Bismarck:* Reichstagsrede vom 9. Mai 1884. In: Ders.: Die gesammelten Werke, Bd. 12: Reden [1878-1885]. Bearb. von *Wilhelm Schüßler.* Berlin 1929, S. 447), gelegentlich auch als »Professoren« tituliert – im Unterschied zu den von ihm stets geachteten »echten« Professoren.

2 Vgl. dazu die vorzügliche Untersuchung von *Hans-Joachim Schoeps:* Bismarck über Zeitgenossen – Zeitgenossen über Bismarck. Berlin 1972. Fallanalysen bieten z. B. *Erich Marcks:* Goethe und Bismarck. In: Ders.: Männer und Zeiten. Aufsätze und Reden zur neueren Geschichte. Leipzig 1911, Bd. 2, S. 1-29; *Stephan Skalweit:* Ranke und Bismarck. In: Historische Zeitschrift 176 (1953), S. 277-290; *Hans Rothfels:* Bismarck und Karl Marx (1960). Wiederabgedruckt in: Ders.: Bismarck. Vorträge und Abhandlungen. Stuttgart/Berlin/Köln/Mainz 1970, S. 182-197; *Theodor Schieder:* Nietzsche und Bismarck (1963). Wiederabgedruckt in: Ders.: Einsichten in die Geschichte. Essays. Frankfurt am Main/Berlin 1980, S. 67-87. Die Liste entsprechender Detailstudien ließe sich nahezu beliebig verlängern.

3 Vgl. zusammenfassend *Hans Prutz:* Bismarcks Bildung. Ihre Quellen und ihre Äußerungen. Berlin 1904.

4 *Otto von Bismarck:* Gespräch mit Ihering vom 28. März 1885. In: Ders.: Die gesammelten Werke, Bd. 8: Gespräche (2. Teil). Hrsg. und bearb. von Willy Andreas. Berlin 1926, S. 517.

5 *Theobald Ziegler:* Bismarck und Hegel. In: Das neue Deutschland. Wochenschrift für konservativen Fortschritt 3 (1914), S. 212 ff., bietet den fragwürdigen Versuch, Hegel als Vorläufer und Wegbereiter Bismarcks zu präsentieren. In dieser Auffassung sind dem seinerzeit prominenten Straßburger Philosophen und Pädagogen dann bekanntlich zahlreiche spätere Interpreten – wenn auch unter vielfach wechselnder Perspektive – gefolgt.

6 Vgl. die noch immer grundlegenden Darstellungen von *Friedrich Meinecke:* Bismarcks Anfänge (1906), und *ders.:* Bismarcks Eintritt in den christlich-germanischen Kreis (1903). Beide wiederabgedruckt in: Ders.: Brandenburg – Preußen – Deutschland. Kleine Schriften zur Geschichte und Politik. Hrsg. und eingeleitet von Eberhard Kessel. Stuttgart 1979 (= Friedrich Meinecke. Werke, Bd. IX), S. 416-425, bes. S. 418 f.; 442-475, bes. S. 451 ff.; ferner *Erich Marcks:* Bismarck. Eine Biographie, Bd. 1: Bismarcks Jugend 1815-1848. Stuttgart/Berlin 1909, S. 72 ff.; zusammenfassend *Lothar Gall:* Bismarck. Der weiße Revolutionär. Frankfurt am Main/Berlin 1980, S. 49 ff.

7 Der Vorwurf seines bisher letzten Biographen *Otto Pflanze:* Bismarck. Der Reichsgründer. München 1997, Bismarck habe »niemals das Bedürfnis [verspürt], das Wesen des Lebens zu ergründen oder sich eines metaphysischen Systems zu versichern, in dem dessen Phänomene aufzuheben und zu erklären wären« (S. 53), sondern grundsätzlich »auf philosophische Begründung« seines politischen Handelns verzichtet (S. 78), geht von einem theoriebezogenen Politikverständnis aus, das dem Reichskanzler in dieser Form allerdings fern lag und im übrigen keine Gewähr für einen besseren politischen Stil bot bzw. bietet.

8 Vgl. z. B. *Theodor Matthias:* Bismarck als Künstler nach den Briefen an seine Braut und Gattin. Eine sprachlich-psychologische Skizze. Leipzig 1902; *Erich Marcks:* Bismarck als Künstler. In: Das Bismarck-Jahr. Eine Würdigung Bismarcks und seiner Politik in Einzelschilderungen. Als Säkularschrift hrsg. von Max Lenz und Erich Marcks. Hamburg 1915, S. 151-163.

9 Vgl. *Adolph Kohut:* Bismarck in seinen Beziehungen zur Literatur, zu Schriftstellern und Gelehrten. In: Die schöne Literatur. Beilage zum Literarischen Zentralblatt für Deutschland 16 (1915), Nr. 7, Sp. 96 ff.

10 Vgl. *Robert von Keudell:* Fürst und Fürstin Bismarck. Erinnerungen von 1846 bis 1872. Berlin/Stuttgart 1901, S. 478 f.

11 Vgl. *Maria Fehling:* Bismarcks Geschichtskenntnis. Stuttgart/Berlin 1922, S. 80.

12 Vgl. *A. Kohut:* Bismarck in seinen Beziehungen (wie Anm. 9), S. 99 f.

13 Bismarcks Verhältnis zur Bildenden Kunst war, im Unterschied zu seinen ausgeprägten literarischen und philosophischen Interessen, auffallend spärlich und spröde – auch wenn *Anton von Werner:* Fürst Bismarck und die Kunst. In: Deutsche Monatsschrift für das gesamte Leben der Gegenwart 1 (1901/02), S. 67-73, hier ein anderes, glorifizierendes Bild zu vermitteln versucht. Vor allem sein Sinn für Architektur war kaum entwickelt; vgl. *Ernst Engelberg:* Bismarck. Urpreuße und Reichsgründer. Berlin 1985, S. 110, 135, 155, 178, 433 f., 701. – Für Musik hingegen besaß er Neigung und Engagement: Beethoven, Schubert und Mendelssohn-Bartholdy zählten zu den von ihm bevorzugten Komponisten, worüber die Erinnerungen von *R. von Keudell:* Fürst und Fürstin Bismarck (wie Anm. 10) eingehend berichten; vgl. die gute Darstellung von *Maximilian von Hagen:* Bismarck und die Musik. In: Das neue Deutschland. Wochenschrift für konservativen Fortschritt 3 (1914), S. 217-227; ferner – weniger ergiebig – *Richard Sternfeld:* Bismarck und die Musik. In: Das Bismarck-Jahr. Eine Würdigung Bismarcks und seiner Politik in Einzelschilderungen (wie Anm. 8), S. 130-134, sowie *Ludwig Roth:* Bismarck, Beethoven und Wagner. In: Eiserne Blätter 19 (1937), S. 554 ff.

14 *Friedrich Gundolf:* Bismarcks Gedanken und Erinnerungen als Sprachdenkmal. In: Europäische Revue 7 (1931), S. 259-271, 400. – Paul Heyse hatte schon 1869 bekannt: »Würde dieser Herr statt mit Politik sich zu befassen auf dem Felde der Novellistik auftreten, so würde er als ernsthafter Konkurrent um die Gunst des Publikums einzuschätzen sein«; zitiert nach *Siegfried A. Kaehler:* Realpolitik zur Zeit des Krimkrieges. Eine Säkularbetrachtung. In: Historische Zeitschrift 174 (1952), S. 476. – Auch Theodor Fontane, politisch eher bismarckkritisch eingestellt, resümierte: »Er ist der glänzendste Bildersprecher und hat selbst vor Shakespeare die Einfachheit und vollkommenste Anschaulichkeit voraus«; *Theodor Fontane:* Briefwechsel mit Paul Heyse. Berlin 1929, S. 213 (8. Januar 1891); für den Zusammenhang *Kenneth Attwood:* Fontane und das Preußentum. Berlin 1970, S. 192-200; ferner *Frank-Lothar Kroll*: Fontane und Bismarck. In: Bernd Heidenreich und Frank-Lothar Kroll (Hrsg.): Theodor Fontane – Dichter der Deutschen Einheit. Berlin 2003, S. 69-77.

15 Zum Ganzen die gedankenreiche Untersuchung von *Gerhard Masur:* Bismarcks Sprache. In: Historische Zeitschrift 147 (1933), S. 70-88; ferner *Hans Rothfels:* Bismarck als Briefschreiber (1956). Wiederabgedruckt in: Ders.: Bismarck. Vorträge und Abhandlungen (wie Anm. 2), S. 198-206.

16 *Otto von Bismarck:* Rede in der Sitzung der Budgetkommission des Preußischen Abgeordnetenhauses (30. September 1862). In: Ders.: Die gesammelten Werke, Bd. 10: Reden (1847-1869). Bearb. von Wilhelm Schüßler. Berlin 1928, S. 140.

17 Vgl. z. B. *Otto von Bismarck:* Ansprache an den Barmer Gesangverein »Orpheus«. In: Ders.: Die gesammelten Werke, Bd. 13: Reden (1885-1897). Bearb. von Wilhelm Schüßler. Berlin 1930, S. 510.

18 *Otto von Bismarck:* Reichstagsrede vom 19. Februar 1878. In: Ders.: Die gesammelten Werke, Bd. 11: Reden (1869-1878). Bearb. von Wilhelm Schüßler. Berlin 1929, S. 526.

19 *Otto von Bismarck:* An die Gattin (27. Februar 1871). In: Ders.: Die gesammelten Werke, Bd. 14/II: Briefe (1862-1898). Hrsg. von Wolfgang Windelband und Werner Frauendienst. Berlin 1933, S. 816.

20 *Otto von Bismarck:* An die Schwester (9. September 1844). In: Ders.: Die gesammelten Werke, Bd. 14/I: Briefe (1822-1861). Hrsg. von Wolfgang Windelband und Werner Frauendienst. Berlin 1933, S. 28. – Ähnlich plastische Charakterskizzen finden sich unter anderem über Harry Graf von Arnim-Suckow, Kaiserin Augusta, Leo Graf von Caprivi, Heinrich von Gagern, Fürst Alexander Gortschakoff, Kaiser Wilhelm II.

21 *Otto von Bismarck:* An die Braut (23. Februar 1847). In: Ders.: Die gesammelten Werke, Bd. 14/I (wie Anm. 20), S. 65. – *E. Engelberg:* Bismarck (wie Anm. 13), S. 167, hat zu Recht auf die Bedeutung landwirtschaftlicher bzw. naturbezogener Wendungen und Metaphern für Bismarcks Sprache hingewiesen. Dies gilt auch hinsichtlich der Schilderung mancher emotionaler Erlebnisse, etwa der Liebe zu den Kindern: »Über die Kinder, äußre und innre, wie über die kleinen Bäume im Walde, geht der Sturm hinweg, der in den Kronen der alten braust und sie beugt und bricht; wenn sie größer werden, wachsen sie in die Sturmschichte hinein, und ihre Wurzeln müssen kräftiger werden, wenn sie nicht untergehn wollen ... Wenn Bäume im Sturm Risse erleiden, so quillt das Harz wie lindernde Thränen aus ihnen und heilt; wenn sie aber gegen derlei Risse nicht Schutz in eigner Festigkeit, sondern immer wieder das Heilmittel der Harzthräne (welcher zufällige Doppelsinn) suchen, so erschöpfen sie den Quell und trocknen aus«; *O. von Bismarck:* An die Braut (17. Februar 1847). In: Ders.: Die gesammelten Werke, Bd. 14/I (wie Anm. 20), S. 60.

22 *O. von Bismarck:* An Scharlach (7. April 1834). In: Ders.: Die gesammelten Werke, Bd. 14/I (wie Anm. 20), S. 4.

23 *O. von Bismarck:* An Scharlach (9. Januar 1845). In: Ebd., S. 31.

24 *Friedrich Gundolf*: Friedrichs des Großen Schrift über die deutsche Literatur. Hrsg. von Elisabeth Gundolf. Zürich 1947.

25 G. *Masur:* Bismarcks Sprache (wie Anm. 15), S. 79.

26 Zur spezifischen Differenz zweier alteuropäischer Epochengestalten – Bismarcks und Friedrich Wilhelms IV. – vgl. in diesem Zusammenhang *Frank-Lothar Kroll:* Bismarck und Friedrich Wilhelm IV. (1990). Wiederabgedruckt in: Ders.: Das geistige Preußen. Zur Ideengeschichte eines Staates. Paderborn / München / Wien / Zürich 2001, S. 147-167.

27 Wichtige Anregungen zum Problem der Bismarckschen Religiosität bieten vor allem die älteren Untersuchungen von *Max Lenz:* Bismarcks Religion. In: Ders.: Ausgewählte Vorträge und Aufsätze. 2. Aufl. Berlin o. J., S. 98-121; *Ernst Müsebeck:* Zur religiösen Entwicklung Bismarcks. In: Preußische Jahrbücher 107 (1902), S. 397-425; *Richard Linder:* Die religiösen Grundlagen der politischen Anschauungen Bismarcks. In: Die Grenzboten 69 (1910), S. 584-595; *Reinhold Seeberg:* Das Christentum Bismarcks. 3. Aufl. Berlin-Lichterfelde 1915, bes. S. 24 f.; *Eberhard Gothein:* Bismarcks Stellung zur Religion. In: Das Bismarck-Jahr. Eine Würdigung Bismarcks und seiner Politik in Einzelschilderungen (wie Anm. 8), S. 21-29; *Carl Schweizer:* Bismarcks äußere Politik und sein Christentum. In: Preußische Jahrbücher 160 (1915), S. 305-331; *ders.:* Bismarcks Stellung zum christlichen Staate. Berlin 1923; *Otto Baumgarten:* Bismarck als religiöser Charakter. In: Preußische Jahrbücher 187 (1922), S. 1-16; *ders.:* Bismarcks Religion. Göttingen 1922, bes. S. 3-18; *Hans Kars:* Kanzler und Kirche. Bismarcks grundsätzliche Einstellung zu den Kirchen während des Kulturkampfes. Gießen 1934; *Karl Griewank:* Das Problem des christlichen Staatsmannes bei Bismarck. Berlin 1953; *Wilhelm Schüßler:* Der geschichtliche Standort Bismarcks. In: Ders.: Um das Geschichtsbild. Gladbeck 1953, bes. S. 122 ff.; zuletzt *Ulrich Kühn*: Der Grundgedanke der Politik Bismarcks. Dettelbach 2001, bes. S. 151 ff., 183-274.

28 Zu den religiösen Ansichten des frühen Bismarck vgl. noch immer grundlegend *F. Meinecke:* Bismarcks Eintritt in den christlich-germanischen Kreis (wie Anm. 6), S. 456 f.; *E. Marcks:* Bismarck (wie Anm. 6), S. 244-284.

29 Vgl. dazu *Hermann Witte:* Die pommerschen Konservativen. Männer und Ideen 1810-1860. Berlin/Leipzig 1936, bes. S. 30 ff., 60 ff., 70 ff.; *Friedrich Wilhelm Kantzenbach:* Die Erweckungsbewegung. Studien zur Geschichte ihrer Entstehung und ersten Ausbreitung in Deutschland. Neuendettelsau 1957, S. 93-111; *Erich Beyreuther:* Die Erweckungsbewegung. Göttingen 1963, S. 33 ff.

30 Dazu vorzüglich *Siegfried A. Kaehler:* Zur Deutung von Bismarcks »Bekehrung« (1948). Wiederabgedruckt in: Ders.: Studien zur deutschen Geschichte des 19. und 20. Jahrhunderts. Aufsätze und Vorträge. Hrsg. und mit einem Nachwort versehen von Walter Bußmann. Göttingen 1961, S. 99 f., 103 f.

31 *Friedrich Meinecke:* Bismarcks Jugend (1909). Wiederabgedruckt in: Ders.: Brandenburg – Preußen – Deutschland. Kleine Schriften zur Geschichte und Politik. Hrsg. und eingeleitet von Eberhard Kessel. Stuttgart 1979 (= Friedrich Meinekke. Werke, Bd. IX), S. 438.

32 Tägliche Erquickung für gläubige Christen. Biblisches Spruch- und Tagebüchlein, enthaltend auf jeden Tag des Jahres einige Worte aus der Heiligen Schrift, nebst beigefügten Erklärungen von Dr. Martin Luther. 2. Aufl. Nürnberg 1853.

33 Dazu ausführlich *Arnold Oskar Meyer:* Bismarcks Glaube. Nach neuen Quellen aus dem Familienarchiv. 2. Aufl. München 1933; *ders.:* Die sittlichen Grundlagen der Politik Bismarcks. In: Vergangenheit und Gegenwart 25 (1935), S. 21-33.

34 *O. von Bismarck:* An die Gattin (2. Juli 1859). In: Ders.: Die gesammelten Werke, Bd. 14/I (wie Anm. 20), S. 533.

35 Zusammengestellt in der auch heute noch lesenswerten Studie von *Otto Baumgarten:* Bismarcks Glaube. Tübingen 1915.

36 *Erich Eyck:* Bismarck, Bd. 1. Erlenbach/Zürich 1941, S. 38 ff.

37 *Veit Valentin:* Bismarck und seine Zeit. Leipzig/Berlin 1915.

38 *O. Baumgarten:* Bismarcks Glaube (wie Anm. 35), S. 91.

39 Bismarcks Jugendfreund Alexander Graf Keyserling erfuhr im Juni 1890, anläßlich seiner letzten Begegnung mit dem soeben entlassenen Altreichskanzler, daß Bismarck »leider ... während der Kämpfe der letzten Jahrzehnte dem Herrn fernergerückt« sei, jedoch hoffe, »die innige Stellung zu Christo«, die er einst besessen habe, vor seinem Tode wiederzuerlangen; *Otto von Bismarck:* Gespräch mit dem Pastor Dalton und dem Grafen Alexander Keyserling (17. Juni 1890). In: Ders.: Die gesammelten Werke, Bd. 9: Gespräche (Teil 3: Von der Entlassung bis zum Tode Bismarcks). Hrsg. und bearb. von Willy Andreas. Berlin 1926, S. 54.

40 Zum Ganzen *Leonhard von Muralt:* Bismarcks Verantwortlichkeit. Göttingen/Berlin/Frankfurt 1955, S. 38-93 (Vom Glauben), S. 94-140 (Bismarcks Verantwortlichkeit als Christ); *Otto Vossler:* Bismarcks Ethos (1951). Wiederabgedruckt in: Ders.: Geist und Geschichte. Von der Reformation bis zur Gegenwart. Gesammelte Aufsätze. München 1964, S. 252, 255, 257. – In diesen Zusammenhang gehört auch das vielfach falsch interpretierte Dictum über die »Gottesfurcht« der Deutschen *(Otto von Bismarck:* Reichstagsrede vom 6. Februar 1888. In: Ders.: Die gesammelten Werke, Bd. 13: Reden [1885-1897]. Bearb. von Wilhelm Schüßler. Berlin 1930, S. 347), die Bismarck stets im Sinn einer auf Gottvertrauen und Gottesgehorsam beruhenden sittlichen Bindung politischen Handelns, als Warnung vor Hybris verstanden hat. Über seinen damit korrespondierenden Schicksals- und Vorsehungsglauben vgl. *Karl Ludwig:* Bismarcks religiöses Ringen. Nürnberg 1930, S. 26 ff.

41 *O. von Bismarck:* An Andrae-Roman (26. Dezember 1865). In: Ders.: Die gesammelten Werke, Bd. 14/II (wie Anm. 19), S. 709.

42 Vgl. *Hans-Christof Kraus:* Ernst Ludwig von Gerlach. Politisches Denken und Handeln eines preußischen Altkonservativen. Göttingen 1994, S. 212-233; ferner die immer noch wichtige Untersuchung von *Hans-Joachim Schoeps:* Das andere Preußen. Konservative Gestalten und Probleme im Zeitalter Friedrich Wilhelms IV. 3. Aufl. Berlin 1964, S. 11-114, sowie – speziell mit Blick auf Bismarck – *Alfred von Martin:* Weltanschauliche Motive im altkonservativen Denken. In: Gerd-Klaus Kaltenbrunner (Hrsg.): Rekonstruktion des Konservatismus. Freiburg 1972, bes. S. 178 ff.

43 Vgl. *Frank-Lothar Kroll:* Friedrich Wilhelm IV. und das Staatsdenken der deutschen Romantik. Berlin 1990, S. 144 f., 186 f.

44 Vgl. hier vor allem *O. von Bismarck:* Reichstagsrede vom 2. April 1881, bzw. vom 9. Januar 1882. In: Ders.: Die gesammelten Werke, Bd. 12 (wie Anm. 1), S. 241, 244, bzw. S. 317 f. – Zum christlich-karitativen Aspekt des Bismarckschen Sozialversicherungswerkes vgl. *Hans Rothfels:* Prinzipienfragen der Bismarckschen Sozialpolitik (1929). Wiederabgedruckt in: Ders.: Bismarck. Vorträge und Abhandlungen (wie Anm. 2), S. 170; *Otto Vossler:* Bismarcks Sozialpolitik (1943). Wiederabgedruckt in: Ders.: Geist und Geschichte. Von der Reformation bis zur Gegenwart. Gesammelte Aufsätze. München 1964, S. 216, 226; *Karl Erich Born:* Die Motive der Bismarckschen Sozialgesetzgebung. In: Die Arbeiter-Versorgung 62 (1960), S. 37; *ders.:* Staat und Sozialpolitik im Deutschen Kaiserreich. In: Geschichte in der Gegenwart. Festschrift für Kurt Kluxen zu seinem 60. Geburtstag. Hrsg. von Ernst Heinen und Hans Julius Schoeps. Paderborn 1972, S. 179-197.

45 Zusammenstellung des Bibliothekskatalogs bei *M. Fehling:* Bismarcks Geschichtskenntnis (wie Anm. 11), S. 109 ff.

46 *O. von Bismarck:* An Leopold von Gerlach (2. August 1852). In: Ders.: Die gesammelten Werke, Bd. 14/1 (wie Anm. 20), S. 275.

47 *Otto von Bismarck:* An Otto von Manteuffel (26. August 1854). In: Ders.: Die gesammelten Werke, Bd. 1: Politische Schriften (bis 1854). Bearb. von Herman von Petersdorff. Berlin 1924, S. 491.

48 *O. von Bismarck:* An Leopold von Gerlach (10. Juli 1854). In: Ders.: Die gesammelten Werke, Bd. 14/1 (wie Anm. 20), S. 359.

49 *O. von Bismarck:* An Leopold von Gerlach (30. Mai 1857). In: Ders.: Die gesammelten Werke, Bd. 14/1 (wie Anm. 20), S. 470-474.

50 *Otto von Bismarck:* Runderlaß an die Missionen vom 18. Juli 1870, bzw. vom 13. September 1870, bzw. vom 16. September 1870. In: Ders.: Die gesammelten Werke, Bd. 6b: Politische Schriften (1869-1871). Bearb. von Friedrich Thimme. Berlin 1931, S. 396 f., bzw. S. 493 f., bzw. S. 500 ff.

51 *Otto von Bismarck:* Erinnerung und Gedanke. Kritische Neuausgabe auf Grund des gesamten schriftlichen Nachlasses. In: Ders.: Die gesammelten Werke, Bd. 15. Hrsg. von Gerhard Ritter und Rudolf Stadelmann. Berlin 1932, S. 193 ff.

52 Unmittelbare politische Relevanz besaßen in diesem Zusammenhang vor allem Bismarcks Bezugnahmen auf den vermeintlich seit Jahrhunderten tobenden Kampf des »Priestertums« mit dem »Königtum« (*O. von Bismarck:* Herrenhausrede vom 10. März 1873, bzw. Reichstagsrede vom 5. Dezember 1874. In: Ders.: Die gesammelten Werke, Bd. 11 [wie Anm. 18], S. 289 f., bzw. S. 381 f.), als dessen vorerst letzte Episode er die Auseinandersetzung mit der katholischen Kirche in den 1870er Jahren empfand.

53 *O. von Bismarck:* Kammerrede vom 24. Oktober 1849. In: Ders.: Die gesammelten Werke, Bd. 10 (wie Anm. 16), S. 56.

54 So von *Valentin Gitermann:* Die geschichtsphilosophischen Anschauungen Bismarcks. Ein Versuch. In: Archiv für Sozialwissenschaft und Sozialpolitik 51 (1924). S. 382-440, und von *Helmuth Wolff:* Geschichtsauffassung und Politik in Bismarcks Bewußtsein. München/Berlin 1926, bes. S. 127-153.

55 *Hans Rothfels:* Bismarck und der Staat (1953). Wiederabgedruckt in: Ders.: Bismarck. Vorträge und Abhandlungen (wie Anm. 2), S. 69.

56 *G. Masur:* Bismarcks Sprache (wie Anm. 15), S. 85.

»... denn wo du bist, ist Deutschland«[1] – Bismarckkult und Bismarckdenkmäler im Kaiserreich

Von Matthias Stickler

Als sich 1998 der Todestag Otto von Bismarcks zum einhundertsten Male jährte, war, obgleich der promovierte Historiker und »Kanzler der Einheit« Helmut Kohl noch im Amt war, das Echo darauf in der politischen Öffentlichkeit seltsam verhalten. Es gab keine offiziellen Gedenkfeiern von Bundesregierung oder Bundestag, die Deutsche Post, deren Bildprogramm bekanntlich trotz Privatisierung immer noch durch einen im Bundesfinanzministerium angesiedelten Beirat bestimmt wird, hatte keine Sonderbriefmarke herausgebracht. Das Gedenken an Bismarck war anscheinend zur Privatsache erklärt worden, von Seiten des Bundes bestand ganz offensichtlich kein Interesse, dem Gedenken an den Reichsgründer von 1871 einen offiziellen Charakter zu verleihen und ihm damit demonstrativ einen repräsentativen Platz im historischen Selbstverständnis des wiedervereinigten Deutschlands zuzuweisen. An der am 13. Juli 1998 von der Otto-von-Bismarck-Stiftung veranstalteten Gedenkfeier in Reinbek nahm lediglich Bundesinnenminister Manfred Kanther teil, welcher auch für die Bundesrepublik sprach.[2] Ein Jahr zuvor hatte die SPD-Politikerin Uta Titze-Stecher im Bundestag polemisch die rhetorische Frage gestellt, ob die Bundesrepublik Otto von Bismarck überhaupt noch brauche, was denn »ausgerechnet diese Person ... zum Demokratie- und Verfassungsverständnis dieser Republik beitragen« könne.[3]

1965, anläßlich des 150. Geburtstages Bismarcks, war dies noch ganz anders gewesen: Das Bundesfinanzministerium ließ eine Gedenkmedaille prägen, der aus Bayern stammende Bundespostminister Richard Stücklen (CSU) hatte eine Sondermarke im Wert von 20 Pfennigen (das damalige Briefporto) in einer Auflage von 30 Millionen Stück herausbringen lassen, ebenso viele, wie zum 100. Todestag des Mitbegründers der SPD Ferdinand von Lassalle und 10 Millionen mehr als zum ersten Todestag von John F. Kennedy im Jahr zuvor verausgabt worden waren.[4] Der Regierende Bürgermeister von Berlin (West) Willy Brandt legte einen Kranz am Bismarckdenkmal von Reinhold Begas im Bezirk Tiergarten nieder. Am 1. April 1965 gedachte der Deutsche Bundestag in Gegenwart der aus diesem Anlaß versammelten Spitzenpolitiker des Bundes und der Länder zudem des Reichsgründers in einer eigens anberaumten Sondersitzung. Bundeskanzler Erhard betonte in seiner Rede zwar, daß es keinen Bismarck-Mythos mehr gebe und grenzte sich gegen alle hurrapatriotischen Vereinnahmungen ab, würdigte aber seinen Vorgänger als einen »der Großen unserer Geschichte«, der, weil er um die Macht des von ihm geschaffenen Reiches wußte, eine Politik des Friedens betrieben habe. »Indem wir Bismarck ehren«, so führte er aus, »bekennen wir uns zu unserer Geschichte. Zu dieser Geschichte aber gehört dieses deutsche Reich, das er begründet hat und dessen Schicksal Staat und Volk der Deutschen so entscheidend prägte. ... Die Fragen, die wir Lebenden zu beantworten haben, sind anderer Art, und nichts spricht dafür, daß sie leichter geworden sind. Aber wir werden sie wieder nicht lösen können ohne die Kraft eines geschichtlichen Bewußtseins, ohne die geistige Beherrschung unserer Geschichte. Vielleicht sind wir allzu sehr beschäftigt mit dem, was man die ‚Bewältigung der Vergangenheit' nennt. Bei dieser Bewältigung der Vergangenheit ist das Bedürfnis nach Rechtfertigung vielleicht manchmal größer als der Wille zur Erkenntnis. Das Andenken Bismarcks, das Bild seiner Persönlichkeit soll uns helfen, diesen großen geschichtlichen Horizont unseres Volkes nicht aus den Augen zu verlieren. Wir brauchen ihn, nicht nur, um mit unserer Vergangenheit fertigzuwerden, sondern auch darum, weil wir, weil Europa, weil die Völker der Welt im Begriffe sind, in eine neue Epoche der Weltgeschichte einzutreten. Diese neue Epoche der Geschichte wird nicht mehr, wie noch zur Zeit Bismarcks, von Nationalismus, von nationalen Kriegen und nationalstaatlicher Machtpolitik bestimmt sein, soll nicht diese Welt in Anarchie versinken. Aber auch diese künftige Weltgeschichte wird die Geschichte von Völkern sein, und sie wird durch die Leistung von Menschen bestimmt werden, die ihr Volk und ihr Land lieben.«[5] Aus Erhards Worten spricht ein Gespür dafür, daß die Bundesrepublik Deutschland Wurzeln besaß, die über das Jahr 1949 bzw. 1945 hinausragten, daß sie sich nicht vom Erbe des Bismarck-Reiches einfach abkoppeln konnte, sondern dieses weiterwirkte und zeitgemäß fruchtbar gemacht werden mußte. Ganz ähnlich sah dies auch der Historiker Hans Rothfels (1891-1976) – von 1926 bis 1934 Ordinarius an der Universität Königsberg, 1951 bis zu seiner Emeritierung 1961 an der Universität Tübingen – der gleichsam als Repräsentant der deutschen Historikerzunft auf dem Staatsakt sprach. Dieser zog interessanterweise eine Parallele zwischen dem Ereignis von 1965 und der Ablehnung einer Glückwunschadresse an Bismarck zu dessen 80. Geburtstag 1895 durch die Mehrheit des Reichstags und sprach – aus heutiger Sicht vielleicht etwas voreilig – für die Gegenwart von der »Überwindung eines ‚Tiefstandes' ... von einem größeren Maß an Gerechtigkeit, das sich nach starken Pendelschlägen eingestellt hat.«[6] Für Rothfels, der trotz oder vielleicht gerade wegen seiner jüdischen Herkunft und unbeschadet seiner in der US-amerikanischen Emigration gewonnenen parlamentarisch-demokratischen Überzeugungen seine Verwurzelung im Denken der nationalkonservativen Rechten des Kaiserreichs und der Weimarer Republik nie verleugnete, war und blieb Bismarck ein weltgeschichtliches Individuum im Hegelschen Sinne. Ausdrücklich bezog er eine Bemerkung des Baseler Historikers Jacob Burckhardt (1818-1897), der von sich geschrieben hatte, er habe »das Kommende in allen Gliedern«, zustimmend auf den Reichskanzler und rühmte die von ihm geschaffene staatliche Ordnung als »standfeste Sozialordnung« und »mittleren Verfassungstypus genossenschaftlicher Art ... zwischen Absolutismus und Parlamentarismus«. Abschließend betonte Rothfels in deutlicher Übereinstimmung mit Bundeskanzler Erhard, »wir« hätten allen Anlaß, »nach der Zerstörung so vieler geschichtlicher Strukturen und nach dem vollen Ausbruch des Unmenschlichen mit dankbarer Bejahung des durch Bismarck in seiner Zeit Erreichten zu gedenken, einer nationalen Gemeinschaftsform, frei von Hybris und Arroganz, die entgegen seiner eigenen Sorge den Sturz der Dynastien überlebt hat und in aller Bedrohung durch ideologischen Zwiespalt und machtpolitisches Diktat als unabdingbare Forderung unter uns lebt. Ebenso aber auch des Gewollten und Unvollendeten, das als Doppelaufgabe von einem vorausschauenden Staatsmann ergriffen, unter verwandeltem Vorzeichen und in einer durchaus verwandelten Welt, Teil seiner Hinterlassenschaft bleibt, indem es eine für uns nur noch dringlicher gewordene Forderung bedeutet.«[7]

Rothfels' Formulierung von einem »größeren Maß an Gerechtigkeit« spielt auf die bekannte Tatsache an, daß Bismarcks Bild im Bewußtsein einer breiteren zeitgenössischen Öffentlichkeit anfangs noch stark von den tagespolitischen Verwerfungen seiner Amtszeit geprägt war.[8] Nicht nur Bismarcks zahlreiche politische Gegner und persönliche Feinde, auch die Mehrheit seiner Bewunderer empfand den Regierungswechsel des Jahres 1890 anfangs als Befreiung. So hatte Theodor Fontane am 1. Mai 1890 an Georg Friedlaender geschrieben: »Es ist ein Glück, daß wir ihn los sind, und viele, viele Fragen werden jetzt besser, ehrlicher, klarer behandelt werden als vorher. Er war eigentlich nur noch ein Gewohnheitsregent, tat, was er wollte, ließ alles warten und forderte nur immer mehr Devotion. Seine Größe lag hinter ihm; sie bleibt ihm in der Geschichte und in den Herzen des deutschen Volkes, aber was er in den letzten drei Jahren davon verzapft hat, war nicht weit her.«[9] Bismarcks linksliberaler Kritiker Rudolf von Virchow ließ sich fünf Jahre später im Preußischen Abgeordnetenhaus sogar zu der Aus-

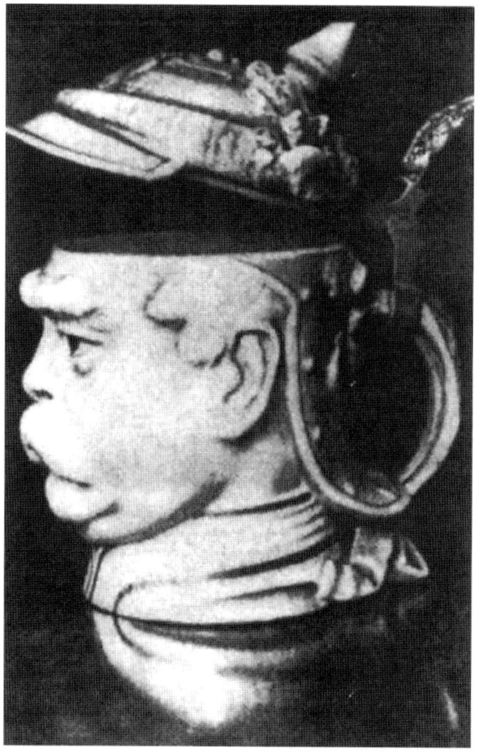

Bierkrug, geschmückt mit dem Kopf Bismarcks (Quelle: Denkmäler im 19. Jahrhundert. Deutung und Kritik. Hg. von Hans-Ernst Mittig und Volker Plagemann, München 1972, S. 441)

sage hinreißen, daß die »Enthebung des Fürsten Bismarck ... die Vorbedingung für die Genesung des Volksgeistes« gewesen sei.[10] Teilweise noch schärfer urteilten Vertreter von Zentrum und Sozialdemokratie.[11] Diese Polemiken standen im unmittelbaren Zusammenhang mit der Ablehnung der oben erwähnten Glückwunschadresse durch den Reichstag mit den Stimmen der Mehrheit von Linksliberalen, Zentrum und SPD gegen Konservative und Nationalliberale (163 zu 146 Stimmen).

Trotz der demonstrativen Mißachtung durch das Reichsparlament bedeutete Bismarcks 80. Geburtstag insofern eine wichtige Zäsur für die Entstehung des Bismarck-Mythos, als jener, mehr noch als das Datum seiner Entlassung aus dem Amt des Reichskanzlers am 20. März 1890, Ausgangspunkt für eine zunehmend breitere Schichten der Bevölkerung erfassende öffentliche Verehrung Bismarcks wurde[12]: Über 450 Städte verliehen Bismarck die Ehrenbürgerschaft, 9.875 Telegramme, 450.000 Briefe, Postkarten und Drucksachen gingen beim Jubilar ein, 1.100 Geschenke verzeichnet ein eigens hierfür angelegter Katalog, 70 Pressevertreter aus aller Welt berichteten über das Ereignis und sorgten so für die Verbreitung von Bismarcks Ruhm.[13] Nicht einmal Kaiser Wilhelm II., dem das Leben schwer zu machen der grollend auf Schloß Friedrichsruh gleichsam in der politischen Emigration lebende »Alte im Sachsenwald« keine Gelegenheit ausließ, konnte sich dauerhaft dem Sog der Huldigungen entziehen. Er rief noch zu Lebzeiten Bismarcks einen großen Wettbewerb für ein Bismarck-Denkmal aus; dessen Ergebnis war das oben bereits erwähnte, 1901 eingeweihte repräsentative Denkmal von Reinhold Begas, welches ursprünglich vor dem Reichstagsgebäude stand und erst 1938 in den Tiergarten versetzt wurde. Damals setzte endgültig die Mythisierung Bismarcks im großen Stil ein, seine Indienstnahme für politische Zwecke aller Art und die allmähliche Erstarrung und Stilisierung der konkreten Persönlichkeit Otto von Bismarck zum nationalen Heros, zum Symbol des deutschen Nationalstaates schlechthin, die v.a. in unzähligen Denkmälern ihren Ausdruck fand[14].

Der Bismarck-Kult stellte alles in den Schatten, was das Reich bisher an Versuchen der nationalen Sinnstiftung erlebt hatte, er war eine echte Volksbewegung, die konfessions-, klassen- und regionenübergreifend überall im Reich, und auch darüber hinaus, Fuß faßte. So war etwa bereits 1873 die heutige, von deutschen Einwanderern gegründete Hauptstadt des US-Bundesstaates North Dakota nach dem Reichsgründer benannt worden, in der deutschen Kolonie Kaiser-Wilhelm-Land (der Norden des heutigen Staates Papua-Neuguinea) gab es – bzw. gibt es bis heute – ein Bismarck-Gebirge, eine Bismarck-See und einen Bismarck-Archipel, im Herzen des afrikanischen Schutzgebiets Togo wurde ein Fort Bismarckburg gegründet. Auch in Deutschland existierten entsprechende Siedlungs- und Flurnamen, etwa Bismarckhütte in Oberschlesien, die Bismarck-Koppe im Glatzer Gebirge, die Bismarckhöhe im Riesengebirge oder der Kanzlersgrund in Thüringen. Nicht zu zählen sind die Bismarckstraßen, -plätze und –alleen überall in Deutschland. An Denkmälern aller Art, auf die noch genauer einzugehen sein wird, wurden mindestens 500 verwirklicht. Etwa 300 Bismarck-Vereine mit ca. 30.000 Mitgliedern sowie ungezählte lokale Komitees bildeten das organisatorische Rückgrat dieser erstaunlichen Bewegung. Die Bismarck-Denkmäler waren im eigentlichen Sinne des Wortes »Volksdenkmäler«, sie wurden getragen, wie Hedinger richtig bemerkt hat, von »Bürgerinitative und Protesthaltung gegenüber der Person Wilhelms II.«.[15] Initiatoren und Hauptträger waren in der Regel das Besitz- und Bildungsbürgertum, das sich zunehmend auch der Unterstützung durch die Obrigkeit sicher sein konnte. Adelige und Offiziere waren auffällig unterrepräsentiert – möglicherweise ein Reflex der tendenziell dynastiekritischen Stoßrichtung des Bismarckkults. Kleinbürgertum, Bauern und Arbeiterschaft sowie Frauen besaßen zwar überwiegend eher eine akklamatorische Funktion, doch darf man dadurch nicht notwendigerweise auf eine innere Distanz dieser sozialen Gruppen zum Bismarck-Kult schließen.[16] Lediglich aus der sozialistischen Arbeiterbewegung ist als Folge der Sozialistengesetzgebung, ein kämpferisch antibismarckianischer Standpunkt faßbar, der allerdings bis zum Ersten Weltkrieg langsam aber stetig abnahm.[17] Auf der Ebene der Trivialkunst steigerte sich der Bismarckkult bis zu den absonderlichsten Erzeugnissen gut gemeinten Kitschs [vgl. Abbildung 1], der eigentlich nur mit den analogen Erscheinungen unserer Tage im Bezug auf den »Märchenkönig« Ludwig II. von Bayern oder Kaiserin Elisabeth (»Sissi«) von Österreich vergleichbar ist.[18] Bereits 1898 sprach Wilhelm II. in einem Brief an seine Mutter deshalb davon, er müsse »die Ehre und die Zukunft unseres Hauses ... retten vor dem verderblichen Einfluß des Mannes, der uns unseres Volkes Herz gestohlen hatte.«[19]

Die Wirkungsmächtigkeit des Bismarck-Mythos – man könnte als vergleichbare, wenn auch von der sozialen Breite und vom Umfang her weniger mobilisierungsfähige, Phänomene im

Kaiserreich an dieser Stelle den Wagner-Kult und den Nibelungen-Mythos[20] anführen – verweist auf ein tiefsitzendes und schwerwiegendes Defizit des Kaiserreichs, nämlich das Fehlen einer allseits anerkannten integrationsstiftenden Symbolik.[21] Bekanntlich verfügte das Reich anfangs weder über eine Nationalhymne, noch über identitätsstiftende Riten und Feste: Der Sedanstag als inoffizieller Nationalfeiertag war ebenso wie die »Wacht am Rhein« als Quasi-Nationalhymne im Grunde eine Verlegenheitslösung, die beide zudem wegen ihrer zeitgebundenen frankreichfeindlichen Ausrichtung langfristig problematisch sein mußten. Die traditionslosen Reichsfarben schwarz-weiß-rot hatten zwar durch das gemeinschaftsstiftende Erlebnis des deutsch-französischen Krieges eine gewisse nationale Weihe erhalten, doch stand auch hier das antifranzösische Feindbild im Vordergrund und zumindest im Süden des Reiches waren die bayerischen und württembergischen Farben, unter denen die dortigen Heere gekämpft hatten, eine ernsthafte Konkurrenz. Auch die Begriffe »Kaiser« und »Reich«, die die mittelalterliche Kaiserherrlichkeit und damit eine Tiefe der Reichstradition beschworen, die das Bismarck-Reich keineswegs besaß – von Bismarck bewußt eingeführt, um die preußische Hegemonie im Reich zu verschleiern und den süddeutschen Staaten den Verlust der Souveränität zu erleichtern – waren anfangs kaum mehr als eine hohle Phrase. Kaiser Wilhelm I. verstand sich nicht als Reichsmonarch, seine fürstlichen Bundesgenossen wachten eifersüchtig über ihre landesherrlichen Prärogative, es gab, abgesehen vom Reichswappen, keine Symbole des Reiches, weder Krone, Reichsapfel oder Szepter. Letztere wurden aus heraldischen Gründen zwar schließlich festgelegt, doch existierten sie bis 1918 lediglich in bildlicher Form. Pläne, eigene (neue) Reichskleinodien zu schaffen und diese öffentlichkeitswirksam bei geeigneten Staatsakten zu präsentieren, etwa bei Reichstagseröffnungen bzw. einer formellen Kaiserkrönung bzw. repräsentativen Festkrönungen, wie sie insbesondere der reichsromantisch empfindende Kronprinz Friedrich Wilhelm – der als Kaiser Friedrich III. (!) 1888 für nur 99 Tage deutscher Kaiser werden sollte – anstrebte, wurden bereits von Bismarck hintertrieben, weil dieser Gefahr für das mühsame Kräftegleichgewicht im Reich befürchtete. Preußische Traditionen und Symbole mußten die nicht existierende Reichstradition substituieren. Besonders deutlich wurde dies beim Reichswappen: Das große kaiserliche Wappen ähnelte in seiner Gestaltung stark dem kleinen königlich preußischen; überhaupt wurde der Reichsadler borussifiziert, man legte ihm den Adler des kleinen preußischen Königswappens auf die Brust und schmückte ihn zusätzlich mit der Kette des Hohen Ordens vom Schwarzen Adler, der höchsten Auszeichnung des preußischen Staates.[22] Die tendenziell militaristische Verbrämung des neuen Kaisertums, wie sie vor allem unter Wilhelm II. vorangetrieben wurde, hatte ihre Wurzel auch in der faktischen Traditionslosigkeit der neuen Reichsideologie. Es war damit Realität geworden, was Gustav Freytag bereits 1870 in der Zeitschrift »Im neuen Reich« gefordert hatte, nämlich daß der Helm die wahre und eigentliche Krone des Königs von Preußen und des neuen Kaisers, die Königsparaden die größten und am meisten charakteristischen Repräsentationsfeste der deutschen Königsmacht [!] seien, die Hohenzollern den Kaisermantel wie einen Offiziersrock tragen und auf keinen Fall unter der Krone schreiten sollten.[23]

Bismarck-Denkmal am Dom in Bremen, Adolf von Hildebrand. Foto: 1998, AKG, Berlin

Versuche, diese Blöße zu bedekken, gab es mannigfaltig: Vor allem nationale Festspiele, Siegesfeiern, die Themen von Historienmalerei und Nationaldenkmälern verfolgten das Ziel nationaler Sinnstiftung durch eine Mischung von germanisch-deutschen, christlich-mittelalterlichen und preußisch-protestantischen Geschichtsmythen im Sinne der Ideologie vom preußischen Reich deutscher Nation.[24] Den Bismarckdenkmälern kam hierbei insofern eine zentrale Rolle zu, weil diese, anders als etwa die von Wilhelm II. stark geförderten Denkmäler für seinen Großvater »Wilhelm den Großen«, den er, anknüpfend an den Barbarossa-Mythos und die Kyffhäuser-Sage, vergeblich zur nationalen Vaterfigur, zur wiedererstandenen Erlösergestalt Wilhelm Barbablanca, zu stilisieren suchte, auch außerhalb des preußisch-protestantischen Deutschlands mehrheitsfähig waren. Die Bismarckdenkmäler wurden, wie Nipperdey zutreffend formuliert hat, »zu einem schützenden und gemeinschaftsstiftenden Ursymbol der Nation jenseits aller Rationalität und Individualität des Politikers Bismarck.«[25] Nicht der tatsächliche Mensch Bismarck oder sein konkretes politisches Werk waren also Gegenstand der Mystifizierung und Verehrung, es ging, um eine hübsche Formulierung Hedingers aufzugreifen, um den geschichtlichen, nicht um den historischen Bismarck[26]; der Bismarck-Mythos stellte somit, ähnlich wie die Reichsidee des Jahres 1871 insgesamt, eine große »Black Box«[27] dar, in der sich alle Reichsangehörigen gleichermaßen wiederfinden sollten. In der Begrifflichkeit Thomas Nipperdeys sind Bismarck-Denkmäler solche der »nationalen Sammlung«, ein Typus, der mit seinem Volksbegriff zwar auf nationaldemokratischer Grundlage beruht, dem indes das demokratische Verfassungsmodell fremd war.[28] Alings hat, anknüpfend an Nipperdey und gleichzeitig in Weiterent-

Einweihungsfeier des von Reinhold Begas geschaffenen Bismarck-Denkmals vor dem Reichstag in Berlin, 16. Juni 1901 (Quelle: Denkmäler im 19. Jahrhundert. Deutung und Kritik. Hg. von Hans-Ernst Mittig und Volker Plagemann, München 1972, S. 417)

wicklung von dessen Begrifflichkeit, in diesem Zusammenhang von »objektiven, nationalpolitischen Denkmälern« gesprochen, weil die Bismarckdenkmäler von vorneherein als Nationaldenkmäler gedacht waren und mit ihnen staatspolitische, auf Stärkung eines preußisch orientierten Reichs- und Nationalbewußtseins gerichtete Absichten verknüpft wurden.[29] Max Ehrhardt, der 1903 das erste, rein erbaulich-deskriptiv ausgerichtete Buch über die damals vorhandenen Bismarckdenkmäler vorlegte, hat deren nationalpolitische Zielsetzung mit dem affirmativen Eifer des zeitgenössischen Patrioten folgendermaßen beschrieben: »Abgesehen von seiner patriotischen Tendenz soll es [das Bismarckdenkmal] überall praktischen Nutzen stiften, wo man dem ersten Kanzler des neuen deutschen Reiches im Denkmal danken will. Die Fülle der schon vorhandenen Bismarckdenkmäler läßt kaum erwarten, daß der nationale Eifer nach solchem künstlerischen Beweis des Patriotismus seinen Höhepunkt schon überschritten hat. Leider drängt sich uns in diesen Tagen, da wir unter dem Eindruck der neuen Zusammensetzung des Reichstages[30], dieses hehrsten Denkmals Bismarcks stehen, die Frage auf, ob denn nun alle diese aus ehrlichem Herzen geborenen Bismarckdenkmäler einmal Gedenksteine sein werden auf dem Grabe der größten nationalen Ruhmesepoche unseres Vaterlandes? ... Deshalb lassen wir uns auch nicht abhalten, unsere Marktplätze und unsere Höhen zu schmücken mit Bildern Otto von Bismarcks. Die Menschheit hat doch einmal Symbole nötig für ihre Ziele ... . Und so ist unsere Frage an den Gott, der Eisen wachsen ließ, wann wirst Du uns einen zweiten Bismarck schenken? Und erst, wenn wir den haben, – ja dann wird die deutsche Welt aufhören, ihrem Bismarck Denkmäler zu setzen.«[31] Ehrhardts Aussage ist ein schöner Beleg dafür, daß der Bismarckkult neben der dominierenden suggestiven reichspatriotischen, egalitären und einheitsstiftenden Kraft auch einen latent vorhandenen und in bestimmten sozialen und politischen Kontexten schnell mobilisierbaren Hang zur parteilichen Gesinnungstüchtigkeit hervorbringen konnte, der sogenannte Reichsfeinde (Sozialdemokraten, Katholiken, nationale Minderheiten, Juden) gesellschaftlich ausgrenzte, und einem auftrumpfenden, tendenziell militaristisch unterfütterten Nationalismus das Wort redete. Auf diese vor allem im Hinblick auf das Weiterwirken des Bismarckkults nach 1918 problematische Hypothek wird weiter unten noch einzugehen sein. Man kann cum grano salis vier Typen von Bismarck-Denkmälern[32] unterscheiden:

1. Bismarck als Assistenzfigur im Kontext von Reichsgründungs- und Siegesdenkmälern. Hier war ihm noch eine untergeordnete Rolle als Diener Kaiser Wilhelms I. zugewiesen. Verwirklicht wurde dieses Konzept etwa bei den Reichsgründungs- und Siegesdenkmälern in Leipzig (1888) oder auf der Hohensyburg bei Dortmund (1901), aber auch etwa beim Bismarck-Denkmal in Frankfurt am Main (1907), das ihn als Gefolgsmann einer berittenen Germania zeigt.

Das Hamburger Bismarck-Denkmal von Hugo Lederer und Emil Schaudt, 1906. (Quelle: Reinhard Alings: Monument und Nation. Das Bild vom Nationalstaat im Medium Denkmal. Zum Verhältnis von Nation und Staat im deutschen Kaiserreich 1871-1918, Berlin [u.a.] 1996, Bildanhang, Abb. 37)

2. Bismarck als Einzelfigur, die individuell und portraitgenau dargestellt wurde. So etwa v.a. beim bereits erwähnten Berliner Nationaldenkmal von Reinhold Begas (1901) [Abbildung 3] oder beim ersten Kölner Bismarckdenkmal aus dem Jahr 1879.
3. Bismarck als stilisierte, überindividuelle Denkmalfigur, wo zwar noch eine gewisse Portraitähnlichkeit erkennbar ist, die Darstellung indes im Sinne der bezweckten Denkmalsaussage bereits deutlich verfremdet ist. Als Beispiele kann man hier v.a. das bereits erwähnte Frankfurter Denkmal (1907) nennen, welches ihn in der Pose des Drachentöters abbildet oder das dem Denkmal des Bartolommeo Colleoni in Venedig nachempfundene Reiterstandbild in Bremen (1910) [Abbildung 2], ferner das bekannte monumentale Hamburger Bismarckdenkmal von Hugo Lederer und Emil Schaudt (1906), das den Reichsgründer als mittelalterlichen Roland zeigt [Abbildung 4].
4. Das entindividualisierte Bismarckdenkmal in Gestalt der Bismarck-Türme und Bismarck-Säulen [Abbildung 5], deren vielfach nachgeahmter Prototyp, genannt »Götterdämmerung« (1896), von Wilhelm Kreis geschaffen wurde.

Der Typus der stilisierten und entindividualisierten Bismarckdenkmäler markiert auch eine bezeichnende Abgrenzung von der offiziösen historistischen Denkmalskunst des Berliner Hofes. Darauf verweisen neben dem neuartigen Baustil auch der grundsätzliche Errichtungsort außerhalb der Städte in der freien Natur. Das Bismarck-Nationaldenkmal vor dem Reichstagsgebäude, für welches bezeichnenderweise auf Druck des Kaisers ein zweiter Wettbewerb ausgeschrieben werden mußte, damit Reinhold Begas zum Zug kommen konnte, war im Grunde schon zum Zeitpunkt seiner Vollendung, wie auch das vier Jahre zuvor eingeweihte Kaiser-Wilhelm-Nationaldenkmal von Begas[33], veraltet.[34] Als Besonderheit am Rande, das ein Unikum blieb, sei an dieser Stelle noch das Jung-Bismarck-Denkmal auf der Rudelsburg von Norbert Pfretschner erwähnt (1896), das den Reichsgründer in ganz ungewohnter Pose als Student mit Corpsburschenband, Schläger und Hund zeigt.

Die frühesten Bismarckdenkmäler waren bereits Ende der 70er Jahre des 19. Jahrhunderts entstanden, das erste figürliche Monument überhaupt war das oben erwähnte Kölner Standbild aus dem Jahr 1879.[35] Doch setzte die stetig zunehmende Welle von immer neuen Denkmalsenthüllungen erst ab 1895 ein. Bismarcks Tod am 30. Juli 1898 verstärkte diesen Trend noch. Existierten bis dahin lediglich 39 Einzeldenkmäler, davon 19 Standbilder, sieben Türme, fünf Büsten, zwei Säulen und zwei Brunnen[36], so entstanden nun innerhalb von nur vier Jahren allein 91 Bismarcksäulen und -türme, weitere 24 waren 1902 noch im Bau, 1906 zählte man insgesamt 309 Standbilder, Gedenksteine, Obelisken, Säulen und Türme.[37] Daß in diesen Jahren der Bismarck-Turm zunehmend zum beliebtesten künstlerischen Ausdrucksmittel des Bismarckkults wurde, hängt maßgeblich mit dem Aufruf der Vertreter der deutschen Studentenschaft vom 3. Dezember 1998 »an das deutsche Volk« zusammen, in welchem diese die Errichtung neuartiger, im Grunde moderner, Bismarck-Denkmäler gefordert hatte: »Wie vor Zeiten die alten Sachsen und Normannen über den Leibern ihrer gefallenen Recken schmucklose Felsensäulen auftürmten, deren Spitzen Feuerfanale trugen, so wollen wir unserm Bismarck zu Ehren auf allen Höhen unserer Heimat, von wo der Blick über die herrliche Landschaft schweift, gewaltige granitene Feuerträger errichten. Überall soll, ein Sinnbild der Einheit Deutschlands, das *gleiche* Zeichen entstehen, in ragender Größe, aber einfach und prunklos, auf massivem Unterbau eine schlichte Säule, nur mit dem Wappen oder Wahlspruch des eisernen Kanzlers geschmückt; keinen Name soll der gewaltige Stein tragen, aber jedes Kind wird ihn dem Fremden deuten können: *Eine Bismarcksäule*!«[38] Aus dem sich an den Aufruf anschließenden Wettbewerb ging, wie oben bereits angedeutet, Wilhelm Kreis als Sieger hervor, dessen Bismarck-Säule zum Vorbild für mindestens 47 der 234 nachweisbaren vollendeten Denkmäler wurde, das entspricht einer Quote von ca. 20 %.[39] Architektonisch ist auffällig, daß es sich bei den Bismarck-Säulen in der Regel nicht um Denkmäler etwa nach dem Vorbild antiker oder mittelalterlicher Einzelsäulen handelte, sondern um Türme, die durch Säulen symmetrisch gegliedert wurden. Meist verfügten sie über eine Feuerschale und einen altarähnlichen Vorbau.[40] Deshalb setzte sich der Begriff Bismarck-Turm zunehmend als Synonym für diese Denkmalform durch. Bismarck-Türme hatte es in Einzelfällen im übrigen bereits vor 1898 gegeben, sie waren häufig dem Typus mittelalterlicher Wehr- oder Burgtürme angenähert, bemühten sich also um die Beschwörung der mittelalterlichen Reichsherrlichkeit, die Bismarck erneuert habe. Häufig standen diese sogar auf entsprechenden Fundamenten. Als Beispiele könnte man hierfür etwa anführen die Bismarcktürme von Göttingen (1894/95), Suhl

(1895/96) oder Sondershausen (1895). Diese historistische Variante des Bismarck-Turms hielt sich auch noch nach 1898, wie man etwa an den Beispielen Naumburg (1904), Wetzlar (1901) oder Vlotho (1903) sehen kann, allerdings gehörte die Zukunft der Bismarck-Säule im Sinne von Wilhelm Kreis. Daneben gibt es noch einige Beispiele für sogenannte Bismarck-Warten, monumentale Ehrentürme ohne Feuerschale und mit häufig riesigen Freitreppen. Als Beispiele sind hier zu nennen Assenhausen (Berg) am Starnberger See (1899), Aachen (1907) und Apenrade (1901) [Abbildung 5].

Zwei Bismarck-Denkmäler haben versucht, den Typus des stilisierten, überindividuellen Bismarckdenkmals mit der Ästhethik der Bismarck-Türme zu verbinden bzw. deren künstlerische Radikalität weiterzutreiben: Zum einen der »oben bereits erwähnte »Hamburger Roland«, der in seinen monumentalen Ausmaßen (23 m Gesamthöhe, die Bismarckstatue allein mißt 15 m) das Motiv des Bismarck-Turms mit ausgedehnter Unterbauanlage aufnimmt, diesen jedoch durch das Standbild ersetzt. Ferner das unausgeführt gebliebene Bismarck-Nationaldenkmal auf der Elisenhöhe bei Bingerbrück.[41] Für letzteres lagen zwei interessante gegensätzliche Entwürfe vor: Einer von German Bestelmeyer und Hermann Hahn, die eine zehn Meter hohe Siegfriedstatue in die Mitte eines Pfeilerrunds von 50 m Durchmesser plazieren wollten. Bismarck sollte lediglich in einem Relief auf einem Architrav dargestellt werden. Bismarck- und Nibelungenmythos wären insofern zu einem gemeinsamen Nationalmythos verschmolzen, der Reichsgründer nur noch gleichsam in der Abstraktion sichtbar gewesen und damit als historische Persönlichkeit völlig verschwunden. Der zweite Entwurf von Wilhelm Kreis verharrte dagegen in traditionelleren Bildern: Er schlug vor einen dem Theoderich-Grabmal in Ravenna nachempfundenen Kuppelbau von 60 m Höhe, in welchem eine zwölf Meter große Bismarck-Kolossalstatue, die in ihren Dimensionen, wie in ihrem Ausdruck stark an spätantike Vorbilder erinnert, Platz finden sollte. Beide Entwürfe stellten im Grunde monumentale Tempelanlagen für den Kult der neuen Bismarckianischen Nationalreligion dar. Bismarck wäre damit jenseits aller Historizität endgültig in die Sphäre eines säkularen Reichsgottes, einer chiliastischen Erlösergestalt entrückt worden.

Damit sind wir bei der Deutung von Bismarckkult und Bismarckdenkmälern angelangt. Selbstverständlich handelte es sich hierbei bis zu einem gewissen Grade um Religionsersatz bzw. den Versuch der Stiftung einer weltlichen Nationalreligion.[42] Diese kompensierte ebenso sehr tiefsitzende in die Zeit vor der Reichsgründung zurückreichende kollektive Minderwertigkeitsgefühle wie sie auch Ausdruck der Opposition gegen den Wilhelminismus und einer grassierenden Unsicherheit und Zukunftsangst, eines Gefühls des Bedrohtseins war.[43] Der Bismarckkult hatte, wie Hedinger zutreffend betont hat, systemstabilisierende Funktionen. »Im Prozeß der modernen Säkularisierung und allgemeinen Sinnproblematisierung war er – in Ansätzen – einer der nicht wenigen Versuche persönlicher und öffentlicher Sinnorientierung und Lebensformung.«[44] Ein weiterer, heute häufig übersehener Aspekt kommt hinzu: Die Bismarckdenkmäler sollten der föderalistischen deutschen Nation eine gemeinsame Mitte geben, die sie bisher nicht hatte: »Im mittelpunktlosen Land hat es keinen eigentlichen Ort, die Denkmäler bleiben diffus über das Land verstreut, jeder Ortswahl haftet etwas künstliches an, erst mit der Allgegenwart der Bismarckdenkmäler scheint dieses Problem gelöst.«[45] Wie integrativ der Bismarckkult tatsächlich zu wirken verstand zeigt gerade das bayerische Beispiel[46]: So lagen bzw. liegen von den 234 nachweisbaren Bismarcktürmen 17 (d.h. 7,3 %) im damaligen Bayern, davon 14 innerhalb der heutigen Landesgrenzen, das sind mehr als in Baden-Württemberg (8), Brandenburg (16), Hessen (12), Mecklenburg-Vorpommern (4), Niedersachsen (14), Ost- und Westpreußen (14), (Ost-)Pommern (5), Sachsen-Anhalt (16), Schleswig-Holstein (8) und Schlesien (13).[47] Verweisen kann man in diesem Zusammenhang auch auf das Sieges- und Friedensdenkmal in Edenkoben (1899), die Bismarck-Büste im Münchner Rathaus, Bismarcks Aufnahme in die Walhalla 1908, sein Denkmal vor dem Deutschen Museum in München, die Bismarck-Denkmäler in Nürnberg, Bayreuth, Bad Reichenhall, Kreuth, Landau, Neustadt/Haardt, Zweibrükken, Pirmasens, Kaiserslautern und Grünstadt; auch im Bildprogramm der Münchner Friedenssäule ist Bismarck prominent vertreten. Als Franz von Lenbach 1890 die Errichtung der oben erwähnten Bismarck-Warte am Starnberger See betrieb – übrigens einer der frühesten Bismarck-Türme überhaupt – wurde unter tatkräftiger Beteiligung des Münchener Bürgermeisters Widenmayer eine Bürgervereinigung gegründet, die bald 800 Mitglieder umfaßte, sich 1895 in einen Bismarck-Verein umwandelte und als Schirmherrn sogar den bayerischen Prinzregenten Luitpold gewinnen konnte, der aus eigenen Mitteln 5000 Mark für den Denkmalfond stiftete. Dem Verein gehörten vorwiegend Münchner Industrielle und Bankiers sowie Staatsbeamte, also die Führungseliten der Hauptstadt, an.[48] Die bayerischen Bismarcktürme liegen übrigens keineswegs nur in den evangelischen Gebieten des Landes, mit Assenhausen/Berg, Augsburg, Bad Kissingen, Landau, Lappersdorf und Würzburg sind vielmehr auch sechs damals mehrheitlich katholische Gemeinden vertreten. Gerade im Hinblick auf den innerbayerischen Ausgleich unter den Konfessionen war der Bismarckkult wichtig, schuf er doch eine zusätzliche Klammer zwischen den traditionell reichstreuen neubayerisch-evangelischen und den neubayerisch-katholischen bzw. altbayerisch-katholischen Gebieten. Er ergänzte damit die obrigkeitlichen Bemühungen um eine gemeinsame konfessionsübergreifende neubayerische Identität. Hans-Michael Körner hat zu recht darauf verwiesen[49], daß der Bismarck-Kult gerade für Bayern die Gelegenheit bot, die überkommene altbayerisch fundierte Staatstradition und historische Identität mit der Treue zum Reich in Einklang zu bringen, ohne sich die borussianische Reichsideologie zu eigen machen zu müssen. Bismarck stand aus Münchner Sicht für die Reichsgründungsverträge des Jahres 1871, die dem Eigenleben des Königreichs viel Raum ließen. Je zentralistischer das Reich wurde und Wilhelm II. Anstalten machte, eine Reichsmonarchie zu errichten, desto attraktiver wurde der Nimbus Bismarcks in Bayern. Dies zeigt sich noch in der Weimarer Republik, als unter den Bedingungen der vollzogenen Umwandlung des bundesstaatlich verfaßten Bismarckreichs in einen dezentralisierten Einheitsstaat die Verehrung der Reichsgründers im Bereich der Historiographie und der Publizistik in Bayern ihren Höhepunkt fand.

Bismarck-Warte in Aachen von Georg Frentzen, 1907.
(Quelle: Denkmäler im 19. Jahrhundert. Deutung und Kritik. Hg. von Hans-Ernst Mittig und Volker Plagemann, München 1972, S. 430)

Wie steht es aber nun um Frage der Wahlverwandtschaft des Bismarckkults mit Nationalismus, Militarismus und Imperialismus, ja seine propagandistische Indienstnahme durch die Nationalsozialisten, wie sie etwa Lothar Machtan in seinen zahlreichen Veröffentlichungen betont hat?[50] Verbindungslinien sind in der Tat nicht zu leugnen: Auf nachweisbare Tendenzen zur innenpolitischen Polarisierung gegenüber sogenannten Reichsfeinden ist oben bereits verwiesen worden. Auch der Aufruf der deutschen Studentenschaft von 1898 muß, allerdings nicht ausschließlich, gesehen werden vor dem Hintergrund des sich seit den 80er Jahren vollziehenden Rechtsrucks in der akademischen Jugend[51], v.a. die Vereine deutscher Studenten, aber auch zunehmend die Burschenschaften, Landsmannschaften und Turnerschaften waren Träger dieser Entwicklung. Selbst die mehrheitlich liberalen Corps konnten sich diesem Trend nicht völlig entziehen, war Bismarck als Mitglied des Göttinger Corps Hannovera doch einer von ihnen, der noch dazu, anders als Wilhelm II. in seinem Corps Borussia Bonn, ordentlich auf Mensur gestanden hatte. Der Bismarckkult der deutschen Studenten war durchaus ambivalent: Zum einen wurde er durch die Obrigkeit des wilhelminischen Reiches als oppositionelles Verhalten kritisch beäugt, zum anderen entwickelten sich daraus auch nationalistische und völkische Tendenzen. Tatsächlich können wir gerade beim Aufruf zur Errichtung von Bismarcksäulen zwischen den Zeilen aggressive Töne heraushören: »Überall, wo Deutsche wohnen, werdet ihr dasselbe Wahrzeichen sehen ...«[52] Diese Formulierung bezieht sich nicht auf die werdende kleindeutsch-preußische Staatsnation, sie greift vielmehr darüber hinaus, schließt die Deutschen der Habsburgermonarchie und in Osteuropa implizit mit ein. Wie überhaupt, wie wir bereits oben sahen, der Grundtenor des Aufrufs stark germanisch akzentuiert ist. Es verwundert insofern nicht, daß die Bismarckdenkmäler gerne wie Wachtürme in den Grenzgebieten des Reiches, etwa die Türme in Apenrade in Nordschleswig, Metz und Mörchingen in Elsaß-Lothringen, Bromberg in der Provinz Posen oder Culm und Thorn in Westpreußen errichtet wurden[53] als Warnung gegenüber dem äußeren, aber auch dem »inneren« Feind (nationale Minderheiten).[54] Zum andern findet man sie auch außerhalb der Reichsgrenzen in der Habsburgermonarchie, so die Türme in Rosenau (Niederösterreich, Waldviertel), Asch, Eger und Nixdorf (Böhmen). Gerade in der Habsburgermonarchie war der Bismarckkult Ausdruck großdeutscher und völkischer Gesinnung; daß drei der vier Türme sich ausgerechnet in Böhmen befinden, wo der Volkstumskampf zwischen Deutschen und Tschechen schwelte, ist kaum ein Zufall.[55] Bismarck hat seine Indienstnahme für derartige Zwecke stets unangenehm vermerkt; so empfing er anläßlich seines 80. Geburtstages die Delegation österreichischer Studenten nur unter der Bedingung, daß sie in ihrer Ansprache ihre Treue zum habsburgischen Kaiserhaus betonten und bekräftigte diese Haltung anschließend in seiner Erwiderung nochmals.[56]

Es wäre unredlich, den Bismarckkult pauschal in die Vorgeschichte des Nationalsozialismus einzureihen. Hedinger hat in diesem Zusammenhang zutreffend darauf verwiesen, daß Bismarck »die Verehrung als dem Erlöser Deutschlands und der Deutschen aus dem Unheilszustand nationaler Zerspaltenheit« entgegengebracht wurde.[57] Der in dieser Devotion eingeschlossene kompensierte Minderwertigkeitskomplex mußte in dem Moment in Aggressivität umschlagen, als in der Sicht der Gläubigen mit der Niederlage von 1918 Deutschland auf den alten Zustand der Machtlosigkeit wieder zurückgeworfen war. Hitler gelang es, sich in dieser Situation als neuer Erlöser, als wiedergeborener Bismarck, zu präsentieren, der genau wie dieser, Deutschland aus dem Zustand der Erniedrigung herausführen werde. Der nationalsozialistische Kunsthistoriker Hubert Schrade hat deshalb durchaus konsequent in seiner Abhandlung über die deutschen Nationaldenkmäler aus dem Jahre 1936 die Bismarcktürme als Denkmäler bar jeder Individualität als wichtige Vorläufer der von ihm so bezeichneten »Gemeinschaft fordernden« Architektur des Nationalsozialismus bezeichnet: »Das Gemeinschaftsdenken, das in den Bismarcktürmen zur Bezeugung drängt, kann nicht hoch genug bewertet werden in einer Zeit, die im allgemeinen das Individuelle für den Anfang und das Ende alles menschlichen Daseins hielt und diesem Glauben durch eine Fülle von Individualdenkmälern selber ein Denkmal setzte. ... Bewußt und unbewußt bedeutet die Schöpfung der Bismarcktürme ... den Ausdruck des Volksbewußtseins, das durch die Neugründung des Reichs wieder geweckt worden ist.«[58] Die Nationalsozialisten bedienten sich des Bismarckkults zur Gewinnung der alten Eliten des Kaiserreichs, indem sie Versatzstücke mit neuem Inhalt füllten. Es ist, worauf Machtan und Dormann zu recht hingewiesen haben, überaus auffällig, daß der national-sozialistisch instrumentalisierte Bismarckkult in dem Moment wie ein alter Mantel abgelegt wird, als die Machtergreifung vollzogen ist.[59] Die Einstellung der Arbeiten für den Bau des Bingener Bismarcknationaldenkmals 1934 sprechen hier für sich. Die Taufe des Schlachtschiffs »Bismarck« im Februar 1939 vollzog sich bereits vor dem Hintergrund der fast vollständig erfolgten Absorption des Bismarck- durch den Hitlerkult; Bismarck diente hierbei nur noch als »wichtiges Versatzstück der geschichtspolitischen Selbstanpreisung des Dritten Reiches«[60]

Der Bismarckkult des Kaiserreichs ist heute Geschichte. Wie vorsichtig sich das politische Berlin heute auf dem Felde der auf Bismarck bezogenen Vergangenheitspolitik bewegt, wurde eingangs gezeigt. Dennoch scheint, daß Bismarck die Deutschen zumal seit der Wiedervereinigung und der Verlegung der Bundeshauptstadt nach Berlin auch heute nicht losläßt. Daß der Bund 1997 die Otto-von-Bismarck-Stiftung ins Leben rief und den Reichsgründer damit in eine Linie mit Friedrich Ebert, Theodor Heuß, Konrad Adenauer und Willy Brandt stellte, darf wohl als eine Art Rehabilitierung des Alten vom Sachsenwald und seine stille Aufnahme in den innenpolitischen Konsens der zweiten deutschen Demokratie gewertet werden. Wenn die Stiftung davon spricht, daß Bismarcks Politik der Saturiertheit versuchte, das neue machtvolle Reich für Europa erträglich zu machen und er als »weißer Revolutionär« zugleich der modernen Welt in Deutschland zum Durchbruch verholfen habe[61], so darf man in dieser Charakterisierung wohl die geschichtspolitische Zielsetzung des Umgangs mit Bismarck sehen. Dieser Zugriff auf Bismarck ist natürlich selektiv, weil er problematische Züge von Bismarcks Charakter und Politikverständnis ausblendet, doch können wir mit Hans Rothfels eben auch feststellen, daß Bismarck bei aller Zeitgebundenheit ein Politiker war, dessen Handeln »über jede bloße nationale und klassenmäßige Befangenheit hinausgriff.«[62] Wenn Rothfels an gleicher Stelle, nämlich in seiner Rede vor dem Deutschen Bundestag 1965, von der Notwendigkeit dankbarer Bejahung des durch Bismarck in seiner Zeit Erreichten angesichts der Schrecken des 20. Jahrhunderts und der Notwendigkeit seiner zeitgemäßen Weiterentwicklung spricht, so befand er sich damit, wohl unbewußt, in weitgehender Übereinstimmung mit dem sozialdemokratischen Ersten Bürgermeister Bremens Wilhelm Kaisen, der Anfang der 50er Jahre angesichts von Protesten in der Bremer SPD gegen die Wiederaufstellung des Bismarck-Reiterstandbilds einem Genossen schrieb: »Im Laufe der letzten Jahrzehnte sind wir leider Augenzeugen geworden von vielen anderen ‚Bismarcks' in den verschiedensten Lägern des Bürgertums und leider auch der Kommunisten. Wenn z.B. damals, als Wilhelm Liebknecht seine Broschüre über Bismarck verfaßte, einer unserer Genossen zu ihm gesagt hätte, daß alles das, was er mit Recht gegen ihn vorbringt, noch ein Menschenalter übertrumpft wird von Leuten, die uns gesinnungsmäßig nahestehen ... dann würde Liebknecht dem Betreffenden gegenüber nur mit dem Kopf geschüttelt und sie für verrückt erklärt haben. ... Wir müssen uns beide heute ... eingestehen, daß es zwar keinen Sinn hat, von uns aus Bismarck ein Denkmal zu setzen – darum handelt es sich in diesem Falle auch nicht. Aber die Wiederherstellung des alten Zustandes zu verhindern mit Hinweisen auf Liebknechts Broschüre .... möchte ich allerdings angesichts der Erlebnisse, die wir beide im Laufe der Jahrzehnte hinter uns bringen mußten, nicht auf mein Konto nehmen.«[63] In diesem Zusammenhang verwies Kaisen ausdrücklich auf die verdienstvolle Friedens- und Sozialpolitik Bismarcks.

Es lohnt sich, sich wieder auf den historischen Bismarck zu besinnen, der geschichtliche, zeitgebundene Mythos ist untergegangen. Dann werden auch die erhaltenen Denkmäler Gedächtnisstützen und Erinnerungszeichen im ursprünglichen Sinne der Wortschöpfung Luthers[64] sein.

Anmerkungen

1 Aus einem Gedicht von Ernst von Wildenbruch (1890), zitiert nach *Hans-Walter Hedinger*: Der Bismarck-Kult. Ein Umriß, in: Der Religionswandel unserer Zeit im Spiegel der Religionswissenschaft. Hrsg. von Gunther Stephenson, Darmstadt 1976, S. 201-215, hier S. 207.

2 Vgl. *Otto-von-Bismarck-Stiftung* (Hrsg.): Otto von Bismarck (1815-1898). Reden aus Anlaß seines 100. Todestages, Friedrichsruh 1998 (= Friedrichsruher Beiträge, Band 1).

3 Verhandlungen des Deutschen Bundestages. Stenographische Berichte. 13. Wahlperiode, 178. Sitzung, 5. Juni 1997, S. 16070 f.

4 Vgl. Michel Deutschland-Katalog 2000/2001, S. 662 ff.

5 Bulletin des Presse- und Informationsamtes der Bundesregierung, 2. April 1965.

6 Ebenda.

7 Ebenda. Eine ähnlich positive Sichtweise Otto von Bismarcks vertrat im Jubiläumsjahr 1965 auch Theodor Schieder, der zweite Großhistoriker der Bundesrepublik Deutschland mit nationalkonservativen Wurzeln, in einem Beitrag für die Zeitschrift »Aus Politik und Zeitgeschichte« (B 13/1965, S. 3-24: Bismarck – gestern und heute). Diese ist bekanntlich eine Beilage zu der offiziösen Wochenzeitung »Das Parlament«. Derartige positive Sichtweisen Bismarcks im parlamentarischen oder vorparlamentarischen Raum wichen übrigens innerhalb von nur sechs Jahren der uns heute vertrauten skeptisch-distanzierten Haltung. So erwähnte Bundestagspräsident Kai-Uwe von Hassel (CDU) in der Bundestagssitzung vom 20. Januar 1971, als das Parlament des 100. Jahrestags der Reichsgründung in einer Gedenkminute (!) gedachte, Bismarcks Namen nur einmal und zwar negativ im Zusammenhang mit dessen Kampf gegen die »Reichsfeinde« Sozialdemokratie, Zentrum und Freisinn, wodurch indirekt die Bundesrepublik als positive, da demokratische Traditionen erfüllende, Gegengründung zum Bismarck-Reich historisch verortet wurde; vgl. Verhandlungen des Deutschen Bundestages. 6. Wahlperiode. Stenographische Berichte. 90. Sitzung, 20. Januar 1971, S. 4928. Zu diesem Paradigmenwechsel vgl. auch die in der Argumentation zwar unnötig polemischen, in der Diagnose der Fakten indes zutreffenden Bemerkungen von *Lothar Machtan*: Bismarck, in: Deutsche Erinnerungsorte II. Hrsg. von Etienne François und Hagen Schulze, München 2001, S. 86-104, hier S. 86 f., ferner *Christoph Studt*: Das Bismarck-Bild der deutschen Öffentlichkeit (1898-1998), Friedrichsruh 1999 (= Friedrichsruher Beiträge, Band 6). Studt belegt in seinem Beitrag anhand mehrerer Beispiele aus der Publizistik, daß sich bereits 1965 kritische Stimmen häuften, doch überwog u.E. damals noch die positive Resonanz.

8 Zur Frühgeschichte der Bismarck-Verehrung vgl. v.a. *Werner Pöls*: Bismarckverehrung und Bismarcklegende als innenpolitisches Problem in der Wilhelminischen Zeit, in: Jahrbuch für die Geschichte Mittel- und Ostdeutschlands 20 (1971), S. 183-201.

9 *Theodor Fontane*: Briefe an Georg Friedlaender. Hrsg. von Kurt Schreinert, Heidelberg 1954, S. 125.

10 Schulthess' Europäischer Geschichtskalender 1895, München 1896, S. 77.

11 Vgl. *Lothar Gall*: Die Deutschen und Bismarck, in: Deutschland und Europa in der Neuzeit. Festschrift für Karl Otmar Freiherr von Aretin zum 65. Geburtstag. Hrsg. von Ralph Melville u.a. 2. Halbband, Stuttgart 1988 (= Veröffentlichungen des Instituts für Europäische Geschichte Mainz, Abteilung Universalgeschichte, Band 134, 2. Halbband), S. 525-536, hier S. 527.

12 Vgl. *Volker Plagemann*: Bismarck-Denkmäler, in: Denkmäler im 19. Jahrhundert. Deutung und Kritik. Hrsg. von Hans-Ernst Mittig und Volker Plagemann, München 1972, S. 217-252, hier S. 218. In diesem Band befindet sich auch ein umfangreicher Abbildungsteil.

13 *Leonore Koschnik*: Mythos zu Lebzeiten – Bismarck als nationale Kultfigur, in: Bismarck – Preußen, Deutschland und Europa. Hrsg. vom Deutschen Historischen Museum, Berlin 1990, S. 455-482, hier S. 457.

14 Die Literatur zum Thema ist natürlich Legion; vgl. – neben den bereits genannten Untersuchungen – v.a.: *Reinhard Alings*: Monument und Nation. Das Bild vom Nationalstaat im Medium Denkmal. Zum Verhältnis von Nation und Staat im deutschen Kaiserreich 1871-1918, Berlin [u.a.] 1996; *Hermann Beenken*: Das Neunzehnte Jahrhundert in der Deutschen Kunst. Aufgaben und Gehalte. Versuch einer Rechenschaft, München 1944; *Konrad Breitenborn*: Bismarck. Kult und Kitsch um den Reichsgründer, Frankfurt am Main 1990; *Max Ehrhardt*: Bismarck im Denkmal des In- und Auslandes, Bd. 1 (mehr nicht erschienen), Eisenach und Leipzig 1903; *Wolfgang Hardtwig* (Hrsg.): Geschichtskultur und Wissenschaft, München 1990; *Hans-Walter Hedinger*: Bismarck-Denkmäler und Bismarck-Verehrung, in: Kunstverwaltung, Bau- und Denkmal-Politik im Kaiserreich. Hrsg. von Ekkehard Mai und Stephan Waetzoldt, Berlin 1981, S. 277-314; *Günter Kloss/Sieglinde Seele*: Bismarck-Türme und Bismarck-Säulen. Eine Bestandsaufnahme, Petersberg 1997; *Hans Jürgen Koch* (Hrsg.): Wallfahrtsstätten der Nation. Zwischen Brandenburg und Bayern, Frankfurt am Main 1986; *Hans-Michael Körner*: Bismarckdenkmäler in Bayern, in: Denkmäler in Bayern. Hrsg. von Hans-Michael Körner und Katharina Weigand, Augsburg 1997 (= Hefte zur bayerischen Geschichte und Kultur, Band 19), S. 20-24; *Meinhold Lurz*: Bismarck-Denkmäler, in: Ders.: Kriegerdenkmäler in Deutschland, Band 2, Heidelberg 1985, S. 430-454; *Lothar Machtan* (Hrsg.): Bismarck und der deutsche Nationalmythos, Bremen 1994; *ders.*: Bismarcks Tod und Deutschlands Tränen, München 1998; *ders.*: Der inszenierte Mythos: Bismarck im Film, in: Otto von Bismarck. Person – Mythos – Politik. Hrsg. von Jost Dülffer und Hans Hübner, Berlin 1992, S. 247-258; *Ekkehard Mai*: Vom Bismarck-Turm zum Ehrenmal. Denkmalformen bei Wilhelm Kreis, in: Denkmal – Zeichen – Monument. Skulptur und öffentlicher Raum heute, München 1989, S. 50-57; *Gert Mattenklott* (Hrsg.): Deutsche Nationaldenkmale. 1790-1990, Bielefeld 1993; *Jens Müller-Koppe*: Die deutsche Sozialdemokratie und der Bismarck-Mythos, in: Bismarck und der deutsche Nationalmythos. Hrsg. von Lothar Machtan, Bremen 1994, S. 180-207; *Thomas Nipperdey*: Nationalidee und Nationaldenkmal in Deutschland im 19. Jahrhundert, in: Historische Zeitschrift 206 (1968), S. 529-585; *Volker Plagemann*: Bismarck-Denkmäler, in: Denkmäler im 19. Jahrhundert. Deutung und Kritik. Hrsg. von Hans-Ernst Mittig und Volker Plagemann, München 1972, S. 217-252; *Reinhard Schiffer*: Das Bismarck-Denkmal in Bremen – ein Sonderfall?, in: Bismarck und der deutsche Nationalmythos. Hrsg. von Lothar Machtan, Bremen 1994, S. 94-129; *Hubert Schrade*: Das Deutsche Nationaldenkmal. Idee / Geschichte / Aufgabe, München 1936; *Jakob Hort*: Bismarck in München. Formen und Funktionen der Bismarckrezeption (1885-1934), Frankfurt/Main [u.a.] 2004 (=Münchner Studien zur neueren und neuesten Geschichte, Band 24).

15 *Hedinger*: Der Bismarck-Kult, S. 206.

16 *Plagemann*: Bismarck-Denkmäler, S. 221.

17 Vgl. *Müller-Koppe*: Die deutsche Sozialdemokratie und der Bismarck-Mythos.

18 Vgl. hierzu v.a. *Breitenborn*: Bismarck. Kult und Kitsch um den Reichsgründer, und *Koschnik*: Mythos zu Lebzeiten – Bismarck als nationale Kultfigur.

19 *Bernhard Fürst von Bülow*: Denkwürdigkeiten, Band 1, Berlin 1930, S. 236.

20 Vgl. hierzu *Peter Wapnewski*: Das Nibelungenlied, in: Deutsche Erinnerungsorte I. Hrsg. von Etienne François und Hagen Schulze, München 2001, S. 159-169; *Herfried Münkler*: Richard Wagner, in: Deutsche Erinnerungsorte III, S. 549-568; *Joachim Heinzle/Anneliese Waldschmidt* (Hrsg.): Die Nibelungen. Ein deutscher Wahn, ein deutscher Alptraum. Studien und Dokumente zur Rezeption des Nibelungenstoffs im 19. und 20. Jahrhundert, Frankfurt/Main 1991; *Wolfgang Storch* (Hrsg.): Die Nibelungen. Bilder von Liebe, Verrat und Untergang, München 1987.

21 Vgl. zum folgenden ausführlich v.a. *Elisabeth Fehrenbach*: Reich, in: Geschichtliche Grundbegriffe. Hrsg. von Otto Brunner u.a., Band 5, Stuttgart 1984, S. 423-508, insbesondere S. 488-508; *dies.*: Wandlungen des deutschen Kaisergedankens 1871-1918, München/Wien 1969; *dies.*: Zu Begriff, Funktion und moderner Bewertung politischer Symbole im Nationalstaat, in: Historische Zeitschrift 213 (1971), S. 296-357; *Theodor Schieder*: Das deutsche Kaiserreich von 1871 als Nationalstaat, Köln/Opladen 1961, sowie *Matthias Stickler*: Reichsvorstellungen in Preußen-Deutschland und der Habsburgermonarchie in der Bismarckzeit, in: Imperium/Empire/Reich. Ein Konzept politischer Herrschaft im deutsch-britischen Vergleich. Hrsg. von Franz Bosbach und Hermann Hiery. München 1999 (= Prinz-Albert-Studien, Band 16), S. 133-154.

22 Vgl. *J. Siebmacher's* grosses und allgemeines Wappenbuch. Band I.1.II. Nürnberg 1909, Tafeln 16 bis 18 und *J. Siebmacher's* grosses und allgemeines Wappenbuch. Band I.1. Nürnberg 1856, Tafeln 10 und 11.

23 Vgl. *Schieder*: Das deutsche Kaiserreich von 1871 als Nationalstaat, S. 79.

24 Vgl. hierzu v.a. *Nipperdey*: Nationalidee und Nationaldenkmal in Deutschland im 19. Jahrhundert, sowie *Wolfgang Hardtwig*, Erinnerung, Wissenschaft, Mythos. Nationale Geschichtsbilder und politische Symbole in der Reichsgründungsära und im Kaiserreich, in: Ders. (Hrsg.): Geschichtskultur und Wissenschaft. München 1990, S. 224-263, und *ders.*: Nationsbildung und politische Mentalität. Denkmal und Feste im Kaiserreich, in: Ebenda, S. 264-301.

25 *Nipperdey*: Nationalidee und Nationaldenkmal in Deutschland im 19. Jahrhundert, S. 581.

26 *Hedinger*: Der Bismarck-Kult, S. 208. Hedinger spielt damit an auf die Entgegensetzung Martin Kählers vom historischen Jesus und des geschichtlichen biblischen Christus.

27 Vgl. *Stickler*: Reichsvorstellungen in Preußen-Deutschland und der Habsburgermonarchie in der Bismarckzeit, S. 148.

28 *Nipperdey*: Nationalidee und Nationaldenkmal in Deutschland im 19. Jahrhundert, S. 573.

29 *Alings*: Monument und Nation, S. 41 und 44. Auf den Denkmalbegriff im allgemeinen und den des Nationaldenkmals im besonderen kann im Rahmen dieses Beitrags im Detail nicht eingegangen werden. Vgl. hierzu neben *Nipperdey*: Nationalidee und Nationaldenkmal in Deutschland im 19. Jahrhundert ausführlich v.a. *Alings*: Monument und Nation, S. 3-62.

30 Bei den Wahlen zum 11. Reichstag 1903 konnten die Sozialdemokraten die Anzahl ihrer Sitze bei 397 insgesamt von 56 auf 81 erhöhen und wurden damit nach dem Zentrum (100 Sitze) zweitstärkste Partei; die Konservativen, Freikonservativen und Nationalliberalen errangen dagegen nur 54, 21 bzw. 51 Sitze.

31 *Ehrhardt*: Bismarck im Denkmal des In- und Auslandes, Bd. 1, Vorwort.

32 Vgl. hierzu *Körner*: Bismarck-Denkmäler in Bayern, S. 21. Zur Kategorisierung der Bismarck-Denkmäler vgl. auch *Plagemann*: Bismarck-Denkmäler, S. 225 ff.

33 Vgl. hierzu ausführlich *Alings*: Monument und Nation, S. 212 ff.

34 Eine ausführliche kunsthistorische Würdigung der entindividualisierten Bismarckdenkmäler kann im Rahmen dieses Beitrags nicht geleistet werden. Festzuhalten ist indes, daß diese auch verstanden werden müssen als Ausdruck radikaler monumentaler künstlerischer Modernität in Abkehr vom Stil des Historismus; vgl. hierzu *Beenken*: Das Neunzehnte Jahrhundert in der Deutschen Kunst, S. 56 f. und 480 f., und *Schrade*: Das Deutsche Nationaldenkmal, S. 92 ff. Schrade interpretierte die Modernität v.a. der Bismarcktürme als geistigen Vorläufer eines von ihm als völkisches Gemeinschaftsdenkmal verstandenen ästhetischen Ideals, das er in der Kunst des Nationalsozialismus verwirklicht sah; vgl. hierzu *Alings*: Monument und Nation, S. 51 f., und: Schrade, Hubert, in: Metzler-Kunsthistoriker-Lexikon. Hrsg. von *Peter Betthausen*, Stuttgart/Weimar 1999, S. 371-373.

35 Zwei allerdings abstrakte Bismarckdenkmäler sind noch früher belegt: Erstens der 1869 auf dem Johnsberg südlich von Breslau von dem Rittergutsbesitzer Major a.D. Friedrich Schröter-Wettrisch errichtete Turm mit der Inschrift »Ehren Bismarck«; zweitens die 1877 bei Bad Harzburg errichtete sogenannte Canossa-Säule; vgl. *Alings*: Monument und Nation, S. 132.

36 Ebenda, S. 133.

37 Vgl. *Plagemann*: Bismarck-Denkmäler, S. 218 f.

38 Zitiert nach *Alings*: Monument und Nation, S. 235; Hervorhebungen im Original. Geringfügig abgewandelt vgl. Burschenschaftliche Blätter 13/1898-1899, S. 49 ff.

39 Vgl. *Kloss/Seele*: Bismarck-Türme und Bismarck-Säulen, S. 25 und 33.

40 Eine große Zahl der erhaltenen Bismarcktürme ist fotografisch dokumentiert ebenda, S. 36-172.

41 Vgl. hierzu ausführlich ebenda.

42 Vgl. hierzu *Hedinger*: Der Bismarckkult, S. 203 f.

43 Ebenda, S. 207, und *Nipperdey*: Nationalidee und Nationaldenkmal in Deutschland, S. 582.

44 *Hedinger*: Der Bismarckkult, S. 214.

45 *Nipperdey*: Nationalidee und Nationaldenkmal in Deutschland, S. 583.

46 Vgl. hierzu v.a. *Körner*: Bismarckdenkmäler in Bayern.

47 Vgl. *Koschnik*: Mythos zu Lebzeiten, S. 472 f., sowie *Kloss/Seele*: Bismarck-Türme und Bismarck-Säulen, S. 178 ff. Die größte Dichte von Bismarck-Türmen in Deutschland befindet sich übrigens in Thüringen (24) und Nordrhein-Westfalen (31). V.a. letzteres zeigt, daß der Bismarckkult gerade auch im katholischen Milieu der Provinzen Rheinland und Westfalen auf fruchtbaren Boden fiel.

48 Vgl. *Körner*: Bismarck-Denkmäler in Bayern, S. 23 f.

49 Ebenda.

50 Vgl. hierzu v.a. *Machtan*: Bismarck-Kult und deutscher Nationalmythos 1890 bis 1940, und *ders.*: Bismarck, in: Deutsche Erinnerungsorte II.

51 Vgl. hierzu v.a. *Harm-Hinrich Brandt*: Studentische Korporationen und politisch-sozialer Wandel – Modernisierung und Antimodernismus, in: Deutschlands Weg in die Moderne. Politik, Gesellschaft und Kultur im 19. Jahrhundert, Hrsg. von Harm-Hinrich Brandt und Wolfgang Hardtwig. München 1993, S. 122-143, und *Konrad Jarausch*: Korporationen im Kaiserreich. Einige kulturgeschichtliche Überlegungen, in: »Der Burschen Herrlichkeit«. Geschichte und Gegenwart des studentischen Korporationswesens«, hrsg. von Harm-Hinrich Brandt und Matthias Stickler. Würzburg 1998, S. 63-83.

52 Zitiert nach *Nipperdey*: Nationalidee und Nationaldenkmal im 19. Jahrhundert, S. 578.

53 *Kloss/Seele*: Bismarck-Türme und Bismarck-Säulen, S. 179.

54 Vgl. *Alings*: Monument und Nation, S. 135, und *Plagemann*: Bismarck-Denkmäler, S. 135. Bismarckdenkmäler gab es auch in den deutschen Kolonien; vgl. hierzu *Plagemann*: Bismarck-Denkmäler, S. 220; detaillierte Arbeiten zu dieser Thematik fehlen bisher.

55 Die Geschichte des Bismarckkults in der Habsburgermonarchie bzw. Österreich ist ein Forschungsdesiderat; vgl. hierzu das freilich stark vom Zeitgeist der Zwischenkriegszeit beeinflußte Werk von *Paul Molisch*: Geschichte der deutschnationalen Bewegung in Österreich von ihren Anfängen bis zum Zerfall der Monarchie, Jena 1926, v.a. S. 171 ff.

56 Vgl. ebenda, S. 172.

57 *Hedinger*: Der Bismarckkult, S. 206.

58 *Schrade*: Das deutsche Nationaldenkmal, S. 11 und S. 93 f. Zu Schrades Haltung zum Nationalsozialismus vgl. ausführlich Metzler-Kunsthistoriker-Lexikon, S. 371-373

59 Vgl. *Machtan*: Bismarck-Kult und deutscher Nationalmythos 1890 bis 1940, S. 55 ff.

60 *Machtan*: Bismarck, in: Deutsche Erinnerungsorte II, S. 103; vgl. hierzu auch *Machtan*: Bismarck-Kult und deutscher Nationalmythos 1890 bis 1940, S. 56 ff.

61 Vgl. http://www.bismarck-stiftung.de/frameset_intern.htm (Stand 24. Februar 2004, Ausdruck im Besitz des Verfassers).

62 Bulletin des Presse- und Informationsamtes der Bundesregierung, 2.4.1965.

63 Zitiert nach *Schiffer*: Das Bismarck-Denkmal in Bremen, S. 121 f.

64 Vgl. *Aldrings*: Monument und Nation, S. 3.

Autorenverzeichnis

Prof. Dr. phil. Jürgen Angelow
apl. Professor für Neuere Geschichte an der Universität Potsdam

Prof. Dr. phil. Hans-Georg Aschoff
Professor für Neuere Geschichte an der Universität Hannover

Dr. phil. Bernd Heidenreich
Direktor der Hessischen Landeszentrale für politische Bildung, Wiesbaden

Prof. Dr. phil. Rainer Koch
Direktor des Historischen Museums der Stadt Frankfurt am Main

PD Dr. phil. Hans-Christof Kraus
Privatdozent für Neuere und Neueste Geschichte an der Ludwig-Maximilians-Universität München

Prof. Dr. phil. Frank-Lothar Kroll
Professor für Europäische Geschichte des 19. und 20. Jahrhunderts an der Technischen Universität Chemnitz

Prof. Dr. phil. Ulrich Lappenküper
apl. Professor für Neuere Geschichte an der Rheinischen Friedrich-Wilhelms-Universität Bonn

Prof. Dr. phil. Sönke Neitzel
apl. Professor für Neuere Geschichte an der Universität Mainz

PD Dr. phil. Thomas Nicklas
Privatdozent für Neuere Geschichte an der Friedrich-Alexander-Universität Erlangen-Nürnberg

Dr. phil. Wilfried Rudloff
Forschungsreferent am Forschungsinstitut für Öffentliche Verwaltung bei der Deutschen Hochschule für Verwaltungswissenschaften Speyer

PD Dr. phil. Matthias Stickler
Privatdozent für Neuere und Neueste Geschichte an der Julius-Maximilians-Universität Würzburg